高等学校新形态教材

YOUYONG YUNDONG JIAOCHENG

游泳运动教程

（配技术动作视频）

主编　朱笛　温宇红

中国教育出版传媒集团
高等教育出版社·北京

内容简介

本书由全国十一所高等院校体育教育、运动训练、运动人体科学等专业游泳方向的十五名专家、学者共同编写完成。编写人员均为有多年教学经验的高校游泳教师，并具备游泳社会体育指导员培训师或考评员资格。主要内容包括游泳运动的概述、健康管理、基本原理、技术分析和教学步骤，游泳教学法、游泳技术的练习方法、大众游泳活动、大众游泳俱乐部，以及水上救生等。

本书配套了二维码链接的大量技术动作示范视频，既可满足本专科体育教育、运动训练、社会体育、休闲体育等专业游泳专项学生学习专项理论的需求，又兼顾游泳社会体育指导员国家职业标准中培训大纲和鉴定规范的要求，实用性强，是双证书教育的权威教材。

图书在版编目（CIP）数据

游泳运动教程 / 朱笛，温宇红主编. -- 北京 : 高等教育出版社，2025. 8. -- ISBN 978-7-04-063417-4

Ⅰ. G861.1

中国国家版本馆CIP数据核字第2024HC1405号

Youyong Yundong Jiaocheng

策划编辑 陈 海　责任编辑 陈 海　封面设计 王 鹏　版式设计 曹鑫怡
责任绘图 于 博　责任校对 刘娟娟　责任印制 刁 毅

出版发行 高等教育出版社
社 址 北京市西城区德外大街4号
邮政编码 100120
印 刷 北京市鑫霸印务有限公司
开 本 787mm×960mm 1/16
印 张 21.75
字 数 400千字
购书热线 010－58581118
咨询电话 400－810－0598
网 址 http://www.hep.edu.cn
http://www.hep.com.cn
网上订购 http://www.hepmall.com.cn
http://www.hepmall.com
http://www.hepmall.cn
版 次 2025年8月第1版
印 次 2025年8月第1次印刷
定 价 49.50元

物 料 号 63417－00

本册编写人名

主　编： 朱　笛　天津体育学院

温宇红　北京体育大学

参编人员（以姓氏笔画为序）：

丁玲娣　上海交通大学

王　嵘　天津体育学院

丛宁丽　成都体育学院

曲　明　华南师范大学

张　健　北京体育大学

沈思佳　北京体育大学

肖　红　西安体育学院

陈武山　广州体育学院

徐　华　河北师范大学

殷玲玲　广西师范大学

梅雪雄　福建师范大学

董晓琪　哈尔滨工业大学

谭思洁　天津体育学院

前　言

随着人民生活水平和健康意识的提高，以及城市化建设的发展，游泳已经成为广受社会欢迎的一项全民健身活动。社会对于游泳社会体育指导员的需求也在逐渐增加。根据游泳社会体育指导员考核鉴定大纲的要求，指导员的鉴定主要分为专业知识和专项技能两部分，专项技能又包括游泳技术水平和游泳教学指导能力两部分。本教材的编写目的是为体育教育、运动训练、社会体育及休闲体育专业的学生提供游泳专业理论知识，为从事游泳社会体育指导员工作的人群提供理论支持。

本教材编写人员来自全国多所高等院校，在游泳教学、师资培训、社会体育指导员培训与鉴定方面具备丰富的理论知识和实践经验。各章节编写人如下：第一章，陈武山（广州体育学院）；第二章，谭思洁（天津体育学院）；第三章，梅雪雄（福建师范大学）；第四章，丛宁丽（成都体育学院）；第五章，温宇红（北京体育大学）；第六章第一、二节，殷玲玲（广西师范大学）；第六章第三、四节，丁玲娣（上海交通大学）；第六章第五节，肖红（成都体育学院）；第七章第一节第一、三部分，张健（北京体育大学）；第七章第一节第二部分，董晓琪（哈尔滨工业大学）；第七章第二节第一部分，王嵘（天津体育学院）；第七章第二节第二部分，丛宁丽（成都体育学院）；第七章第三节第一部分，朱笛（天津体育学院）；第七章第三节第二部分，董晓琪（哈尔滨工业大学）；第八章，曲明（华南师范大学）；第九章，徐华（河北师范大学）。

全书由天津体育学院朱笛和北京体育大学温宇红统稿，由沈思佳、袁锐、葛煜、孟小琛审校。

教材中部分图片由北京体育大学研究生徐国伟、袁锐、殷现飞、韩威、董煜、鲁茜、郑方圆、高阳、杨琼琼、孟小琛、葛煜协助拍摄，教学部分示范运动员为北京体育大学樊菁、柯鹏坤、孟小琛、杨听宇、李炜中；救生部分示范运动员为葛煜、徐飚琦、彭小智、龙俐君、孟小琛；水中健身部分示范运动员为龙俐君；第三章、第五章、第八章和第十章部分图片由北京体育大学江雪艳绘制。在此一并表示感谢。

本教材配有大量技术动作及其练习视频，使技术部分内容更加生动、形象，并以二维码链接的形式呈现，方便读者观看，增强读者的学习体验。视频中示范运动员为任晨、李炜中、葛煜、杨琼琼、徐飚琦、彭小智。

由于编者水平有限，教材中难免出现不当之处，恳望广大读者批评指正。

编者

2024年9月

目　　录

第一章 游泳运动概述

【本章导言】

游泳就在你的身边，即便你不会游泳，至少也见过其他人游泳。但你知道古代游泳吗？游泳随着社会的发展自身又发生了哪些变化？这些问题都可以在本章节中获取答案。若想成为一名游泳爱好者，或打算把游泳作为自己的终身体育运动项目时，就应该知道游泳的意义及其基本常识，这对进行游泳锻炼有百利而无一害。

第一节　游泳的起源与发展

在远古时代，居住在江、河、湖、海一带的古代人为了生存，在水中捕捉水鸟和鱼类作为食物，涉水追逐猎物或躲避猛兽，于是留心观察和模仿鱼类、青蛙等动物在水中游动的动作，逐渐学会了游泳。在 5 000 年前的陶器雕绘图案上，就可以看到我们的祖先潜在水中猎取水鸟的泳姿；在岩石壁画上也能看到远古人仿青蛙的游泳姿势。我国隋代敦煌壁画和北魏时期壁画也描绘出了古代人的游泳技巧。

随着部落的出现和国家的兴起，各部落间和各国家间不时发生战争，为了克服江河的天然屏障，游泳逐渐成为军事技能。古埃及士兵渡河图及我国战国时期水陆攻战图等，都显示出古代士兵掌握了游泳的技巧，成为实现军事目的的重要手段。古代波斯帝国在军事训练中，将游泳列为必训项目。18 世纪，欧洲军队开始建立游泳学校。随着生产力的发展，人类生活水平的提高，游泳成为人们生活中不可缺少的部分。在古罗马，每年都举行水上仙境剧表演，还建立了具有体育、文化和娱乐功能的室内外公共浴场(池)。

我国春秋时期的天池、汉代的太液池都成为达官贵人娱乐的游泳场所。隋唐时期，宫廷设立了可供跳水、游泳和抛水球表演的“水殿”。人类在同水接触的过程中，逐渐认识到游泳有益健康，还有许多民族用游泳来强身健体。随着社会的进步和发展，游泳与娱乐、健身紧密地联系在一起，成为人们休闲的主要方式之一，并逐渐发展成为体育运动的比赛项目。

古代奥运会虽然没有游泳比赛项目，但类似具有军事素质、实用游泳和娱乐性质的游泳比赛却层出不穷。如古代斯拉夫人经常在第聂伯河的支流河上举行游泳比赛，比赛汇集大批游泳好手和潜水能手，比赛要求参赛选手在规定的时间内捉鱼，抓到最大鱼者获胜，奖励大鱼网。我国的游泳比赛始于汉魏时期，那时已经有端午节举行弄潮游泳比赛的民间习俗。到唐宋时，每年端午节在钱塘江上都要举行规模盛大的游泳比赛。如宋史《礼志》中有：“太宗淳化三年三月，幸金明池命为竞渡之戏，掷银瓯于波间，令人泅波取之，因御船奏教坊乐，岸上都人纵观念者万计……”就是说投掷银瓯于水中，由善泳者入水取之。再如每年端午节龙舟竞赛后进行的“抢鸭子”游戏，在水中投放活鸭，任其逃逸，善游泳者入水捕捉。水面上鸭逃人追，河岸上观众欢呼鼓劲，成为节日最受欢迎的活动之一。

现代竞技游泳运动起源于英国，19 世纪中叶随着西方文化传入各英国殖民地而传遍全世界。1828 年，英国在利物浦乔治码头修造了第一个室内游泳池，伴随着游泳池在英国各大城市的相继出现，游泳组织和比赛也应运而生。1837 年，英国伦敦成立了第一个游泳组织，同时举办了英国最早的游泳比赛。1896 年，雅典第一届现代奥林匹克运动会（简称奥运会）将男子 100 米、500 米和 1 200 米自由泳列为比赛项目。1908 年伦敦第四届奥运会，成立了国际业余游泳联合会，并审定了当时的世界纪录，制定了国际游泳规则。1912 年的第五届奥运会，正式设立了女子游泳比赛项目。第二次世界大战后，游泳在全世界有了飞速的发展。1952 年，国际规则正式将蛙泳和蝶泳分成两个项目进行比赛。从此，竞技游泳形成了蝶泳、仰泳、蛙泳和自由泳 4 种姿势。国际泳联每两年分别举办一次长池及短池世界游泳锦标赛。游泳已成为奥运会上令人瞩目的观赛大项之一。现今，美国和澳大利亚等体育强国的游泳仍处于世界领先水平。

在我国，古代游泳活动未能演变为现代竞技游泳，现代竞技游泳是 19 世纪帝国主义入侵我国后由沿海传入。1887 年外国人在广州沙面修建了我国第一个室内游泳池。而正式游泳比赛是从 1924 年开始，民国时期的第三届全国各界运动会（辛亥革命后称为全国运动会）开始设立游泳项目。尽管随后每届全国运动会都设有游泳比赛，但是受到连年战乱不断的影响，游泳运动水平较低，1948

年的全国纪录仅相当于现在的二级水平。

中华人民共和国成立后，群众性游泳活动与竞技游泳蓬勃发展，在纪念毛泽东主席畅游长江的活动中，江河湖海成为群众游泳活动的新场所。为适应群众性游泳活动的开展，国家在修缮旧游泳场馆的基础上，新建了一些场馆，以满足群众性游泳活动和竞技游泳运动的需求。为大力推广全民健身，国家先后开展了“游泳之乡”“先进游泳池馆”的评选活动，组织了各种全国性游泳活动。如自1998年至今已举办12届全国成人游泳公开赛和全国公开水域游泳公开赛，自1995年开始每年一届的全国冬泳锦标赛，以及水上健身操比赛、青海横渡黄河、厦金海峡横渡等，促进了群众性游泳活动的发展。在此带动下，各种形式的游泳活动在社区、学校出现，丰富了人们的休闲生活和健身方式。为适应发展的需要，国家及时推行了社会体育指导员（游泳）、游泳救生员、游泳池馆管理员等培训制度，为有效指导全民健身活动提供了科学、安全的保障。

在竞技游泳方面，我国泳坛健儿吴传玉在1953年布加勒斯特第一届国际青年友谊运动会上取得了100米仰泳的冠军，使五星红旗第一次在国际竞技赛场上升起。随后，我国竞技游泳通过“请进来”“走出去”的方式加强与游泳强国交流，在消化和吸取国外先进的训练理论与方法的基础上，探索游泳训练规律，逐步形成了自己的训练理论与方法体系，使我国竞技游泳运动水平不断提高。我国竞技游泳的发展经历了三个高潮阶段。

第一阶段：1957年至1960年，戚烈云、穆祥雄、莫国雄三人五次打破男子100米蛙泳世界纪录；男子100米自由泳、100米蝶泳和200米蛙泳先后达到世界前10名水平。

第二阶段：1980年至1994年。1982年第9届新德里亚运会我国运动员在游泳比赛中仅获得3枚金牌；1986年第10届汉城（现首尔）亚运会中日游泳金牌总数对比10∶17；1988年在广州举行的第3届亚洲游泳锦标赛杨文意以24秒98打破了女子50米自由泳世界纪录，并以25∶6的金牌比例，结束了日本游泳独霸亚洲泳坛58年的历史。1990年第11届北京亚运会，中国游泳队勇夺23枚金牌，全面战胜日本，中国游泳以较大的优势居于亚洲领先地位，标志着中国游泳冲出了亚洲。1988年第24届汉城奥运会中国队在游泳比赛中夺得4银，3人1队进入前8，女子团体总分世界第三的佳绩；1992年第25届奥运会中国游泳队夺得4金（林莉200米混合泳、庄泳100米自由泳、钱红100米蝶泳、杨文意50米自由泳）、5银、两项第4名、一项第8名，创两项世界纪录的好成绩，这也是我国游泳运动员首次在奥运会游泳比赛中赢得金牌。1994年9月，在第7届世界游泳锦标赛上，中国游泳队获得12枚金牌，破5项世界纪录，女子团体总分居第一位，标志着我国竞技游泳进入世界先进行列。

第三阶段：1994 年至今。这一时期，我国竞技游泳走了一段弯路，游泳运动水平有所下降。虽然在 1996 年第 26 届亚特兰大奥运会游泳比赛中，我国运动健儿夺得 1 金、3 银、2 铜；在 1998 年第 8 届世界游泳锦标赛中，夺得 3 金、2 银、3 铜，并且曾启亮在男子 100 米蛙泳比赛中获得第二名，成为我国男子游泳在世界游泳锦标赛上获得奖牌的第一位运动员；但在第 13 届曼谷亚运会游泳比赛中以 13∶15 的金牌比例输给了日本；直到 2002 年第 14 届釜山亚运会以 20∶11 的金牌比例战胜日本，中国游泳才重新崛起。2004 年第 28 届雅典奥运会罗雪娟夺取女子 100 米蛙泳金牌。2006 年第 15 届多哈亚运会，中国、日本各获 16 枚金牌，金牌数持平但奖牌总数输给了日本。

2008 年在北京举行的第 29 届奥运会上，我国游泳选手获得 1 金、3 银、2 铜的佳绩。刘子歌、焦刘洋夺女子 200 米蝶泳金、银牌，破该项目世界纪录；男子游泳也有突破性进展，张琳勇夺男子 400 米银牌。2009 年世界游泳锦标赛，我国运动员再创佳绩，夺得 4 金、2 银、4 铜，破四项世界纪录（张琳 800 米自由泳、赵菁 50 米仰泳、女子 4×200 自由泳和 4×100 混合泳）。张琳成为我国男子在世界游泳大赛上夺得金牌的第一人。

2009 年在罗马举行的第 13 届世界游泳锦标赛，我国男子游泳选手张琳经过激烈拼搏，勇夺男子 800 米金牌并打破该项世界纪录，这是继 20 世纪 50 年代我国男子蛙泳破世界纪录后，相隔 50 多年我国游泳运动员再在世界大赛上再破世界纪录！从此我国游泳改变了阴盛阳衰的局面。本届比赛中国队共取得 4 金 2 银 4 铜的好成绩，奖牌榜排名第三；2011 年第 14 届世界游泳锦标赛在上海举行，中国队则以 15 枚金牌、36 枚奖牌的成绩列金牌榜第二、奖牌榜第一，并创本队参加世锦赛以来的历史第二佳绩；本次比赛我国选手孙杨以 14 分 34.14 的成绩创造了男子 1 500 米自由泳的世界纪录并获得金牌，这是继张琳后我男子游泳运动员再次突破。2012 年伦敦奥运会游泳比赛，是目前为止我国游泳健儿在奥运会游泳比赛上取得最为辉煌的成绩，获得 5 金 2 银 3 铜的成绩。叶诗文以 4 分28.43 夺女子 400 米个人混合泳冠军并破世界纪录，孙杨也以 14 分 31.02 的新的世界纪录夺得 1 500 米自由泳金牌。2013 年第 15 届世界游泳锦标赛，中国队以 5 金 2 银 2 铜的奖牌数名列第二，迈进游泳强国之列。2014 年第 17 届亚运会在韩国仁川举行，中国队夺得金牌 22 枚、银牌 12 枚、铜牌 14 枚。2016 年里约热内卢奥运会，中国游泳队获得 1 金 2 银 3 铜。2020 年东京奥运会（实为 2021 年召开），中国游泳队获得 3 金 2 银 1 铜。2024 年巴黎奥运会，中国游泳队获得 2 金 3 银 7 铜。

随着游泳运动的发展和人类的需求，游泳的功能更加多元化，成为一项集竞赛、娱乐、健身、艺术、救生、休闲等于一身的运动项目。

第二节 游泳的意义

游泳是一种凭借自身肢体动作和水的相互作用力，在水中活动或游进的技能活动。人类游泳是一种有意识的活动，其意义体现在人类赋予游泳的各种功能上。

一、游泳是一种生存技能，能够保障生命安全

在水环境占表面71%的地球上生存的人类，不可避免要与水打交道，在与水打交道的过程中，游泳是人类的一种生存技能。掌握游泳技巧，不仅能在落水后自救，而且能通过施救来挽救他人的生命，游泳是实现自救和救人极其重要的生存技能之一。

二、有效地改善体质，促进身心健康

游泳是在水环境中进行，具有水浴、空气浴、日光浴三者结合的特点；游泳是在四肢参与下的全身性运动；游泳还是老少皆宜，不易受伤的运动。因此，游泳是对人体十分有益的运动。学会游泳并经常进行游泳锻炼对增进身心健康、增强体质和提高水中运动能力具有重要的作用。

（一）改善心血管系统功能

适宜的运动都会改善心血管系统的功能，而游泳对心血管系统功能的改善主要是通过其自然特性实现的，主要从两个方面产生效果。其一是由于水温通常低于气温，冷水刺激使机体自动进行热量调节和新陈代谢，促进血液循环，同时水对皮肤的压力又形成一种按摩作用，使皮肤上的毛细血管更富有弹性。加之游泳时身体呈平卧姿势，肢体血液向心脏的回流比在陆地上直立状态下容易，从而使心率加快；其二是在水面游泳时，身体各个部分都处于运动之中，加之水的阻力较大，与同等距离的陆上运动相比，其能量消耗要大四倍。为维持运动，供给运动器官更多的营养物质，血液流动速度加快，增加了心脏的负荷，心跳频率加快，这些因素都会使心房和心室的肌肉组织得到锻炼，使心肌收缩强而有力；心腔的容量也能有所加大，整个血液循环系统功能得到改善。一般人的心率为70～80次/分，每搏输出量为60～80毫升。而经常游泳的人心率可达50～55次/分，很多优秀的游泳运动员，心率可达38～46次/分，每搏输出量高达90～120毫升。

另外，水的阻力使肌肉难以像在陆地上那样进行爆发式用力，这些特点非常适合中老年人进行锻炼，既能增强体质，又不容易因运动过于激烈而发生意外。中老年人通过游泳锻炼能增加血管弹性，加快血流速度，可以减少沉积在血管壁上的脂肪颗粒和胆固醇，减少与推迟动脉硬化，预防血栓的形成和冠状动脉栓塞；可以增强心肺功能，使心肌收缩力增强，血液循环加速，促进身体各系统功能向好的方向发展。

（二）改善呼吸系统功能

游泳运动过程中需要大量的氧气，但是由于水难以压缩，加之水的密度比空气大 800 多倍，人在水中胸腔和腹腔要受到 12～15 公斤的压力，人要用力呼吸，加大呼吸深度，以获得足够的氧气，呼吸肌就必须不断地克服这种压力。因此经常进行游泳锻炼，可以逐步增大肺活量，调整呼吸的节律，增强呼吸肌的力量。一般人的肺活量为 3 000～4 000 毫升，呼吸差为 4～8 厘米，剧烈运动时的最大吸氧量为 2.5～3 升/分，比安静时大 10 倍；而游泳运动员的肺活量可高达 4 000～7 000 毫升，呼吸差达到 12～15 厘米，剧烈运动时的最大吸氧量为 4.5～7.5 升/分，比安静时增大 20 倍。游泳使人的呼吸肌发达，胸围增大，肺活量增加，而且吸气时肺泡开放更多，换气顺畅，对健康极为有利。

（三）改善体温调节能力，预防疾病

自然水温一般比气温低，水的导热能力又比空气强数十倍，因此人在水中游泳时散失热量远远快于在空气中。为维持体温，神经系统便快速做出反应，使人体新陈代谢加快，增强人体对外界的适应能力，抵御寒冷。经常游泳能改善体温调节能力，从而使人体更能够承受外界温度的变化。特别是冬泳，对这方面的改善作用尤其明显。体温调节功能的改善，使人不容易伤风感冒，还能提高人体内分泌功能，使脑垂体功能增加，从而提高机体的抵抗力和免疫力。

（四）改善运动系统功能

游泳是一项全身参与的周期性运动，游泳需要克服较大的阻力，动员更多的肌肉群参与代谢供能。虽然游泳不能塑造粗壮的、隆起的肌肉，但长期、系统地锻炼能使肌肉圆滑、富有流线感，使肌肉的力量、速度、耐力都得到提高，特别是躯干、肩带和上肢的肌肉。由于游泳的身体活动范围较大，经常游泳还能改善身体的柔韧性，提高关节的灵活性，使人的身体变得更加灵活。受肌肉工作方式的影响，游泳运动员通常身材修长、体形匀称。

（五）促进身体比例协调，塑造健美体形

人在休闲游泳时，通常会利用水的浮力俯卧或仰卧于水中，全身松弛而舒展，使身体得到全面、匀称、协调的发展，使肌肉线条流畅。由于水中运动减少了

地面运动时地对骨骼的冲击，降低了骨骼的劳损概率，使骨关节不易变形。水的阻力可增加人的运动强度，但这种强度，又有别于陆地上的器械训练，是很柔和的，训练的强度又很容易控制在有氧阈之内，不会长出很生硬的肌肉块，可以使全身的线条流畅、优美。游泳时身体散热速度快，消耗热量多。实验证明：人在标准游泳池中游 20 分钟所消耗的热量，相当于同样速度在陆地上运动 1 小时所消耗的热量，在 14℃的水中停留 1 分钟所消耗的热量高达 100 千卡，相当于在同温度空气中 1 小时所散发的热量，游泳时大量消耗的身体热量对减肥起到事半功倍的效果。所以，游泳是保持身材的最有效运动之一；游泳时水对肌肤的摩擦，对皮肤血管起到了很好的按摩作用，促进了血液循环，使皮肤光滑有弹性。

三、预防疾病，促进康复

游泳集中了日光浴、空气浴和水浴对人的所有疗效，可以作为运动处方配合临床治疗，对一些慢性疾病，将会产生显著的效果，这是药物所不能替代的。

游泳时身体仰卧或平卧，加上浮力的作用，脊柱可充分伸展，对防治颈椎、腰椎病具有一定助疗效果，专家称游泳是治疗颈椎病的最佳运动方案。但注意不要练得太猛，要逐步加大运动量，有外伤应该痊愈再下水。

风湿性、类风湿性、外伤性关节炎，都很适合参加游泳体疗。关节炎患者在水中游泳时，水会对人体关节产生一种机械应力，起到良好的按摩作用，使僵硬的关节得到放松；再则游泳时的膝关节、踝关节等不必像在陆上运动时要连续不停地用力，因此使各个关节均能获得放松和休息，有助于炎症的消退和功能的康复。

在水中游泳时，水面及附近的空气中几乎没有什么灰尘和其他导致呼吸器官过敏的物质，所以是哮喘病人最适宜的自然运动环境；加之经常游泳可以增加肺活量，改善肺的呼吸功能，对防治哮喘病颇有裨益。

游泳时下肢在水中不停地运动，增大了腿部肌肉的张力，使静脉血管得到按摩，促进静脉血液的回流，消除淤血肿胀，从而起到治疗和预防静脉曲张的作用。

游泳是全身性运动，加速全身吐故纳新，使神经、循环、呼吸、消化和排泄等系统及内脏器官的功能得到改善和提高，特别是可以调整中枢和自主神经系统的兴奋与抑制，使之恢复平衡，因而可以较快地使失眠者或神经衰弱患者获得较好的锻炼和治疗效果。

四、磨炼意志，培养品质，促进心理健康和智能发展

学习游泳是一个克服自我怕水心理的过程，这对人的意志品质的培养和锻

炼是一次极好的机会。常年坚持冬泳的人们,在提高耐寒能力的同时也磨炼了意志。

水的自然特性,改变了人在陆上运动时的习惯,使游泳技术与陆上运动的技术有很大的区别。如“水感”的体验,身体姿势在水中的控制等,这些特殊的要求对掌握游泳技术过程中,肌肉和神经系统之间的充分协调提出了新的要求,学习和掌握游泳技术的同时也加深了对技术动作的领悟和理解,促进了人的智能发展;游泳丰富了休闲生活,沟通了人际关系,利于形成健康的生活方式,这对促进人的身心健康起着积极的作用。

五、休闲娱乐,情感交流

人游泳时多是平卧水中,这改变了陆上直立的运动形式,运动肌肉相比陆上运动时更容易放松,运动负荷也更容易自我控制,这给运动休闲提供了条件。水上游戏、水上健身操等活动能增加游泳的趣味性,使游泳锻炼融入娱乐之中,使精神得以放松。如果在天然游泳场所游泳和游戏,更使人感觉融入大自然之中,享受大自然的神韵和宽阔,陶冶情操。有人认为参与游泳锻炼更像一次社交活动,游泳爱好者聚集一起,一边游泳锻炼一边交流,增加游泳者的亲和力和沟通能力,也扩大了视野和生活圈子。这些都有利于调节和改善自我精神面貌,获得健康的生活方式,提升自我生活质量,提高工作效率。

六、为生产、国防服务

游泳具有较高的生产和军事价值,凡是水上作业都离不开游泳技能的学习。如潜水打捞、水下作业、渔业、抗洪抢险、救生等都需要游泳作为其基本技能。在抗洪抢险中,游泳是救助和自我保护的重要技能。游泳也是重要的军事素质之一,是士兵徒手克服江河湖海天然屏障所必须具备的技能。如海军陆战队、特种兵等兵种都必须进行严格的游泳训练,海军舰艇部队士兵,也必须掌握游泳技能,以适应水上作战需要。

七、竞赛竞技,为国争光

游泳是国际比赛中非常重要的一类项目,是奥运会奖牌数仅次于田径的大项。习近平同志提出,体育是综合国力和社会文明程度的重要体现,能弘扬爱国主义,振奋民族精神。新中国成立以来,我国游泳运动发展迅速,竞技游泳运动成绩不断提升。经过艰苦训练的运动员,在重大国际比赛中,勇于拼搏,为国争光。每当五星红旗在赛场上升起时,运动员和全国人民都无比激动和自豪，竞技游泳已成为振奋民族精神，增强中华民族凝聚力的体育运动项目之一。

第三节 游泳的分类

游泳活动，一直与人类的生存、生产、生活相联系。随着人类社会的发展和需求的变化，游泳的功能得到广泛开发，但游泳最本质的特征体现在：它是人类水上活动的基础技能，直接运用于军事、救生、娱乐、竞赛、健身和体疗等方面；间接运用于帆船、滑水、帆板、航海、潜水等运动中。

从目前游泳的管理上划定，国际游泳联合会（简称国际泳联）和我国游泳运动管理中心把竞技游泳、水球、跳水、花样游泳和大众游泳包括在游泳运动之中。但依游泳运动的目的和功能分类，游泳运动包括竞技游泳、实用游泳、大众游泳三类（图 1－3－1）。

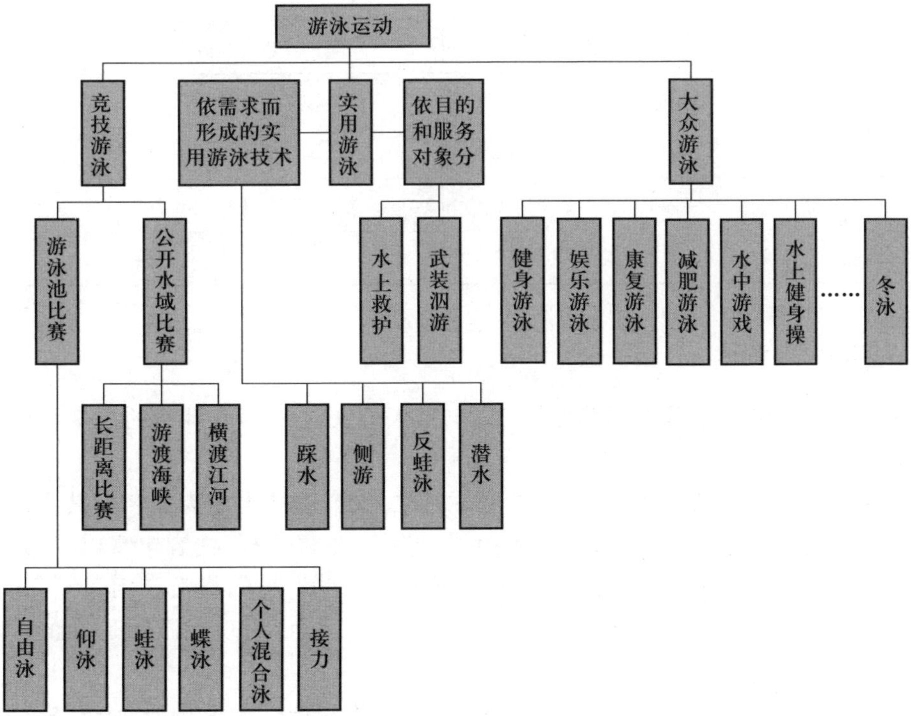

图 1－3－1 游泳分类

一、竞技游泳

竞技游泳是指有特定技术要求，按游泳竞赛规则规定进行竞赛的游泳项目，竞技游泳主要是以速度来决定名次。竞技游泳比赛包括自由泳、蛙泳、仰泳、蝶泳（又称海豚泳）四种姿势，及由这四种姿势组成的个人混合泳和接力，与各种距离组合成比赛项目。竞技游泳分游泳池比赛和公开水域比赛两大类。游泳池比赛包括 25 米短池和 50 米长池的比赛。2015 年世界游泳锦标赛游泳池比赛共设 42 项（长池）。奥运会游泳比赛在 50 米池进行，设 32 项（表 1－3－1）。公开水域 10 公里马拉松游泳比赛从 2008 年起正式列入奥运会游泳比赛项目。

表 1－3－1　世界游泳锦标赛和奥运会游泳项目表

分类	世界游泳锦标赛（长池）（m）	奥运会（50 米池）（m）
自由泳	50、100、200、400、800、1 500	50、100、200、400、800（女子）、1 500（男子）
仰泳	50、100、200	100、200
蛙泳	50、100、200	100、200
蝶泳	50、100、200	100、200
个人混合泳	200、400	200、400
自由泳接力	4×100、4×200	4×100、4×200
混合泳接力	4×100（男、女，以及男女混合）	4×100（男、女）

二、大众游泳

大众游泳是以增强体质为宗旨，以丰富人们文化生活为目的的群众性游泳活动。

第二次世界大战结束后，大众体育才随之兴起，游泳也成为最名副其实的终身运动项目。大众游泳以健身、娱乐和休闲为主，形式多样，内容丰富，如康复游泳、健身游泳、减肥游泳、娱乐游泳、水中游戏、水上健身操、横渡江河海峡、冬泳等（图 1－3－2、图 1－3－3），已在世界各地蓬勃发展，成为现代游泳运动的重要组成部分。

国家为促进全民游泳健身活动的开展，宣传和推广游泳健身活动，推行了“全民健身计划”，制定了《全国游泳锻炼等级标准实施办法》，举办了多种形式的比赛活动。

图 1－3－2　横渡

图 1－3－3　水上健身操

三、实用游泳

在军事上、生产上、生活服务上使用价值较高的游泳方式称为实用游泳。

实用游泳伴随着人类生存、生产和生活等各种实际需求而产生，是人类生存的基本技能之一。依据不同需求而形成的实用游泳技术主要有爬泳（自由泳）、蛙泳、反蛙泳（仰泳）、侧泳、潜泳、踩水（立泳）等；依据不同目的和服务对象的游泳项目有：水上救护、武装泅渡等。

武装泅渡是重要的军事素质训练科目，水上救生也受到社会的广泛重视。为提高我国救生技能，自 1999 年，我国每年定期举行全国救牛（海浪）锦标赛，截至 2009 年已举办 11 届。2005 年中国救生协会成立，2007 年加入国际救生协会。随着游泳活动的开展，游泳池数量逐年增多，救生员需求不断扩大，救生员工作的重要性和业务水平已引起社会和主管部门的高度重视。为了规范管理，在对救生职业充分论证后，国家于 2007 年 11 月将其纳入人力资源和社会保障部的管理范畴，列入中国职业大典，成为新的职业。

第四节 游泳的基本常识

游泳是一项广受人们喜爱的运动项目，随着生活水平的提高，游泳健身成为人们闲暇时间选择最多的运动项目之一。为了使游泳锻炼获得更好的效果，并在锻炼过程中使身心得到陶冶，人们应该掌握一些游泳的基本常识，这能够提升游泳活动的质量，使人们享受游泳带来的乐趣。

一、游泳前的准备

（一）购置游泳用品

游泳用品分为必备用品和辅助用品。必备用品主要包括：泳装、泳镜、泳帽；辅助用品有鼻夹、耳塞、防晒油等。

1. 游泳必备用品

泳装分男子泳裤和女子泳衣，根据用途又分比赛泳装和普通泳装。比赛泳装根据规则对面料和身体覆盖面的尺寸等都有严格的规定；而普通男子泳装主要有三角和平角两款，女子的泳装就时尚多了，有连体和分体（比基尼），花色、款式等极为丰富；面料目前主要有氨纶和锦纶两种。选购游泳服装首先要紧身合体，面料质量要好，然后根据个人喜好选择不同的式样和花色。泳镜起到保护眼睛免受水中病菌感染，方便水下观察的作用，也分比赛泳镜和普通泳镜，有防紫外线的、防雾的、多种颜色的镜面，式样繁多。泳镜要选购密封好并具有防雾功能的。泳帽起减少头发受含氯池水浸泡、避免游泳时头发散落遮眼和防止头发脱落于池水之中的作用。泳帽目前主要由硅胶和氨纶材料制作，色彩斑斓，可选择自己喜欢的款式和花色。

2. 游泳辅助用品

鼻夹和耳塞常用于怕鼻子和耳朵进水的游泳者，防晒油可以保护烈日下游泳者的皮肤免受紫外线过度照射。

（二）选择游泳场所

到哪里去游泳，是游泳前必须要考虑的。有水的地方很多，但并不是所有有水的地方都适合游泳。即便是游泳场所也良莠不齐。因此，游泳首先要选择安全、卫生制度规范、管理严格的游泳场所，使我们能够在水质清澈、干净、卫生和有安全保障的环境中享受健身游泳的快乐。如果是去天然游泳场所，更要选择沙滩平坦、水质好、无急流漩涡、风浪小、救生人员和设施配备齐全的天然游泳场所，而且要在好的天气游泳。

(三) 游泳计划及活动内容安排

游泳前要认真计划，合理安排游泳锻炼内容，把单调的游泳变得丰富多彩，使游泳活动顺利进行，也使锻炼得以常年坚持下来。游泳计划包括时间、地点、交通、食品、游泳活动内容和锻炼负荷等。时间应选择工作之余的休闲时间，要确定间隔时间，即一天一次游泳，还是两天一次。如果去室外或天然游泳场所，还要考虑天气的影响，游泳锻炼的时间可灵活机动一些，游泳锻炼的效果不是体现在一两次游泳中，而是体现在常年坚持上。持之以恒，才能达到锻炼的目的。地点的选择除了要保障在安全卫生的环境中外，还要考虑方便，即就近就便，如果太远太偏的话，不方便经常去游泳，不利于常年坚持。确定相对固定的游泳场所，利于熟悉场地和管理、工作人员，建立相对稳定的游泳爱好者圈，对坚持常年游泳锻炼十分有利。在交通方面，如果较近，建议步行或骑自行车，较远的话就要根据自己的条件决定是开车还是骑车，无论选择哪种出行方式都要注意交通安全。食品的准备主要针对郊游式游泳，中老年人和小孩以及一些游泳时间较长的游泳人群，要准备一些热量高的食品，以备游泳后饥饿时补充能量。活动内容的选择要依据自己的锻炼习惯和爱好。虽然个人单独去游泳也是一种锻炼的形式，但为了使游泳锻炼富有休闲和社交性，建议结伴游泳。结伴游泳包括同伴游泳和家庭游泳两种组织形式。结伴游泳能够使单调枯燥的游泳锻炼，变得有趣。结伴游泳是把兴趣、爱好相同的伙伴或家庭成员邀请到一起，同一时间在同一场所进行游泳的组织形式。同伴游泳形式不仅可以交流锻炼体会，制定锻炼计划，并且相互监督、相互督促和相互鼓励，提高锻炼兴趣和休闲质量，还扩大了社交范围。在遇上突发事件时，还能够相互照应，这比单独游泳的安全性要高。家庭游泳是最好的一种组织形式，游泳可增进家庭成员亲情，促进家庭和睦。特别是现代社会工作节奏快，工作压力大，全家人如能聚在一起享受天伦之乐，不仅可以放松精神，加深情感，还可以培养和教育小孩，使小孩养成爱好锻炼的好习惯，形成健康向上的生活方式。家庭游泳是现代社会提倡的“终身体育”的极好形式，家庭游泳有利于全家人身体健康和身心素质的增强，更有利于小孩的个性培养。锻炼负荷的安排要有计划，最好根据自己的年龄、身体条件、游泳技能水平等情况，制定每天、每周、每月和每年的游量和强度。保健运动的关键是，每天坚持 20 分钟以上的运动，并完成最大吸氧量 50%的轻微运动。

二、游泳的安全卫生常识

游泳时身体衣物覆盖面最少，人体浸在水中，肌肤直接与水接触，甚至还会喝进游泳池的水，这就要求游泳池的水必须要符合国家制定的水质标准。如果在游泳过程中不注意卫生，不讲卫生，不仅会污染池水，还会使自己和他人发生疾病。水是人类不熟悉的运动环境，水既能载人运动，使人得到锻炼和休闲的享受，亦能造成溺水事故，使人失去生命。这就告诫我们在游泳锻炼时，要注意安全，要遵守游泳场所的规章制度，安全、卫生和科学地进行游泳锻炼，防止感染疾病，杜绝一切事故发生。

（一）遵守规定，文明游泳

游泳前要认真阅读和熟悉游泳场所的各项管理规定、警示和告知牌，了解游泳场所池水深度、池水水温、设施布局等。严格遵守游泳场所的安全卫生等管理规定，如酒后、疲劳、太饱和空腹时都不能游泳，激烈运动后不能立即下水游泳，严禁在水中进食；排泄物须排入水沟（水槽）或痰盂内；游泳下水前要冲洗身体，穿干净游泳服装，戴好游泳帽和游泳镜；要注意自身安全，不做游泳场所不允许的危险动作，如浅池跳水、潜泳、追逐打闹等；遵守患有传染病等一些疾病不宜游泳的规定，女子月经期间游泳要采取卫生措施，未采取措施不宜下水。要做一个文明"游"客。

（二）安全第一，量力而行

虽然游泳对身体的损伤率最低，但溺水死亡率却高于其他运动项目。因此，参加游泳活动，安全高于一切。要做到安全游泳，除游泳场所要有周密的安全防护措施外，游泳者更要重视安全。第一，要学习和掌握一些自救和救人的方法，遇事沉着冷静，方法选择得当；第二，游泳前要充分做好热身运动，使身体运动系统和循环系统进入运动状态，避免抽筋和损伤；第三，正确评价自己的体能和技术，不要盲目到深水区游泳，不要盲目去不熟悉的天然场所游泳，不要盲目追求过大的运动量和运动强度，量力而行，循序渐进；第四，结伴游泳既有利于交流和沟通，更有利于进行相互安全监督；第五，游泳教学更要重视对学生进行安全教育，要重视自救和救人技能的学习与游泳技术教学同步进行，教师要切实制定课堂教学的安全措施，严密组织教学，防患于未然。

（三）泳前体检，安全游泳

游泳前体检是为防止患病者在游泳时发生事故，也避免疾病的相互传染。凡患有传染性肝炎、严重皮肤病、细菌性痢疾、红眼病等未痊愈患者不能到公共游泳场所游泳；严重高血压病、心脏病、精神病、癫痫等患者，绝对不能下水游泳，以免发生意外；一般心脏病患者必须得到医生的允许或在监护下方可游泳；患有性病或阴道滴虫感染、尿路感染、严重脚癣等患者，因在游泳时容易传染给他人，因此不能去公共游泳场所游泳，治愈方可游泳；患有急、慢性中耳炎，鼓膜穿孔，活动性肺炎，急、慢性肾炎，支气管炎，哮喘等患者，游泳容易使病情加重，因此也要暂停游泳。

(四) 游泳后要及时淋浴冲身

游泳结束后，要把全身冲洗干净，并擦干身体，及时披上浴衣(巾)保温，防止感冒。然后滴上氯霉素或硼酸眼药水，擤出鼻腔分泌物。若耳道进水，可采用“同侧跳”将水排出。之后，再做几节放松体操及肢体按摩，或在日光下小憩 15～20 分钟，以避免肌群僵化和疲劳。

第五节　游泳场所和器材标准

一、游泳场所和常用器材

(一) 游泳场所

游泳场所包括人工游泳场所和天然游泳场所。人工游泳场所又分比赛游泳池和不规则游泳池。根据国际泳联游泳竞赛规则的规定，正式比赛游泳池包括 50 m 长池和 25 m 短池，允许误差为 50 m 池＋0.03 m，25 m＋0.02 m，宽 21 m 或 25 m，两端设有 8 个或 10 个出发台(从 0 道到 9 道)，水深 2 m 以上。不规则游泳池是根据建设场地大小和形状，在充分利用场地的基础上设计，兼顾大众游泳需求。这类游泳池美观大方，形状各异，池水深浅也各有不同，有儿童戏水池、成人游泳池，还有与水上娱乐设施结合在一起的综合水上娱乐场所等。

(二) 常用器材

1. 游泳场馆配套设备

游泳场馆配套设备包括游泳竞赛用的游泳分道线、仰泳转身标志旗、抢码召回线、残障或高龄人士使用的入水起水升降座椅、供水上健身操和花样游泳用的水下扬声器等。

2. 安全救生器材

(1) 救生观察台：人工游泳池水面面积在 250 m^2 以下，应至少设置 2 个救生观察台；超过 250 m^2，按每增加 250 m^2 及以内，增设 1 个救生观察台的比例设置，救生观察台高度不低于 1.5 m。天然游泳场所的救生观察台间距≤100 m，其高度不低于 2 m。

(2) 其他救生器材：天然游泳场所应配备救生船或筏、救生圈、救生杆和救生浮标；人工游泳场所应配齐救生杆、救生圈、救生浮标等。

(3) 急救室：急救室应配备脊柱固定板、急救氧气瓶(包)、肢体固定夹板、人工复苏器、便携式人工呼吸面罩、颈部护颈器、包扎带、急救药品等,并放在醒目的位置。

3. 游泳教学训练器材

游泳教学训练器材分水上练习器材和陆上练习器材。

(1) 游泳水上练习器材:游泳水上练习器材主要用于技术练习、力量练习。如背漂常用于初学者学习游泳;游泳练习板常用于技术的分解练习,如打腿和划臂等;夹板用于划臂练习;划水掌和脚蹼是通过增加划臂和打腿的阻力面,从而达到提高划臂和打腿力量的器材;还有稳定头部动作的呼吸管和水上训练用的牵引装置等(图 1-5-1、图 1-5-2)。

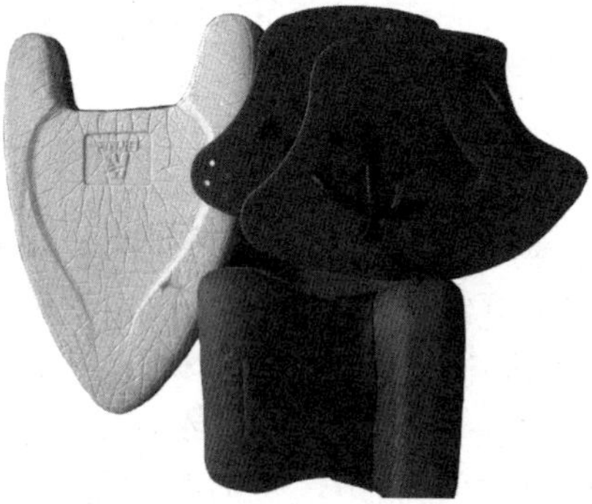

图 1-5-1 背漂、练习板

图 1-5-2 脚蹼

(2) 游泳陆上练习器材:游泳陆上练习器材包括传统的力量训练器材和拉力类器材,传统的力量训练器材有哑铃、杠铃、实心球、瑞士球、肋木架、壶铃、跳绳等;拉力类器材有高弹性橡胶拉力带、等动拉力器、滑轮配重拉力器、电磁阻力拉力器、联合力量训练器等。

游泳用品种类式样繁多,生产厂家也多,但为了保证使用的安全,应选择知名厂家生产的产品。

二、游泳场馆的基本条件

根据中华人民共和国国家标准(GB 19079.1—2003)《体育场所开放条件与技术要求》,游泳场馆开放必须符合国家对游泳场所制定的安全、卫生等标准。

(一) 游泳池(馆)设施设备条件

根据国家游泳场馆卫生要求,开放的游泳场馆周边无污染,内外环境整洁、卫生、舒适、明亮,无烟蒂、痰迹、霉斑等,游泳场所的通道及卫生设施应保持清洁无异味,许可开放的证件齐全。

1. 人工游泳池馆

(1) 单个游泳池的水面面积旧池不小于 25 m^2,新池不小于 100 m^2。

(2) 池面有明显的水深度、深浅水区警示标志或分隔深水区和浅水区的隔离带,浅水区水深不超过 1.2 m。

(3) 水面面积在 500 m^2 以下的游泳池至少设有 2 个出入水池的扶梯,水面面积在 2 000 m^2 以上的游泳池至少设有 4 个出入水池的扶梯。

(4) 游泳池四周设有防滑走道,其地表面的静摩擦系数不小于 0.5。

(5) 游泳池水面照明度不低于 80 lx,照明设备距离水面的高度不低于 5 m。

(6) 游泳场馆应设有警示牌、告知牌、须知牌等公共标志牌。

(7) 游泳场馆布局应设急救室,男、女更衣室,男、女淋浴室,男、女厕所,水质循环净化消毒设备控制室,库房等,淋浴喷头数量和厕所厕位,应与可容纳游泳人员的数量相适应。

(8) 各功能区的位置要按更衣、强制淋浴和通过式浸脚消毒池、游泳池的顺序合理布局,相互间的比例适当,符合安全、卫生和使用要求。

(9) 游泳池必须具有循环净水和消毒设备,能够满足水质处理的要求。采用液氯消毒时应有防止泄漏的措施,包括水处理机房应相对封闭,房间内有紧急报警装置等,使用的液氯在安全方面应符合有关部门的要求。

(10) 人工游泳池内设置儿童戏水池时不应与成人游泳池连通。

(11) 室内游泳池宜有符合建筑规范的人员出入口及疏散通道,设有机械通风设施。

2. 天然游泳场所

(1) 天然游泳场所水面面积不小于 1 000 m^2。

(2) 设有危险区域的标志和有效的安全防护网。

(3) 游泳区水面光照度能够满足救生需要。

(4) 岸上建有能够监视整个游泳区的指挥(瞭望)台。

(5) 设有广播、通信设施(包括对讲机、直拨电话)。

(6) 设有急救室,男、女更衣室,男、女淋浴室,男、女厕所,淋浴喷头数量和厕所厕位,应与可容纳游泳人员的数量相适应。

(7) 岸上活动区公共指示用标志应符合 GB/T 10001.1 的要求。

(二) 安全保证

1. 救生设施齐全

开放的游泳场所游泳安全救生器材一定要齐全,并经常检查、保养和维修,保证在紧急情况下能正常使用。

2. 配备救生员

(1) 救生员要持证上岗,着装整齐醒目,持有健康证明。

(2) 合理分工和划分责任区。救生员值班人数应按水面面积来确定。

(3) 水面面积在 250 m^2 以下的人工游泳池,至少配备固定水上救生员 2 人;水面面积在 250 m^2 以上的,则按面积每增加 250 m^2 及以内,增加 1 人的比例配备固定水上救生员。天然游泳场所(不包括海水游泳场所)按每 360 m^2 配备 1 人的比例配备固定的水上救生员。海水游泳场所救生员值班人数,则按海岸线每 100 m 配备 1 人的比例配备水上救生员。

(4) 游泳场所至少要设有流动救生员 1 名和医务人员 1 名。

3. 控制游泳人数

游泳人数是影响游泳安全的重要因素之一。人数过多容易造成游泳事故,尤其是在炎热的夏季。千万不要为了追求高利润搞得人满为患,一定要把游泳人数控制在安全范围之内。根据规定,人工游泳池内人均游泳面积不得小于 2.5 m^2,天然游泳场所人均游泳面积不得小于 4.0 m^2。

4. 建立安全制度

开放的游泳场所,应建立突发事故紧急处理预案、施救操作程序和溺水事故处理制度、合理的救生员作息制度等。

(三) 场所卫生要求

1. 游泳池水质标准

根据最新公布的《游泳池水质标准》(CJ244—2007),游泳池水质检测项目值应控制在国家规定的标准限值之内(表 1-5-1、表 1-5-2)。人工室内游泳场所开放时,水温应在 22~26℃;天然游泳场所开放时,水温应不低于 16℃。

表 1-5-1 游泳池池水水质常规检验项目及限值

序号	项目	限值
1	浑浊度	≤1NTU
2	pH	7.0~7.8
3	尿素	≤3.5 mg/L
4	菌落总数(36±1℃,48 h)	≤200 CFU/mL
5	总大肠菌群(36±1℃,24 h)	每 100 mL 不得检出
6	游离性余氯	0.2~1.0 mg/L
7	化合性余氯	≤0.4 mg/L
8	臭氧(采用臭氧消毒时)	≤0.2 mg/m^3 以下(水面上空气中)
9	水温	23~30℃

表 1-5-2　游泳池池水水质非常规检验项目及限值

序　号	项　　目	限　　值
1	溶解性总固体(TDS)	≤原水 TDS+1 500 mg/L
2	氧化还原电位(ORP)	≥650 mV
3	氰尿酸	≤150 mg/L
4	三卤甲烷(THM)	≤200 μg/L

2. 室内游泳池的空气卫生标准(表 1-5-3)

室内游泳场所应保持良好通风,有宽敞通道,机械通风设施能正常运转,冬季室温、空气细菌数、相对湿度、风速、二氧化碳等主要监测指标应符合《游泳场所卫生标准》。使用集中通风空调系统的,应符合《公共场所集中空调通风系统卫生管理办法》的规定。

表 1-5-3　室内游泳池空气卫生标准值

项　　目	标　准　值	项　　目	标　准　值
冬季室温	高于水温 1～2 ℃	二氧化碳	≤0.5 m/s
相对湿度	≤80%	撞击法	≤4 000 cfu/m^3
风速	≤0.5 m/s	沉降法	≤40 个/皿

3. 经常性卫生要求

游泳场所经常性卫生要求是保证游泳场所卫生标准的重要环节,游泳场所管理人员要按照《游泳场所卫生标准》,做好游泳场所各项卫生工作。

游泳场所的通道及卫生设施应保持清洁无异味并应定期消毒;人工游泳池在开放时间内应每日定时补充新水,保证池水水质有良好的卫生状况;池水消毒宜采用含氯消毒剂,在有条件和需要的情况下,也可采用臭氧、紫外线或其他消毒方法,采用臭氧或紫外线消毒时,还应辅以氯消毒;为防止人工游泳池生长藻类,池水中加入 0.25～0.5 mg/L 硫酸铜,发现藻类时的最大加药量不应超过 1.0 mg/L;浸脚消毒池水的余氯含量应保持 5～10 mg/L,每 4 小时更换一次;儿童涉水池连续供给的新水中余氯浓度应保持 0.3～0.5 mg/L;禁止出租游泳衣裤。

问题讨论与思考

1. 游泳对身心健康会产生哪些益处?
2. 举例说明大众游泳与实用游泳的区别。

3. 游泳的安全卫生常识都包括哪些内容？
4. 列举你所熟悉的游泳教学训练器材，并说明其作用。
5. 通过上网查看古今关于游泳活动的史料、图片，了解游泳的发展历史。

第二章

游泳的健康管理

【本章导言】

健康是人类永恒的主题。游泳能够强身健体，是老少皆宜的运动方式，但它具有一定的风险性。如何最大限度地降低发生意外的风险，让练习者获得良好的锻炼效果是每个游泳健身指导者所追求的。因此游泳的健康管理成为现代体育教学中不可或缺的一课。本章重点阐述游泳健康管理的主要内容和具体方法。

第一节　游泳的健康与体能检测

一、游泳前的健康检查

游泳是有益于健康的锻炼方式，为保证健身的安全性应在活动前进行必要的健康检查。

（一）问卷调查

填写问卷是参加游泳锻炼前必须完成的步骤，通过认真而又简洁的问卷调查，建立个人资料卡，可以帮助教练和体育教师掌握学生最基本的健康信息，有利于保护游泳练习者的安全并获得最佳的锻炼效果。个人资料卡如表 2−1−1 所示。

（二）一般医学检查

对于中老年人群或健康状况欠佳的年轻人，建议在参加游泳锻炼前进行一次与运动相关的医学检查，其内容可参照普通内科门诊的常规检查项目，重点放在发现某些疾病或健康状况欠佳方面，确定是否能够参加游泳运动。一般选择的检查项目有：血常规、尿常规、安静心率、血压、心电图、血糖等（表 2−1−2）。

表 2-1-1 个人资料卡

编号：__________姓名：__________性别：______出生年月：__________职业：__________
联系地址：____联系电话：__________
患病史：____运动损伤史：__________
现在是否在服用药物(注明药物名称)：____
目前健康状况：____
是否吸烟：______________________________饮酒状况：______________________
运动爱好、习惯、经历：____

表 2-1-2 健康检查卡

身高：____________________体重：________________BMI 指数：__________________
心电图检查：________________安静心率：________________血压：________________
血红蛋白：__________红细胞计数：__________白细胞计数：________血小板：________
红细胞比容：__________________血糖：________________尿常规：________________
总胆固醇：______________________________甘油三酯：__________________________

1. 血常规

血红蛋白指标常用于评价人的运动能力和机能状况。血红蛋白是红细胞中的含铁蛋白质，俗称血色素，具有运输氧气和二氧化碳的功能，并有调节血液酸碱度的作用。血红蛋白含量多少对游泳运动员的运动能力影响较大，一般认为血红蛋白较高者具有更好的携氧能力，可以承担较高的运动负荷，从而更有利于运动；而血红蛋白低于正常值甚至出现贫血时，则工作能力显著降低。运动负荷过大而导致的贫血现象被称为运动性贫血，国内比较认可的诊断标准为男性血红蛋白低于 120 g/L，女性血红蛋白低于 110 g/L 为贫血。运动量过大会消耗较多的能量物质及营养素，如果蛋白质和铁的摄入量不足且不能及时补充，就会影响机体内红细胞的生成，从而引起运动性贫血。因此在完成较大运动负荷后，应注意及时补充丢失的营养素。

在体检中如果发现血红蛋白过低现象应及时排查是否存在健康隐患，例如因遗传或膳食营养等导致的血红蛋白较低的状况，应遵医嘱进行相应的医学干预，谨慎安排较低强度的游泳锻炼，并定期观察。

2. 安静心率

健康成人的安静心率为 60～80 次/分钟，每分钟 110 次以上为心动过速，每分钟 60 次以下为心动过缓。从事耐力项目的运动员，会出现窦性心动过缓的现象，这是长期耐力训练引起心功能改善及交感神经张力降低，迷走神经张力占优势的结果。存在病理性的心动过速和过缓时都不应进行游泳运动。

3. 动脉血压

正常人的血压随性别、年龄及其他生理情况而变化。男性的血压一般比女性略高。随着年龄增长，动脉血压也逐渐升高，但收缩压的升高比舒张压的升高更加显著。较长期的运动锻炼，常出现安静血压略有降低的现象。

适宜的游泳运动中，由于心输出量增大，可引起动脉血压适度上升，一般表现为收缩压、舒张压都有上升。持续较长时间的运动，会由于骨骼肌血管明显扩张，外周阻力下降，而引起收缩压升高，舒张压不变甚至下降的现象；但如果运动时出现收缩压上升不明显或不变，而舒张压升高或不变，则提示可能身体机能状况不良。收缩压和舒张压持续超过 18.66/12 kPa(140/90 mmHg)为临界高血压，持续高于 21.33/12.66 kPa(160/95 mmHg)为高血压。收缩压和舒张压低于 12/6.7 kPa(90/50 mmHg)，则认为是低血压。运动时都应注意。

4. 血糖

一般把血糖浓度低于 3.3 mmol/L(60 mg/dl)称为低血糖。有时进食不足、能量消耗过大会出现非病理原因造成的运动性低血糖现象。其早期表现为心悸、乏力、出汗、面色苍白、有饥饿感，较严重时出现震颤、恶心、呕吐等，更严重的出现意识模糊、精神失常、肢体瘫痪、大小便失禁、昏睡、昏迷等。低血糖不仅严重影响运动能力，参加运动时还会发生危险。因此，应避免在空腹时进行游泳锻炼，如果锻炼前或运动中出现上述低血糖症状应立即停止运动，并及时补充糖类食品。

血糖测定也是糖尿病诊断的重要依据，高血糖是糖尿病病人的主要特征。控制较好的糖尿病病人可以在医生指导下参加游泳锻炼，中低强度的游泳运动有利于降低血糖浓度，对糖尿病病人的康复起到积极的作用，但必须在适宜时间段里进行。曾有研究证实：糖尿病病人餐后 90 分钟进行运动最有利于降糖，而空腹运动对于糖尿病人应绝对禁止。

二、基本体能测评

体能是人体各系统器官具有的能力，比如在日常生活中走、跑、跳、投掷、攀爬、悬垂、支撑等基本活动能力；在体育运动中表现出来的力量、速度、耐力、灵敏和柔韧等身体素质，这些都被称为体能能力，在大众健身中一般使用“体适能”一词来概括人的体质健康水平。由于人的体能水平有很大的个体差异，为保证游泳锻炼效果和运动的安全性，在参加游泳锻炼前应该进行基本体能测评，以便有针对性地安排运动负荷。

(一) 心肺功能

1. 最大摄氧量

最大摄氧量是国内外公认的评定心肺功能的敏感指标，是指人体在进行有大量肌肉群参加的长时间剧烈运动中，当心肺功能和肌肉利用氧的能力达到本人极限水平时，单位时间内(通常以每分钟为计算单位)所能摄取的氧量，它反映了机体吸入氧、运输氧和利用氧的能力，与游泳锻炼的耐受性密切相关。最大摄氧量的直接测定法需要专门的仪器设备和有经验的实验人员才能完成，在大众健身中常采用间接测定法进行最大摄氧量的推算，常用的方法有台阶试验法、功率车法、12 分钟跑等。

12 分钟跑推算最大摄氧量的方法是测试受试者在 12 分钟内能跑完的距离。对于没有运动经历的人，测验时往往对自己的体力不能正确估计，不能合理地分配体力。为保证测试的准确性和安全性，生理学家库珀建议，在测试之前应让受试者参加先走步后跑步的准备性练习，比如可以安排无训练经历的中年人先每天完成 12 分钟快走，两周；每天完成 12 分钟走、跑交替，两周；每天完成 12 分钟慢跑，两周；之后再进行 12 分钟跑正式测验(表 2－1－3)。

表 2－1－3　12 分钟跑与最大摄氧量的换算

12 分钟跑成绩(米)	最大摄氧量(ml/kg/min)	12 分钟跑成绩(米)	最大摄氧量(ml/kg/min)	12 分钟跑成绩(米)	最大摄氧量(ml/kg/min)
1 000	14.0	2 000	35.3	3 000	56.5
1 100	16.1	2 100	37.4	3 100	58.6
1 200	18.3	2 200	39.5	3 200	60.8
1 300	20.4	2 300	41.6	3 300	62.9
1 400	22.5	2 400	43.8	3 400	65.0
1 500	24.6	2 500	45.9	3 500	67.1
1 600	26.8	2 600	48.0	3 600	69.3
1 700	28.9	2 700	50.1	3 700	71.4
1 800	31.0	2 800	52.3	3 800	73.5
1 900	33.1	2 900	54.4	3 900	75.6

注：引自刘纪清，李国兰．实用运动处方[M]. 哈尔滨：黑龙江科学技术出版社，1993.

2. 心血管功能测试

心血管功能测试也称改良台阶试验。实验和评价方法如下：

(1) 使用设备：实验台阶(高度为男 30 cm，女 25 cm)、节拍器、秒表。

(2) 实验步骤：

① 将节拍器调至 120 次/分钟，听节拍左右腿交替上下台阶，持续 3 分钟(30 次/分钟)。每次上下台阶后上体和双腿必须伸直，不能弯腰和屈膝。

② 完成运动后，测量运动后 1 分钟至 1 分 30 秒、2 分钟至 2 分 30 秒、3 分钟

至3分30秒三个恢复期的心率。

(3) 评定公式:台阶指数=登台阶运动持续时间(S)×100/(恢复期三次心率之和)×2。

(4) 评价标准参考表如表2-1-4、表2-1-5所示。

表2-1-4　成年人台阶指数评价标准(男子)

年龄(岁)	等级				
	差	下	中	良	优
20～24	42.1～46.1	46.2～52.0	52.1～58.0	58.1～67.6	>67.6
25～29	42.1～46.1	46.2～51.9	52.0～58.3	58.4～68.1	>68.1
30～34	41.4～46.1	46.2～52.2	52.3～58.3	58.4～68.1	>68.1
35～39	41.3～46.1	46.2～52.2	52.3～58.7	58.8～68.1	>68.1
40～44	37.8～46.5	46.6～53.5	53.6～59.9	60.0～70.2	>70.2
45～49	35.5～46.3	46.4～53.5	53.6～60.3	60.4～70.2	>70.2
50～54	31.5～45.8	45.9～53.5	53.6～59.9	60.0～69.7	>69.7
55～59	29.9～44.7	44.8～53.2	53.3～59.9	60.0～69.7	>69.7

注:表中数据来源于国家体育总局.国民体质测定标准手册[M].北京:人民体育出版社,2003.

表2-1-5　成年人台阶指数评价标准(女子)

年龄(岁)	等级				
	差	下	中	良	优
20～24	40.9～46.1	46.2～52.2	52.3～58.0	58.1～67.1	>67.1
25～29	40.7～46.8	46.9～53.2	53.3～59.1	59.2～68.6	>68.6
30～34	39.5～47.0	47.1～53.7	53.8～59.9	60.0～69.1	>69.1
35～39	37.0～46.8	46.9～53.8	53.9～60.3	60.4～69.7	>69.7
40～44	31.5～46.8	46.9～54.8	54.9～61.5	61.6～71.3	>71.3
45～49	30.0～45.6	45.7～54.4	54.5～61.5	61.6～71.3	>71.3
50～54	27.9～43.8	43.9～54.1	54.2～61.5	61.6～71.3	>71.3
55～59	27.3～39.8	39.9～52.8	52.9～60.3	60.4～70.2	>70.2

注:表中数据来源于国家体育总局.国民体质测定标准手册[M].北京:人民体育出版社,2003.

3. 肺活量

肺活量是指在不限时间的情况下,一次最深吸气后,再尽最大能力呼出的气体量,它可以评价人的呼吸系统机能。这与承受游泳运动负荷的能力密切相关。肺活量的大小与性别、年龄、体表面积、胸廓大小、呼吸肌发达程度以及肺和胸壁的弹性等因素有关，而且有较大的个体差异，评价参考标准如表 2－1－6、表 2－1－7 所示。

表 2－1－6　男子 20～69 岁肺活量评价标准(ml)

年龄(岁)	等级				
	差	下	中	良	优
20～24	2 369～2 847	2 848～3 464	3 465～3 984	3 985～4 634	>4 634
25～29	2 326～2 849	2 850～3 459	3 460～3 969	3 970～4 624	>4 624
30～34	2 240～2 749	2 750～3 344	3 345～3 874	3 875～4 544	>4 544
35～39	2 135～2 619	2 620～3 209	3 210～3 739	3 740～4 349	>4 349
40～44	2 007～2 449	2 450～3 084	3 085～3 599	3 600～4 223	>4 223
45～49	1 900～2 307	2 308～2 964	2 965～3 464	3 465～4 099	>4 099
50～54	1 770～2 164	2 165～2 779	2 780～3 254	3 255～3 914	>3 914
55～59	1 669～2 059	2 060～2 644	2 645～3 124	3 125～3 769	>3 769
60～69	1 255～1 660	1 661～2 229	2 230～2 749	2 750～3 334	>3 334

表 2－1－7　女子 20～69 岁肺活量评价标准(ml)

年龄(岁)	等级				
	差	下	中	良	优
20～24	1 423～1 873	1 874～2 354	2 355～2 779	2 780～3 259	>3 259
25～29	1 396～1 834	1 835～2 364	2 365～2 769	2 770～3 244	>3 244
30～34	1 320～1 781	1 782～2 339	2 340～2 759	2 760～3 242	>3 242
35～39	1 295～1 734	1 735～2 249	2 250～2 674	2 675～3 159	>3 159
40～44	1 228～1 629	1 630～2 149	2 150～2 573	2 574～3 074	>3 074
45～49	1 160～1 519	1 520～2 049	2 050～2 459	2 460～2 979	>2 979
50～54	1 115～1 469	1 470～1 977	1 978～2 374	2 375～2 899	>2 899
55～59	1 095～1 374	1 375～1 854	1 855～2 249	2 250～2 769	>2 769
60～69	895～1 104	1 105～1 559	1 560～1 964	1 965～2 454	>2 454

注：表中数据来源于国家体育总局.国民体质测定标准手册[M].北京：人民体育出版社，2003.

(二) 体力年龄评定

通过四项身体素质指标的测试，评出人的体力年龄，如果能够达到低于个人日历年龄的水平，则表明体能较好。四项指标是：立位体前屈、闭眼单足立、反复横跨、俯卧撑(女子仰卧起坐)。

三、游泳运动注意事项

(一) 游泳锻炼的禁忌证

1. 女性月经期最好不要进行游泳锻炼

月经期间生殖系统抵抗力低弱，游泳易使病菌进入子宫、输卵管等处，引起感染。

2. 生病体弱不宜游泳

感冒发热、腹泻等患病期间，刚刚病愈，出现身体不适，或如前所述健康检查发现异常，没有得到医生许可等情况下都不应进行游泳锻炼。

(二) 忌游泳锻炼的时间段

1. 忌空腹或饭后40分钟内游泳

空腹游泳容易出现低血糖、头昏乏力等状况；饱腹游泳会影响身体对食物的消化和吸收，还会发生肠胃不适、痉挛、腹痛等现象。

2. 忌在剧烈的陆上运动后马上游泳

这样会加重心脏负担，引发心血管意外。

3. 大量饮酒后禁止游泳

第二节　游泳健身与营养

体育锻炼对人的体能有一定要求，运动时能量代谢加强，将比平日消耗更多的能量，合理膳食及时补充营养有助于加速恢复过程。所以营养与运动有着密切的关联。科学饮食，通过一日三餐获得膳食营养平衡对于健康是最为关键的。食物中具有营养功能的物质称为营养素，分为糖、脂肪、蛋白质、维生素、矿物质和水六大类。这些营养素参与机体组织结构的构建、能量的供给、新陈代谢及其内环境的稳定和调节等各种生理生化反应和生命活动。参加游泳锻炼会比日常消耗更多的能量，了解各营养素与运动的关系可以帮助我们更科学地选择食物。

一、糖与运动能力

糖被称为生命的燃料，因为它是机体热能的主要来源，糖的特点是：

(1) 供给能量最迅速，可以氧化直接生成ATP；在产生同样的能量时耗氧量比蛋白质和脂肪少，其产能效率高。

(2) 糖可以在缺氧条件下通过无氧代谢提供能量，生成ATP和乳酸。

(3) 糖是唯一可以进入血脑屏障的供能物质，因此只有血糖维持在一定水平时，才能够保障脑和中枢神经的功能正常。

糖的供给应占膳食中热能的50%～60%。参加运动需要补充一定量的糖，当从三餐膳食中摄入的糖不能满足需要时，会发生低血糖现象。糖补充不足，对运动能力有直接影响，如果游泳运动量较大时，可以适量进行补充。一般认为，运动前补糖有利于肌糖原、肝糖原储备，保持血糖浓度，减少蛋白质损耗；运动中补糖可延缓疲劳，维持大脑皮层兴奋；运动后补糖可使消耗的肌糖原尽快恢复，有利于消除疲劳。

植物性食物是糖的主要来源，如大米、小麦、土豆、山芋、玉米等。低聚糖饮料、水果、蜂蜜等也是糖的良好来源。

二、蛋白质与运动能力

蛋白质是使机体修复的营养素，也是一切细胞的主要成分。它的主要功能有：构成机体，修补组织，影响人体免疫力，维护神经细胞的正常功能，当糖供应不足或是被大量消耗后，蛋白质参与供能，它有助于提高中枢神经系统的兴奋性。目前调查研究认为：我国大多数人从膳食中摄取蛋白质便可以满足机体的需要。过量补充蛋白质会有许多危害，比如会加重肝脏和肾脏的负担，造成体液酸化，降低运动能力。因此只要不是太大的运动量，一般不需要额外补充蛋白质。

蛋白质需求量应为总热能的15%，约为1.5克/千克体重，其中应有1/3以上为优质蛋白质，蛋白质主要来源是肉、鱼、蛋、牛奶、豆类。

三、脂肪与运动能力

脂肪是含热量最多的能源物质，含水少，体积小，因而是储存热能的良好物质，有利于长时间运动时的供能。脂肪帮助维持体温恒定，形成的脂肪垫能够保护器官；脂肪帮助脂溶性维生素溶解，以便被人体吸收利用。由于脂肪氧化时氧的利用率较低，过多的脂肪摄入将不利于运动，还会降低蛋白质和铁等其他营养素的吸收。摄入过量脂肪易引发肥胖或高脂血症，对健康不利。适宜的脂肪摄入量应为总热量的25%～30%，参加游泳锻炼运动时间在1.5个小时之内不需要额外补充脂肪。

近年发现，卵磷脂与运动也有密切联系，适量补充可使运动员感到精力充沛、疲劳感推迟出现。卵磷脂有提高脑内乙酰胆碱浓度的作用，从而促进生长素的释放，对于加速肌肉生长、增强力量、修复损伤有重要的刺激作用。卵磷脂来源于橄榄油、深海鱼油等。

四、维生素与运动能力

运动可使能量代谢加强，而大多数维生素，特别是B族维生素，能够激活能量生成的过程。例如维生素A、C和E是作用很强的抗氧化剂，能防止细胞膜的脂质过氧化和红细胞膜受损，维持运动中细胞的正常功能；维生素D是钙代谢的调节剂，钙在肌肉的兴奋－收缩耦联中具有重要的中介作用，因而与运动中肌肉收缩做功密切相关。此外，维生素还能协助调节神经系统的功能，B族维生素对于保持能量供给系统的适宜状态有重要作用。

运动人群对维生素的需求量较一般人群高，原因在于：

(1) 运动量加大时胃肠道吸收维生素的功能下降。

(2) 运动时排汗增多使维生素大量丢失。

(3) 运动时体内维生素周转率加快。

(4) 能量代谢加强。

一般认为，在平衡膳食的情况下，中、小运动量不会引起维生素的缺乏。但有调查显示，从事较大运动量或长期运动的人群，特别是运动员，存在着不同程度的维生素缺乏，并且由于维生素本身的多种功能，以及它与运动能力的密切关系，使运动员被认为是补充维生素的目标人群。

五、矿物质与运动能力

一般认为与运动密切相关的矿物质主要有：钙、铁、氯、钠、锌、钾、镁、硒等。较大负荷的运动会使体内的电解质代谢加强，如大强度或高温下运动，随着排汗量增加和代谢能力的加强，矿物质会严重丢失，机体代谢紊乱造成运动能力下降。因此，运动量较大时可以适当选择富含矿物质的食物进行补充。

富含钙的食物有虾皮、海带、牛奶、豆类、干果等。富含铁的食物有动物肝脏、豆类、绿色蔬菜、肉类等。富含锌的食物有海产品、动物肝脏、花生、鱼、蛋、奶等。富含钾的食物有黄豆、绿豆、豆腐皮、海带等。富含镁的食物有豆类等。富含硒的食物有海产品、瘦肉等。

六、水营养

水是人体含量最多的营养素，占人体重的60%～70%。水是良好的溶剂，像供我们居住的房屋一样，水提供给身体各个器官生活的环境，维持和调节体温，润滑关节、肌肉、体腔、呼吸道等。水的生理功能主要是溶解营养物质。正常人每天需摄入2 000～3 000 ml水。

运动时代谢加快，通气量加大，会从呼吸道丢失大量的水分，尤其在热环境下运动，会造成更为严重的水分丢失。缺水会使体温进一步上升，心率加快，血压下降，还会使人烦躁，运动能力下降，导致身体疲劳，直接影响锻炼效果。

积极主动地补水是运动补水的原则。口渴中枢是调节人水代谢的重要环节，当人体缺水使血浆渗透压过高时，口渴中枢兴奋激发人的饮水行为，但对运动者来说，此时补水已经晚了。运动者感到口渴时，实际上已经处于轻度脱水状态，而且，人们在运动中对于口渴的敏感度常会下降，在运动后才会感到口渴难忍，此时再补，已经影响健康与运动能力了。运动补水方法如下：

（1）锻炼之前进行预防性补水，一般可在运动前20～30分钟补水300～500 ml。这对于增加体内的水合作用，保持锻炼过程中的运动能力十分重要。

（2）运动中补水，方法是少量多次，可以每隔20分钟补水120 ml左右。

（3）运动后补水可使机体重新达到水平衡，有利于消除身体疲劳，帮助身体尽快恢复体力。

第三节　游泳健身运动负荷的自我监控

运动负荷量是指人体在运动中所承受的生理负荷量。运动健身的原则是安全、有效，虽然体育运动有益于健康，但所有参加体育运动的人都会遇到安全问题，那么，除了在健身过程中注意不要意外受伤以外，最重要的是对运动负荷、强度和运动时间进行控制。如果超出个体能够承受的锻炼强度，其实是对身体健康的伤害，这样的锻炼不仅不能达到健身的效果，而且会加速身体器官的衰老。研究表明，适度的运动比根本不参加体育锻炼的人死亡率可降低1/4～1/3。但若参加过于剧烈的运动，对于延长寿命毫无益处。

游泳健身和其他体育项目一样，应该根据个人身体状况适度而为，为防止运动负荷量过大，应掌握一些科学、简便的方法，根据运动过程中和运动后的身体反应进行自我监测，以确保锻炼的安全性和有效性，尽情享受游泳带给我们的乐趣。

一、心率自我监测

心脏搏动所引起的压力变化使主动脉管壁发生振动，沿着动脉管壁向外周传递，即为动脉脉搏。在正常情况下，脉搏的频率和心率是一致的，测量脉搏不仅是诊断疾病的常用手段，也可以测查心脏血管本身的功能水平及运动量的大小、身体恢复情况等。

个人自我监测一般可以采取指触法，即用食指、中指、无名指轻按一侧手腕部桡动脉或颈动脉处测量脉率。测量安静时脉搏至少应静坐休息30分钟再进行，计数时间应在30秒以上，以减少误差。运动后即刻和恢复期脉搏主要用于观察运动强度的大小，计数时间应为10秒或15秒，然后换算成1分钟脉搏用于评价。

（一）晨脉

清晨起床前卧位脉搏为晨脉。正常情况下晨脉应相对稳定，如果运动量过大，身体疲劳，机能水平下降，晨脉会加快。参加游泳锻炼前应该测量并记录自己的基础晨脉，参加运动后，若自己的基础晨脉上升 10 次/分以上，说明对负荷不适应，出现疲劳，应注意减少运动量。

（二）恢复期心率

恢复期心率可以衡量运动者心血管机能对负荷强度的适应程度。进行健身的游泳运动时，运动者应在运动后 10 分钟之内，心率基本恢复至安静水平，如果游泳运动后 15 分钟脉搏尚不能恢复到安静状态，则提示运动强度过大。

（三）立卧位脉差评定法

测量运动员安静卧位脉搏数为 A，然后以平常速度站起后测量立位脉搏为 B，评价方法是：$B-A<18$ 为心血管机能良好；$B-A=18$ 为机能一般或临界疲劳；$B-A>18$ 提示运动者心血管机能不佳或出现疲劳。

二、主观体力感觉等级

（一）RPE 的概念及意义

RPE(Rating of Perceived Exertion)是目前欧美国家研究较多并广泛应用的一种简易而有效的评价运动负荷强度的方法。它是指运动者在运动中对用力程度和现场主观感觉进行的自我评价，RPE 从 6 到 20 共分 15 级，相应地文字表述是从“极轻”到“极重”，以此来区分疲劳程度，也被称为主观用力感觉、自我劳累分级等。

RPE 由著名的瑞典斯德哥尔摩大学的心理学教授 Gunnar Borg 创立，是介于心理学和生理学之间的指标，其表现形式是心理的，但反映的却是生理机能的变化。Borg 的研究证实，RPE 测量的虽然是自我主观感觉，但主观感觉一定是积聚了来自体力上、精神上和生理上的劳累信息，所以它对自我的评估综合地表达了客观上的信息。比如体力上的负荷，如果负载重物，作为自变参数可导致作为因变参数的生理反应，导致心率和耗氧量增加，血乳酸堆积或其他不良的心理反应等；而精神或心理上的压力，例如焦虑、情绪激动在导致心理劳累时通常也将带来生理上的反应。再有，生理上的劳累也可由作为心理参数的用力感觉指标反映出来。

（二）RPE 应用方法

使用 RPE 要对练习者进行简单的培训，教会他们客观地反映自己的疲劳感觉。最初可以制作 RPE 木板，让锻炼者在运动过程中不断指出自我感觉的等级（表 2－3－1）。

表 2－3－1 RPE 等级表

RPE	主观运动感觉	相对强度(%)	相应心率(次/分)
6	安静	0.0	
7	非常轻松	7.1	70
8		14.3	
9	很轻松	21.4	90
10		28.6	
11	轻松	35.7	110
12		42.9	
13	稍费力	50.0	130
14		57.2	
15	费力	64.3	150
16		71.5	
17	很费力	78.6	170
18		85.8	
19	非常费力	95	195
20		100	最大心率

如果用 RPE 的等级数值乘 10，相应的得数大致就是完成这种负荷的参考心率。也有人认为，这种推算只适合健康的中、青年人。

目前，国外的运动医学专家认为，心率结合 RPE 值测试是监控运动负荷的最好方法。即先按适宜的心率范围进行运动，然后在运动中结合 RPE 评价表掌握运动强度，将客观生理机能指标与对运动的主观体验结合起来，可以避免单纯追求某一靶心率的盲目性。例如某人的靶心率为 150 次/分时，RPE 值为 13，而当患有轻度感染或工作劳累后，再以 150 次/分心率强度运动时，会感到非常困难和费力，RPE 值会增加。与以前的主观感觉相比较，这可能是一种前期病理症状，在这样的情况下勉强保持靶心率运动将是十分危险的。而运用 RPE 值正好可以避免这种潜在危险的发生。由于体能承受运动负荷具有可变性，所以通过 RPE 和客观生理指标相结合来监控运动量较合适，而且在锻炼中不用停下来测心率就能知道自己的运动强度是否合理。

一般认为，游泳健身适宜的强度是 RPE 11～14 级。

三、体重和食欲

（一）体重

体重的变化可以反映人体的营养和肌肉发达的程度。测量体重可以了解机体对锻炼负荷的适应情况。一般说来，除有意控制体重，正常参加健身的运动者，体重应该维持在相对稳定或只有轻微波动的状态，体重减少在 0.5 千克以内是正常的，但一般次日便能恢复，如体重呈明显的下降趋势，则有可能是运动量偏大，有疲劳积累的征兆，应及时减少运动量，并进行营养补充。当然也有可能是身体患病的反映，应及时进行医学诊断。

（二）食欲

游泳锻炼后出现食欲缺乏，消化机能减退等现象，提示运动负荷过大，此时应注意减少运动量。

问题讨论与思考

1. 对人体基本体能的测评都包括哪几类？测试方法都有哪些？
2. 简述六大营养素与运动能力的关系。
3. 简述 RPE 的概念及应用方法。
4. 游泳练习者在经过一段时间锻炼后，出现了体重下降的情况，可能是什么原因造成的？

第三章 游泳技术基本原理

【本章导言】

游泳是在水这种特殊环境中进行的运动。要学会游泳，首先要使身体在水中漂浮起来并保持好平衡。要游得又快又轻松，就要掌握合理的游泳技术，努力减小水的阻力并努力增大动作的推进力。本章运用流体力学的知识，重点讨论游泳时人体的沉浮与平衡、游泳的阻力、游泳的推进力以及有关的技术问题，以达到运用理论知识来指导游泳实践的目的。

第一节 游泳时人体运动的基本概念

一、游泳时的运动方向

人体在进行陆上运动时通常是直立姿势。直立姿势时以头的方向为上，脚的方向为下，胸的方向为前，背的方向为后。而当人体在水中游泳时，常取俯卧、仰卧或侧卧姿势。此时，规定以头的方向为前，脚的方向为后，浮力的方向为上，重力的方向为下，身体的左、右为侧。头的方向通常也就是游进的方向。我们常讲向前移臂、向后蹬腿、上下打水、身体侧转等，都是以这种统一的方向规定为准。

二、常用术语

1. 动作周期

动作周期是指一个完整动作所用的时间，一般用“秒/次”来表示。周期的长短反映动作的快慢程度。动作周期越长，动作越慢；动作周期越短，动作越快。爬泳和仰泳是两臂交替划水，在一个动作周期中有两次划水，左、右两臂各划水一次。蛙泳和蝶泳是两臂同时划水，在一个动作周期中两臂同时划水一次。

2. 动作频率

动作频率是指单位时间内完成完整动作的次数，一般用“次/分”来表示。动作频率也反映动作的快慢程度，它与动作周期成反比关系。动作周期越长，动作频率就越低；动作周期越短，动作频率就越高。由于游泳动作主要表现为手臂的划水，所以在技术分析时常把动作频率简称为划频。

3. 动作效果

动作效果是指一个完整动作使身体向前游进的距离，一般用“米/次”来表示。动作效果反映动作的实效性，即游泳技术的优劣。技术优者，一个完整动作身体向前游进的距离长；技术差者，一个完整动作身体向前游进的距离短。由于游泳动作主要表现为手臂的划水，所以在技术分析时常把动作效果简称为划幅。

游泳初学者应特别注意改进技术，提高动作效果。可以经常用游一定距离数动作次数的方法来评估自己的动作效果，次数越少，效果越好。

4. 动作节奏

动作节奏是指在一个动作周期中，各阶段及身体各部分动作速度与时间的比例关系。各项技术有各自的节奏要求。例如，蛙泳腿的技术要求收腿较慢，蹬腿较快；爬泳臂的技术要求是入水时较慢，划水时逐渐加速，划水将近结束时最快。不论是快游还是慢游，动作节奏都应相对稳定，即应保持各阶段动作速度的内部比例关系。这一点对游泳初学者来说尤为重要。

第二节　游泳技术的力学原理

一、游泳时人体的沉浮与平衡

（一）呼吸是影响游泳时人体沉浮的主要因素

万有引力定律表明，地球上的一切物体都受到地心引力的作用。这种由于地球的吸引而使物体受到的力叫重力。重力的方向竖直向下，物体各部分重力的合力作用点叫重心。

阿基米德原理认为，浸在水里的物体都会受到向上的浮力作用，浮力的大小等于物体所排开的水的重量。浮力的方向向上，物体各部分浮力的合力作用点叫浮心。实际上，浮力的大小取决于物体的排水量。物体浸没在水中的体积越大，所受到的浮力就越大；反之，浮力就越小。

物体的沉浮是由重力与浮力之间的关系确定的。当重力大于浮力时，物体往下沉。当重力等于浮力时，物体可以悬浮于水中。当重力小于浮力时，物体就上浮，使物体的一部分露出水面。由于排水量减少，浮力相应减小。当浮力变得与重力一样大时，物体就稳定于水面处了。

物体在水中的沉浮可以直接从其密度或比重看出来。水的密度为1 g/cm^3，比重为1。人体的平均密度接近于水的密度，约为0.96～1.05 g/cm^3，比重为0.96～1.05。人若吸足气，胸腔扩大，总体积增大，则平均密度变小，比重将下降到0.96～0.99，身体就能够浮出水面了。人在充分呼气时，胸腔缩小，总体积变小，平均密度相应增大，比重将升至1.02～1.05，身体就会下沉。可见，呼吸是影响游泳时人体沉浮的主要因素。

游泳时要想浮得高，必须做好呼吸动作，使胸廓较持久地处于扩张状态以保持较小的身体比重，并尽量减少身体各部分失去水的浮力作用的时间。因此在技术上应注意：

(1) 吸气要充分，吸气动作要快。

(2) 在吸气后要有一个短暂的闭气阶段，然后开始呼气。

(3) 呼气相对较慢，呼气后紧接着吸气，中间不宜停顿。

(4) 吸气时头部和上体不宜抬得过高。

(5) 空中移臂动作要快。

(二) 合理利用升力改善漂浮状态

当人体在水中向前游进时还受到另一个使人体上浮的力的作用(图3-2-1)。人体向前游进时对前方的水施加了一个作用力，水对人体就产生一个反作用力。由于游泳时是上体略高，下肢略低，身体纵轴与水平面形成一个不大的迎角 α，所以水对身体的反作用力 F 是朝后上方的。按力分解的平行四边形法则，这个力可以在竖直方向和水平方向上分解。沿竖直方向向上的分力 F_1 称为升力，可以使身体上浮。沿水平方向向后的分力 F_2 称为阻力，对人体的前进起阻碍作用。

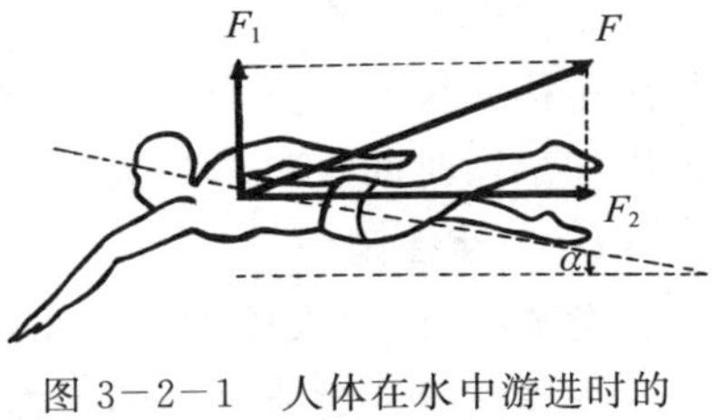

图3-2-1　人体在水中游进时的受力情况

由于升力 F_1 的作用，人体游进时的身体位置会比静止不动时高些。因此，即使是身体平均密度较大而在静止状态下无法漂浮起来的人，只要在游进中使身体纵轴与水平面形成一个合理的迎角，也可以使身体漂浮起来。

(三) 游泳时如何保持身体平衡

如果取两臂夹在体侧的姿势平卧于水中，由于下肢密度大于胸腔，所以重心偏后，约位于骨盆中央；而浮心的位置在人体所排开的那块水的几何中心，约位于腹部中心。由于重心和浮心不在同一条垂直线上，故重力与浮力形成了一个力偶矩。在此力偶矩的作用下，身体将发生倾转，下肢将下沉，直至重力与浮力的作用线都移到同一条垂直线上，使力偶矩变为零时为止。如果将两臂移到头前并拢伸直，就可以使身体重心相对前移而靠近浮心，减小力偶矩的作用，甚至能使重心与浮心重合，使力偶矩变为零，因而可以比较容易地平稳漂浮（图 3－2－2）。

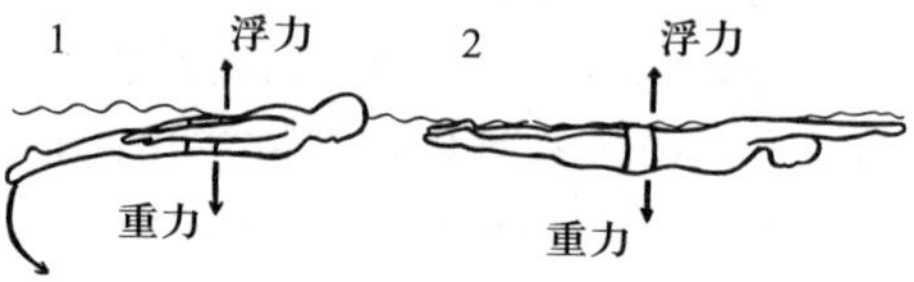

图 3－2－2　平卧姿势下身体的平衡

游泳时为了持久地保持稳定的平卧姿势，在技术上应注意：

（1）在做各种水中滑行动作时，如出发后的滑行、转身蹬壁后的滑行、蛙泳游进中的滑行等，两臂在头前都应充分伸直并拢，以便更好地保持身体平衡，使身体成流线型，减小水对身体的阻力。

（2）做好腿的动作。各种泳姿的腿部动作，如蛙泳蹬腿、爬泳打腿、仰泳打腿、蝶泳打腿等，在提供推进力的同时，都会产生一定的向上的力，帮助下肢上浮，从而形成稳定的平卧姿势。

二、游泳时的阻力

水的密度是空气密度的 800 多倍，因而水的阻力要比空气的阻力大得多。要想游得又快又省力，必须千方百计地减小游进阻力。根据水阻力的形成原理，可以把游泳时的水阻力分为摩擦阻力、压差阻力和波浪阻力。

（一）摩擦阻力

游泳时，由于人体周围水质点的相互摩擦而形成的阻力叫摩擦阻力。

人体在游泳时所受到的摩擦阻力取决于体表的光滑程度和游泳衣的质量。游泳运动员一般都选用光滑、柔软、弹性强而又很薄的紧身游泳衣裤，戴上游泳帽，以提高体表的光滑程度，减小摩擦阻力。

（二）压差阻力

游泳时，因人体的形状造成人体前端压力高、后端压力低，由此压力差而形成的阻力叫压差阻力。

影响压差阻力的一个重要因素是物体的正面面积，即物体在运动方向上的投影截面。投影截面越大，压差阻力就越大；投影截面越小，压差阻力就越小。

影响压差阻力的另一个重要因素是物体的形状，尤其是物体后部的形状。

如图 3－2－3 所示是 6 个投影截面相同但形状不同的物体。若以橄榄核形物体的阻力为 1,则其他几种形状物体的阻力可相差数倍至 100 倍。阻力由小到大依次为橄榄核形、后三角形、前三角形、圆柱形、平板形、前凹形。而同是三角形,尖朝前、底朝后时的阻力大于底朝前、尖朝后时的阻力,可见物体后部的形状对压差阻力有着极大的影响。

游泳时要减小压差阻力,技术上应注意:

(1) 尽量使身体成水平姿势,减小身体在运动方向上的投影截面面积,使身体尽量保持水平(图 3－2－4)。

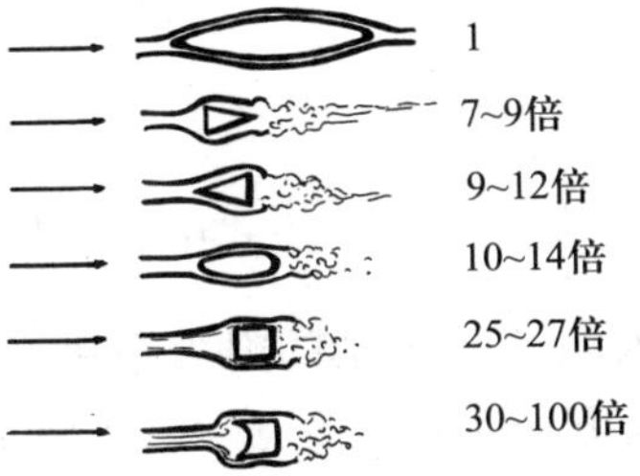

图 3－2－3　不同形状物体的阻力

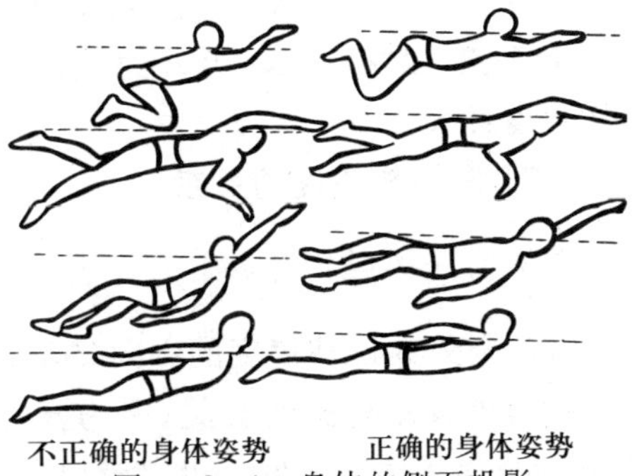

图 3－2－4　身体的侧面投影

(2) 尽可能使身体的各个部位符合流线型的要求。例如,在做各种滑行动作时,两臂应在头前伸直并拢,头夹在两臂中间;两腿应伸直并拢,脚尖伸直;腹、背肌保持适度紧张,使身体充分伸展成一条直线。如果两臂分开,两腿分开,或者屈髋、屈膝、勾脚,都会破坏身体的流线型,产生很大的压差阻力。又如蛙泳收腿时,不宜屈髋太多。否则,不仅使身体在游进方向上的投影截面增大,还会使大腿在水平面上呈阻力较大的圆形,造成压差阻力增大。

(3) 保持直线游进,尽量避免侧向摆动。侧向摆动不仅会增大身体在前进方向上的截面面积,还会在体侧形成很大的漩涡区,从而使压差阻力急剧增大(图 3－2－5)。

在爬泳和仰泳时要注意手臂的入水点。手臂入水时若过于靠近身体中线,甚至超过身体中线,就容易形成侧向摆动(蛇型游进)。

爬泳的空中移臂动作要注意避免"宽平移臂"的错误动作。仰泳空中移

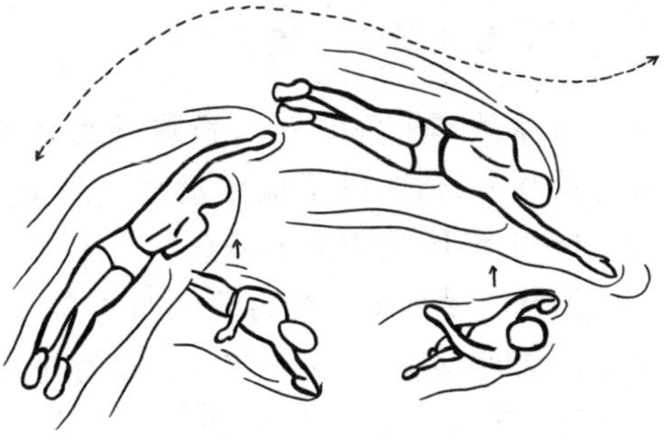

图 3－2－5　避免侧向摆动

臂时，应使手臂沿体侧的垂直面前移，不可向外偏。

（三）波浪阻力

游泳时，由于波浪的产生而形成的阻力叫波浪阻力。为了减小波浪阻力，游泳时应尽量避免产生大的波浪。在技术上应注意：

（1）出发和转身后应在水下的一定深度向前滑行，不要急于浮出水面。

（2）身体尽可能成水平。身体倾斜得越厉害，挡水面就越大，所产生的波浪也就越大。蛙泳和蝶泳在技术上要求身体有周期性的上下起伏，但也应注意保持比较平稳的身体姿势，以减少波浪的产生。

（3）采用合理的屈臂高肘划水技术。手臂入水时不要直臂下压，出水时不要直臂上兜，以减小水对手臂的反作用力在上、下方向上的力量，防止身体上下起伏程度过大。

（四）阻力与速度的关系

游泳时人体遇到的水阻力可表示为：$F=-\frac{1}{2}CS\rho v^2$。公式中，负号表示阻力的方向与人体运动速度的方向相反；C 为人体在水中运动的阻力系数，它与身体形状及体表光滑程度有关；S 为身体在运动方向上的投影截面；ρ 为水的密度；v 为身体运动的速度。可以看出，阻力 F 与速度 v 的平方成正比，人体在快游时需要特别用力才能克服急剧增大的水阻力。

认识速度对阻力的影响，有助于我们形成正确的动作节奏，掌握合理的配合技术。当肢体在水下做向前的准备动作时，速度应相对放慢，以减小水对这部分肢体快速运动的阻力。例如，爬泳手臂入水前伸的动作，蛙泳的收腿动作，速度都应相对较慢。蛙泳时强调先伸臂后蹬腿，即在两臂向前运动接近伸直时再向后蹬夹水。由于蹬腿将使身体获得一个动作周期中的最大前进速度，在此之前完成伸臂动作，可以避免手臂前伸速度与身体前进速度在一段时间内的叠加，减小前伸阶段手臂与水流的相对速度，有利于减小阻力。

三、游泳时的推进力

游泳是靠手臂的划水和腿的打水或蹬夹水动作产生推进力推动身体前进的。要想游得快，除了应尽量减小阻力外，还应努力增大推进力。

（一）游泳推进力的概念

游泳时手划水的受力情形如图 3-2-6 所示。当手掌以一定的迎角 α 相对于水流划动时，水就产生一个与手运动方向相反的阻力 D，同时产生一个与手运动方向垂直的升力 L。阻力 D 和升力 L 的合力 F 就是水对手的反作用力，朝着手划动方向的后上方。这里的阻力 D 与前面所说的阻碍身体前进的阻力不同，称为划水阻力；这里的升力 L 与前面所说的使身体向上浮起的升力也不同，称为划水升力。

由划水阻力 D 和划水升力 L 构成的水对手的反作用力 F，可能并不正对着游进方向，其在上、下、左、右方向上的分量会引起人体的侧向运动，只有其在游进方向上的分量 F_1，才真正起着推进作用(图 3－2－7)。

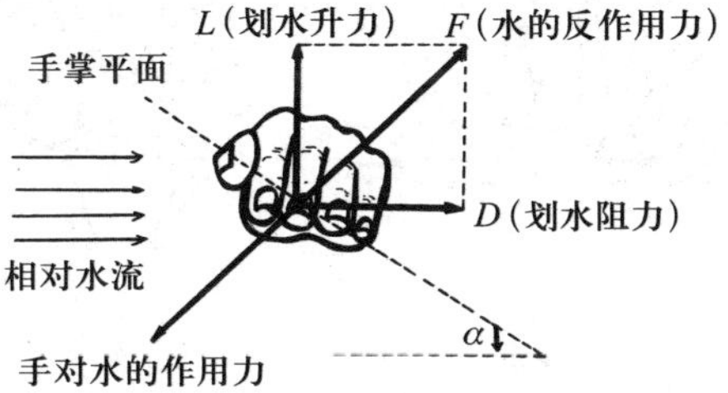

图 3－2－6　游泳时手划水的受力情形

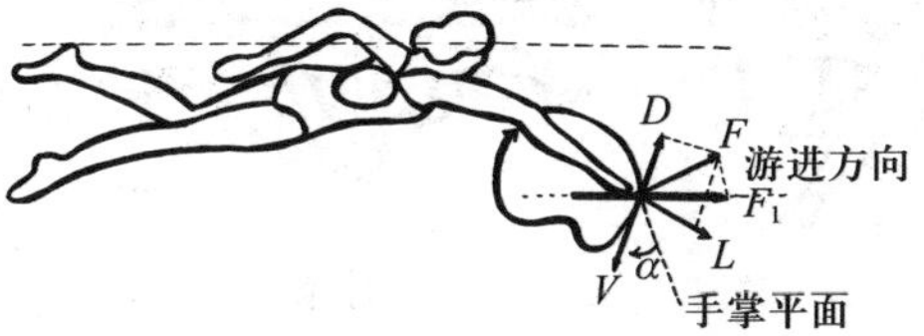

图 3－2－7　手臂动作的推进力

在打水或蹬夹水的过程中，脚掌平面与脚的运动方向也构成一个迎角 α。脚的动作会产生一个与脚的运动方向相反的打水阻力 D，同时产生一个与脚的运动方向垂直的打水升力 L。这两个力的合力 F 就是水对脚的反作用力，而只有其在游进方向上的分量 F_1，才真正起着推进作用(图 3－2－8)。

(二) 如何提高臂、腿动作的推进效果

1. 不同的手、脚姿势

美国的康西尔曼曾测定了 5 种不同形状手模型的阻力效果(图 3－2－9)。结果表明，游泳时以采用第一、第二种手型为好，即手掌伸平，手指自然伸直并拢(或拇指外展)。爬泳、仰泳、蝶泳腿的打水动作，应当大腿稍内旋，踝关节放松，足趾屈并稍内收；蛙泳腿的蹬夹水动作，应当勾脚掌，脚充分外翻，以小腿和脚的内侧面对水。

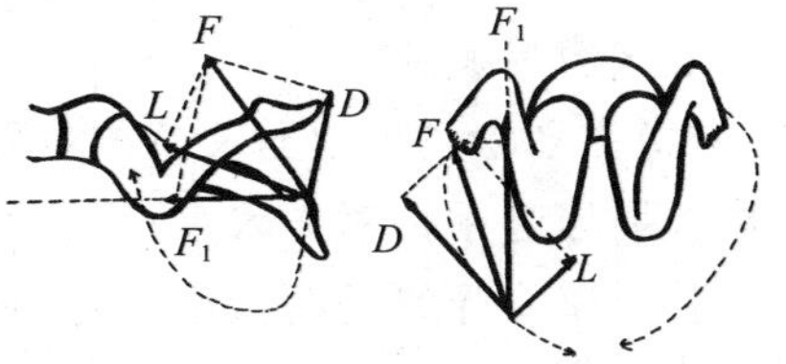

图 3－2－8　腿部动作的推进力

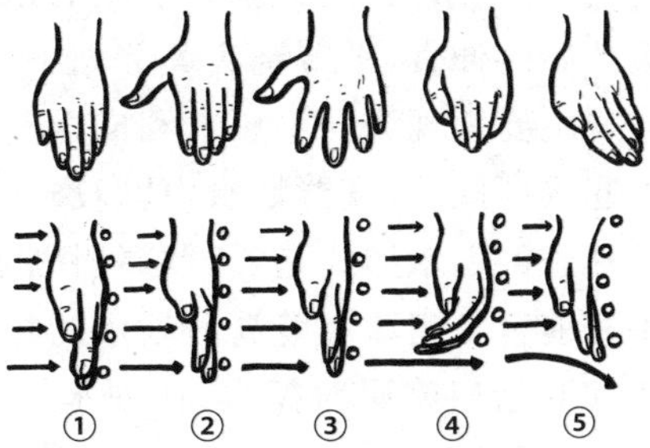

图 3－2－9　不同手型的阻力效果

2. 曲线划水

游泳时，手的运动轨迹是复杂的三维曲线。一般，游泳者手相对于自身及运动路线而言，爬泳为“S形”；仰泳为“平S形”；蛙泳为“桃心形”；蝶泳为“双S形”（图3－2－10）。

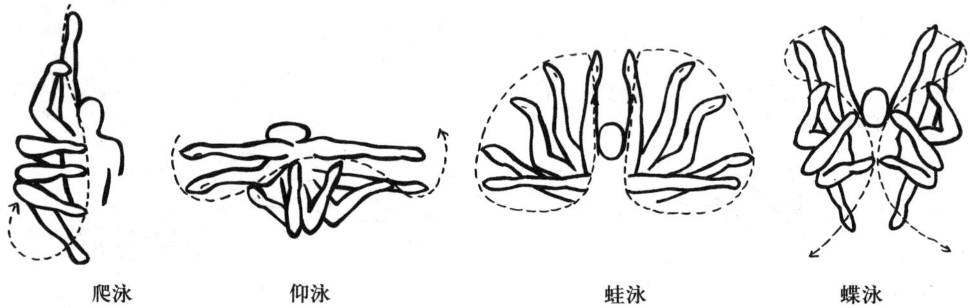

图3－2－10　四种手势相对于身体的划水轨迹

由于水具有流动性，肢体在做动作时没有像陆上运动一样有稳固的支撑点，而曲线划水可以在水中寻求到相对稳固的支撑点，以类似螺旋桨的形式尽可能在“静水”中划动，使手臂像拉住一个无形的把手一样推动身体向前运动。沿合理的曲线划水，既可以使手臂在划水的全程中获得较大的推进力，又会因划水路线变长而延长了力的作用时间，从而可以产生较大的冲力，有利于身体获得较大的运动速度。

3. 屈臂高肘划水

“沉肘划水”是初学者易犯的错误，如图3－2－11中的①所示，其特点是，手臂入水后肘关节下沉，手掌和前臂向下压水，所产生的反作用力容易造成身体上下起伏。在划水的主要阶段，前臂在水平面上的截面呈椭圆形，阻力系数小，推进效果差。在划水的后半段，虽然手掌和前臂形成了较好的姿势，但上臂已靠近躯干，无法充分发挥肩带肌的划水力量。

“直臂划水”也是初学者易犯的错误，如图3－2－11中的②所示，其特点是，肘关节始终伸直，手臂绕肩关节划了一个半圆。在划水的开始和结束部分，手掌和前臂主要表现为向下压水和向上兜水，所产生的反作用力易造成身体过分的上下起伏。此外，直臂划水力臂较长，耗力大，肌肉容易疲劳。

理想的划水形式是“屈臂高肘划水”。高肘指在划水过程中肘关节的位置高于手和前臂。爬泳屈臂高肘划水的特点是，以提肘姿势手指领先入水；手入水前伸后即开始屈腕屈肘抓水；在划水的前半段，手掌和前臂的运动快于上臂；在划水的后半段，上臂后拉的动作领先于伸肘推水的动作（图3－2－11③）。蛙泳和蝶泳的划水具有相似的“屈臂高肘”动作；仰泳的划水要求呈“屈臂倒高肘”动作。

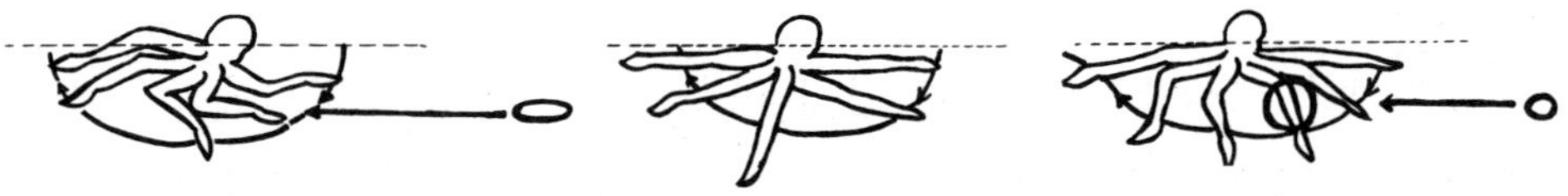

①　②　③

图 3-2-11　不同的划水形式与截面示意

屈臂高肘划水具有下列优点：

（1）有利于手臂沿曲线划水，并使手和前臂形成合适的迎角和姿势，从而产生较大的推进力。

（2）在划水的大部分时间内，前臂在水平面上的截面呈阻力系数较大的圆形，推进效果好。

（3）最大限度减小了手臂在入水时直接下压和出水时直接上划的动作幅度，有效避免了身体过分的上下起伏，有利于保持较好的流线型，从而减小游进中的阻力。

（4）动员了上肢较多的肌群，在划水过程的不同阶段发挥了积极的作用，从而增大了手臂划水的力量。

（5）划水时上肢的力臂缩短，有利于发挥肌肉的力量，加快划水动作的速度，从而产生较大的推进力。

（6）缩短水对手臂各部分反作用力的合力作用点到身体纵轴的距离，有利于使身体保持直线游进，减小游进时的水阻力（图 3-2-12）。

4. 加快臂、腿动作速度

由于划水（打水）阻力和划水（打水）升力都与速度的平方成正比，因此，游泳时要增大推进力就必须加快肢体动作速度，主要是肢体远端的动作速度。

图 3-2-12　仰泳屈臂高肘划水

根据动量守恒定律，当物体的总动量 K 保持不变时，物体某一部分动量的减少，必然引起其他部分动量的增加。因此，游泳时腿部动作应当采用“鞭状技术”，如鞭状打腿、鞭状蹬腿等。鞭状技术的关键在于以大关节带动小关节，并依序制动，从而实现动量从肢体近端向远端的转移，像甩动鞭子一样，使脚掌在动作的最后阶段达到最大速度。例如，仰泳的向上打腿动作开始时，应当以大腿带动小腿和脚向上踢水；当脚上踢过髋部时，大腿制动并转为向下运动，大腿的动量转移到小腿和脚，使小腿和脚加速上踢（图 3-2-13）。爬泳的打水动作与此相似。蛙泳的蹬腿动作，也应先伸髋关节，后伸膝关节，最后伸踝关节。

手臂动作,则应强调“加速划水”,即开始划水时较慢,在划水的过程中逐渐加速,在划水接近结束时达到最快。

5. 保持匀速前进

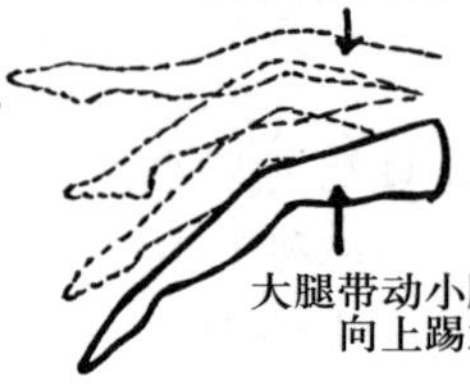

图 3-2-13 仰泳鞭状打腿

任何物体都具有保持其原来的静止或匀速直线运动状态不变的性质,这种性质叫物体的惯性。要改变物体原来的静止或匀速直线运动状态,就必须对物体施以外力。牛顿第二定律表明,物体的加速度 a 与所受的合力 F 成正比,与物体的质量 m 成反比,加速度的方向与所受合力的方向相同,即:$F=ma$ 。

游泳时,要使身体由静止到运动,或由较低速度变为较高速度,都需要肢体用力做动作,产生较大的推进力来克服身体的惯性,使身体产生加速度运动。游进中,若在身体明显慢下来后再次加速,就需要耗费很大的力量来克服惯性。如果在游进中能获得均匀的推进力,则力量将主要用于克服水阻力维持匀速运动,而不是消耗在每次减速后的再次加速上。因此,游泳时应尽量做到匀速前进,避免忽快忽慢。

对爬泳和仰泳而言,当一臂结束划水前,另一臂应当已经入水并开始划水,以保证产生均匀的推进力。对蝶泳而言,两臂一入水就应当开始划水,以减小因空中移臂和滑行造成的速度下降。对蛙泳而言,蹬夹腿刚一结束,臂划水就应开始,中间的滑行不宜过长。

第三节 游泳技术动作的学习

一、技术动作的学习过程

(一) 粗略掌握动作阶段

在初步熟悉水性后开始学习某种游泳技术时,首先要经历一个粗略掌握动作的阶段。这一阶段的学习,是通过示范和讲解,对所学的泳式技术建立初步的印象,并通过模仿练习,体会肌肉感觉,粗略地掌握动作。

在这一阶段中,学生大脑皮质的暂时性神经联系处于泛化阶段,动作紧张、费力、不协调,有多余动作。教师应注意精讲多练,抓住动作的重点,以正确的示范和简练的讲解帮助学生初步建立动作概念。学生练习时主要体会动作结构、方向、路线，不必过多地注意动作细节。

（二）改进和提高动作阶段

这一阶段的学习，主要是消除各种错误动作，改进技术，提高动作的准确性、协调性和实效性。通过反复的练习，逐渐消除紧张、牵强和多余动作，动作质量不断提高，游距迅速增长，但动作可能仍不够熟练。

在这一阶段中，学生大脑皮质的暂时性神经联系进入分化阶段，兴奋相对集中。教师应通过详细的示范和讲解，帮助学生理解正确的技术。学生练习时要注意体会细节动作，使动作日趋合理。

（三）巩固和完善动作阶段

在这一阶段，学生大脑皮质的动力定型已经基本形成，能够比较准确轻松地完成动作。

这一阶段的学习，可采用大量的重复游，逐渐加长距离游，积累数量，改善水感，使动作日趋巩固与完善，逐渐形成动作自动化，争取游得更为轻松、自如、熟练、省力。教师应特别注意练习手段的多样化，可采取游戏、分组比赛、测验或提高难度游等方式，克服枯燥感和疲劳感，调动学生练习的积极性。

二、游泳时人体的主要工作肌群

（一）手臂动作的主要工作肌群

手臂划水时，上臂在肩关节处都是由屈到伸。完成这个动作的原动肌主要是背阔肌、胸大肌、大圆肌、小圆肌、冈下肌和肱三头肌等，统称之为臂压肌群。在划水动作的前部屈臂高肘拉水时，要求上臂内旋和内收，完成这一动作的原动肌除了上述的背阔肌、胸大肌、大圆肌、小圆肌、冈下肌、肱三头肌外，还有肩胛下肌和三角肌前部。发展这些臂压肌及内旋、内收肌的力量，对于掌握正确的游泳技术、提高划水动作速度具有重大的意义。

在做屈臂高肘划水动作时，前臂首先在肘关节处屈，原动肌是肱二头肌、肱肌、肱桡肌和旋前圆肌；接着，肘关节迅速伸直推水，主要靠肱三头肌强有力地收缩。所以，发展屈肘和伸肘肌群的力量也是十分必要的。此外，还应注意发展桡侧腕屈肌、尺侧腕屈肌和掌长肌等屈手原动肌的力量。如果这些肌肉力量不足，就难以克服划水时手受到的阻力，会降低划水动作的推进作用。

（二）腿部动作的主要工作肌群

爬泳、蝶泳腿部向下打水和仰泳向上踢水动作的原动肌是髂腰肌、缝匠肌、阔筋膜张肌、股四头股和小腿三头肌。爬泳、蝶泳向上打水和仰泳向下压水动作的原动肌，主要是使大腿伸的臀大肌、股二头肌、半腱肌和半膜肌等。发展腿部前侧和后侧有关肌群的力量，不仅有利于做好打腿动作，还有助于更有力地完成出发和转身蹬壁的动作。

蛙泳腿部的蹬夹动作，除了腿部前侧和后侧有关肌群参与工作外，使大腿内收的大收肌、长收肌、短收肌和股薄肌等及使足关节运动的诸肌群也都发挥着积极的作用。

问题讨论与思考

1. 什么是游泳的动作节奏？举例说明。
2. 游泳时如何减小波浪阻力？
3. 游泳时为什么应当采用曲线划水？
4. 游泳时为什么提倡采用“鞭状技术”？如何做好鞭状打腿或鞭状蹬腿？
5. 游泳时为什么要尽量匀速前进？举例说明如何保持均匀的游进速度。
6. 游泳技术动作学习过程的各阶段有什么特点？

第四章 熟悉水性与水中游戏

【本章导言】

本章主要帮助游泳教员掌握科学有效的指导方法，使游泳初学者学会适应水环境、培养学习游泳的兴趣、提高游泳者的各种基本理论与技能方法，尤其是如何应对怕水或者对水不知所措的初学者，以及提高游泳者在水中活动的乐趣。

第一节 熟悉水性

一、水中行走

本练习包括前、后、左、右等多方向的移动，这里以水中向前移动为例。

（一）目的

水中行走是初学者熟悉水环境的第一步，是培养学习者享受游泳运动的有效过程，其目的是熟悉水环境、主动亲近水环境以及为掌握更丰富的游泳技术打下基础。

（二）动作要领

水中行走一般在齐腰深的水中进行。首先，双臂向两侧打开，手掌自然伸展向后侧方做拨水动作，以控制身体在水中的平衡；漫步时身体重心略往行进方向倾斜，大腿略抬起，小腿和脚掌提起后再向行进方向的池底伸出，下踏站稳后再提另一腿。开始行走时，步幅不宜过大，速度不宜过快。身体重心的移动要与腿部动作和手臂的辅助动作协调一致。

（三）练习方法

1. 扶边行走

在游泳池中，手扶池边，向前、向后、向侧迈步行走。

2. 拉手行走

集体手拉手，在池中向前、向后、向侧方向行走。

3. 自由行走

在游泳池中，进行各种方向的走、跨、跃等行走移动游戏或比赛。

（四）指导提示

要给初次下水的游泳者创造具有安全感的氛围，提醒大家相互注意，防止因滑倒造成呛水、惊慌或者溺水事故。

二、呼吸

（一）目的

呼吸技术是掌握游泳技术的入门技术和关键技术，也是熟悉水性阶段的重点内容。许多初学者或者自学游泳者，由于没有掌握好水中呼吸的基本方法和要领，造成始终不能进行轻松的长距离游泳。只有掌握好水中呼吸技术，才能在水中自如地玩水、戏水和长距离游泳，以及为掌握更丰富的游泳技术打下基础。

（二）动作要领

要想在水中体会自如地游动和玩耍，掌握呼吸技术是第一关，在水中的呼吸动作的特点是，用口在水面上做深吸气，随后把脸浸入水中作较长时间的闭气，在抬头出水面之前，再用口、鼻在水中慢慢吐气，最后加力吐气一直吐出水面（吐尽）。水陆呼吸动作的差异如表 4－1－1 所示。

表 4－1－1　水陆呼吸动作的差异

场　　景	吸　　气	闭　　气	吐　　气
水中	口	有较长时间的闭气	口、鼻
陆上	鼻	几乎无闭气动作	鼻

（三）练习方法

1. 陆上模仿练习

体会水中呼吸的技术要领，掌握水陆呼吸动作的不同技术和呼吸节奏。

2. 水中闭气练习

手扶池边、手扶浮板、手扶水线或者手拉同伴的手，做深吸气后闭气，慢慢下蹲，把脸或头部浸入水中（睁眼），在水下保持闭气状态，停留片刻后抬头或起立，在水面上做深吸气动作。

3. 水中吐气练习

手扶池边、手扶浮板、手扶水线或者手拉同伴的手，做深吸气后闭气，慢慢下蹲，把脸或头部浸入水中（睁眼），在水下保持闭气状态片刻，再用口和鼻慢慢吐气、抬头、露出水面（吐尽），然后再起立，在水面做深吸气动作。反复循环练习此动作，逐渐习惯这种水中独特的吐气动作和节奏。

4. 水中完整呼吸动作的练习

在上述闭气、吐气动作的基础上做连贯动作，反复循环练习此动作，并逐渐延长水下闭气动作时间，如开始水下闭气时间是 1 秒，逐渐增加 2 秒、3 秒、4 秒……10 秒。连贯次数逐步增加，直到能连续做 20～30 次。

（四）指导提示

1. 呼吸技术是熟悉水性阶段的难点和重点，应贯彻始终。

2. 强调水面用口吸气；水中用口、鼻吐气的技术特点。

3. 要求在水中和水面上均保持睁眼动作。既解决怕水、紧张的问题，又解决方位不明的问题。

4. 强调在水中开始缓慢吐气，到加速爆发吐尽的技术。

5. 提醒学生抬头吸气时，禁止用手抹脸。

三、漂浮与站立

（一）目的

浮体与站立是游泳者必备的控制身体平衡、解决身体下沉和克服怕水心理的基本技术，其目的是让学习者体会在水中“失重”状态下，如何控制身体平衡、掌握水中平卧技能、掌握在水中身体姿势变化的技能，以达到克服怕水心理、能在意外落水时从容站立自救的目的，为进一步学习游泳技术打下基础。

（二）动作要领

要想让身体在水中高高浮起，就要设法增大在水中的浮力，因此，入水前要做深吸气动作，设法扩大胸腔，增大身体的排水量，身体漂浮时要继续保持屏息状态，使身体像一个充满气的皮球一样浮在水面上。

（三）练习方法

1. 抱膝浮体与站立

双腿并立站在齐腰深的水中，深吸气后闭气，低头含胸，同时双腿轻轻蹬离池底，做屈腿抱膝团身动作，大腿尽量贴近胸部，身体自然漂浮于水中。站立时，双臂前伸，手掌下压并抬头，同时双腿下伸，脚触池底后慢慢站稳，双臂在体侧轻轻拨水，保持身体平衡。

2. 浮体与站立

双腿开立水中，屈腿使身体重心下沉并前倾，双臂前伸。深吸气后闭气，低头身体前倒，同时双脚轻轻蹬离池底后，双腿上摆，四肢自然伸直稍分开，使身体呈俯卧水平姿势漂浮于水面。站立时，先收腹屈膝屈腿，然后双掌下压、抬头，同时双腿下伸，脚触池底站稳，双臂在体侧轻轻拨水保持身体平衡。

（四）指导提示

1. 做抱膝浮体与站立时，提醒学习者一定要低头、含胸，把身体团紧，便于身体浮起。

2. 指导浮体与站立时，应先提醒学习者了解水中站立动作的要领，避免学生因没有站稳而造成惊慌场面。

3. 开始练习浮体站立时，可以两人分为一组相互帮助，需要时出手帮助对方站稳。

4. 做展体浮体动作时，提醒学习者要尽量低头、前伸双臂，使重心和浮心调整到一个垂直线上，这样身体能够长时间平稳地漂浮于水面。

四、滑行

（一）目的

滑行技术是熟悉水性和掌握游泳基本技能的重要技术。练习的目的是使学习者体会和掌握人体在水中的平卧姿势、基本方位、游进方向以及流线型姿势，为今后掌握各种游泳技术打下重要基础。

（二）动作要领

做滑行动作时，低头、双臂夹头尽量前伸，腰部、腹部要适度控制，双腿伸直并拢，使身体伸展成一条直线，并保持平稳状态。

（三）练习方法

1. 蹬底滑行

双腿前后分开，双臂前伸，双手并拢（或重叠），深吸气后上体前倾并屈膝，当头和肩没入水中时，前脚掌用力向下蹬离池底，然后双腿并拢，使身体成俯卧的流线型姿势，并在水中向前滑行移动。

2. 蹬壁滑行

背对池壁，一手拉池槽或池边，一臂前伸，同时一脚站立，一脚紧贴池壁。深吸气后低头，上体前倾，提臀收腹，重心后移，支撑腿上收，双脚紧贴池壁，臀部后移，双臂前伸、并拢、低头、双臂夹头，双腿用力蹬壁，使身体呈俯卧式的流线型姿势，利用蹬壁的反作用力向前方滑行。

3. 助力滑行

帮助者站在练习者的侧前方，当练习者蹬壁滑行或者蹬底滑行后，身体处于滑行减速的时候，帮助者抓住练习者的双手用力向前拉引，随后再抓住练习者的双腿用力向前推进，以帮助练习者延长滑行距离，体会在水中保持流线型姿势滑行的技术要领。

（四）指导提示

1. 滑行技术是熟悉水性和掌握水中流线型游泳技术的重要技术。

2. 提醒练习者在做滑行动作时，身体要适度紧张，保持身体流线型是技术的关键。

3. 练习蹬壁滑行动作时，强调蹬壁前双腿要收紧，身体重心后移，使身体像一个被压紧的弹簧一样紧贴池壁，为用力蹬壁做好准备。

第二节　水 中 游 戏

一、适应水环境和培养兴趣的游戏

1. 水中"竹排"行走

（1）目的：使游戏者熟悉水性，消除对水的恐惧心理，以激发学习游泳的兴趣。

（2）方法：在水质清洁、水底平坦、水深齐腰的游泳池中选择 20 m 或 50 m 的泳道 4 条，备好跑表。将游戏者按性别分组，每组 4 人组成"竹排"队形。当发令员发出"预备"口令后，游泳者背靠池边站立，听到"开始"口令后（计时开始），游泳者开始在水中行走，当走到 20 m 或 50 m 终点时，用一只手触池边（停表）。以计时的成绩排列名次。

（3）指导提示：在走最后一步的同时，手触池边即为到达。在水中要有两脚前后着地的过程，否则犯规。注意禁止手拉水线，禁止水中腾空跳跃。

2. 逆向转圈

（1）目的：熟悉水环境，掌握水中移动技能。

（2）方法：练习者分站成内、外两圈，各圈手拉手站立于浅水中，听到"开始"口令后，内圈顺时针、外圈逆时针转动，听到"转换"口令后，内、外圈变换方向。

（3）指导提示：初学者注意相互把手抓牢，防止池底打滑，身体失去平衡。

3. 撩水比赛

（1）目的：锻炼脸部、眼睛不怕被沾水，以及快速换气的能力，提高游泳兴趣。

（2）方法：练习者分成两组，水中相对站立，间距 1m 左右。听到"开始"的口令后，用手朝对方撩水。

（3）指导提示：要求不能前进也不能后退，不准用手捂脸或转身背向对方。体会在满脸淌水的情况下，进行快速短促换气和撩水的感觉。

4. 骑马打水仗

(1) 目的:培养水中戏水、闭气以及两人配合的能力。

(2) 方法:将游戏者分成若干组,A、B两人一组,A站立水中,B双腿打开坐骑在A的后背处并双腿夹住A的腰部,A双手抓住B的双腿,当听到“开始”的口令后,各组上方的游戏者B用单手推其他组B的手臂或身体,被推倒入水的组为负。

(3) 指导提示:注意池底打滑以及水线的光滑度,防止游戏者受伤。

5. 穿越山洞

(1) 目的:体会水中阻力,掌握水中行走能力。

(2) 方法:练习者分成两队,每队中的练习者面对面手拉手上举成“山洞”。从排头起一对一地从洞中穿过钻出,到洞尾后再继续接成“山洞”。先完成一轮的一队为胜方。

(3) 指导提示:注意使“山洞”的距离保持均衡。

6. 行走叠板接力赛

(1) 目的:提高学生的协调能力和平衡能力,培养学生的游泳兴趣。

(2) 方法:在水深约1米的游泳池中,准备浮板若干。每人手持一块浮板,平均分站在游泳池两端,听到口令后,手持浮板从水中跑到对面指定地点将浮板给队友,队友持两块浮板返回,交给下一个队友,下一个队友持三块浮板再继续前进。如此使浮板重叠,进行接力。

(3) 指导提示:接力持浮板的时候要注意保持平衡,防止浮板滑落。

7. 水上传球接力

(1) 目的:提高学生在水中的活动能力以及反应速度,培养游泳兴趣。

(2) 方法:每队至少10人,站成一列,听到口令后,按规定的方式(双手从头上或胯下传递)传送水球先结束的队伍为胜。

(3) 指导提示:从一人手里传递到另一人手里,不要抛球,不能隔人传球。

8. 找朋友(贴膏药)

(1) 目的:适应水的阻力、浮力,提高游戏者的反应能力和在水环境中的移动能力。

(2) 方法:学生分散到池中各处,老师用哨声作指令,学生根据老师吹的哨声数,立即手抓手组成与哨声数相同的人数(又称贴膏药)。没有找到朋友被剩下的或与哨声数不相等的为输。

(3) 指导提示:选择齐腰水深、池底平坦的游泳池,游戏区域不可太大(50 m池可用半池,25 m池可全用)。

9. 吹球接力

(1) 目的:掌握游泳的呼吸技术,培养学生的游泳兴趣,提高游泳的趣味性。

（2）方法：把学生分成若干小组，每组 8 人平均分立于间隔 15 m 的泳池两端，一人一只乒乓球，使之浮于水面上，不用身体任何部位触球，用吹气的方式使球向前运动。听口令，同时出发，当学生把乒乓球吹到两端指定标志线后，下一名学生才能接着把球吹回去，最先完成组为胜。

（3）指导提示：吹球的时候用力均匀，不要把球吹到其他泳道。

10. 水中两人三足前进比赛

（1）目的：提高水中平衡能力，体会水中阻力，培养合作能力。

（2）方法：两人一组，分成若干比赛组，最好身高相近的为一组，两人将两条靠近的双腿相勾为一条腿，即构成两人三条腿的姿势。当听到口令后，两人开始合作前进。先到达彼岸的为胜者。

（3）指导提示：前行时，注意防止池底打滑，可以一边喊口令，一边齐步前进。

11. 水下钻山洞

（1）目的：提高水中换气能力和憋气能力。

（2）方法：让学生深吸一口气，把头没入水中，做憋气练习，憋气时间由短到长。熟练后，可以做水中呼气练习，即在水面上深吸一口气，头部入水后，嘴部用力呼气，直至把气全部吐完后头部才露出水面，反复练习。熟练后可在有、无帮助的情况下做水下钻圈或从教练腿下钻过练习。两名教练分前、后站立，后面的教练负责接住学生并送回池边。

（3）指导提示：根据学生的年龄和憋气能力，安排山洞的长短。

12. 水下猜拳争当火车头

（1）目的：在玩耍中体会水中睁眼的乐趣，掌握水中睁眼技能，克服怕水心理。

（2）方法：大家在水中自由行走，当听到“停止”的哨声后，立刻止步，与邻近的游戏者在水下做“石头、剪子、布”的游戏，猜拳输了的人用双手搭在赢拳人的肩膀上紧随其后行走，赢拳人等待下一个“停止”的哨声继续游戏，比赛最后谁能排在最前面作“火车头”谁为胜。

（3）指导提示：做水下猜拳游戏时，整个肩膀、头部要沉入水中，抬头出水时不可抹脸。

13. 水果蹲

（1）目的：体会并学会游泳呼吸的技巧，用嘴吸气，鼻子呼气。

（2）方法：在游泳池的浅水区，大家围成一个圈，每个人以一种水果的名称代替自己的名字。当自己的名字被叫时，该水果就下蹲入水停两秒。例如：某一位学员是香蕉，教师说“香蕉蹲”，香蕉自觉下蹲闭气两秒钟后，站起来说“葡萄蹲”,葡萄下蹲闭气两秒后,站起来说“梨子蹲”。以此类推。

(3) 指导提示:在说“蹲”字的时候,学生在水中体会如何呼吸。

14. 水下传话

(1) 目的:培养水下睁眼的习惯,克服怕水,并提高水中呼吸技术。

(2) 方法:数人组成一组,老师小声将所要传的话告诉池边第一个游戏者,比如说“猫吃鱼”,然后这个人潜入水下,将此话传给下一位游戏者,以最后一人能说出正确答案的组为胜。

(3) 指导提示:传话者和听话者必须在水下(头部没顶)完成传话过程。

15. 水下传球

(1) 目的:培养水中睁眼习惯。

(2) 方法:游戏者分为两组,按纵队站立水中,将球在水下从双腿胯下传给站在后面的伙伴,以快速传球先结束的组为胜。

(3) 指导提示:持球者要弯腰、低头、闭气,将球从水下传给后面的人。

16. 水中捞物

(1) 目的:通过潜入池底捞取物品,克服怕水心理;在玩中掌握水中睁眼、憋气、换气等活动技能,提高学生对水环境的适应力,提高水性、水感和游泳乐趣。

(2) 方法:将学生分成3～6人一组,在0.8～1.4 m深泳池的底部,放置数块小石头或者其他易沉水小物品,听到口令后同时潜入水中,将石头或物品从水中拾起,拾得最多组胜利。

(3) 指导提示:下沉物一定是圆滑不易伤人的物品;尽量将被捞物品均匀地放置在一定的区域内,不能过于集中和过于分散,注意安全。在入水前一定要深吸气,入水后要憋气,直到将物品捞到。

17. 水中推小车

(1) 目的:熟悉水性,一人感受漂浮中的平衡感,另一人感受水中前进的阻力感。

(2) 方法:两人一组,A伸直手臂作滑行姿势俯卧在水中,双手尽量夹住耳朵,初学者可以双腿夹浮板,保持下肢上浮。B双手握住A的双脚(勾脚)像推小车一样进行推进比赛。

(3) 指导提示:被推者如果憋不住气可以抬头换气,困难者可以双手持板,借助浮板的浮力进行换气。

18. 浮标

(1) 目的:熟悉水性,学会在水中闭气、水中漂浮及站立的方法,消除怕水心理,增强游泳者参加游泳的兴趣和信心。

(2) 方法:游泳池水深齐腰,备好跑表。游戏者站成四列横队,前后间隔1

米。1、3 排和 2、4 排分别为两个游戏组。本游戏需裁判员 1 名,游戏者互为计数员。当裁判员发出 1、3 排"预备"口令后,游戏者深深吸气,当再发出"开始"口令后,游戏者躬身,头潜入水中,双手抱膝,下颌尽量靠近胸部,后背露出水面为浮标,裁判员大声读秒,2、4 排游戏者统计 1、3 排游戏者坚持到 20 秒的人数,然后两队交换。最后以坚持 20 秒以上人数多的组为优胜组。

(3) 指导提示:游戏者要吸足气再蹲下抱膝,易漂起成浮标。

19. 水中漂字

(1) 目的:熟悉水性,提高在水中闭气、伸展、浮体和控制身体平衡的能力,为今后学习游泳的漂浮和滑行技术打下基础。

(2) 方法:水深齐胸的游泳池内,备泳道和水线。将游戏者按水线分组,每组人数为偶数,间隔 1 米面对水线试练。本游戏需同伴在旁边进行保护帮助,需裁判员 1～2 名。游戏者单、双数交替进行。当裁判员发出"单数漂大"字口令后,单数游戏者面对水线方向吸足气蹲入水中抱膝、低头、团身,背部向上浮起,然后两臂前伸在头前合掌伸直,两腿并拢向后伸直,颈部自然浸入水中,展体,在水中闭气漂成"大"字。稍停,全身自然放松、收腿、两掌压水抬头站起。如发出的是漂"十"字口令,游戏者则两臂侧平举,两腿并拢向后伸直,颈部自然浸入水中,展体,在水中闭气漂成"十"字;以此类推。单双数交替进行,凡能完成者为合格。

(3) 指导提示:保护者要站在练习者身旁,帮助其浮起和协助纠正动作,以维持身体平衡。游戏者下蹲前,深深吸足气,伸展动作要徐缓而平稳,不要太快,以便在水中维持身体平衡。如浮起或站起时出现身体倾斜,两手可抓水线站起。

20. 利箭出弦

(1) 目的:练习和保持身体的流线型,提高游泳滑行的效率。

(2) 方法:根据游戏者的水平选择适当水深的游泳场地。两人一组,一人做"箭",另一人双手五指交叉做"弦"。"箭"双臂伸直,两掌相叠,身体伸展,一脚站立,一脚放于"弦"的手掌上;"弦"可以稍微弯曲膝关节,以便游戏开始时给予"箭"一定助力。组织者发令"开始"后,"箭"伸直身体用力蹬伸滑行出去。远者为胜。然后"箭""弦"交换。

(3) 指导提示:"箭"在滑行过程中必须双腿双臂伸直成流线型,并且在滑行过程中不得用手划水或用脚蹬水、打水。"弦"只能在"箭"出弦时,在原地给予助力,不得往前走动推送。

21. 钻水线

(1) 目的:解决水中呼吸技术,提高游泳兴趣。

(2) 方法:借助游泳池中的分道水线,让学生走到水线侧面,当听到"开始"口令后，用嘴深吸一口气，闭气下沉钻过水线，可以连续钻过多条水线，快者为胜。

(3) 指导提示：首先保证水线的安全性，即没有锋利的缺口，避免划伤学生。最好使用泡沫水线完成此游戏。

22. 水中跳山羊

(1) 目的：解决水中呼吸技术，提高闭气能力及团队合作精神。

(2) 方法：5～8 人为一组，按照泳道分组成纵队（面朝水线）准备比赛，听到口令后，队伍中最后一人开始向前做跳山羊的动作，其他学生向前屈体，低头双手抱膝闭气，等待后面的学生从身体侧面跳跃过去。顺序是从后面向前面依次循环移动，先到彼岸的组为胜。

(3) 指导提示：做山羊的学生注意低头憋气，个子高的人需要半下蹲使自己的背部沉入水中。

23. 鱼跃过河比赛

(1) 目的：熟悉水中漂浮动作，掌握水中平衡能力和滑行技术，消除怕水心理。

(2) 方法：学生从站立水中开始，做好流线型姿势，深吸气后两臂前伸，双脚蹬池底，低头向前方扑入水中，同时两脚向后自然伸直，向前滑行一段距离后，屈体收腿站立，然后再次向前扑入水中，不断重复这种向前鱼跃的动作，直到从泳池的一端到达另一端。速度快者为胜。

(3) 指导提示：在做此练习前，必须先让学生掌握水中站立动作，尽量在平坦、防滑的池底中进行。

24. 打地主

(1) 目的：解决水中呼吸技术不自如的问题，提高闭气能力以及水中活动的灵活性。

(2) 方法：根据游戏者人数分成若干小组，每小组 8 人左右，一人当“打手”并手持浮板（或其他软性物品），其他游戏者当“地主”，将打手围成一个圆圈，听到口令后，“打手”开始快速打“地主”的头部，其他人根据情况随时潜入水中避免被击中，被击中的“地主”为败者，退出圆圈。

(3) 指导提示：“打手”打“地主”的头部时，注意动作不要过重。

25. 老鹰捉小鸡

(1) 目的：感受水的阻力、浮力，提高学生在水环境中的移动能力。

(2) 方法：3～5 人一组，指定一位学员为“老鹰”，选一位学生为“鸡妈妈”，其他同学连成一排，双手抱住前面同学的腰。“老鹰”想办法去捉排在“鸡妈妈”后面的小鸡。被捉住者离开队伍。

(3) 指导提示：游戏区域内不应有水线等障碍物。

26. 渔翁捕鱼

(1) 目的：熟悉水性，提高游戏者在水中跑动的灵巧性。

(2) 方法：在水深齐腰的游泳池里，扮“小鱼”的游戏者分散在游泳池内站立。另选两名学生扮作“渔翁”站到游泳池上边。本游戏需裁判员两名。当裁判员发出“开始”口令后，一位“渔翁”跳下水去追池中的“小鱼”，“小鱼”如果头潜入水中，“渔翁”不得追捕，等“小鱼”头露出水面，方可再进行追捕。“小鱼”可用各种方法在水中移动，如水中游动、蹲走。凡是被追捕上的“小鱼”即上岸。五分钟为一局然后更换“渔翁”，没被追到的“小鱼”为胜者。

(3) 指导提示：“小鱼”以潜泳为主，在水面看清场上情况立即潜水或潜泳，并判断好有利位置再露出水面。“渔翁”要主动寻找机会，先追捕游泳技能差或身体灵活性差的“小鱼”。“小鱼”不要太集中，寻机溜边，以利于保护自己。

27. 结网捕鱼

(1) 目的：发展水中快速奔跑的能力，提高身体灵活性。进一步熟悉水性，为下一步学习游泳技术打下良好基础。

(2) 方法：选择水深齐腰、不需水线的半个泳池。根据学生人数，备黄、红两色背带若干，备好口笛。将学生分成每队 10 人的黄鱼队、红鱼队。两队各选出两名“渔翁”。如果黄鱼队先下水，分散在泳池四周，红鱼队的两名“渔翁”则站到泳池中间手拉手准备。本游戏需裁判员一名。当裁判员发出“开始”口令后，黄鱼队开始在水中走、跑。两“渔翁”手拉手寻觅黄鱼进行追捕围攻。“黄鱼”被“渔翁”围住，立即退出水池，“渔翁”得一分。在规定时间内，两队交换继续进行。两局后，以追捕“小鱼”多的队为胜队。

(3) 指导提示：在水中跑步时注意抬腿跑，不要蹚着水直腿跑。水齐腰可以走动，也可以游动。“小鱼”被“渔翁”围攻时，可以向“渔翁”面部击水以破坏围攻与追捕。

28. 合作运输队员

(1) 目的：提高学生水中活动能力和相互合作能力，培养游泳兴趣。

(2) 方法：将学生分成三人一组，一人坐在救生圈中，其他两人站于两旁推着救生圈向前游进，以先到指定目标点为胜。

29. 水中投篮比赛

(1) 目的：熟悉水性，提高游泳兴趣。

(2) 方法：两人一组，将学员分成若干组，在一定的距离外，一个负责投篮，另一个则用浮圈接球。在规定的时间内投中的球最多组为胜者。

(3) 指导提示：浮圈不能离开水面接球。

30. 企鹅走路接力

(1) 目的:为学习蛙泳脚部“翻掌”动作打下基础,加快学会蛙泳技术。

(2) 方法:要求练习者脚跟着池底,两脚脚趾外翻成“八”字,像企鹅走路一样,体会翻脚动作。根据教学人数,分若干小组进行接力比赛。

(3) 指导提示:选择池底平坦的游泳池,保持双脚呈“八”字形移动。

二、提高游泳技能和兴趣的游戏

1. “弹钢琴”式垂直跳水

(1) 目的:为学习游泳的出发跳水技术打基础,提高呼吸技术和游泳兴趣。

(2) 方法:将学生安排在游泳池边,双腿自然站立,两脚并拢站稳,脚趾扣紧池边,做脚先入水的垂直跳水游戏。跳水顺序按照弹钢琴的“1、2、3、4、5、6、7”依次入水。还可以采用“7、6、5、4、3、2、1”等多种变化方式。

(3) 指导提示:禁止在泳池太浅的地方跳水。必须在保证入水安全的前提下组织跳水游戏。

2. 入圈跳远

(1) 目的:克服怕水心理,培养入水的勇气。

(2) 方法:在水深齐腰的池中放置若干个呼啦圈(游泳圈),在池边规定起跳线的距离,学生双脚同时跳入呼啦圈内。跳进离池边距离远的呼啦圈可得高分。

(3) 指导提示:呼啦圈之间的距离不要太近,注意游泳池太浅不可做此游戏。

3. 搭桥漂浮接力

(1) 目的:让学生掌握夹板漂浮能力,提高水中平衡能力、动作分解能力以及团队配合能力。

(2) 方法:20名学生为一组,两个学生(A、B)为一对,分两大组进行。A站立水中,B两腿夹浮板,然后扶住A的肩膀漂浮在水面上。A拖着B步行到另一边,随后再返回来,下一对再以同样的形式出发。最先完成的组为胜者。

(3) 指导提示:漂浮者体会低头闭气和身体保持流线型的姿势,以及水中滑行动作。

4. 仰浮拉水线比赛

(1) 目的:体会仰浮闭气动作,提高双臂力量以及游泳的趣味性。

(2) 方法:仰卧于水下,靠双手抓水线向前进(保持闭气动作),不可以有腿部打水动作,以一口气能仰浮前进多远距离计胜负。

(3) 指导提示:水线要光滑,保证学生身体不被划伤,身体要潜入水中作仰浮姿势,体会闭气游进。

5. 水中攀岩

(1) 目的：体会水中滑行动作，提高双臂推水力量。

(2) 方法：由两人手持绳索，距离在 10～20 m 之间，放入水下 30 cm 左右，参加比赛者用双手抓握置于水下的绳索，以攀岩的动作向前划进，不可有腿部动作。可以分两组或多组进行比赛，以计时判定胜负。

(3) 指导提示：绳索要保证既粗又光滑，置于水面之下，不可放在水面上。

6. 二人合一的助推器

(1) 目的：提高自由泳打腿技术和游泳的趣味性。

(2) 方法：两人一组进行竞速比赛。前面的学生 A 双手扶板，双腿夹住一块板，漂浮在水面上。后面的学生 B 扶住前面学生的双腿，做漂浮打腿动作，既 B 推动 A 前进，先到彼岸的一组为胜。

(3) 指导提示：后面的学生注意提高身体位置，防止身体下沉。

7. 浮板对推比赛

(1) 目的：提高学生下肢肌肉耐力和爆发力，培养学生不怕苦、不怕累的精神及学习游泳的兴趣。

(2) 方法：把学生分成若干小组，每组两人双手共持两块浮板，面对面站立于指定标志点，听到口令后，两人同时持浮板面对面打爬泳腿，共同向前推进，使得对方后退，先被推到池边或者标志线者为负。

(3) 指导提示：打腿时间要随学生水平而定，不要过长也不能太短。

8. 顶板过河接力

(1) 目的：提高水中自救、救人的救生能力，提高水中搬运能力和游泳兴趣。

(2) 方法：用浮板作接力棒，抬头顶板向前游进，可以采用各种泳姿进行接力比赛。

(3) 指导提示：游进中不可以用手扶板，浮板不能落水。

9. 木筏接力

(1) 目的：培养水中平衡感和双手划水的水感以及划水能力，提高游泳兴趣。

(2) 方法：游戏者坐在漂板上(1～2 块)，用双手当桨(摇橹式)划水前进，进行接力比赛。移动方向除向前划外，还可向后、向左、向右等方向划行。

(3) 指导提示：不可以用手拉水线前进，或者借助其他人和物体前进。

10. 盛水搬运接力

(1) 目的：提高水中游泳技能和腿部打水能力。

(2) 方法：在规定距离的水面上放置水杯之类的漂浮容器。比赛队员手持装满水的水杯(或开口瓶之类容器)，入池游到对面水桶前，争取不使水洒出，将杯中水倒入水桶中，以接力的方式进行比赛，水桶先沉入水中的队为胜。

（3）指导提示：搬运盛满水的容器时，尽量做到防止水洒出。双腿可以打水、蹬水，可以单臂划水。

11. 踩水计时赛

（1）目的：发展速度、力量、耐力，提高踩水技能及深水自救能力。

（2）方法：将学生分成几组在深水区进行踩水比赛。要求双手露出水面，当双手入水即停止计时，按成绩排列名次。此游戏可以根据学生能力，逐步加大踩水难度和负重。

（3）指导提示：踩水时上体保持直立。

12. 蹬池滑行越障碍

（1）目的：体会水中滑行前进动作，掌握水下潜水、越过障碍的游泳能力，培养游泳兴趣。

（2）方法：由 6～10 人组成一组，每组横向相隔 1.5 m 左右，各列纵队，每组每隔一人开脚站立、一人团身蹲在池底。队员蹬池壁向前滑行，先从第一人胯下钻过，再跨越过团身蹲在池底的人，然后再从第三人胯下钻过，依次滑行。

（3）指导提示：潜水闭气时间不要过长，保证安全第一。

13. 穿越海底隧道

（1）目的：提高蛙泳的完整配合技术和潜泳技术，培养游泳趣味。

（2）方法：在游泳池离池边 7 m、14 m、20 m 处各牵一条水线，把学生分成人数均等的两个队，各队又分成 A、B 两个组，成纵队分别站在出发点或 20 m 标志线后，当听到口令后，各队的 A 组的第一位学生用蛙泳姿势游到 7 m 标志线处，改用潜泳姿势至 14 m 标志线处后，再换成蛙泳游进至 20 m 标志线处，各队 B 组排头继续迎面接力，至全队做完为止，以先完成队为胜。

14. 潜水艇接力赛

（1）目的：培养水中闭气能力、水下潜水能力、水中救生能力以及游泳乐趣。

（2）方法：在 25 m 的池中进行潜水比赛接力，途中可以有一次换气，但当手臂划水抬头时，敌方队员撩水进行干扰，“潜水艇”要克服困难努力奋进，先到达者为胜。

（3）指导提示：在保证安全第一的前提下进行，要求水下闭气游进时不可勉强。

15. 水下夹球传球赛

（1）目的：提高划水能力，培养水中活动能力以及团队合作能力。

（2）方法：学员分成若干组，间距 5 m 左右成纵队站立水中，当听到口令后，第一位学生用脚夹住水球，转体后一边用手当桨划水游动，一边将球传递给本组的第二位学生，然后第二位学生采用同样的方式再传给下一位学生，依次传递，先到达彼岸的组为胜。

（3）指导提示：双手不可借助其他人、水线、池边或其他物品移动。

16．鱼跃比赛

（1）目的：提高水中活动能力，掌握水中鱼跃技能。

（2）方法：横向利用游泳池的水线，进行水中鱼跃比赛，像海豚在水中跳跃那样，越过每一条水线，比谁的速度更快。

（3）指导提示：保证水线的光滑度，防止受伤。跃过水线时，身体呈倒“V”形。

17．仰浮赛龙舟

（1）目的：提高水中仰浮平衡力和水中救生能力，加强团队合作精神。

（2）方法：在齐腰深的泳池中，利用两个泳道。将学生分成两组，两组分别仰浮于水中，一人双腿夹住后面一人的腰部，双手在体侧划水，依次连在一起构成一个“龙舟”。游戏开始后，两组分别在两个泳道内向对面池边集体游进并计时，中间“龙舟”断一次，扣时两秒，最后以时间少者为胜。

（3）指导提示：仰卧必须全身放松，身体充分伸展。注意保护被夹方的头部，防止夹住对方的颈部影响呼吸的通畅。注意避免喝水和呛水。

18．移山倒海

（1）目的：体会自由泳打腿时对水的推进力。

（2）方法：三人（两人）一组，用长浮板或者水中健身棒一起打腿，可以分组竞速比赛。

（3）指导提示：要注意保持身体的流线型。

19．绑腿海豚打腿比赛

（1）目的：体会在水中用躯干发力的蝶泳打腿动作，提高海豚打腿技术和腰部力量，提高游泳兴趣。

（2）方法：把双脚腕用粗绳索捆绑好，双手相叠前伸做流线型姿势，用海豚泳打腿技术游进，可分多组进行比赛。

（3）指导提示：绳索不要太细，防止勒伤双脚，游进时不可以有划水动作。

20．两人三臂爬泳赛

（1）目的：提高爬泳臂和打水技术，提高水中闭气、漂浮和平衡能力，掌握爬泳分解技术，培养合作力并提高游泳兴趣。

（2）方法：两人一组，并列池壁，将两人的左右手相叠前伸，当听到口令后，两人左右手握在一起蹬壁爬泳出发，右手划水者右边唤气，左边划水者左边唤气，两人共同游进。

（3）指导提示：注意两人的双手不可以松开，注意保持划水动作步调保持一致。

21. 两人三臂仰泳赛

（1）目的：提高仰泳臂和打水技术，提高水中仰浮和平衡能力，掌握仰泳分解技术，培养合作力并提高游泳兴趣。

（2）方法：同两人三臂爬泳赛。

（3）指导提示：同两人三臂爬泳赛。

22. 两人三臂蝶泳赛

（1）目的：提高蝶泳臂和打水技术，提高水中打海豚腿的能力，掌握蝶泳分解技术，培养合作力并提高游泳兴趣。

（2）方法：同两人三臂爬泳赛。

（3）指导提示：同两人三臂爬泳赛。

23. 两人合一蛙泳比赛

（1）目的：巩固蛙泳手臂划水练习，提高蛙泳蹬腿力量，提高游泳兴趣。

（2）方法：齐腰深游泳池，需四条泳道，两人一组，一前一后站立。游戏开始时，前者只做蛙泳手臂及呼吸配合，如果下肢下沉的话，可以双腿夹住浮板。后者双手扶前者的双脚，手臂可稍弯曲做蹬蛙泳腿的动作，努力与前者的呼吸动作保持协调一致。形同一人的组会迅速到达彼岸，然后前者与后者交换位置返回，最先完成组为胜。

（3）指导提示：游进过程中，两人不能分离开。若都有分离，少者优胜。游戏开始前两人可先尝试最佳配合方式。

24. 水中拖火车游进

（1）目的：体会单臂划水和打腿游进动作，提高下肢漂浮能力、打水能力、侧面换气能力以及控制身体平衡能力。

（2）方法：由 5～10 人组成一队，后面的人抓住前一人的单脚，全队一起排成一队“火车”游进，“火车”不可断开，能快速游完全程的队为胜，队伍可逐渐加长。

（3）指导提示：注意用手连接的队伍不可断开。

25. 着装过河更衣接力

（1）目的：体会水中着装游泳，培养水中自救能力和团队合作力。

（2）方法：学生身着干净的 T 恤衫和运动短裤，分若干小组，每组 8～10 人，听到口令后，着装的学生游到泳池彼岸，上岸将衣服脱下，交给下一个接力人，接力人穿上该服装再游回到对面，如此进行接力赛，快者为胜。

26. 船碰船比赛

（1）目的：培养仰浮或俯浮的平衡能力，提高划水能力和游泳兴趣。

(2) 方法:两人一组,俯卧或仰卧于水面上,脚底碰脚底,两人脚掌相对,用双手作为划水桨做摇橹划水,身体类似船型进行对抗比赛。两人互相以脚掌推对方,看谁推得过谁,也可以用头互相顶或者横着身体相互对抗的方法进行比赛。

(3) 指导提示:注意身体平衡,两人同时发力。

27. 芭蕾腿接力游

(1) 目的:体会划水动作,提高划水的“水感”和游泳兴趣。

(2) 方法:仰浮水面,做花样游泳的“单腿芭蕾”动作,即一条腿上举,用双手在一侧做水下划水动作前进,可以分多组进行比赛。

(3) 指导提示:做此姿势游进时,既要使身体不下沉保持一定高度,又要快速前进,摇橹划水技术很重要。

28. 野鸭捕食比赛

(1) 目的:提高划水能力、潜水能力和分解游泳能力,提高游泳兴趣。

(2) 方法:蹬池壁做划水动作(蛙泳或自由泳)5 次,然后潜水打水(蹬蛙泳腿或打蝶泳、自由泳腿)6 次,再出水继续做划水动作,可以采用各种划水姿势和各种打水姿势交替组合进行,趣味无穷。

(3) 指导提示:划水时不可做打腿动作,潜水打腿时不可做划水动作。

29. 抬头自由泳运球接力

(1) 目的:通过抬头自由泳运球接力,提高学生下肢肌肉耐力,提高身体在水中的高位控制力和打水能力。

(2) 方法:将一个水球置于学生胸前和两手臂之间,抬头自由泳向前游进过程中将球向前运送到彼岸队友处,队友再将水球以同样方式返回,先完成者为胜。

(3) 指导提示:把球控制在自己手臂之间,直线前进。

30. 进退接力赛

(1) 目的:体会增阻技术和减阻技术,提高划水力量以及划水频率。

(2) 方法:将一根皮筋的一头捆在出发台上,另一端绑在游戏者腰上,拉着皮筋向前游进,游到目标处后再被皮筋牵引着往回游,前游时用自由泳姿势,返回时可以换成仰泳等姿势,可以进行多组接力赛。

(3) 指导提示:体会增阻、减阻游泳时不同的肌肉发力点和动作频率。

31. 水中拔河赛

(1) 目的:发展力量、耐力,提高水中游泳的趣味性。

(2) 方法:将学生分成人数相等、实力相当的若干队,每队人数在 6 人左右,大家相互抱腰,排头兵可以抓手,也可以用一条毛巾在水中进行拔河比赛。当绳中间的标志移到一方指定的位置时则该方获胜，绳索断开的队为负。

(3) 指导提示：分组人数不宜过多。

32. 救生接力

(1) 目的：培养救生技能，提高水中急救水平。

(2) 方法：一人作“救生员”肩扛绳索向水中“溺水者”(相距 15 m 左右)游去，将绳索交给站在池中的“溺水者”，此时，岸上的“救生员”将接到绳索的“溺水者”拖拉回起点处，可以进行多组接力比赛，快组为胜。

(3) 指导提示：注意施救者动作要正确、快速。更要注意“溺水者”到边时减速，防止用力过猛造成损伤。

33. “弹钢琴”式入水(坐、半蹲、弯体、前倒、侧倒、后倒)

(1) 目的：培养学习游泳的兴趣，为学习游泳出发技术打下基础。

(2) 方法：将学生分成 A、B 两组，两组交替进行此游戏。A 组先横向排成一行坐在游泳池端，听到“开始”后，由坐在池端的第一位学生带头，双手夹住双耳向前上方伸举，身体重心慢慢前移，身体前倾慢慢倒入水中，第二位、第三位直到最后一位依次倒入水中，整个过程类似弹钢琴“1、2、3、4、5、6、7”。

这种倒入水中的姿势和方向可以多种多样，如半蹲、直立、屈体；前倒、侧倒、后倒等。

(3) 指导提示：游泳池水深不能过浅，必须保证学生坐在池端入水的安全。

问题讨论与思考

1. 列举你所知道的熟悉水性方法，并详细说明怎样练习。

2. 列举你所知道的练习滑行动作的方法，并详细说明怎样练习。

3. 现有一名 10 岁的游泳练习者，经常在水中吸气并呛水，应该使用什么样的水中游戏帮助他解决这个问题？

4. 现有一名 25 岁的游泳练习者，在水中游泳时腿部位置非常低，应该使用什么样的水中游戏帮助他解决这个问题？

第五章

游泳技术分析和教学步骤

【本章导言】

本章对四种竞技游泳技术及出发、转身技术进行了详细的分析。四种技术具有一些共同的特点，包括身体重心平稳，身体在水中保持较高的位置并尽量保持流线型。爬泳和仰泳利用身体围绕轴的转动减小阻力，并充分利用躯干力量；蛙泳和蝶泳则借助躯干的波浪动作产生推进力。全身的协调配合、互相支撑是先进技术的重要保证。通过本章的学习，应掌握上述姿势的技术要点，并结合教学实践掌握分析技术和改进技术。

第一节　蛙泳技术分析及教学步骤

一、蛙泳技术分析

蛙泳的身体姿势在游进过程中随着手臂、腿部、呼吸动作的变化而不断改变，因此没有固定的身体姿势。

（一）身体姿势

由于蛙泳水下移臂和收腿动作给身体带来的阻力，蛙泳的前进速度不像爬泳和仰泳那样均匀。对蛙泳来说，设法减小阻力就显得比其他姿势更为重要。为减小身体遇到的阻力，应注意在整个游程中通过收颌、微耸肩、四肢尽量伸展来保持良好的流线型，减小阻力。

在手臂开始划水之前，头部与身体保持一条直线，眼睛注视池底，两手臂和肩前伸，略向下压肩、压胸，使髋关节和双腿漂在水面较高的位置，身体应有“顺下坡滑行”的感觉（图 5-1-1）。

图 5－1－1　蛙泳基本身体姿势——平、流线型

在手臂划水产生推进力的阶段，身体应尽可能保持流线型。髋关节接近水面，与身体和腿保持在一条线上。腿和脚要并拢且伸展。蹬腿过程中，脸部和躯干应没入水中，躯干保持水平（图 5－1－2）。

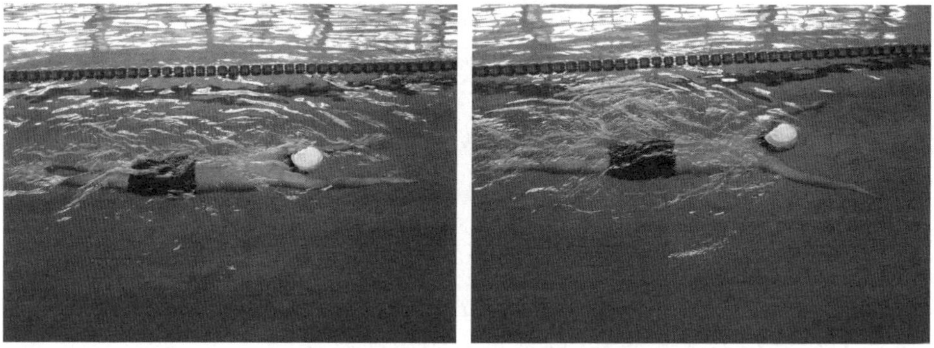

图 5－1－2　蛙泳开始划水时的身体姿势

目前，多数蛙泳运动员采用了身体呈波浪状起伏的身体姿势。当手臂向内划水时，肩部自然升高，使嘴露出水面吸气。吸气不要刻意抬头，眼睛仍然看下方，下颌微收。划水结束，手臂前伸时，身体拱起，借助蹬腿产生的推进力，头和肩平滑地潜入水中。一个动作周期结束后，身体恢复到流线型、“下坡”姿势，身体夹紧伸展成鱼雷状（图 5－1－3）。

肩的波浪形轨迹大部分时间是在水面上的，在水下的时间很少，而且只在水下较浅的位置。肩潜入水下的目的是使臀部和腰部上升到较高的位置。臀部的轨迹也是对称的波浪形，但波幅要小得多。当肩部达到最高点时，臀部正好在最低点。

尽管肩、髋呈规则的波浪起伏，但身体重心应保持相对稳定。即重心在同一水平上，否则就人为地增加了游进的距离。

图 5－1－3　身体的波浪动作

(二) 腿部技术

蛙泳的腿部动作不仅起到保持身体平衡的作用,还可以产生较大的推进力。腿的动作可分为收腿、外翻和蹬夹、滑行三部分,但它们其实是紧密相连的完整动作。

蛙泳翻脚和夹水

1. 收腿

收腿是指两腿和两脚从伸直并拢开始,到逐渐收到接近髋部,做好蹬夹水准备的过程。这个阶段不产生推进力,是必要的准备阶段。由于收腿会给身体带来阻力,因此要考虑如何减小阻力。

由于划水和呼吸的原因,开始收腿时头、肩和上体向上倾斜,因此髋关节和大腿、膝关节略下沉。收腿时同时屈膝屈髋,两膝边向前收边逐渐分开,踝关节伸展,小腿和脚跟在大腿和臀部的后面,在髋关节的投影截面内轻松地前收,以减小阻力。当足接近臀部时停止收腿(图 5－1－4)。

图 5－1－4　蛙泳收腿

2. 外翻和蹬夹

外翻包括向外翻脚和翻小腿,对蛙泳蹬腿效果起着重要的作用。收腿结束时,足跟位于臀部的上方,两脚之间的距离略宽于两膝之间的距离。此时向外翻脚,使脚尖朝外,同时膝关节内旋,使脚和小腿内侧对准蹬水的方向,并使对水面增大。蹬腿开始时,小腿与水面几乎垂直,脚位于水面下外翻接近 90°。

蹬夹水时,为获得较大的蹬水截面,小腿和脚内旋,位于大腿的外侧,通过大腿的内旋和伸髋使大腿带动小腿向后蹬水。当膝关节接近伸展时,小腿和脚掌继续向下和向后蹬水,腿在向后蹬的同时向中间夹紧。在夹水的最后阶段,两脚从勾到绷,这个动作要完成得快速有力,才能表现出鞭状动作效果。在蹬夹动作接近完成，两脚接近并拢时，两腿自然地从水下上摆到接近水面的位置，使腿与躯干保持直线，准备滑行及下一次收腿。蹬夹结束时两腿应并拢伸直，踝关节伸直。蹬夹水要加速完成（图 5－1－5）。

图 5－1－5　蛙泳翻脚和蹬夹水

3．滑行

蹬夹结束后，由于蹬腿的惯性作用，两腿有一个短暂的滑行阶段。在滑行之前，应先迅速将腿脚抬高到与水面平行的位置，减少滑行时的阻力。滑行过程中两腿应尽量伸直并拢，腿部肌肉和踝关节自然放松，为下一个动作周期做好准备（图 5－1－6）。

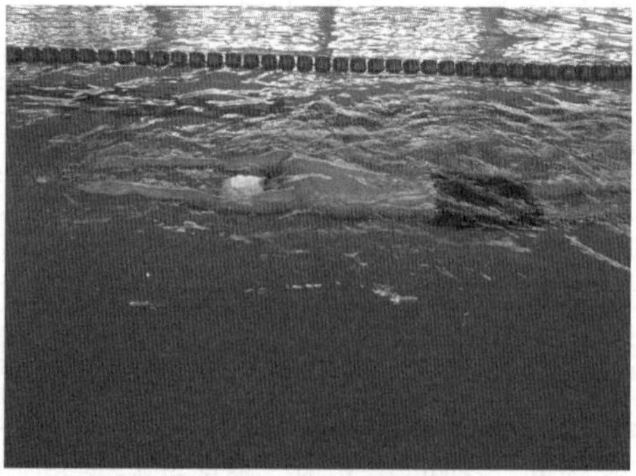

图 5－1－6　滑行

（三）划水及呼吸技术

蛙泳臂划水可以产生较大的推进力，现代蛙泳技术，特别是波浪式蛙泳技术中，更加强调臂划水的作用。

为了便于分析技术，根据划水过程

中用力方向的变化将臂部动作分为三个阶段，即向外划水和抓水、向内划水以及伸臂。

1. 向外划水和抓水

划水开始之前，两臂前伸，与水平面平行，掌心向下，身体充分伸展并保持流线型。两臂边内旋边同时对称地向外后划水。两手分开超过肩宽时，手臂略外旋，屈肘、屈腕，开始抓水，手掌从朝向外后方转为朝向外后和下方，此时手掌和前臂已有抓住水的感觉（图 5－1－7）。抓水虽然能产生一定的推进力，但其主要目的是给后面的划水创造条件，并对躯干上部起到支撑平衡的作用。

图 5－1－7　蛙泳向外划水及抓水

随着两臂的继续外分，手臂旋外，逐渐加大屈肘程度，手沿螺旋曲线向下、向后和向外划水。向外划水开始以后，划水速度逐渐加快，当两手在体下划到最低点时，向外划水结束，转入向内划水阶段。

2. 向内划水

向外划水结束后，手臂向外旋转，手先沿螺旋曲线向内、向下和向后划水，然后随着手臂的继续外旋向内、向上和向后划水（图 5－1－8）。向内划水结束时，手上升到与肘齐平的位置。

图 5－1－8　向内划水

向内划水所产生的推进力是划水过程中最大的。在向内划水过程中，手掌的攻角在不断地变化，从向外和向下转为向内和向上。肘关节也应随手的动作向下、向内、再向上运动，在内划即将结束时，应在肋下做夹肘动作。

向内划水一定要由手引导肘的动作。如果两肘向内划水早于两手，手的运动方向就会被迫从向内和向后转变为向内和向前，导致手的向内划水阶段提早结束，进入伸臂阶段，从而减小了推进力。

由于内划阶段的推进力大，因此应尽量延长手内划路线，使双手在胸下接近合拢时再开始伸臂，避免过早进入伸臂阶段，削弱推进力。

3. 伸臂

伸臂是在向内划水的基础上进行的。当两手在胸下接近并拢时开始前伸，通过向前伸肘和伸肩，两臂前移至伸直姿势。伸臂时应两手并拢，手腕自然伸直，肩肘伸展，手臂呈流线型沿直线前伸(图 5－1－9)。

图 5－1－9　蛙泳伸臂

波浪式蛙泳的内划和伸臂均需借助躯干的协同用力来完成。借助内划产生的向前上的反作用力使胸背部反弓，将上体的肩背部拉出水面，伸臂的部分过程就可以在水面上完成。当手臂开始前伸时，背部从反弓转为向前上方拱起。背部的拱起与蹬腿的配合协助伸臂完成，并使身体呈流线型鱼跃前扑。

现代蛙泳的伸臂速度很快，挡水截面较小。根据运动员自身特点和习惯的不同，伸臂时手的位置有的在水面上，有的在水面下，但肘关节要在接近水面的位置前伸。前伸应充分，以利于下一个周期的抓水动作。

整个划水过程中，手的路线应尽量长而伸展。向内划水时肘关节要收得近一些，路线短一些。肩关节在开始向外划水时要伸展，向内划水结束时含胸提肩，为伸臂和前冲做好势能准备(图 5－1－10)。

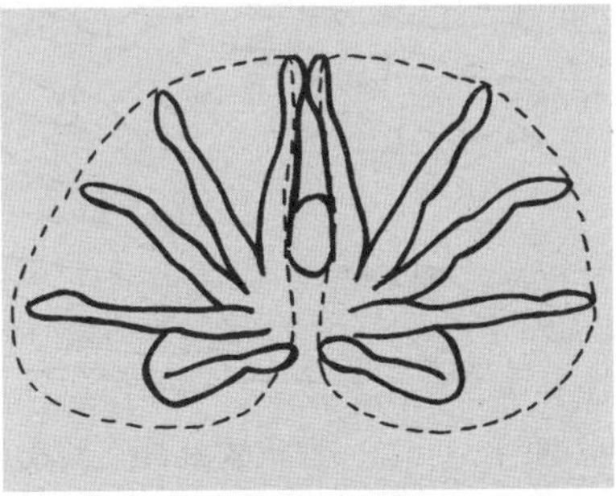

从下方看手指尖相对于身体的动作轨迹

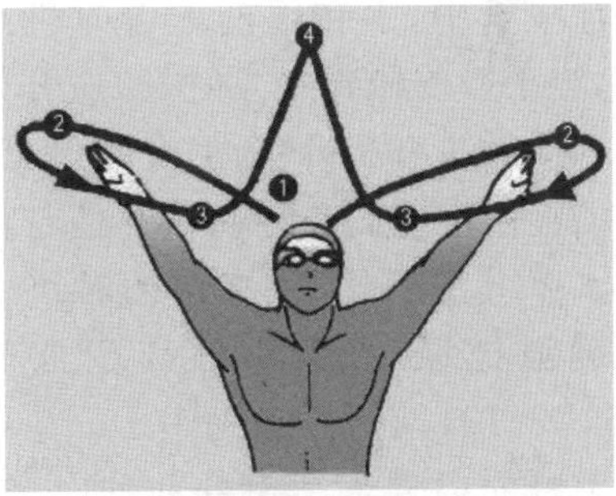

从下方看手指尖的轨迹

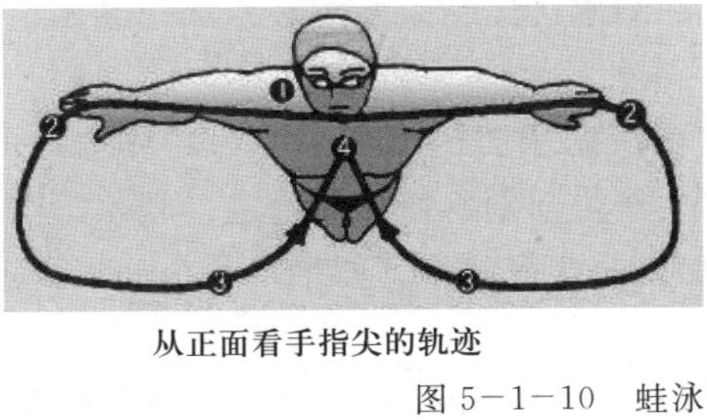

从正面看手指尖的轨迹

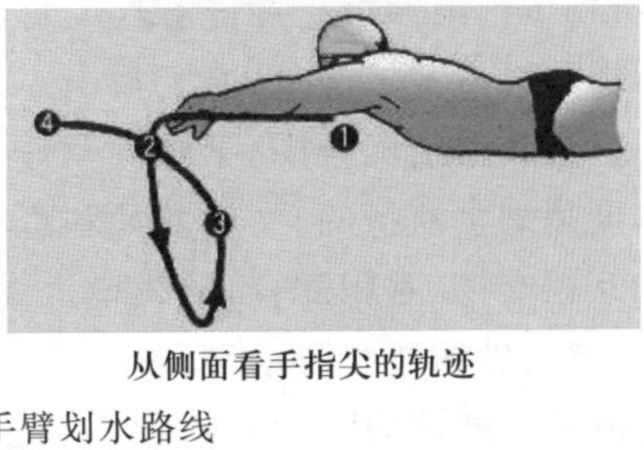

从侧面看手指尖的轨迹

图 5－1－10　蛙泳手臂划水路线

4. 手臂与呼吸的配合

蛙泳每划水一次吸气一次。优秀运动员通常在向内划水接近结束时吸气，伸臂后半段呼气，通常被称为晚吸气。这种技术抬头和吸气时间短，身体重心和浮心失去平衡的时间短，因而阻力小。

图 5－1－11 呼吸是身体波浪动作的一部分

波浪式蛙泳的吸气并不需要刻意向上抬头，而是随着肩和躯干向上向前的波浪动作，头自然地露出水面吸气（图 5－1－11）。由于没有突然向上抬头，不会破坏身体前进的动量和身体的流线型，在吸气结束时，头还可以通过前摆插入水中减小阻力，引导伸肩和躯干的波浪动作。

初学蛙泳者通常学习的是平式早吸气技术，即两臂向外划水时抬头吸气，手臂前伸时低头入水，与优秀运动员的技术有显著区别。

（四）完整配合技术

波浪式蛙泳完整配合时机

蛙泳完整配合技术是四种姿势中最为复杂的。为了保持游进速度的均匀性，臂、腿的配合应尽量使游进过程中每一动作周期内的每个阶段都能够产生和保持推进力，同时尽量减小阻力。波浪式蛙泳技术中，手和腿的配合时机十分关键，当手臂前伸到 3/4 时，腿应开始蹬夹水。此时头和躯干正在前冲，快速蹬夹水能够协助完成前冲动作并使身体保持在水面上。因此，蹬夹水的时机一定要精确地把握，否则会破坏配合节奏（图 5－1－12）。

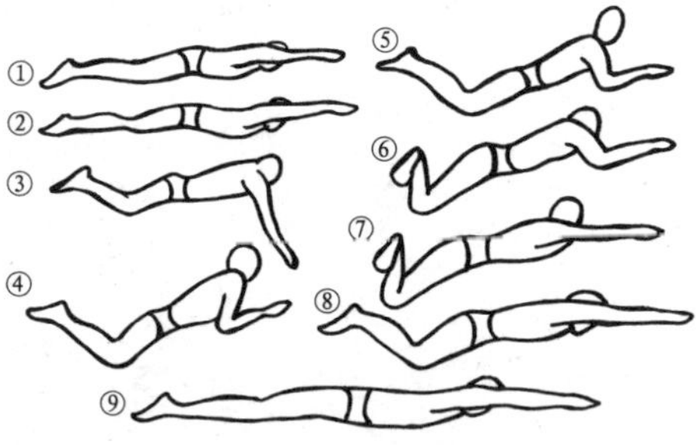

图 5－1－12 波浪式蛙泳完整配合时机

手臂向内划水结束并前伸时，双肩应尽量靠近，前冲过程才能够快而远。在划水已经结束而蹬夹水尚未开始时，前冲动作是维持身体前进的动力。

手臂和腿的配合中，手臂的动作速度决定了腿的速度。因为身体前进的起始速度是划水获得的，之后前冲和蹬水动作协同划水使身体前进。划水、前冲和蹬水互相支持，互相配合，形成稳定或加速的波浪动作。如果某一个环节的速度稍慢，就会破坏整个波浪动作。

波浪式蛙泳的呼吸是随着肩和躯干向上、向前的波浪动作，头自然前伸，露出水面吸气，这样不仅不会破坏身体前进的力量，还使身体保持流线型。头和肩离开水面已经不仅是为了吸气，而是形成波浪动作的重要成分。

初学蛙泳通常学习平式配合技术（图 5－1－13）。从手臂和腿伸直并拢，低头身体成直流线型开始，两臂开始划水，内划接近结束时开始收腿。手臂前伸接近结束时开始蹬夹水，最后形成臂、腿并拢伸直的姿势。

平式蛙泳完整配合时机

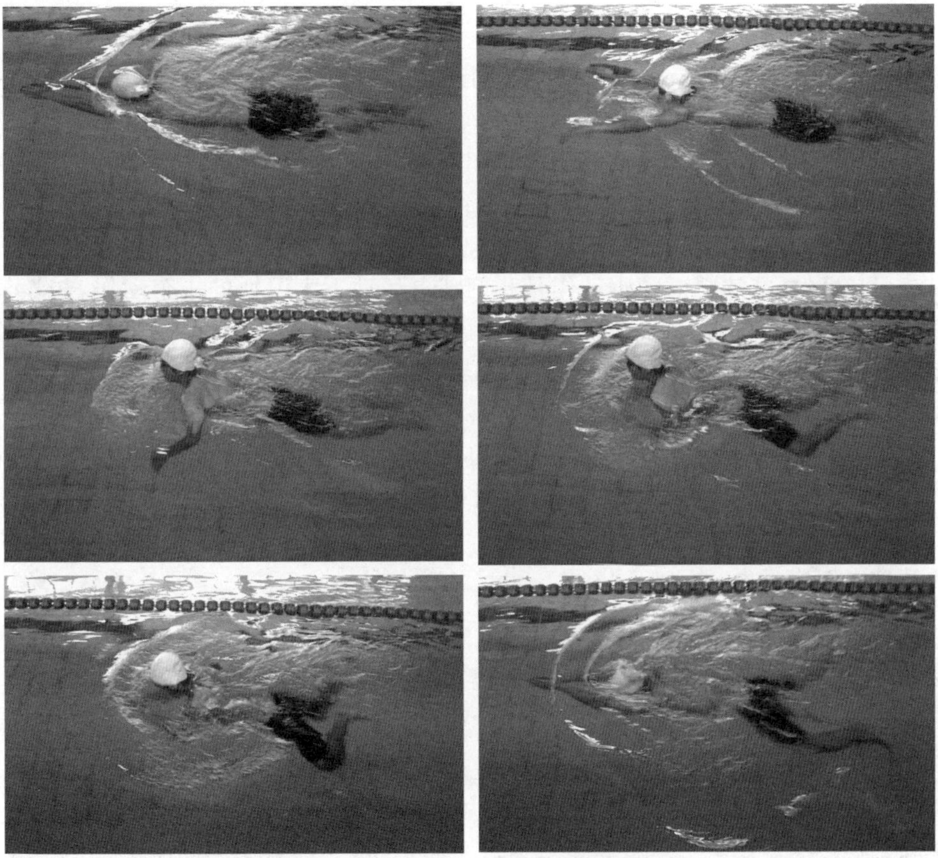

图 5－1－13　平式蛙泳完整配合时机

蛙泳臂、腿、呼吸的配合多采用 1∶1∶1配合，即每划水一次，蹬腿一次，吸气一次。

二、蛙泳技术教学步骤

蛙泳技术的教学应放在熟悉水性、水中呼吸、水中漂浮等动作教学之后进行。教学顺序是先教蛙泳腿（包括腿部技术与呼吸的配合），后教划水和配合。

先做陆上模仿,后下水练习。下面介绍蛙泳教学的各种练习方法,但是需要注意,这些方法不是绝对的,也不是唯一的,指导员应根据学生情况灵活应用。

(一) 腿部技术教学步骤

1. 蛙泳腿技术讲解和示范

(1) 目的:通过动作示范和讲解使学生对蛙泳腿技术有感性认识和初步理解。

(2) 动作要点和方法:讲解和示范由教师完成。如果采用两名教师教学的形式,可以由一名教师示范,另一名教师讲解。讲解应简明扼要,不过分强调细节,重点说明蛙泳腿的几个重要环节,即收腿、翻脚、蹬夹、滑行。

(3) 提示:示范可以先从陆上坐姿蛙泳腿开始,边示范边讲解,然后过渡到水中扶板。注意侧面示范和背面示范相结合。

2. 陆上坐撑勾绷翻联动模仿练习

陆上坐撑勾绷翻联动模仿

(1) 目的:蛙泳腿的翻脚动作是我们陆上运动不太习惯的一个动作,初学者对这个动作没有概念,不好理解,加上刚下水紧张,俯卧水中时又看不到脚的动作,因此翻脚是最难掌握的动作之一。这个简单的练习可以帮助初学者掌握动作概念,强化翻脚时的肌肉感觉。

(2) 动作要点和方法:学生坐在池边地板上,双腿伸直,双手后撑,在教师的口令提示下做勾脚和绷脚练习。勾脚时要求脚尖朝上,绷脚时脚尖朝前。要求学生重点体会勾脚时踝关节周围肌肉用力的感觉。动作熟练后要求学生在勾脚的基础上双脚外翻,脚尖朝外(图 5-1-14)。

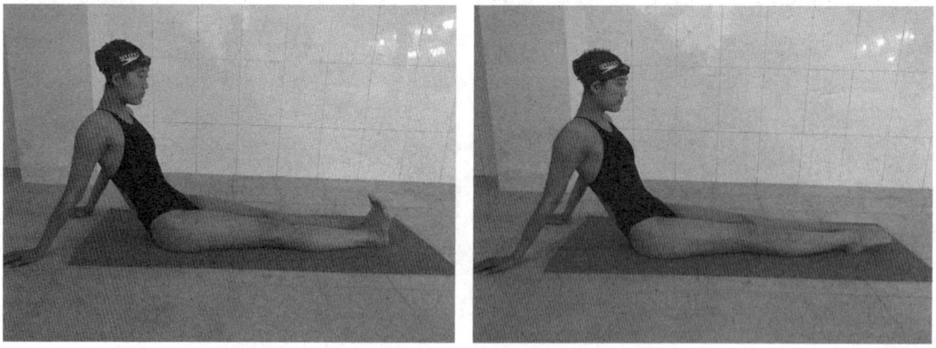

图 5-1-14 陆上坐撑勾绷翻联动模仿练习

(3) 提示:练习开始时,要求学生眼睛看脚,跟着教师的口令做相应的动作。待动作熟练后要求学生闭上双眼,依靠肌肉感觉随口令做动作,并在勾脚、外翻时要求学生停顿片刻,将肌肉感觉记忆在脑中。

3. 陆上坐撑蛙泳腿模仿练习

(1) 目的：初步学习蛙泳腿完整动作，在视觉帮助下使学生掌握蛙泳腿技术概念。

(2) 动作要点和方法：学生坐在池边地板上，双腿伸直，双手后撑。教师可以坐在学生前面，边示范边指导学生做动作。将腿的动作分为四个部分：收（收腿）、翻（翻脚）、夹（蹬夹）、停（滑行）。教师喊“收腿”时，学生两腿向腹部方向收，双膝的宽度同肩宽，脚后跟靠近大腿。“翻脚”时，两脚外翻，脚后跟在臀部外侧，两膝略内扣，双腿从前面看形成一个大写的“M”。“蹬夹”时，两腿边向后蹬边夹紧，直至并拢伸直。最后喊“停”时，双腿伸直并拢，脚尖绷起略停片刻，准备做下一个动作（图 5－1－15）。

陆上坐撑蛙泳腿模仿

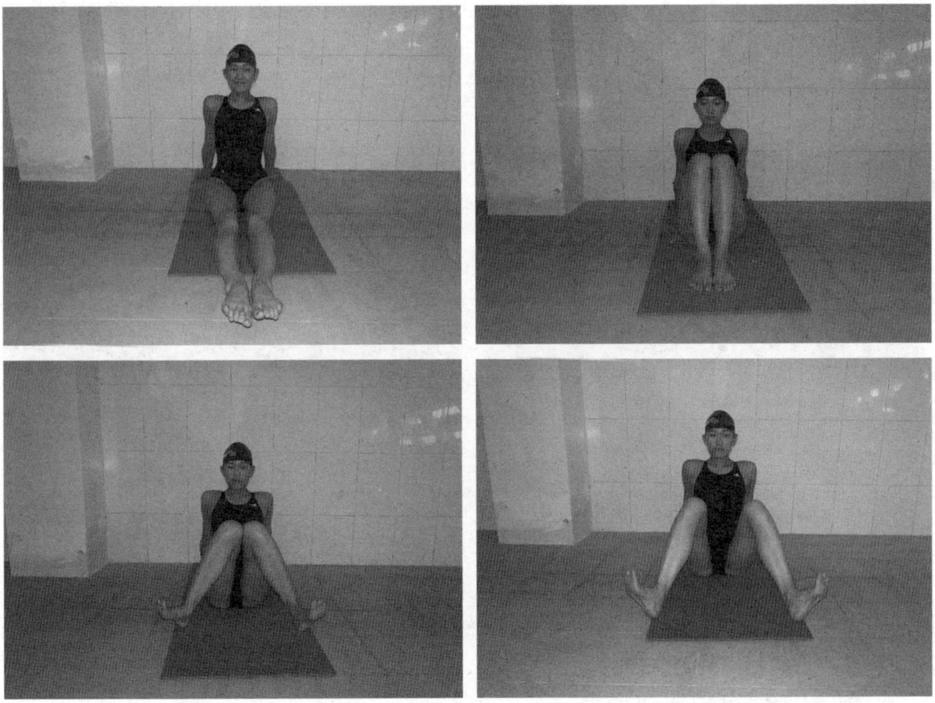

图 5－1－15　陆上坐撑蛙泳腿模仿练习

(3) 提示：初次学习蛙泳腿的学生容易犯的错误，一是不翻脚，二是两膝关节分开过宽，三是脚未收紧靠近臀部。教师此时宜多用分解方法，对动作逐个纠正后，再令学生继续练习。

半陆半水坐撑腿模仿

4. 半陆半水坐撑腿模仿练习

(1) 目的：陆上坐撑蛙泳腿模仿练习熟练后，可以进行半陆半水坐撑腿模仿练习，在巩固蛙泳腿技术动作的基础上，使学生体会脚对水、蹬夹水的感觉。

（2）动作要点和方法：坐在池边，双手后撑，双腿放在水中，按照收（收腿）、翻（翻脚）、夹（蹬夹）、停（滑行）的节奏进行蛙泳腿模仿练习。要求学生在掌握动作结构的基础上体会蹬水时水对于脚内侧和小腿的阻力（图 5-1-16）。

（3）提示：先用分解法将动作分解，逐个纠正错误后，再过渡到完整动作练习。要求学生尽量往前坐，大腿放在水中。

5. 半陆半水俯卧腿模仿练习

半陆半水俯卧腿模仿

（1）目的：半陆半水坐撑腿模仿练习熟练后，可以进行半陆半水俯卧腿模仿练习，使学生在失去视觉帮助的条件下，依靠肌肉运动感觉掌握蛙泳腿动作，为水中练习做好准备。

（2）动作要点和方法：学生双手前伸，俯卧于游泳池边。身体上半部分俯卧在池边上，髋关节在池沿处，双腿在水中，仍按收（收腿）、翻（翻脚）、夹（蹬夹）、停（滑行）的节奏进行蛙泳腿模仿练习（图 5-1-17）。

图 5-1-16　半陆半水坐撑腿模仿练习

图 5-1-17　半陆半水俯卧腿模仿练习

（3）提示：练习时，学生失去视觉的帮助，要完全依靠肌肉感觉来做动作，教师的提示是非常重要的，应从分解练习到完整练习，从动作结构到动作节奏，循序渐进地进行强化和巩固。

6. 扶池边漂浮蛙泳腿练习

扶池边漂浮蛙泳腿练习

（1）目的：在半陆半水俯卧腿模仿练习熟练后，进行水中双手扶池边漂浮的蛙泳腿练习，可以帮助学生体会身体在水中漂浮并掌握平衡的基础上做蛙泳腿的感觉。

（2）动作要点和方法：初学者可以先在腰背部系一只背漂，以免身体浮不起来，造成心理紧张。学生下水后，双手扶池边，目视前方，双臂伸直，含胸收腹，身体平直地漂浮于水面，在保证身体平稳漂浮的条件下双腿做蛙泳腿动作（图 5-1-18）。

(3) 提示：如果学生在学习蛙泳之前，已经通过熟悉水性练习掌握了在水中漂浮的方法，这个练习就会比较容易完成。否则，由于本能的作用，学生往往容易抬头挺胸挺腹，双腿下沉，人直立在水中而漂不起来。此时教师需耐心引导学生含胸低头收腹，两臂前伸，漂浮后再做蛙泳腿动作。

图 5-1-18　扶池边漂浮蛙泳腿练习

7. 扶池边漂浮蛙泳腿和呼吸配合练习

扶池边蛙泳腿和呼吸配合

(1) 目的：在扶池边漂浮蛙泳腿练习的基础上增加呼吸动作，使学生掌握腿部动作与呼吸的配合时机，为正确完成蛙泳配合动作打好基础。

(2) 动作要点和方法：先做扶边抬头俯卧的腿部动作练习，然后教师提示学生，在腿部蹬夹动作完成后，两腿并拢漂浮时轻轻抬头吸气，之后头没入水中缓慢呼气。反复练习，直到动作熟练(图 5-1-19)。

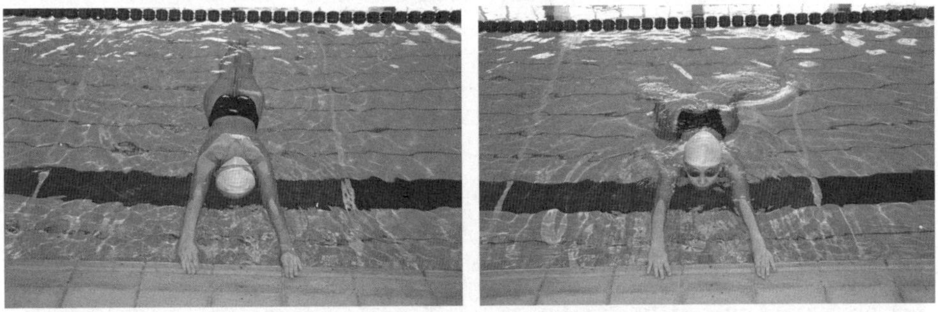

图 5-1-19　扶池边漂浮蛙泳腿和呼吸配合练习

(3) 提示：由于身体全部浸入水中和浮力的作用，有的人会害怕，这时可让学生睁开眼睛，看着水中周围的情况，减少一些害怕的心理。刚开始学生由于紧张怕水，吸气时容易抬头挺胸屈臂，造成双腿下沉。教师应提示学生吸气时除脖颈轻轻用力使口露出水面外，身体其他部位保持稳定。

8. 扶板带漂蛙泳腿及呼吸练习

扶板蛙泳腿及呼吸练习

(1) 目的：在扶池边漂浮蛙泳腿练习的基础上，进行扶板漂浮蛙泳腿练习，使学生体会依靠自己蹬夹水的力量推动身体前进的感觉，改正错误动作，提高耐力。

(2) 动作要点和方法：学生腰背部系背漂，下水后双手轻扶打水板，两臂前伸，含胸收腹，身体平直地漂浮于水面。在保证身体平稳漂浮的条件下双腿做蛙泳腿动作，蹬夹完漂浮时抬头吸气(图 5-1-20)。

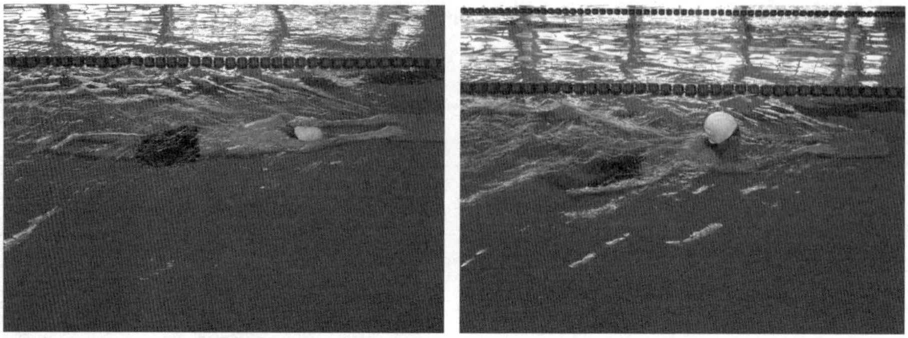

图 5-1-20 扶板漂浮蛙泳腿及呼吸练习

身体姿势错误及纠正 1

身体姿势错误及纠正 2

身体姿势错误及纠正 3

(3) 提示:教师可以让做得好的学生先下水做,或自己下水示范,给紧张怕水的学生增加信心。开始下水时要注意安全,给每位学生帮助,并保证所有学生都在自己的视线范围内,保障教学安全。有的学生过分紧张,动作僵硬或不往前游进,教师可以拿一根长杆压住打水板的前沿,用一点力往前拖。还有的学生过分依赖打水板,手臂弯曲,拼命压打水板,教师要提醒其肩膀放松,两臂前伸,含胸收腹才能漂起来。由于是第一次脱离池边进行练习,可以先不做水中呼吸,待动作熟练,能够连续蹬腿一段距离后,再加上呼吸动作(图 5-1-21)。

图 5-1-21 身体姿势错误及纠正方法

（二）划水及呼吸技术教学步骤

1．站立蛙泳划水及呼吸技术模仿练习

（1）目的：在陆地上练习，通过视觉的帮助和教师的直接辅导，使学生初步掌握蛙泳划水和呼吸技术概念，确保陆上动作结构基本正确。

站立蛙泳划水和呼吸模仿

（2）动作要点和方法：教师与学生面对面站立，教师边讲解边示范，学生边看边模仿。令学生身体前倾，双脚开立，双臂前伸，按照口令依次做外划、内划（收手）、前伸的动作（图 5－1－22）。待学生掌握熟练后可以用口令“1、2、3”代替。开始可以只做划水动作，不加呼吸。随着动作熟练，加上呼吸的配合，在手臂外划时抬头吸气，手臂前伸时低头呼气。

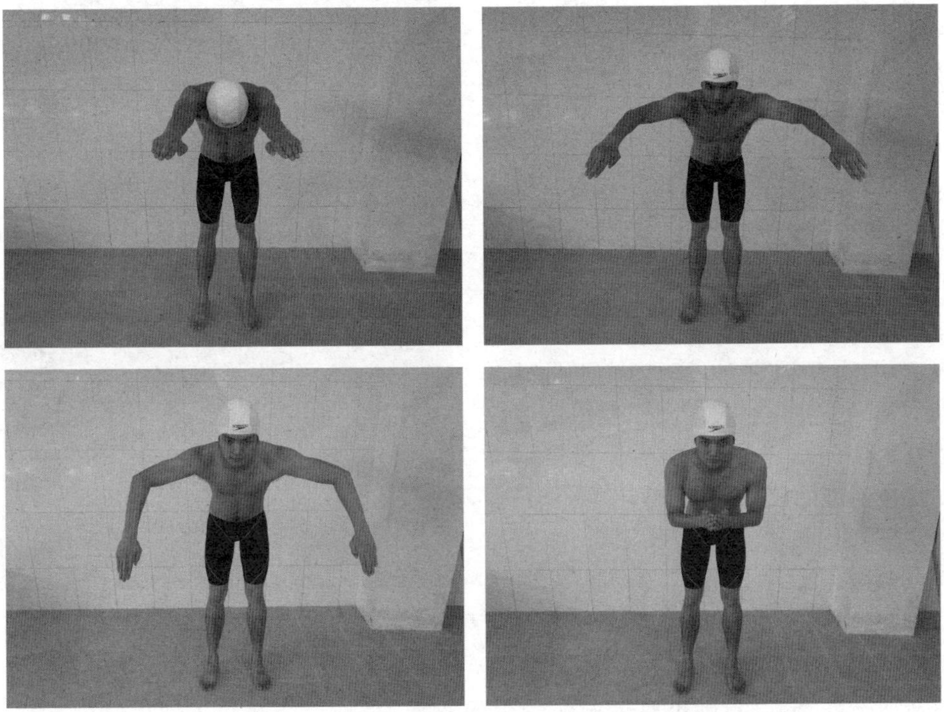

图 5－1－22　站立蛙泳划水及呼吸技术模仿练习

（3）提示：初学者容易犯的错误是两臂划水过长，呼吸配合时机错误等。教师可手把手纠正错误动作，或令学生分组互相纠正错误。

半陆半水蛙泳划水和呼吸模仿

2．半陆半水蛙泳划水和呼吸模仿练习

（1）目的：在陆上熟练掌握蛙泳划水与呼吸的基础上，练习水中呼吸与划水的配合，使学生体会划水时手臂对水的感觉。

（2）动作要点和方法：学生胸部以下部分俯卧在池边，胸部以上部位及头部悬于水面上，池边与腋窝齐平，手臂按照“外划、内划、伸臂”的节奏做划水动作练习。划水动作熟练后加上呼吸动作，手臂外划时头抬出水面吸气，手臂内划和前伸时头没入水中呼气(图 5－1－23)。

(3) 提示：教师可以按照“1、2、3”的口令教学，提示学生口令“1”时划水并抬头吸气；口令“2”时伸臂并低头在水中呼气，口令“3”时手臂前伸并拢，头没入水中略停顿片刻。学生比较容易犯的错误是伸臂后头急于抬出水面吸气，省略了前伸停顿的动作，从而造成节奏紊乱，教师可双手握学生的双臂，边喊口令边纠正学生的错误动作。

图 5－1－23　半陆半水蛙泳划水及呼吸模仿练习

3. 浅水站立蛙泳划水及呼吸练习

浅水站立蛙泳划水和呼吸模仿

(1) 目的：在熟练掌握蛙泳划水与呼吸的基础上，练习水中呼吸与划水的配合，使学生体会划水时手臂对水的感觉。

(2) 动作要点和方法：这个练习只适用于浅水游泳池。学生站立在游泳池中，弯腰低头，在教师统一口令下做蛙泳划水及呼吸动作练习。动作熟练后可以边划水边向前走动，使学生体会划水推动身体前进的效果(图 5－1－24)。

(3) 提示：教师可以按照“1、2、3”的口令教学。学生比较容易犯的错误是划水路线过长，以及伸臂后头急于抬出水面吸气，省略了前伸停顿的动作，从而造成节奏紊乱，教师可双手握住学生的双臂，边喊口令边纠正学生错误动作，也可采用双人互相纠正错误的形式。

图 5－1－24　浅水站立蛙泳划水及呼吸模仿练习

4. 单手扶池边蛙泳划水及呼吸练习

单手扶池边蛙泳划水和呼吸模仿

(1) 目的：在熟练掌握蛙泳划水与呼吸的基础上，练习水中呼吸与划水的配合，使学生体会划水时手臂对水的感觉。

(2) 动作要点和方法：双手扶池边，双臂向前伸直，含胸低头，身体伸展并漂浮于水面上。身体稳定后，一手扶池边，另一手做蛙泳划水及呼吸配合练习(图 5－1－25)。

（3）提示：两臂轮流练习，教师及时纠正学生的错误动作。如果学生下肢下沉，难以浮起，可以系背漂练习。

图 5－1－25　单手扶池边蛙泳划水及呼吸练习

站立蛙泳配合模仿

（三）完整配合技术教学步骤

1. 站立蛙泳配合模仿练习

（1）目的：初步掌握蛙泳完整配合的节奏和方法，为学生在水中练习打好基础。

（2）动作要点和方法：教师面对学生站立，教师边讲解边示范，学生边观看边模仿。先做手臂和腿的配合模仿练习，要求两腿分开略比肩宽，双臂上举，双手并拢。教师用口令引导学生练习，按照口令“1、2、3、4”做划手、收手、伸胳膊、蹬腿的动作（图 5－1－26）。动作熟练后加上呼吸配合练习，动作要点是，划手加抬头吸气、收手并收腿、伸臂并低头呼气、蹬腿。

图 5－1－26　站立蛙泳配合模仿练习

（3）提示：在进行这个练习之前，学生通常只进行腿部练习、划水练习，以及腿或手与呼吸的配合练习。第一次将手臂、腿部和呼吸动作一起配合进行，难免手忙脚乱，节奏紊乱。教师此时要耐心，讲解、示范、纠正错误要及时，随时观察学生的动作。可以让动作正确的学生做示范，教师配合讲解，同时将错误动作进行对比说明，强化正确动作。

2. 半陆半水蛙泳配合模仿练习

半陆半水蛙泳配合模仿1

（1）目的：巩固蛙泳完整配合的动作概念，根据身体与水的相对位置变化，体会腿部蹬夹水的感觉，或体会在水中划水和呼吸的感觉。

（2）动作要点和方法：学生双手向前，身体上半部分俯卧在池边，髋关节在池沿处，双腿在水中，练习蛙泳的完整配合动作，口令同站立蛙泳配合模仿练习动作一致（图 5－1－27）。

半陆半水蛙泳配合模仿2

也可以换一个方向，让学生胸部以下部分俯卧在池边，胸部以上部位及头部悬于水面上，池边与腋窝齐平，练习蛙泳的配合动作（图 5－1－28）。

图 5－1－27 半陆半水蛙泳配合模仿练习（腿在水中）

图 5－1－28 半陆半水蛙泳配合模仿练习（手臂在水中）

（3）提示：腿在水中时，重点体会蹬夹水的效果。手臂在水中练习时，教师要及时纠正学生划水后没有停顿的错误。

3. 推拉板蛙泳配合模仿练习

推拉板练习

（1）目的：蛙泳配合陆上模仿练习熟练后，如果直接下水进行完整配合练习，可能会因学生紧张，担心呼吸困难，而造成身体不平衡，动作错误。推拉板蛙泳配合模拟练习可以降低动作难度，在打水板的支撑作用下，学生可以先模拟完整配合的节奏，再过渡到真正的蛙泳配合中。

（2）动作要点和方法：学生先扶板，全身伸直俯卧水中，根据自身情况选择是否使用背漂。按照蛙泳配合的节奏，先双手向胸前拉动，同时抬头吸气，模拟蛙泳划水动作，然后收腿，手臂向前推打水板并低头呼吸，模拟蛙泳伸臂动作，最后腿蹬夹水并滑行(图 5－1－29)。

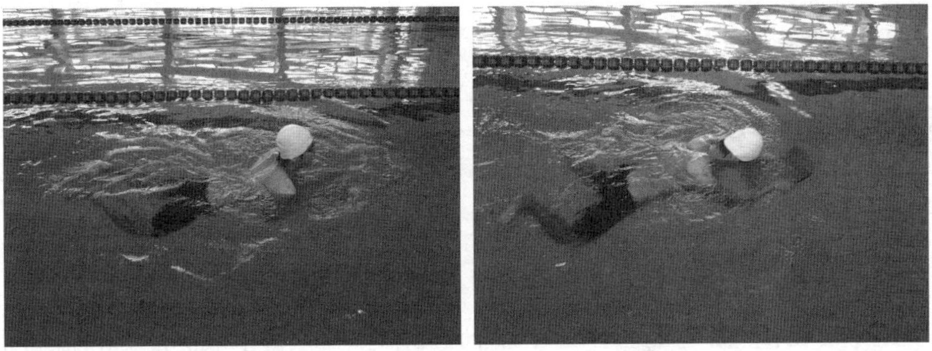

图 5－1－29　推拉板蛙泳配合模仿练习

(3) 提示:下水之前可令学生抓住打水板先在陆上站立模仿,按照拉板抬头、收腿、推板低头、蹬夹水的口令顺序练习熟练后再下水。

4. 单手扶池边蛙泳配合练习

(1) 目的:在有固定支撑的条件下让学生练习蛙泳配合节奏,降低难度,避免因怕水造成动作慌乱。

(2) 动作要点和方法:这个练习主要用在深水教学中。学生双手扶池边,双臂向前伸直,含胸低头,身体伸展并漂浮于水面上。身体稳定后,一手扶池边,另一手做蛙泳划水动作,同时头和腿部配合做蛙泳完整动作配合(图 5－1－30),两手轮换练习。

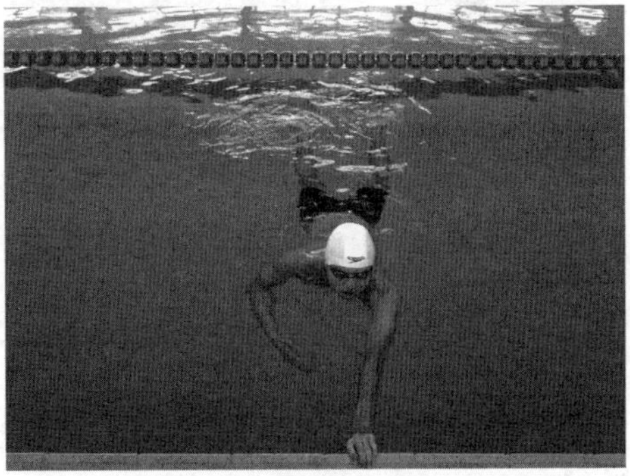

图 5－1－30　单手扶池边蛙泳配合练习

单手扶板蛙泳配合

(3) 提示:让学生两臂轮流练习,教师及时纠正错误动作。

5. 单手扶板蛙泳配合练习

(1) 目的:蛙泳配合陆上模仿练习熟练后,如果直接下水进行完整配合练习,学生可能会因为紧张,担心呼吸困难,而造成身体不平衡,动作错误的结果。单手扶板蛙泳配合练习可以降低动作难度,在打水板的支撑作用下,使学生先做单臂与呼吸、腿的完整配合,再过渡到真正的蛙泳配合中。

(2) 动作要点和方法:学生先扶板,全身伸直俯卧于水中,可以根据自身情况选择是否使用背漂。按照蛙泳配合的节奏,单手扶板,另一手做蛙泳划水动作,同时头和腿部配合手臂进行蛙泳完整配合动作(图 5－1－31)。

(3) 提示:学生两臂轮流进行练习,教师及时纠正错误动作。

6. 蛀泳完整配合练习

(1) 目的:使学生掌握蛀泳完整配合技术,提高耐力,增加游泳距离。

蛀泳配合练习时戴漂方法

(2) 动作要点和方法:在有固定支撑或无固定支撑练习熟练,且学生已经掌握蛀泳配合完整动作节奏的前提下,可以让学生做蛀泳完整配合动作练习。按照“划水腿不动,收手再收腿,先伸胳膊后蹬腿,臂腿伸直漂一会儿”的动作顺序让学生进行练习,并逐渐加长游进距离。

(3) 提示:过于紧张害怕的学生可能不敢去掉打水板,此时可以把打水板放在胸前练习,这样便于呼吸动作的完成,待学员熟练不紧张后再去掉打水板。蛀泳配合教学的重点是手、腿、呼吸的配合时机,难点是配合中的滑行动作,没有滑行动作,就不能持续游较长的距离(图 5-1-32)。

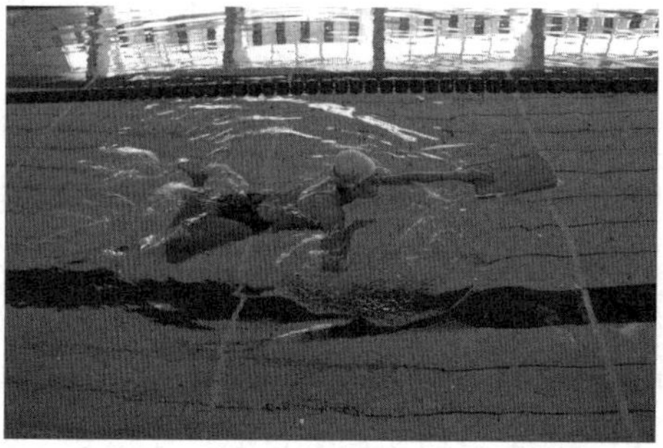

图 5-1-31　单手扶板蛀泳配合练习

图 5-1-32　蛀泳完整配合练习

第二节　爬泳技术分析和教学步骤

一、爬泳技术分析

爬泳时,身体俯卧在水面上,两腿上下交替打水,两臂轮流划水,使身体向前游进。由于这样的动作很像爬行,故被称为“爬泳”。在游泳教学与训练中,爬泳也是基础项目,学会了爬泳,对掌握仰泳和蝶泳都有促进作用。爬泳技术动作由身体姿势、腿部动作、臂部动作、呼吸等部分动作协调配合构成。任何一种姿势的技术都是一个有机的整体,每一个技术环节和细节都影响着技术效果。从技术分析的角度出发,需要把技术分为几个不同的部分和环节。

（一）身体姿势

从流体力学的角度分析，为最大限度地减小形状阻力和波浪阻力，在游进过程中，身体需要尽量保持流线型，并保持重心平稳。规范的爬泳技术在身体和腿部动作方面需要满足以下几个要求。

1. 身体伸展并保持流线型

为保持流线型，身体应尽量伸展，肩向前略耸，手入水后手臂、肩带和上体尽量前伸，将身体拉长（图 5－2－1）。

此外，为保持流线型，手臂划水的动作应围绕身体纵轴进行，过于靠外划水将使身体截面积增大，破坏流线型。同样的道理，腿打水幅度不要过大，呼吸时头部动作也应尽量不偏离身体中线（图 5－2－2）。

图 5－2－1　身体伸展呈流线型

图 5－2－2　手臂划水过于靠外

2. 身体在水中尽量处于高且平直的位置

身体在水面上的位置越高，阻力就越小。高水平游泳运动员在水中的身体位置通常都比较高。

形状阻力与身体在水中占用的空间大小有很大的关系。占用空间越大，或者说身体在水中的投影截面面积越大，阻力就越大。为减小阻力，需要保持身体平直。

身体在水中是否平直要从两个角度来观察和判断。首先是水平方向上，也就是从侧面观察，运动员的身体应尽量与水平面平行，身体成直线。如果头部和上体较高，而髋部和腿下沉，则将增大阻力。

头的位置与身体阻力之间的关系非常重要。当头与身体成一条直线时，阻力较小；而当头抬得较高时身体遇到的阻力较大。

此外，身体是否平直还要从俯视的角度观察，即冠状面上的直线性。如果身体左右摇摆，则会增加身体在水中占用的空间，导致阻力增大（图 5－2－3）。

3. 身体围绕纵轴有节奏地转动

爬泳的身体姿势并不是简单地平卧于水面。事实上，游爬泳时身体应始终围绕身体纵轴随着手臂和腿部动作进行有节奏的转动。

身体围绕纵轴转动具有重要的意义，能够有效地帮助身体保持动量，延长有效划水距离并使肩带和上肢处于有利的发力角度；有利于充分发挥躯干肌肉群的力量，使得躯干成为连接手臂和腿部动作的纽带；有助于保持身体的流线型，减小阻力；并且使得移臂和呼吸动作轻松完成。

图 5－2－3　身体左右摆动使阻力增大

在爬泳时，躯干和肩应作为一个整体协调转动（图 5－2－4）。身体向吸气一侧转动的幅度略大一些，使得吸气动作不刻意依靠转头进行，而搭身体转动的惯性，轻松完成（图 5－2－5）。

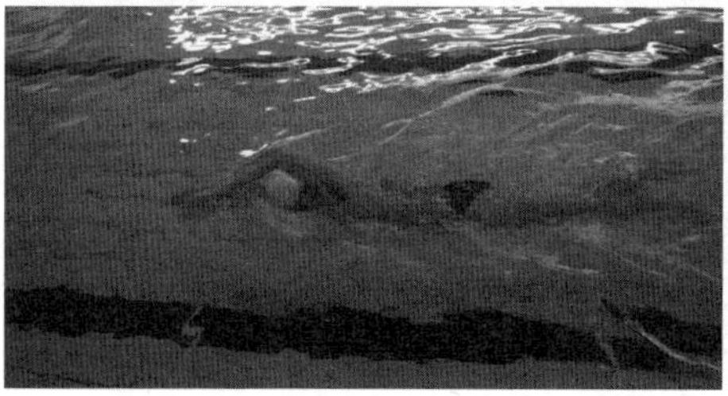

图 5－2－4　身体围绕纵轴的转动

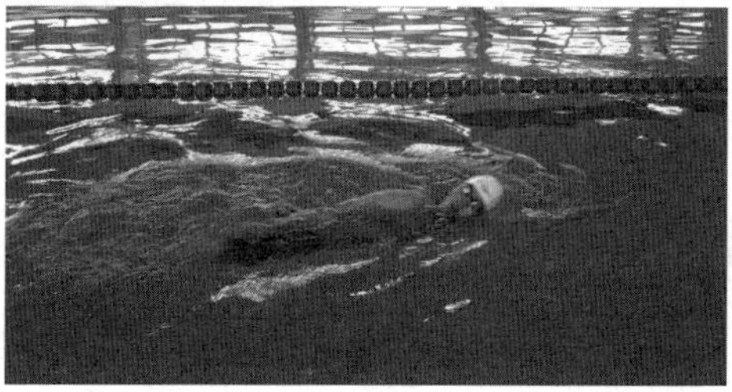

图 5－2－5　吸气一侧转动幅度较大，使吸气轻松完成

（二）腿部技术

爬泳打腿过程

爬泳的腿部动作采用两腿交替上下打水的形式，主要作用是保持身体姿势和位置，维持身体平衡，同时还可以利用打水节奏调节手臂动作频率。由于在水中身体得不到固定支撑，打腿还起着与手臂相互支撑，协调身体各部分用力和控制节奏的效果。此外，打腿动作还会产生部分推进力。

爬泳打腿由向下打腿和向上打腿两部分交替构成，但事实上由于身体围绕纵轴转动，打水动作也包含着向侧方的动作。

打水过程中两脚应稍内扣，踝关节放松，由髋关节发力，传至大腿，带动小腿和脚，做鞭状打水，使动作有力而富有弹性。由于腿部各关节和环节构成了一个类似链状的结构，爬泳向上打腿和向下打腿之间的界限并不十分分明，即大腿、小腿和脚并没有同时向上或向下打水。

1. 向上打腿

向上打水时，由大腿带动小腿向上移动，腿呈伸直姿势。当整条腿移到水面并与水平面基本平行时，大腿停止继续上移，转入向下打腿，但小腿和脚由于惯性的作用仍然继续上移，使膝关节弯曲。

向上打水时，大腿伸展，腘绳肌、大腿内收肌和臀大肌收缩使腿上移。当大腿停止上移后，腘绳肌在缝匠肌、股薄肌、腓肠肌的协同作用下将小腿和脚继续上抬，使膝关节屈曲。膝关节屈曲的角度在 130°～160°。

当小腿和脚也完成向上打腿时，大腿已经进入下打过程。小腿上打不能露出水面，脚掌接近水面或略露出水面。脚不能高出水面太多，否则一是容易失去部分浮力，使身体有下沉的趋势；二是在向下打水初期，脚只能打到空气，得不到水的反作用力，而且会搅起大量的气泡，增大阻力。

2. 向下打腿

小腿和脚在上打结束后，在大腿的带动下开始向下打水。由于膝关节的弯曲，小腿和脚的打水方向是后下方。当大腿向下打水到最低处并开始向上打水时，小腿和脚仍未完成向下打水，直到膝关节完全伸直，小腿和脚才随大腿转入向上打水，然后开始下一次动作循环。

爬泳打水动作应该向下屈腿打水，向上直腿打水，打水幅度在 30～40 厘米（图 5-2-6）。

打水的效果与踝关节的柔韧性有很大的关系。如果足背屈（即勾脚）打水，不但不能推动身体前进，反而给了身体向后的反作用力，使身体倒退。因此向下打水时踝关节要跖屈（绷脚），而不要背屈（勾脚），使脚背朝后下方用力，使脚获得向前和向上的反作用力。

（三）手臂和呼吸技术

爬泳划水动作可以分为入水、划水、出水和空中移臂四个主要部分，空中移臂是划水的必要准备，但不产生推进力；真正产生推进力的部分是划水。爬泳手臂的划水动作轨迹是三维的螺旋曲线。在划水过程中，手臂通过旋转不断改变对水的攻角和划水的方向，获得阻力或升力、推进力。根据手臂主要运动方向的变换，可以把划水分为几个阶段，但是各个阶段之间不存在绝对的界限，动作的方向也不是绝对的，而只是表示动作在曲线上主要的运动方向。这点同样适用于其他三种泳姿。

1. 入水和伸臂

这个阶段手臂动作的主要目的是使手臂伸展到合适的位置，为抓水做好准备。同时前伸动作还起到了保持流线型和募集更多肌纤维参与工作的作用（图 5-2-7）。

入水时，随着身体绕纵轴的转动，肩关节内旋，肘关节微屈并高于手，手自然并拢伸直，由大拇指领先，手掌朝向外下方，斜插入水中，这样可以减小手入水时

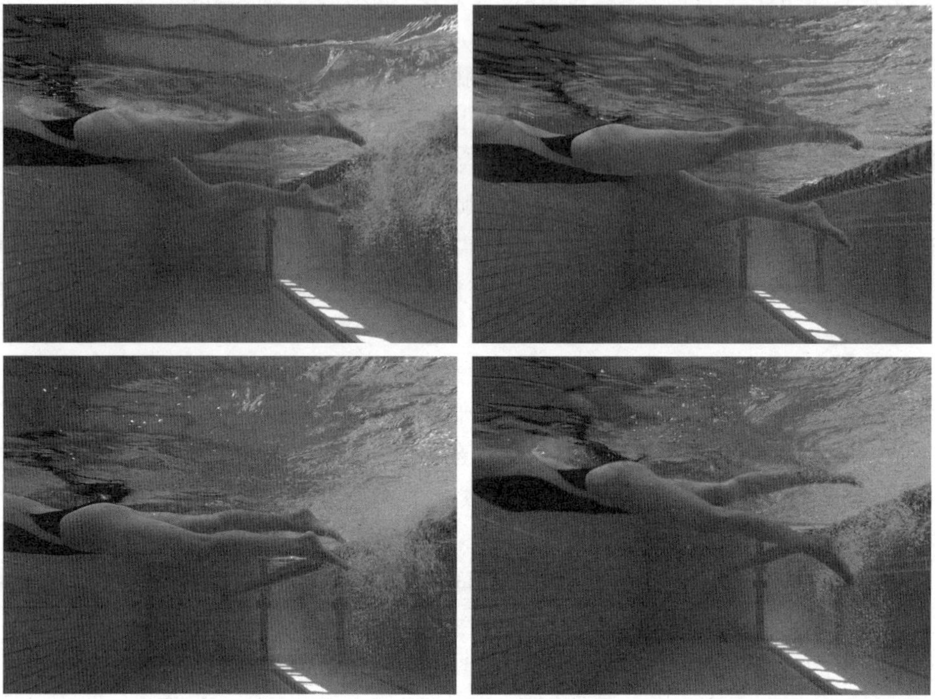

图 5－2－6　爬泳打腿过程

图 5－2－7　爬泳手入水及伸臂动作

的阻力。如果手掌平拍入水中，就会在手的周围产生大量的气泡，增大阻力。而且由于手掌的下压动作，容易使头和躯干抬高，破坏身体姿势，造成身体上下起伏。

手的入水点通常在肩的延长线上，或身体中线和肩的延长线之间。入水过于靠内容易造成髋关节和腿的侧向摆动，使身体的流线型遭到破坏。入水过于靠外不利于入水后做抓水动作，且难以充分发挥肩背部肌肉的力量。

手插入水后，前臂和上臂依次入水。随着身体的转动，手在入水后继续向前下方伸展 20～25 厘米。前伸动作应尽量圆滑，避免带来太大的阻力。手腕自然微屈，掌心可转向下。在手臂接近伸直或完全伸直时，臂部肌肉应该达到适宜的初长度，做好向下划水和抓水的准备。

2. 向下划水和抓水

入水和伸臂后，应屈腕，使手掌朝向外下方，沿曲线向下划水并抓水。从抓水开始，手臂开始有了向后的运动分量，即手臂动作开始产生阻力推进力了。抓水的动作方向是向下、向外和向后（图 5-2-8）。

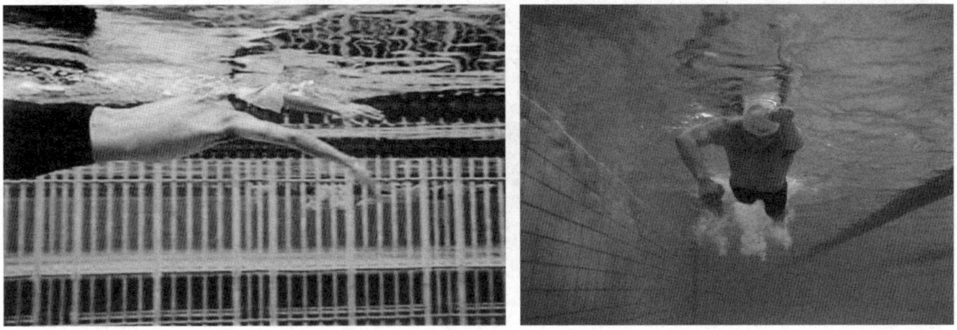

图 5-2-8　爬泳向下划水和抓水

抓水后逐渐屈肘，使肘高于手，高肘的目的是使前臂和手最大限度地向后对准水，同时高肘也是水下有力划水开始的标志。

抓水虽然是整个划水周期中速度相对较慢的部分，但对后面划水的效果起着至关重要的作用。抓水效果好就好像汽车挂上了挡，后面的划水才不会划空。高水平运动员非常重视抓水，抓水的作用是使身体获得一个相对稳定的支撑点。

下划阶段准确地说是向下、外和后划水，是划水曲线中的一部分。但是向外划水的动作是随着躯干和肩的转动在手臂向下划水时自然形成的，不必刻意强调。由于继续屈肘，使手和前臂向下加速划动。

当手到达水下最低点时，手臂自然地过渡到下一个以向内划水为主的阶段。虽然这个阶段的推进力没有后面的划水大，但准确的下划和抓水动作是后面有效划水的重要基础。

3. 向内划水

向内划水开始时手位于肩的外侧，此时手臂继续屈肘并保持高肘姿势，加速向内、向上和向后沿曲线划水。向内划水结束时，手在身体下方靠近身体中线，手臂与水平面基本垂直，屈肘角度约 90°（图 5-2-9）。

手臂在从以向下划水为主转变到以向内划水为主的过程中，应注意利用好阻力推进力，即手掌尽量垂直向后对准水，这一点也适用于其他的转换阶段。因为在转换阶段手还没有形成有利的攻角，难以获得升力，如果没有阻力推进力，身体速度就容易迅速下降。因此在手掌从向外转为向内之间时，手掌几乎是垂直向后的，其目的是获得阻力推进力，保持身体的速度。

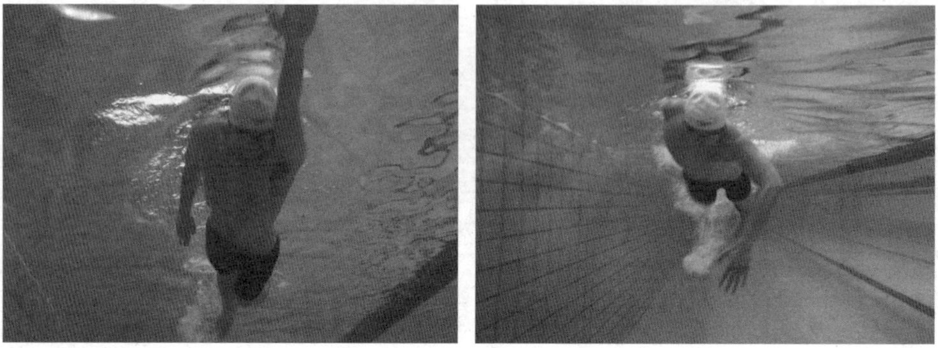

图 5—2—9　爬泳向内划水

4. 向上划水

从手臂与水平面垂直开始到出水前的运动为向上划水。在向上划水之前，起主要作用的肌肉多为上肢的屈肌，手的运动落后于肘；而向上划水阶段的主要肌肉多为伸肌，手开始领先于肘关节的运动。

此阶段手臂沿曲线向上、向外和向后划水，并且应在向内划水的基础上加速连贯地完成，中间不能有停顿。从向内划水转为向上划水时，手掌从向内转为向外，沿向上、向外和向后的方向加速划水（图 5—2—10）。向上划水过程中手臂的划水速度是整个划水过程中最快的，产生的推进力也最大。

为了获得最佳的动作效果和更大的推进力，应该尽可能地加快划水速度，并延长划水距离。但出于维持身体平衡、保持重心和动量稳定性的目的，目前多数优秀运动员推水距离并不长，当手越过身体重心时就可以结束向上划水，转入出水阶段。

图 5—2—10　爬泳向上划水

这个阶段常见的错误是直接向后推水。这样容易使肘过早伸直，有效划水路线短，并损失大部分升力。

向内划水和向上划水两个阶段是划水的关键，因为手臂在这两个阶段的动作所产生的推进力较大。手臂从向内划水开始，身体前进速度开始加快，到向上划水时达到最快速度。因此，从向内划水到向上划水是加速的关键，正确地做好入水、抓水和下划的准备动作，不断加快划水速度，就可以得到向上划水动作产生的最快速度。

在整个划水过程中，手臂的运动方向是在三维立体几何面内不断变化的。手相对于身体的运动轨迹类似于一个大写的“S”（俯视）；手相对于水（静止物）的运动轨迹是不规则的螺旋曲线（图 5－2－11）。

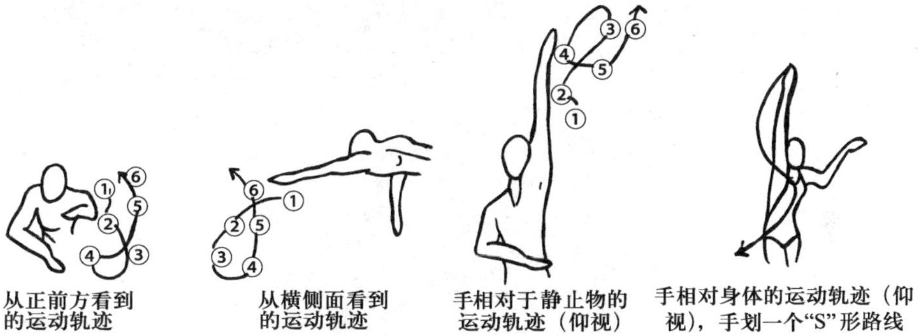

注：①②—入水；②③—下划及抓水；③④—向内划水；④⑤—向上划水；⑤⑥—出水

图 5－2－11　爬泳手指尖的运动轨迹

5. 出水

划水结束后立即改变手的迎角，使小指朝上（小指领先），掌心朝向大腿。这样可以使手轻松地离开水面，减小阻力。同时有利于在移臂的开始就保持高肘姿势，又不使肩关节过于紧张。在肩的带动下将手臂提出水面。出水的顺序是肩、上臂、前臂和手。出水动作应快速连贯，但前臂和手应尽量放松（图 5－2－12）。

6. 空中移臂

空中移臂与出水并没有明显的界限，而是出水的继续，不能停顿。移臂应自然放松，多数运动员采用高肘移臂，便于入水后快速抓水。从出水开始肘关节就已经屈曲，随肩和上臂向前上方移动。移臂动作应借助于肩关节的自然内旋，移臂开始时手臂在空中向前、向外和向上移动；当手越过肩关节时开始前伸，手臂的动作转为向前、向内和向下。手的速度快于前臂和上臂的速度，手在肩前领先入水（图 5－2－13）。

一些运动员采用直臂移臂技术也取得了较好成绩，即当手出水时，手臂几乎完全伸直，手在肘上直臂向前、向上、向外移动，肩关节外旋。但当手移到肩部上方时，开始屈肘，使手向前、向下和向内移动。也就是说，直臂移臂的后半段与高肘移臂相似，在手入水之前通过屈臂高肘形成适宜的入水位置（图 5－2－14）。这种移臂技术多见于短距离运动员。

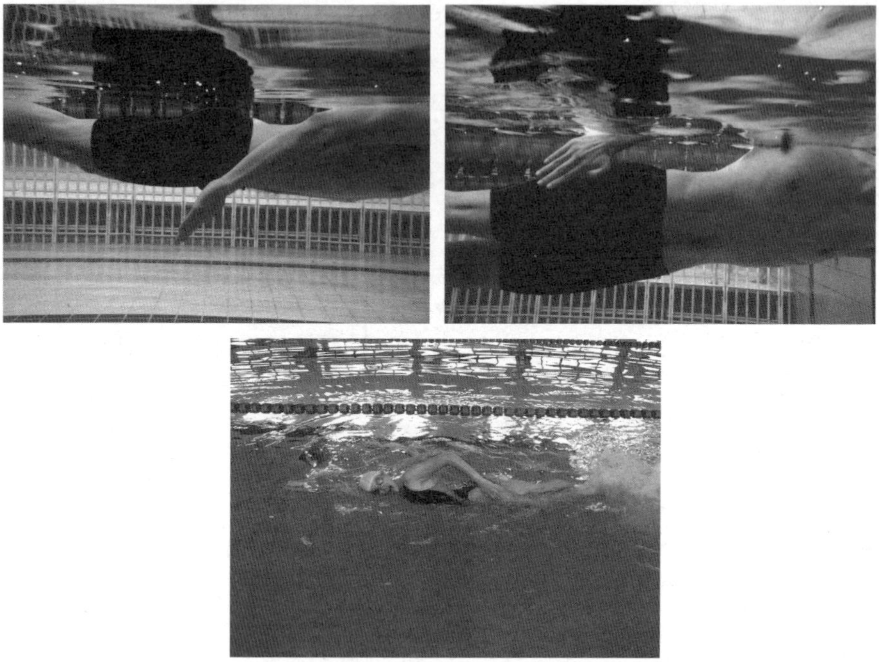

图 5-2-12　爬泳出水

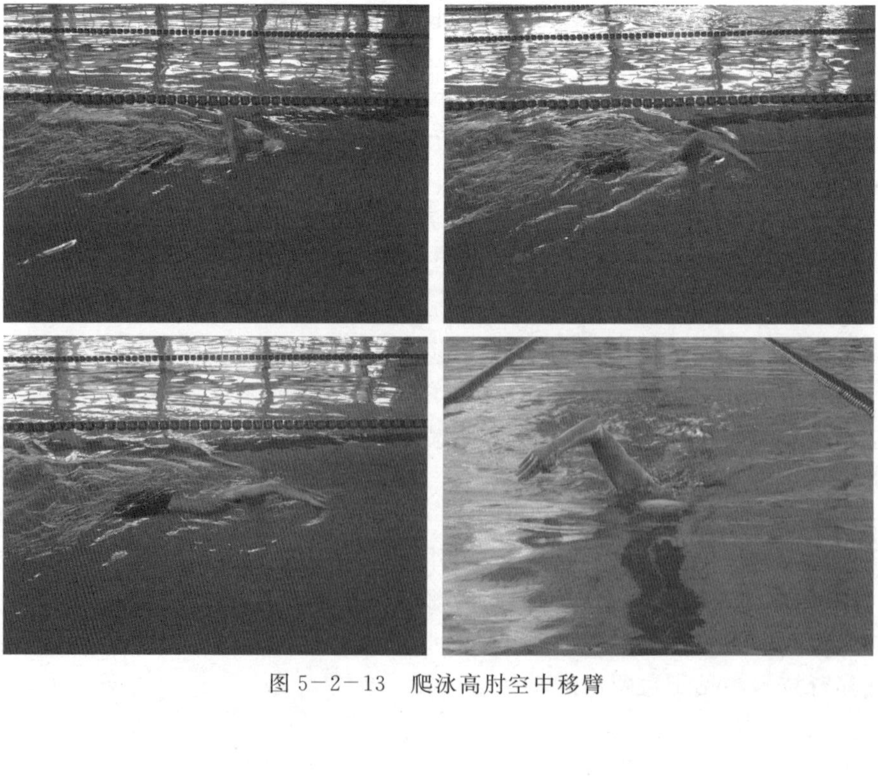

图 5-2-13　爬泳高肘空中移臂

在整个游泳历史中，直臂移臂的自由泳技术曾经出现在不同的时期，但并未被广泛应用。尽管直臂移臂技术使某些人取得了巨大成功，但一般认为这是不合传统的、完全是个性化的，甚至是偶然的。然而，一些优秀教练员和运动员认为，直臂移臂有助于肌肉在移臂时放松，同时适合蝶泳运动员进行耐力训练。

图 5-2-14　爬泳直臂空中移臂

爬泳初级教学实践中，也有一些教练员采用直臂移臂教学，因为初学者学习的难点是移臂和吸气，直臂移臂简单易学，适合初学者学习。

还有些运动员采用不对称的移臂，即呼吸一侧的手臂直臂移臂，而另一臂高肘移臂。这是因为他们向呼吸一侧的身体转动幅度较大，使肩关节外旋，造成直臂移臂。

7. 两臂的配合

爬泳两臂的配合有两种常见的形式，即前交叉配合和中交叉配合（图 5-2-15）。

前交叉配合是指一臂入水时另一臂在肩前方，与水平面成锐角(图 5-2-15A)，也被称为追逐式配合。前交叉配合可以使游进时始终有一臂处于前伸的位置，使整个身体在水中的长度较长，流线型较好，因而阻力较小。此外，前交叉配合有利于维持重心的相对稳定和身体的平衡。这种配合的最大弱点在于动作不连贯，在一手移臂时，另一手处于入水或抓水阶段，几乎没有划水的推进力产生，因而速度均匀性差。

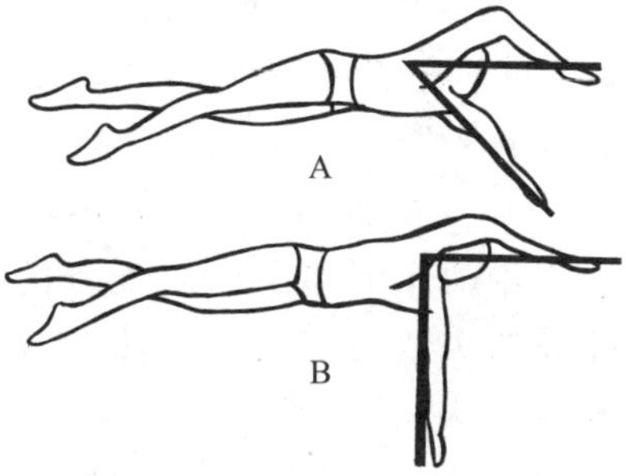

A. 前交叉　　B. 中交叉

图 5-2-15　爬泳划水的两种形式

中交叉配合是指一臂入水时另一臂位于肩下(图 5-2-15B)(向内划水阶段)。由于手入水后要前伸，为抓水做准备，因此当一手入水，另一手向内划水或向上划水的配合较好。入水的手经过前伸，抓水，开始产生较大的推进力后，另一手刚好出水，进入空中移臂。这样有利于发挥力量，提高频率，保持连续的推进力，并保持平稳的身体位置。

运动员应该根据自己的特点选择适合自己的配合方式。初学者宜从前交叉

爬泳前交叉 1

爬泳前交叉 2

爬泳中交叉 1

爬泳中交叉 2

配合技术学起。

8. 手臂与呼吸的配合

爬泳呼吸是身体转动的一部分，与身体的转动、手臂的动作协调配合，才能形成轻松自然的呼吸动作。吸气时不用刻意抬头，否则头就偏离了与身体形成的直线，破坏了身体姿势和平衡。

以向左侧转头吸气为例，左手入水后吐气，左手一边划水，身体一边向左侧转动，左手臂向上划水接近出水时，身体转动幅度最大，头随身体转动，此时嘴自然露出水面吸气。随着空中移臂，身体和头向右转动，头回复到水中。

吸气时，口处于一个波谷中，高水平运动员通常只需露出一半即可吸气，一只眼睛在水上，一只眼睛在水下。

（四）完整配合技术

爬泳完整配合

完整配合包括两个方面的含义。一方面，任何一个技术动作环节都不是孤立的，都要依靠全身各个部分的协调配合。例如，当右手划水结束，刚刚出水时，髋关节向右转动，使身体形成较好的流线型，同时借助躯干大肌肉群的力量与划水产生合力；头随身体转动自然露出水面完成吸气动作，不抬下颚，使髋关节处于较高的位置，并使后背相对放松；正准备移臂的右肩上提，帮助身体保持较高的位置；右肘提出水面，形成有利的杠杆作用；此外左臂的各个环节和双腿也都在精确地进行各自的运动。这些运动互相协调、娴熟地配合，才能产生最佳的完整动作效果（图 5－2－16）。

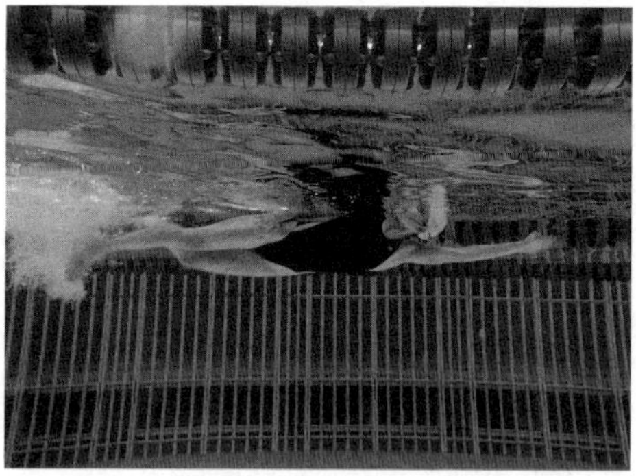

图 5－2－16　右手出水时全身的配合

另一方面，完整配合还特指在一个划水动作周期中与之配合的打水和呼吸的次数与节奏。爬泳配合技术有多种形式，其中 6：2：1 配合是较常见的一种，即 6 次打水、2 次划水、1 次呼吸。此外还有 4：2：1 和 2：2：1 等多种配合形式。一般来说，短距离比赛中，常见 6 次打水的配合技术，便于保持较高的身体位置，吸气次数也较少。有些运动员可达到 8 次以上划水、1 次吸气，甚至吸气次数更少。而长距离运动员则多用 2 次腿配合，呼吸较频繁，2～3 次划水吸 1 次气，但在最后冲刺或超越时多改用 6 次腿配合技术。初学者最好学习 6 次打水、2 次划水、1 次吸气的配合方式，容易保持身体的平衡。

二、爬泳教学步骤

爬泳技术的教学应放在熟悉水性、水中呼吸、水中漂浮等动作教学之后进行。爬泳教学顺序仍然是先教腿，后教划水和配合，先做陆上模仿，后下水练习。下面介绍爬泳教学的各种练习方法，以便根据学生情况灵活选用。

(一) 腿部技术教学步骤

1. 陆上坐撑爬泳腿打水模仿练习

(1) 目的：初步学习爬泳腿动作，在视觉的帮助下掌握爬泳腿技术概念。

(2) 动作要点和方法：学生坐在池边地板上，双腿伸直，双手后撑。教师可以坐在学生前面，边示范边指导学生做动作。要求学生两腿伸直，脚不沾地，从大腿发力，带动小腿和脚交替上下打水(图 5−2−17)。

陆上坐撑爬泳腿打水模仿

(3) 提示：要求学生目视自己的双腿，臀部以下自大腿到脚不能碰地，连续打腿。如果已经学习过蛙泳动作，此时部分学生可能习惯于勾脚而容易脚尖向上，要提醒学生与蛙泳的勾脚区别开来，脚尖要朝前，并自然放松。

2. 池边坐撑打水模仿练习

(1) 目的：初步学习爬泳腿动作，在视觉的帮助下掌握爬泳腿技术概念，体会腿和脚打水的感觉。

(2) 动作要点和方法：学生坐在游泳池边，两手后撑，身体略向后仰，两腿伸直并拢，脚背绷直。两腿先慢慢地交替上下打水，打水幅度约为 30 厘米，然后逐渐加快打水速度，并逐渐放松膝关节。注意打水时脚趾应指向对岸，不能向上。打水的水花像烧开的水，但不要四溅(图 5−2−18)。

图 5−2−17 陆上坐撑爬泳腿打水模仿练习

图 5−2−18 池边坐撑打水模仿练习

(3) 提示：教师提醒学生身体尽量往前坐，大腿以下部分尽量都在水中，两腿伸直，脚尖朝前。

3. 俯卧池边打水模仿练习

俯卧池边打水模仿

(1) 目的：使学生在失去视觉帮助的条件下，依靠肌肉运动感觉掌握爬泳腿动作。

(2) 动作要点和方法：学生双手前伸，身体上半部分俯卧在池边上，髋关节在池沿处，双腿在水中，做爬泳打水模仿动作(图 5－2－19)。

(3) 提示：提示学生从大腿发力，直腿打水，水花不要太大。

图 5－2－19 俯卧池边打水模仿练习

4. 扶池边漂浮打水练习

扶池边漂浮打水

(1) 目的：帮助学生体会身体在水中漂浮并掌握平衡的感觉。

(2) 动作要点和方法：学生下水，双手扶池边，目视水下，双臂伸直，含胸收腹，身体平直地漂浮于水面。在保证身体平稳漂浮的条件下双腿做爬泳打水动作(图 5－2－20)。每打水 6 次，抬头吸气 1 次，吸气时躯干仍然保持俯卧姿势，腿不要因吸气而停止打水。

图 5－2－20 扶池边漂浮打水练习

（3）提示：如果学生踝关节柔韧性很差，或协调性较差，可能会漂浮不起来，可以系一个背漂帮助漂浮。

5．扶板打水练习

（1）目的：在扶池边漂浮打水练习的基础上，进行扶板打腿练习，使学生体会依靠自己打水推动身体前进的感觉，改正错误动作，提高耐力。

扶板打水

（2）动作要点和方法：下水后双手轻扶打水板，两臂前伸，含胸收腹，身体平直地漂浮于水面。在保证身体平稳漂浮的条件下双腿交替打水，推动身体前进（图 5－2－21）。

图 5－2－21　扶板打水练习

（3）提示：在此之前，教师一直强调直腿打水可以避免大腿不动，仅动小腿的错误。但是直腿打水也容易造成动作紧张或者是不往前走。这时可以提醒学生稍屈膝，上抬小腿，当脚掌刚刚露出水面的时候就用力向下打腿。

6．徒手伸臂打水练习

（1）目的：增加练习难度和多样性，使学生适应没有固定支撑的感觉。

徒手伸臂打腿

（2）动作要点和方法：两臂和肩前伸，身体放松平直地俯卧于水面，两腿交替打水，每打 6 次腿抬头吸气 1 次。吸气时只动脖颈，不要挺胸（图 5－2－22）。

（3）提示：初学时如果抬头有困难，可借助蛙泳划水帮助吸气，但吸气时打腿不能停止，身体位置不能破坏。

图 5－2－22　徒手伸臂打水练习

7．扶池边身体转动打水练习

扶池边身体转动打水

（1）目的：在爬泳打腿的基础上练习通过身体转动完成吸气动作，为完整配合打好基础。

（2）动作要点和方法：单手扶池边，另一臂放在体侧。低头均匀地呼气，身体俯卧，两腿打水 6 次，然后整个身体向扶池壁手臂的对侧转动，使身体成侧卧姿势，一侧肩与髋露出水面。头与身体作为一个整体一起转动，使嘴露出水面吸气。保持这种姿势再打水 6 次，然后再转回俯卧姿势，重复练习（图 5－2－23）。

（3）提示：学生开始时通常不适应身体转动的动作，只转头，不转体，吸气困

图 5-2-23　扶池边身体转动打水练习

难。为了帮助学生掌握身体整体转动的技术，可以提示转动幅度大些，先把肚脐转到水面上来，等习惯身体转动后，幅度自然会减小。

8. 扶板身体转动打水练习

扶板身体转动打水

(1) 目的：改进呼吸技术，提高打腿能力。

(2) 动作要点和方法：单手扶板，另一臂放在体侧。低头均匀地呼气，身体俯卧，两腿打水 6 次，然后整个身体向扶板手臂的对侧转动，使身体成侧卧姿势，一侧肩与髋露出水面。头与身体像旋转门一样作为一个整体一起转动，使嘴露出水面吸气。保持这种姿势再打水 6 次，然后再转回俯卧姿势，重复练习(图 5-2-24)。

图 5-2-24　扶板身体转动打水练习

(3) 提示：这个练习在侧卧时两腿是侧向打水的，可以提示学生两腿像鱼尾那样摆动。教师可要求学生每次换一个呼吸的方向，每次呼吸都朝向教员所在一侧，以便教员及时用手势提示学员动作。

9. 徒手身体转动打水练习

徒手身体转动打水

(1) 目的：增加打水练习的难度，提高耐力，使学生适应无支撑打水动作，为完整配合打好基础。

(2) 动作要点和方法：一臂前伸，另一臂放在体侧。低头均匀地呼气，身体俯卧，两腿打水 6 次，然后整个身体向前伸臂的对侧转动，使身体成侧卧姿势，一侧肩与髋露出水面。头与身体作为一个整体一起转动，使嘴露出水面吸气。保持这种姿势再打水 6 次，然后再转回俯卧姿势，重复练习(图 5-2-25)。

(3) 提示：这个练习难度较大，如果学生感到吸气困难，或无法保持平衡，可以不做，待完整配合学会后，再作为提高技术的练习手段。

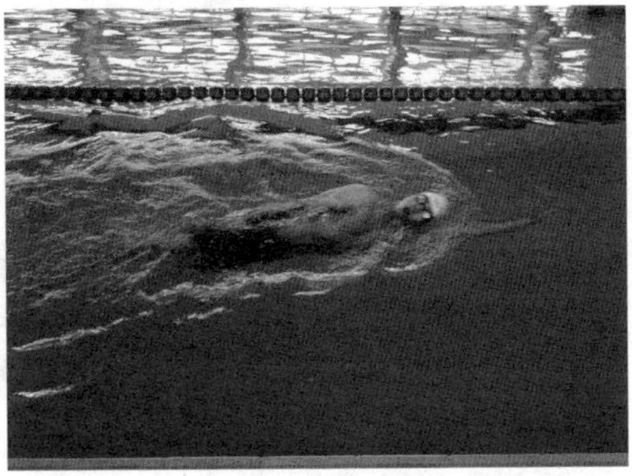

图 5－2－25　徒手身体转动打水练习

(二) 划水及呼吸技术教学步骤

1. 陆上单臂爬泳划水模仿练习

(1) 目的：初步掌握爬泳划水的动作概念，从单臂做起，熟悉爬泳划水的动作结构。

(2) 动作要点和方法：教师边讲解边示范，先正面示范，再侧面示范，使学生能够看清楚手臂从入水到出水的位置。要求弓箭步站立，一只手撑住膝盖，另一只手做单臂爬泳划水模仿练习。按照口令“1、2、3”分别做“入水、划水、移臂”动作。一臂做 15～20 次后，换手，两臂轮流练习(图 5－2－26)。

(3) 提示：要求学生手在头的前方入水，划水时手碰到大腿后再出水。移臂和划水动作可以先教直臂。

图 5-2-26　陆上单臂爬泳划水模仿练习

2. 陆上双臂爬泳划水模仿练习

陆上双臂爬泳划水模仿

(1) 目的：体会爬泳双臂划水配合的节奏，提高动作的连贯性和流畅性。

(2) 动作要点和方法：教师边讲解，边示范。学生身体前倾，双手交替前伸做爬泳分解划水模仿练习。动作要求同陆上单臂爬泳划水练习。教师可用口令或拍掌声音引导学生的动作节奏，要求越来越快，连贯起来(图 5-2-27)。

(3) 提示：提醒学生肩部转动起来，两肩的相对位置不断变化，有前有后，有高有低。

图 5-2-27　陆上双臂爬泳划水模仿练习

3. 加呼吸的爬泳划水模仿练习

（1）目的：在练习爬泳划水动作的基础上体会呼吸与手臂动作的配合，初步掌握手臂与呼吸的配合时机，体会身体转动与划水和呼吸的关系。

（2）动作要点和方法：在单臂划水模仿练习的基础上增加呼吸动作。站立成弓箭步，教师边喊口令边示范，边划水边转头慢吐气，手划至大腿处用力吐气，移臂，眼睛看手，手移至肩平处吸气完毕，随着手入水头复原（图 5-2-28）。熟练后进行双臂划水与呼吸配合练习，每划水 3 次，吸气 1 次。

陆上模仿爬泳划水和呼吸配合

图 5-2-28 加呼吸的爬泳划水模仿练习

(3) 提示:身体转动与划水、呼吸动作协调配合,不要仅依靠转头吸气,以身体的转动为主,呼吸像“搭车”,搭身体转动的车。转头吸气时眼睛看后面,耳朵紧贴上臂。如果耳朵离开上臂,就说明是抬头吸气,需要及时纠正。躯干和肩随划水动作绕身体纵轴转动,两肩的相对位置不断变化。如右臂入水,左臂出水时,右肩低,左肩高。

4. 半陆半水爬泳划水模仿练习

半陆半水爬泳划水模仿

(1) 目的:体会手臂对水的感觉,体会俯卧姿势下身体的转动与划水的配合。

(2) 动作要点和方法:学生俯卧在池边上,身体与池边平行,一只手伸直,另一只手在水中做划手动作,两手轮流做。空中移臂尽可能高肘完成,身体转动与划水动作协调配合(图 5-2-29)。

(3) 提示:提示学生在保证安全的情况下尽量将身体向里(池水)挪动,形成半悬空姿势,有利于完成身体转动动作。提示学生出水的动作就像手从裤兜里抽出来的动作一样,移臂的动作就像拉身体侧面的拉链一样。

5. “独木舟”式配合模仿练习

“独木舟”式配合模仿

(1) 目的:学习中交叉配合动作,体会身体和肩的转动、两臂协调连贯的配合和身体平衡的感觉。

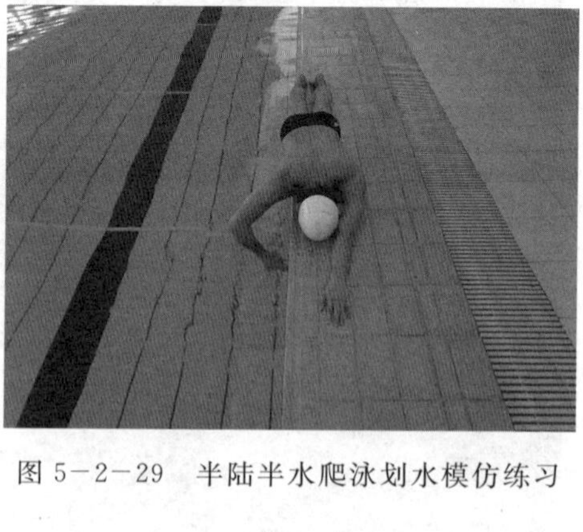

图 5-2-29 半陆半水爬泳划水模仿练习

(2) 动作要点和方法:两脚开立,上体前倾,两手轻握一根竹竿(像独木舟的浆),两臂连续做划水模仿练习(图 5-2-30)。

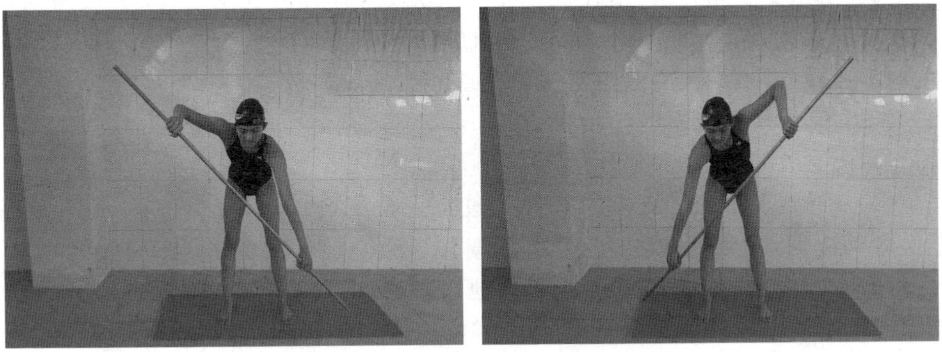

图 5－2－30　“独木舟”式配合模仿练习

（3）提示：若学生人数较多，最好不要用这个练习方法，以免竹竿互相撞击，伤及学生。在保障安全的条件下有针对性地选用此练习。

6. 浅水中站立单臂划水与呼吸练习

（1）目的：体会身体转动与划水、呼吸协调配合的感觉，此练习方法只适用于浅水游泳池。

浅水中站立单臂划水与呼吸练习

（2）动作要点和方法：站在浅水中，一手扶池边或置于水面，一手做划水并配合呼吸的模仿动作。动作要求同陆上模仿基本相同，只是头要没入水中呼气，随身体转动转头，使嘴露出水面吸气。体会手臂对准水，并在水中克服阻力划动的感觉（图 5－2－31）。

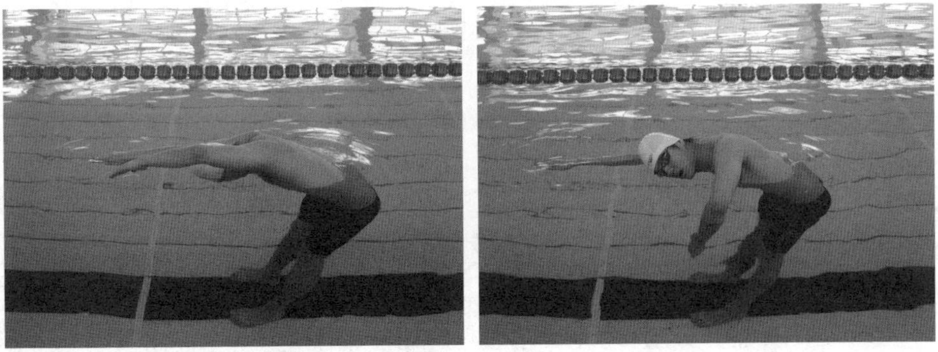

图 5－2－31　浅水中站立单臂划水与呼吸练习

（3）提示：强调身体转动配合呼吸动作。

浅水中边走动边划水练习

7. 浅水中边走动边划水练习

（1）目的：体会手臂划水获得推进力的感觉，此练习方法只适用于浅水游泳池。

(2) 动作要点和方法：站在浅水中，一边做双臂爬泳划水动作，一边向前走动，体会自己向前走动的动力来自手臂的划水动作。

(3) 提示：注意安全，避免学生滑倒或碰撞造成事故。

(三) 完整配合技术教学步骤

1. 扶池边爬泳分解练习

扶池边爬泳分解练习

(1) 目的：在有固定支撑的条件下进行完整配合练习，降低练习难度，便于学生对爬泳完整配合形成初步感觉，同时便于教师及时发现并纠正错误。

(2) 动作要点和方法：学生双手扶池边，双臂向前伸直，含胸低头，身体伸展并漂浮于水面上。待身体稳定后，边打腿，边用一手扶池边，另一手做爬泳划水动作，同时头和身体转动配合做呼吸动作。每次划水吸气一次，每臂练习 10～15 次后换另一臂(图 5−2−32)。

图 5−2−32 扶池边爬泳分解练习

(3) 提示：两臂轮流练习。教师及时纠正错误动作。单手练习熟练后，可进行双臂分解，即每划水一次换手一次。

2. 扶板爬泳分解练习

扶板爬泳分解练习

(1) 目的：降低配合动作的难度，使学生能够连续练习，提高耐力，加长游进距离。

(2) 动作要点和方法：动作要求基本与扶池边爬泳分解练习相同。双手扶打水板的后部，肘关节伸直、肩膀放松，先打腿 5 米左右，再用一手扶板，另一手做划水及呼吸配合练习(图 5−2−33)。

图 5−2−33 扶板爬泳分解练习

(3) 提示：如果学生的打水技术较

差，身体下沉，可以带背漂练习，先把游进距离加长，再逐渐去掉浮漂。强调身体的转动，吸气时耳朵贴住扶板的手臂，以免抬头吸气。开始时可以单手各练习 25 米，之后可以做左手 3 次、右手 3 次的练习，最后可以做左手 1 次、右手 1 次的双臂分解练习。

3. 爬泳完整配合练习

（1）目的：掌握爬泳完整配合技术，提高耐力，增加游泳距离。

（2）动作要点和方法：在有固定支撑或无固定支撑练习熟练，且学生已经掌握爬泳配合完整动作节奏的情况下，可以让学生做爬泳完整配合动作练习，并逐渐加长游进距离。

（3）提示：腿部技术较差、身体下沉的学生可以带浮漂练习，待耐力提高，身体能够浮起来后再去掉浮漂。爬泳配合教学的重点是身体和肩的转动，难点是移臂和呼吸动作。没有身体的转动，移臂和呼吸就很难顺利完成。由于前面的练习手中都有支撑，练习形式都是分解练习，以前交叉配合为主，所以要尽快转入连贯流畅的两臂中交叉或中前交叉配合，以免动作定型后不易改变。

第三节　仰泳技术分析和教学步骤

一、仰泳技术分析

仰泳是人体仰卧在水中游进的一种姿势。但由于仰泳划水在身体两侧进行，肌肉难以充分伸展，不能像爬泳和蝶泳那样充分发挥上肢的力量，因而速度受到一定的影响。仰泳的优势在于动作省力，速度均匀，因此速度虽慢于爬泳，但接近蝶泳，快于蛙泳。仰泳时，仰卧在水面，身体自然伸展，头和肩部略高，腿部较低，臂、腿交替划水和踢腿。

（一）身体姿势和腿部技术

1. 身体姿势

仰泳时，身体自然伸展，平直地仰卧于水面，头和肩部略高于腰和腿部，身体纵轴与水平面构成一个很小的仰角（图 5－3－1）。

头部和髋部的位置关系非常重要。头的位置在很大程度上决定了整个身体的位置，起着“舵”的作用。头部与身体在一条直线上，水面约位于头顶中部（图 5－3－2）。头部过于后仰，容易使髋部抬高，腿和脚露出水面，影响打水效果，并容易挺胸弓背，使躯干过于紧张僵硬；反之如果刻意收下颌，抬高头的位置，髋和腿就会下沉，身体容易“坐”在水中，增大身体前进的阻力。

图 5－3－1　仰泳的身体姿势

图 5－3－2　仰泳时头的位置

与爬泳相似，仰泳时，身体也应随划水和打水动作绕纵轴自然转动，转动速度要快，游进过程中使躯干处于侧卧位的时间多于仰卧位，这样既有利于保持手臂划水时的深度和合适的角度，又使手臂能充分地发挥肌肉力量，还利于移臂时减小阻力(图 5－3－3)。如果身体没有转动，由于肩关节的活动限制，划水就会较浅，产生大量气泡，使划水效果降低。

图 5－3－3　身体的转动

需要注意的是，尽管身体不停地转动，头却是固定不转的，这样可以避免身体的侧向摆动，使推进力方向尽量集中。

流线型也是仰泳身体姿势中重要的一方面。由于仰泳受仰卧姿势限制，上肢力量不容易充分利用，如何减小身体前进的阻力就显得比其他姿势更为重要。游进中要保持积极的流线型，可以将身体尽量伸展，通过微向前耸肩使脊背保持挺直。

2. 腿部技术

仰泳打水的作用主要是保持身体位置，产生一定的推进力，并给身体一个稳定的支撑力。快速有力的仰泳打水对有效发挥上臂和躯干的力量也起着重要作用。

仰泳打水由上踢和下压两部分组成。仰泳腿的技术与爬泳腿相似，同样是鞭状打水动作。但是仰泳腿上踢开始时膝关节弯曲的程度大于爬泳向下打水时，打水的幅度也比爬泳深。

仰泳打腿过程

上踢开始时，大腿带动小腿和脚屈腿向上踢水，在踢水的过程中逐渐伸膝。踝关节跖屈，踝关节的灵活性对踢水效果起着重要的作用。当大腿移到接近水面时转为下压。而由于伸膝肌群的带动，小腿和脚在惯性作用下加速向上用力踢水，形成鞭状踢水动作。当膝关节完全伸直时，上踢动作结束，此时脚趾应该恰好位于水面或略低于水面。

上踢动作尺度非常关键。在任何情况下，膝关节、小腿和脚不能踢出水面。踢水的浪涌应像圆屋顶，或开锅的水，虽沸腾但不四溅。

因为腿下面的水对腿产生向上的浮力，下压动作的前半段是直腿完成的。膝关节和踝关节自然放松。由于伸髋，大腿带动小腿下压，到达一定深度后，大腿停止下压，在腰腹肌肉群的控制和协同作用下，转入上踢过程。此时小腿和脚在惯性的作用下继续下压，使膝关节弯曲，之后小腿和脚在大腿的带动下依次结束下压动作。

由于身体的转动，仰泳腿的动作并不是垂直向上和向下的。伴随着上踢和下压的还有髋关节的转动。为保持身体的流线型，两脚分开不要过大，应处于身体截面内。

（二）划水和呼吸技术

仰泳手臂的划水动作是产生推进力的主要因素，划水技术的优劣直接影响游进速度的快慢。仰泳的臂部动作可以分为入水、划水、出水和空中移臂四个主要部分。

1. 入水

仰泳的手臂入水动作与身体的转动协调配合而成。一臂入水时，身体向同侧转动，可以加大手臂入水的深度。手的入水点应在头前，同侧肩的延长线上。手臂应伸直，肘关节不能弯曲，以小拇指领先，手掌朝外，干净利落地切入水中（图 5－3－4）。

入水常见的技术错误是入水时手臂弯曲，以及入水过宽或过窄。入水过宽除增大身体形状阻力外，还会缩短划水路线，降低划水效果。入水过窄易使身体侧向摆动，增大前进的阻力。用手背拍击入水容易带入水中大量的气泡，增大手臂入水时的阻力，并影响划水效果。

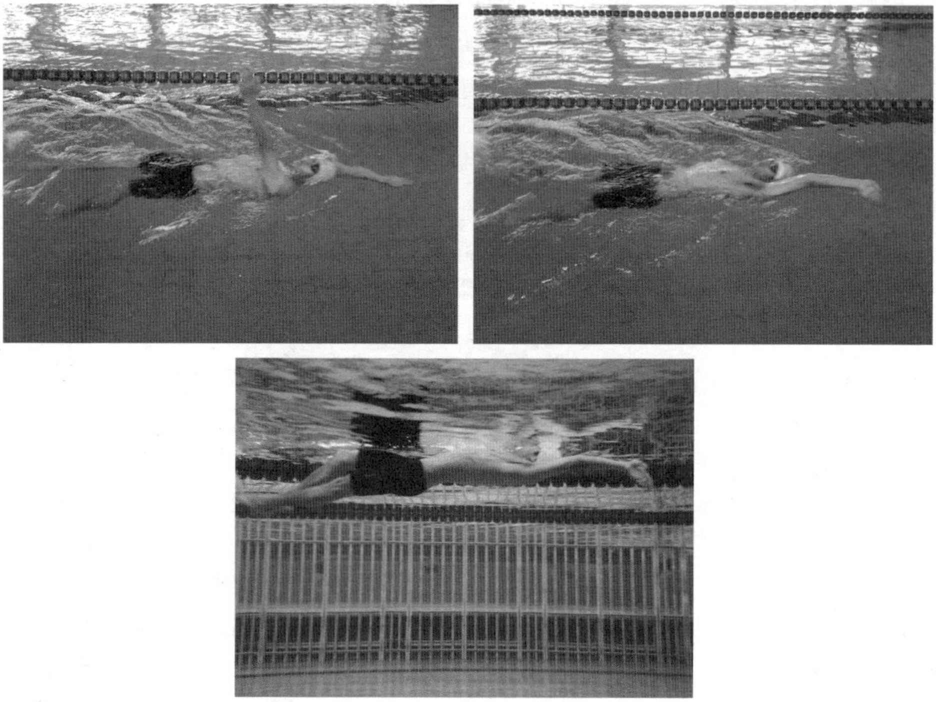

图 5－3－4　仰泳手入水

手臂入水后，不宜立即向后划水，否则容易造成手划水离水面较浅，产生大量气泡而划空，因此应积极下划。

2. 向下划水和抓水

随着身体围绕纵轴的转动和积极地伸肩，手臂向外旋转，屈腕，使手掌对准水并有压力感，此时划水的主要肌肉群如肩带肌肉群、胸大肌和背阔肌应得到适当的拉长，以便划水时能充分发挥力量。紧接着逐渐屈肘，前臂内侧和手掌对准后方，手指向外。这个阶段称为向下划水和抓水（图 5－3－5）。抓水结束时，肘的位置仍略高于手。

3. 第一次向上划水

向下划水完成后，随着身体绕纵轴继续转动，肘关节下降，手在向后划水的同时沿对角线向上、向后和向内划动，使屈肘的程度逐渐加大。当手臂划到肩下与水平面垂直时，身体转动幅度达到最大，肘关节弯曲也达到了最大限度，为 90°～120°，与爬泳的高肘划水相似，我们也称其为高肘划水（但由于仰卧姿势，肘实际上在下面）。第一次向上划水结束时，手掌距离水面 5～15 厘米，指尖

图 5－3－5　向下划水和抓水

指向外上方(图 5－3－6)。

图 5－3－6　第一次向上划水

4. 第二次向下划水

手划到 S 形划水路线的最上方时,开始第二次向下划水,俗称鞭状推水。此时,身体开始向划水手臂的对侧转动,手臂沿螺旋曲线向下、向内和向后加速做划水，直至在大腿下完全伸直(图 5－3－7)。

图 5－3－7 第二次向下划水

手和手腕的动作因为速度很快，因而像鞭梢抽打水的动作。第二次下划结束时，手掌朝下，手臂伸直，手位于大腿下方，手掌距离水面约 30 厘米。

鞭状推水阶段较为常见的错误技术是只向后推水，而没有向下的鞭状压水动作，这样使有效划水距离减少了。

5. 第二次向上划水

第二次向下划水结束后，手臂转动使掌心向后上，手臂向上、向后、向内划水(图 5－3－8)，直至手接近大腿，转入出水阶段。

图 5－3－8 第二次向上划水

这个阶段持续时间很短，却非常有效。需要注意的是，不是所有游泳者都能够在这个阶段产生推进力。通常划水较宽、手距离身体较远的游泳者才能够获得这段推进力，而如果手距离身体较近，在第二次向下划水后可能直接转动手臂出水，就得不到这段推进效果。

6. 出水

划水完成以后，手臂旋转，掌心指向大腿，借助手向下压水的反作用力和肩部肌肉的收缩，以及身体自然地转动，手臂迅速提拉出水面。出水时臂应伸直，压水提肩，使肩部首先出水，然后再带动上臂、前臂和手依次出水。出水前手臂先旋转，使手掌对准大腿外侧，使大拇指领先出水，这样阻力小，且手臂较自然放松，与爬泳出水时小指领先的道理是一样的（图 5－3－9）。

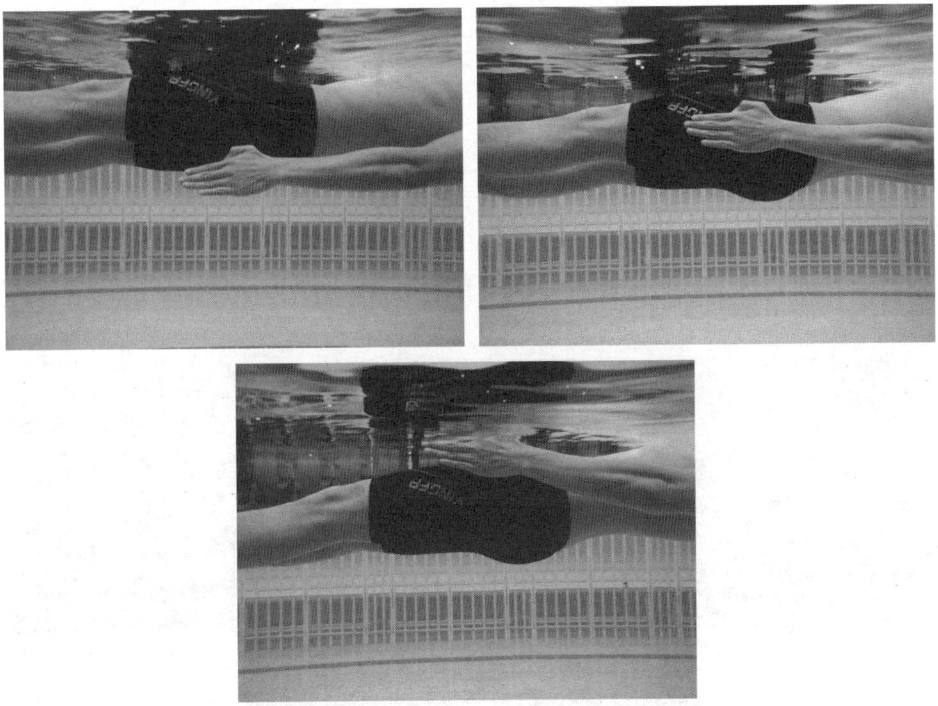

图 5－3－9　仰泳手出水

仰泳划水的路线在三维立体空间上不断地变化。从侧面看，经历了向下、向上、再向下和再向上的变化，手相对于身体重心的运动轨迹类似一个卧倒的“S”形；如果将出水看作为水下动作的一部分，则像一个不太规则的“W”形曲线。从正面和下面看，其轨迹分别是不同的曲线（图 5－3－10）。

仰泳划水过程中身体前进速度有 2～3 次达到高峰，分别出现在向上划水时、第二次向下划水结束时和第二次向上划水结束时。

7. 空中移臂

手出水后，手臂应迅速以直臂方式向前移动，上臂应贴耳。移臂的前半段，手掌向内，使手臂肌肉尽量得到放松；当手臂移到头上即与水平面垂直时内旋，使掌心向外，为入水做好准备(图 5－3－11)。

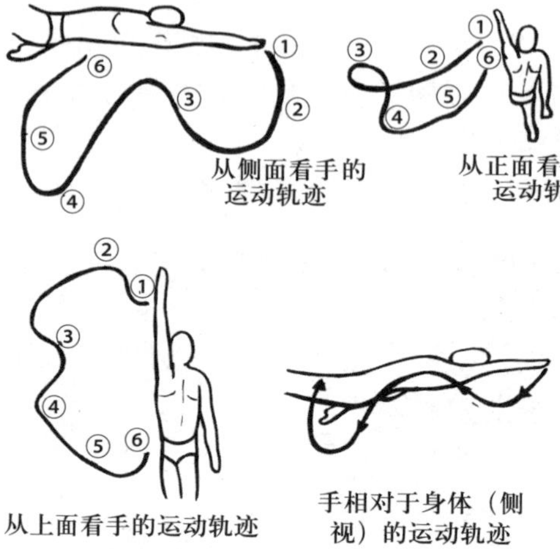

图 5－3－10 仰泳划水轨迹

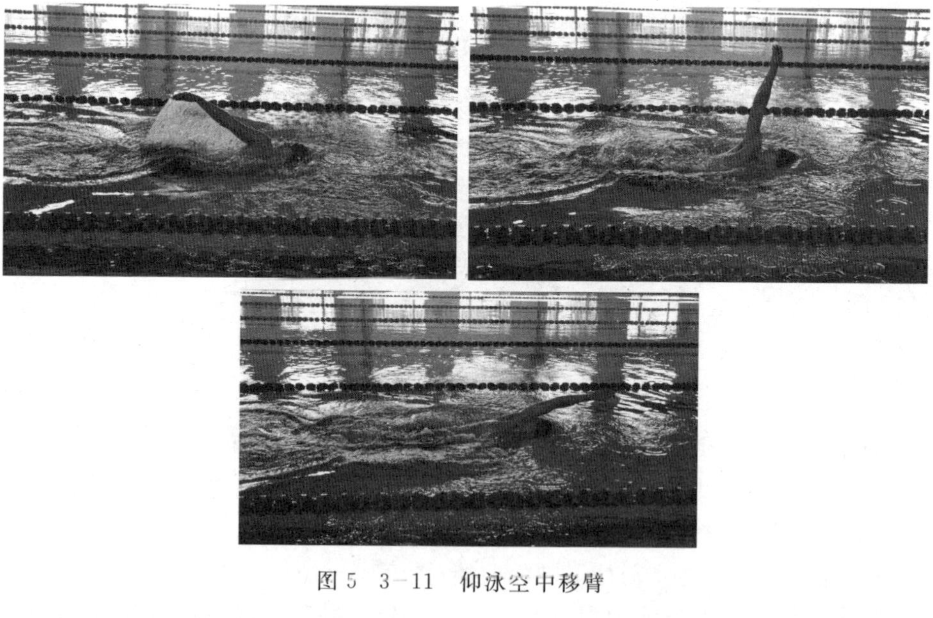

图 5 3－11 仰泳空中移臂

空中移臂动作与身体的转动是分不开的。在一臂移臂的前半部分，身体正好向划水臂一侧转动，使整个手臂和肩，甚至身体一侧都露出水面，减小了移臂时的阻力，同时使划水手臂的划水更有力；但当手臂移到头上时，身体开始向移臂一侧转动，有利于手臂向前伸得更远，使手入水点远，下划较深。

8. 两臂的配合

仰泳两臂配合的原则与爬泳一样，应保证身体得到连贯而均匀的推进力，使身体匀速前进。仰泳两臂配合一般是一臂入水时，另一臂划水结束，两臂基本处于相反的位置，使一臂结束划水动作后，另一臂能立即产生新的推进力。当一臂入水后前伸下划时，身体的转动使对侧手臂的移臂动作更自然轻松。当一臂移到头上位置时，另一臂应该正处于开始鞭状向下划水阶段。这一瞬间身体刚好位于两次转动之间，身体成平卧姿势，之后身体开始向移臂一侧转动（图 5−3−12）。

图 5−3−12　仰泳两臂的配合

游仰泳时，口鼻始终露出水面，呼吸不受水的限制，但为了避免吸气不充分造成的动作紊乱，应保持一定的呼吸节奏，正如跑步或竞走运动员用一定的节奏进行呼吸一样。多数运动员采用一臂移臂时吸气，另一臂移臂时呼气的呼吸方式，每划水 2 次，吸气 1 次。

（三）完整配合技术

同爬泳的完整配合一样，仰泳的完整配合中任何一个动作都要协调配合。当右手入水时，右肩前耸，身体绕纵轴向右侧转动，头保持稳定，既让身体保持良好的流线型，又可以使手臂充分前伸。左手此时鞭状下划结束，左肩提起，准备出水。当右手继续下划并抓水时，身体继续围绕纵轴转动，左手出水快速移臂，右腿开始下压，左腿向上打水，使右手抓水和左腿打水形成相互支撑（图 5−3−13）。

仰泳完整配合

现代仰泳较常见的是 6 次打水、2 次划水、1 次呼吸的配合技术（即 6∶2∶1 配合），目前很少见到 4 次或 2 次打水、2 次划水的配合方式。

仰泳 6 次打水 2 次划水的配合是这样的：1 次划水，3 次打腿。一手入水和向下划水时，同侧腿上踢；一手抱水和向上划水时，对侧腿上踢；一手鞭状下划时，同侧腿第二次上踢。

图 5-3-13 右手抓水时左腿向上打的配合节奏

为协助完成身体的转动动作，每个划水周期中每次打水的动作力度并不完全一样。当身体开始转动时腿的打水较为有力。

二、仰泳技术教学步骤

仰泳技术的教学应放在熟悉水性、水中呼吸、水中漂浮等动作教学之后进行。熟悉水性教学之后，可以先教蛙泳，也可以先教爬泳或仰泳。先学仰泳的优点是呼吸容易，缺点是由于不会俯卧漂浮，当学员呛水或碰撞时容易惊慌失措，发生危险。仰泳教学顺序仍然是先教腿，后教划水和配合，先做陆上模仿，后下水练习。下面介绍仰泳教学的各种练习方法，以便根据学生情况灵活选用。

（一）腿部技术教学步骤

1. 池边坐撑打水练习

池边坐撑打水

（1）目的：初步学习仰泳腿动作，在视觉的帮助下让学生掌握仰泳腿技术概念，体会腿和脚打水的感觉。

（2）动作要点和方法：让学生坐在游泳池边，两手后撑，身体略向后仰，两腿伸直并拢，脚背绷直。两腿先慢慢地交替上下打水，打水幅度约为 30 厘米，然后逐渐加快打水速度，并逐渐放松膝关节。注意打水时脚趾应指向对岸，不能向上。打水的水花像烧开的水，但不要四溅（图 5-3-14）。

（3）提示：教师提醒学生身体尽量往前坐，大腿以下尽量都在水中，两腿伸直。强调绷脚、直腿的动作，要求学生的脚面朝上，脚尖朝前。打水幅度不要太大，不要像锤子砸钉子那样用力，动作应连贯自然。

2. 仰卧池边打水模仿练习

仰卧池边打水模仿

（1）目的：池边坐撑打水模仿练习熟练后，可以进行仰卧池边打水模仿练习，使学生在失去视觉帮助的条件下，依靠肌肉运动感觉掌握仰泳腿动作。

（2）动作要点和方法：学生身体水平仰卧在池边，大腿以下放在水中，两腿交替上下打水(图 5-3-15)。

图 5-3-14　池边坐撑打水练习

图 5-3-15　仰卧池边打水模仿练习

(3) 提示:提示学生从大腿发力,直腿打水,水花不要太大。注意不要抬头看自己的腿和脚,依靠感觉完成动作。

3. 双手握水线打水练习

(1) 目的:让学生掌握正确的身体姿势,避免塌腰收腹,下肢下沉。

(2) 动作要点和方法:学生下水后,仰卧在泳道线下,身体与泳道线垂直,双手握住水线,收下颌,眼睛看天花板,肚子贴住水线打腿,身体姿势像躺在水面睡觉,双腿轻松地向上踢水(图 5-3-16)。

图 5-3-16　双手握水线打水练习

握水线打水

(3) 提示:此练习的教学重点是身体姿势的掌握。学生初学仰泳时容易抬头,腹部沉在水下,腿打不出水花,要提醒学员头部与身体成一条直线,眼睛看天花板,腹部紧贴泳道线,腿打出水花。

4. 由同伴双手托头的仰泳打腿练习

(1) 目的:让学生掌握正确的身体姿势,避免抬头塌腰收腹,下肢下沉。

(2) 动作要点和方法:双人配合练习,如果在浅水游泳池中,练习者仰卧于水面做仰泳打腿,教师或另一学生站在练习者头前,双手托练习者的头部,矫正头部姿势。如果在深水池中,教师或同伴坐在池边,双手托练习者头部,帮助练习者保持身体平直,练习仰泳打腿(图 5-3-17)。

双手托头仰泳打腿

(3) 提示:如果练习者打腿技术差,腰腹和下肢下沉打不出水,可以先抱一块打水板,或将浮漂系在腹部,帮助身体浮起。

5. 抱板仰泳打腿练习

抱板仰泳
打腿

（1）目的：改善身体姿势，使学生体会打腿产生的推进力，提高耐力。

（2）动作要点和方法：前面的练习均在原地进行，这个练习是真正依靠打腿推动身体前进的动作。学生双手抓住打水板（手在腹部、肘下沉），挺腹，腹部贴在打水板上，身体姿势保持平直，并做仰泳打腿练习（图 5－3－18）。

图 5－3－17 双手托头的仰泳打腿练习

（3）提示：注意正确的持板方法是打水板的下沿正好在大腿的上 1/3 处（图 5－3－19），这样持板可以避免腿部弯曲，大腿露出水面。将打水板枕在头后、伸臂在头前的持板方法都不利于保持正确的身体姿势，容易形成屈髋坐姿的身体姿势，应避免采用（图 5－3－20）。

图 5－3－18 抱板仰泳打腿练习

图 5－3－19 正确的持板方法

图 5－3－20 错误的持板方法

6. 两臂位于体侧的仰泳打水练习

两臂位于体侧仰泳打水

（1）目的：在持板打水的基础上，使学生进一步改善身体姿势，增强打水能力，提高耐力。

（2）动作要点和方法：以仰浮开始，逐渐加上慢速的打水，使身体维持在水面上（图 5－3－21）。

（3）提示：动作要点与上一个练习相同，但是去掉打水板后，身体可能会下沉，因此要提示学生挺腹，身体保持水平，打水要用力。

图 5－3－21　两臂位于体侧仰泳打水练习

7. 流线型仰泳打水练习

流线型仰泳打水

（1）目的：待上个练习熟练后，再进行这个练习，增加练习难度，改善身体姿势，提高耐力。

（2）动作要点和方法：仰卧蹬离池边，两臂前伸，两手相叠，头夹在两臂之间，保持这种流线型姿势并打水（图 5－3－22）。

（3）提示：手臂从体侧移到头前，打破了原来的平衡，容易下肢下沉，此时要提醒学生重心上提，用力打水，保持好平直的身体姿势。

8. 单臂流线型仰泳打水练习

单臂流线型仰泳打水

（1）目的：改善身体的流线型姿势以及身体和头部姿势的控制能力。

（2）动作要点和方法：仰卧蹬离池壁，一臂前伸成流线型，另外一臂放在体侧，前伸的手臂保持掌心向外的姿势，拇指向上，小拇指向下，肘要伸直。两腿交替打水，身体浮于水面前进。头部保持稳定，体侧臂的肩部要露出水面（图 5－3－23）。

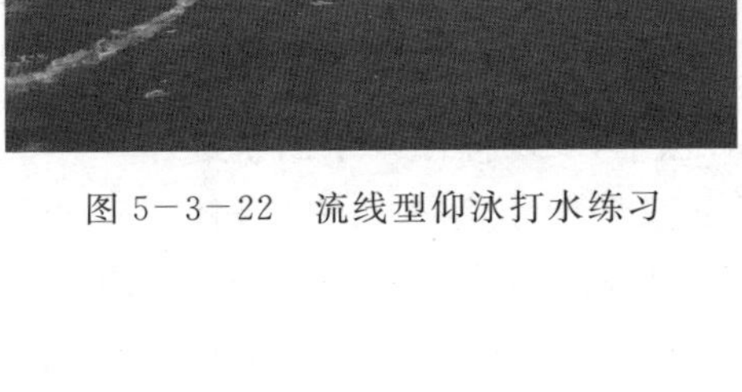

图 5－3－22　流线型仰泳打水练习

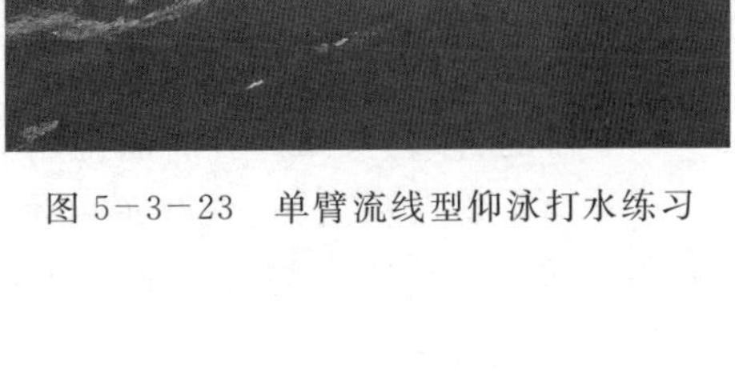

图 5－3－23　单臂流线型仰泳打水练习

(3) 提示：要求学生头部保持稳定，两耳保持水平，刚好位于水面下。体侧臂的肩部保持在水面上较高的位置，使肩部基本在自己的视线内，两肩保持稳定。控制好前伸手臂的姿势，手掌心朝外。

9. 两面转体打水练习

两面转体打水

(1) 目的：通过练习提高身体在游进过程中有效控制转动的能力，体会躯干滚动时的推进作用，为划水和配合技术打好基础。

(2) 动作要点和方法：学生两臂放在体侧，身体仰卧漂浮在水面上，两腿交替打水。头部保持稳定，慢慢地转动肩部，使一肩向上露出水面，肩转得越高越好。从颈部以下的整个身体都要转动，眼睛应该能够看到自己的肩部。当肩部转动到力所能及的最高点后，慢慢向另一侧转动。待身体稳定后，再向另一侧转动至身体完全侧卧，头部入水，面朝池底，片刻后再转向另一侧呈侧卧。之后重复上述的一连串转动动作(图 5-3-24)。

图 5-3-24　两面转体打水练习

(3) 提示：要求学生身体转动速度要缓慢，保持两腿连续有力地打水。想象自己的身体在一个细长的圆筒内游进，身体转动时也尽量在圆筒内。可在 25～50 米距离内，以多次重复的形式进行练习，教师及时向学生反馈动作完成情况，纠正错误动作。

(二) 划水及呼吸技术教学步骤

1. 站立单臂仰泳划水模仿练习

陆上站立单臂仰泳划水模仿

(1) 目的：初步掌握仰泳划水的技术概念，体会划水的动作路线和结构。

(2) 动作要点和方法：教师边讲解边示范，学生边观看边模仿。站立在池岸上，一手置于体侧，另一手做划水模仿动作，按照口令练习移臂、入水和下划、上划推水和出水。移臂时肘关节伸直，在肩的延长线上移臂。入水时上臂要贴近耳朵，划到大腿处手出水(图 5-3-25)。

(3) 提示：提示学生移臂、划水过程中身体要转动，移臂时眼睛能够看到肩向上提，划水时肩向下压。

2. 单臂仰卧划水模仿练习

陆上单臂仰卧划水模仿

(1) 目的：体会身体仰卧时肌肉用力的感觉，以及仰泳划水的轨迹。

(2) 动作要点和方法：学生躺在长凳上或仰卧于游泳池边(身体与池边平行)，单臂按照上个练习的节奏做仰泳划水模仿练习，手臂可以做屈臂曲线划水

图 5－3－25　站立单臂仰泳划水模仿练习

动作(图 5－3－26)。

(3) 提示:为体会身体转动与划水的配合,身体尽量向外躺,形成半悬空状态,眼睛观察肩的转动。

3. 站立双臂仰泳划水模仿练习

(1) 目的:体会两臂的配合节奏,改善两臂配合的连贯性和流畅性。

(2) 动作要点和方法:学生两脚前后开立,两臂做交替划水模仿动作,可以

陆上站立双臂仰泳划水模仿

图 5－3－26　单臂仰卧划水模仿练习

先做分解划水，双臂放在体侧，一臂划完，再划另一臂，然后两臂轮流划水，重点强化动作节奏(图 5－3－27)。为配合呼吸练习，可以要求学生按照固定的节奏呼吸，每逢右手移臂时吸气。

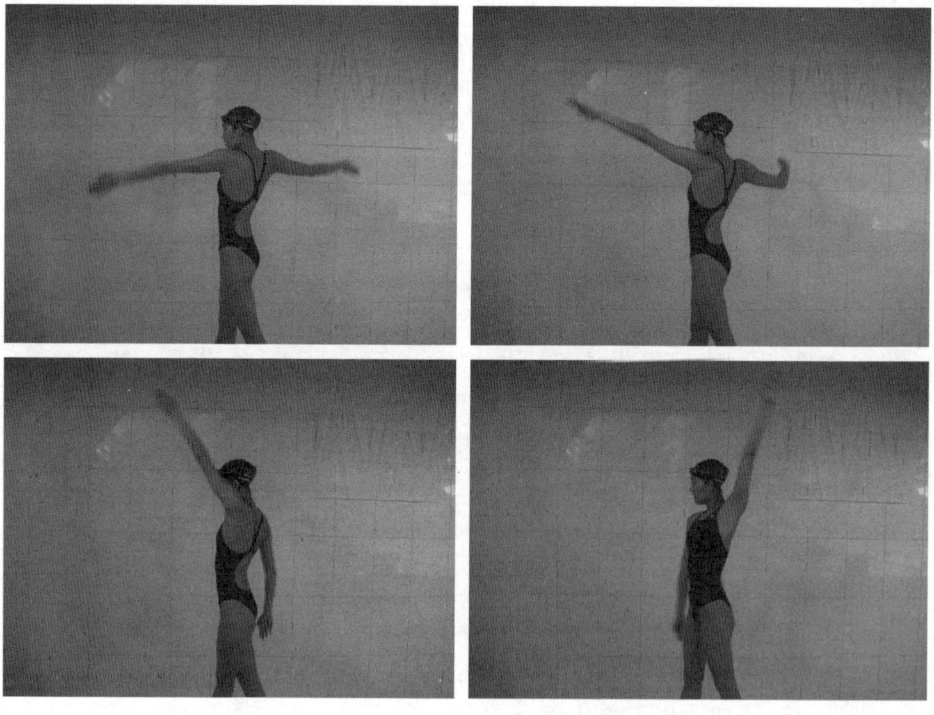

图 5－3－27　站立双臂仰泳划水模仿练习

（3）提示：教师要强调身体转动的重要性，要求学生在转体的基础上做划水模仿练习，两肩要形成动态的位置差。

（三）完整配合技术教学步骤

1. 单臂仰泳分解练习

（1）目的：通过分别练习每个手臂的划水动作体会划水技术路线和节奏，掌握身体转动与打水、划水的配合技术。

仰泳单臂划水

（2）动作要点和方法：学生一臂前伸成流线型仰卧打水，另一臂放在体侧，保持这个姿势3秒后，前伸的手臂向后划水，并完成鞭状向下划水。当划水结束时，将划水臂一侧的肩快速提拉出水面，保持这个姿势3秒后，腿继续打水。慢慢向上移臂、入水，大拇指向上。手入水时，另一臂的肩提出水面，这样就完成了一个完整的动作周期（图5－3－28）。

图5－3－28　仰泳单臂划水

（3）提示：要求学生始终保持一肩提出水面，两腿保持快速有力地打水。适宜在25～50米的距离里进行反复练习，开始时每游一趟换一次手臂，之后过渡到每划三次手，换一次手臂。

2. 仰泳单臂连续划水练习

仰泳单臂连续划水

（1）目的：重点练习单臂划水时的动作控制和身体的转动。

（2）动作要点和方法：学生一臂前伸成流线型仰卧打水，用前伸的手臂划水，另一臂放在体侧。单臂连续划水和移臂，集中注意力于转肩和转动身体，以及稳定的头部姿势。

（3）提示：要求学生在练习时观察自己的肩部，尽量转动得高一些，始终保持一肩提出水面，连贯地完成动作，在动作过程中的任何时候都不要停顿。两腿保持快速有力地打水。

3. 仰泳单臂拉线划水练习

仰泳单臂抓水线

（1）目的：通过练习体会划水时屈臂高肘技术，掌握加速划水的节奏。

（2）动作要点和方法：学生先仰卧打水，左臂前伸，右臂放在体侧，身体靠近左边的泳道线。左手抓住泳道线慢慢向后拉，然后继续向后下方推水，推水结束时提肩，使肩露出水面。保持这种姿势打水6次，然后重复这样的动作（图5－3－29）。

（3）提示：可以游25米后就换一个方向，同时换另一臂练习的形式，要求学生身体贴近泳道线，每个动作周期中，不划水一侧的肩部需要露出水面。

4. 仰泳双臂分解划水练习

仰泳双臂分解划水

（1）目的：掌握两臂配合的正确节奏，提高身体转动时的控制能力。

图 5－3－29　仰泳单臂拉线划水

（2）动作要点和方法：学生右臂前伸成流线型仰卧打水，左臂放在体侧，保持这个姿势 3 秒后，两臂同时换位，右臂划水，左臂经空中前移，直至左臂前伸，右臂放在体侧。保持这个流线型姿势 3 秒后，再继续下一个动作（图 5－3－30）。

（3）提示：要求学生想象自己在靠近两侧的泳道线划水，有助于完成身体的转动动作。如果有条件，在泳池两侧的窄泳道内尝试。要求学生始终保持一肩提出水面，用较慢的速度流畅地完成动作，两腿保持快速有力地打水。

图 5－3－30　仰泳双臂分解划水

5. 仰泳完整配合练习

（1）目的：体会完整配合技术，提高耐力。

（2）动作要点和方法：与上　动作基本相同，但两臂不再有停留，要连贯流畅地划水。

（3）提示：在 25 米距离内完成，随着技术熟练程度的提高逐渐增加游距，发现技术错误及时向学生指出。

第四节　蝶泳技术分析和教学步骤

一、蝶泳技术分析

蝶泳手臂动作的外形像蝴蝶飞舞，所以被称为“蝶泳”。

从动作的外形来看，蝶泳手臂与腿的动作结构与爬泳有相似之处，但爬泳两臂轮流划水，两腿轮流打水，而蝶泳的两臂和两腿同时用力。尽管蝶泳划水时和打腿同时用力，推进力比较大，但阻力也比较大，而且推进力不均匀，身体前进速度也不均匀，因此蝶泳速度慢于自由泳。

蝶泳是较难掌握的一种姿势，需要较强的上肢和腰腹部力量，以及极好的协调性，同时腰腹部的波浪动作是人们在日常生活中所不经常做的动作，需要进行长时间的专门练习。

(一) 身体姿势和腿部技术

蝶泳时，身体各部分由于波浪动作上下起伏，没有固定的身体位置。两臂和两腿的动作在同一水平面内同时进行。

1. 身体姿势

蝶泳时身体的上下起伏受臂腿动作的影响，如向下打水就会使臀部上升；空中移臂时因重心位置的改变身体失去平衡，就会使腿部下沉。躯干的波浪动作既是随着臂腿动作自然形成的，又有利于保持较高的身体位置和较好的流线型，也有利于臂、腿、呼吸的协调配合。

在划水最有力的阶段，身体应该尽量保持水平，使推进力中以向后的分力为主；在手入水、腿打第一次水时，躯干应该向前上方做波浪动作，使躯干和腿的波浪动作产生较大的推进力，弥补此时手臂因入水不产生推进力的不足，以尽量保持前进速度的均匀性。

虽然蝶泳时躯干形成有节奏的波浪动作，但重心应该平稳，保持前进速度的直线性，因此优秀蝶泳运动员通常采用小波浪技术（图 5－4－1①）。波浪太大将破坏重心的稳定性和身体前进速度的均匀性，并导致能量消耗增加（图 5－4－1②）。

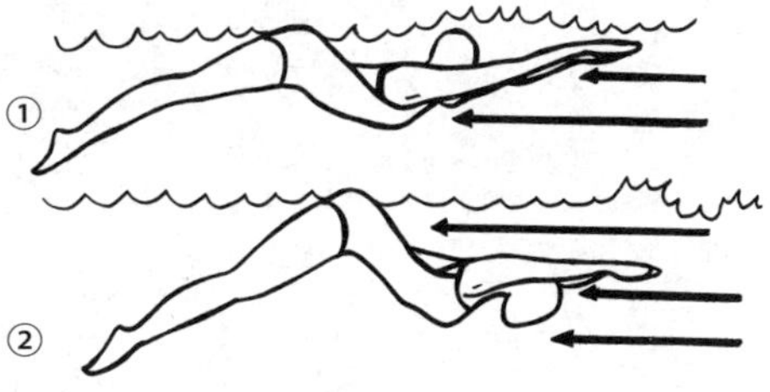

图 5－4－1　正确和错误的身体姿势比较

通常情况下，抬头吸气容易引起重心下降，手入水后向前伸肩和腿向下打水动作容易形成重心上移。但如果头肩位置比较稳定，腰腹和肩的柔韧性好，就可以有效地保持重心的稳定，保持较高的身体位置，减小躯干与水平面的夹角，维持身体良好的流线型。

2. 腿部技术

蝶泳腿和爬泳腿有相似之处，但蝶泳腿对蝶泳完整配合所起的作用大于爬泳腿。此外，蝶泳腿从躯干发力，通过力的传递进行鞭状打水，打水时屈膝的程度大于爬泳腿。

虽然爬泳、仰泳和蝶泳打水技术在某种程度上相似，都需要运用鞭状打水技术，但是蝶泳打水是鞭打原理发挥得最淋漓尽致的一种。

蝶泳腿部动作

蝶泳的鞭状打水动作，是由躯干发力，经过髋、膝、踝关节的动量传递，并且与躯干动作协调配合完成的，由于躯干的质量大，大腿、小腿和脚的质量依次减轻（脚的质量最轻），根据物理学的动量定理，脚就可获得最大的线速度，再加上腿部肌肉的协同用力，脚的速度最大。而在游泳运动中，肢体远端（即手和脚）的运动所起的作用远大于近端环节（如上臂和大腿），这是因为游泳的划水和打水动作多是类似于圆周运动的动作，如仰泳划水类似于以肩为圆心、以手臂为半径的圆周运动，而上下打水类似于以髋关节为圆心、以腿长为半径的圆弧运动。在这类形式的运动中，手和脚运动的线速度远大于上臂和大腿。因此使手和脚获得最大的动作速度是提高推进力的关键。这也是三种姿势游泳的打水技术都要求鞭状打水，使脚获得最大动作速度的原因。

蝶泳打水时，两腿应自然并拢，两脚稍内扣，两腿的动作同时进行。蝶泳腿由向下打水和向上打水两部分组成，优秀运动员在两个阶段都能够产生推进力（图 5－4－2）。

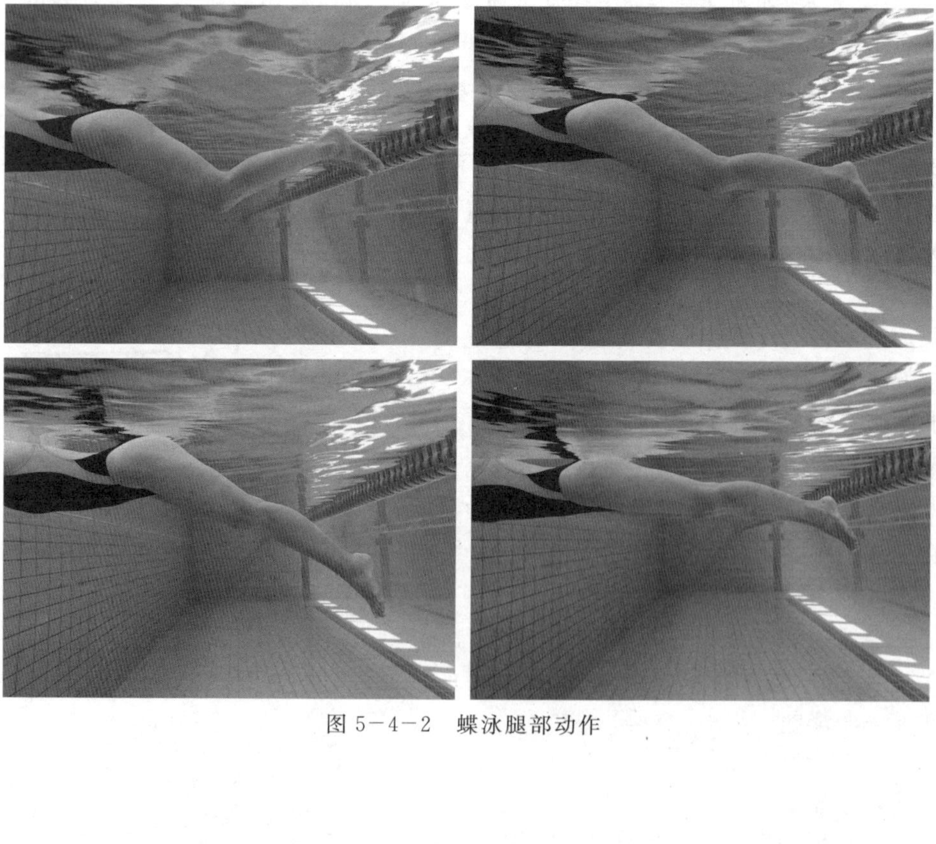

图 5－4－2　蝶泳腿部动作

向上打水开始时，腿刚刚因为上一次的打水而在水下呈完全伸直的状态。在小腿仍继续伸展的条件下伸髋，使大腿上移。当大腿上升到与躯干成一条直线时，腰腹和臀部开始下沉，大腿也随着下压，但小腿和脚继续上移，使膝关节弯曲，弯曲的角度随着大腿继续下移和脚继续上移而逐渐增大。直到脚上升到最高点，即接近水面时，小腿开始在髋关节和大腿的带动下快速向下打水。

当脚上移到与身体平行，小腿和脚还在继续上移时，腰腹部已经开始用力收缩，屈髋带动大腿下压。当屈髋程度达到最大时，躯干与大腿形成 150°～160°角，脚基本上升到了最高点。此时开始伸膝，小腿和脚加速下打。在小腿和脚向下打水还没有结束时，大腿应该已经开始向上打水，这样才能保证脚的鞭状打水动作。当小腿和脚继续向下打水到膝关节完全伸直，脚处于最低点时，小腿和脚在大腿的带动下开始向上打水，又进入下一个周期的打水动作。

向下打水时，踝关节跖屈（伸直），并略内旋。踝关节的灵活性对打水的效果起着关键的作用。由于膝关节的弯曲和踝关节的跖屈，向下打水开始时小腿打水的方向是向下和向后，而踝关节的动作更像向后推水。如果踝关节灵活性差，打水的方向只有向下，打水效果就较差。

（二）划水及呼吸技术

蝶泳的两臂动作是对称且同时进行的。因为划水面加倍，划水的推进力较大，但移臂时却没有推进力产生，使蝶泳前进速度不均匀。蝶泳的臂部动作由入水、划水、出水和空中移臂几部分组成，其中划水又分为外划抓水、内划和上划几个阶段。

1. 入水

入水是划水的准备阶段，其动作本身几乎不产生推进力。正确的入水位置应该在两肩的延长线上，或略窄于肩的延长线，太宽易使划水路线缩短。现在也有许多运动员入水时两手距离较近，几乎接触，这样可以加长划水的路线，有效地利用向外划水，及早抱水。但是这样需要肩关节有较好的柔韧性。入水应以大拇指领先，斜插入水，然后前臂和上臂依次入水。入水时掌心朝向外下方，手掌与水平面形成一定的角度（图 5－4－3）。

图 5－4－3　入水

2. 向外划水和抓水

手入水后，肘和肩关节前伸，两手立即内旋并外分，手掌对准外后方沿曲线划水。当两手外分至超过肩宽时，屈腕，使手掌由向外、向后变为向外、向下和向后，从而抱住水。同时屈肘，手臂向外下后方沿螺旋曲线加速划动，直到两手水下距离最宽时为止(图 5－4－4)。这个阶段称为向外划水和抓水，与蛙泳划水刚开始时的向外划水相似，目的是使手臂找到支撑点。

图 5－4－4　向外划水和抓水

向外划水和抓水的主要作用是寻找支撑点。抓水效果的好坏，直接影响到后面划水的效果。抓水时手要保持向外、向下、向后的攻角，不可垂直向下压水，否则头和躯干就会上升，使身体起伏加大，造成较大的阻力。

世界上优秀蝶泳运动员的划水技术有一个共同的特点，就是抓抱水早，也就是发力点早，在移臂入水时尽量伸肩伸臂，并尽早抓水发力，从而使整个划水的有效路线延长。

要想提高抓水的质量和效果，应该尽可能充分地伸肩和伸臂，这样可以使背阔肌、大圆肌等大肌肉群预先伸长。

3. 向内划水

两手抓水后，继续屈肘，并保持高肘姿势，手臂继续向外旋转，手的运动方向从向下、向外、向后转为向内、向上和向后曲线划水。这个阶段称为向内划水，与爬泳划水的向内划水阶段相似。随着向内划水的继续，屈肘程度逐渐加大，手臂划到肩下时，肘关节屈至 90°～100°。继续向内划水到两手之间距离最近时，向内划水结束(图 5—4—5)。

到向内划水结束时,两手之间的距离因人而异。有的运动员两手几乎接触,有的运动员距离略宽。向内划水结束时两手之间的距离可能与向外划水后两手外分的程度有关。如果外分程度较大,在向内划水开始时两手的距离较宽,向内划水过程中两手不必拉得很近,也能获得较长的划水路线,形成充足的推进力;而如果外分程度较小,向内划水开始时两手的距离较短,为形成较长的划水路线,需要将两手划得很近。

图 5—4—5　蝶泳向内划水

4. 向上划水

当两手之间距离达到最近时,手臂内旋,手臂从原来的向内、上、后方转为向外、上、后方划水,进入向上划水阶段(图 5—4—6)。这个阶段与爬泳的向上划水相似,但没有那么长。

图 5—4—6　蝶泳向上划水

在向上划水过程中要逐渐伸肘伸腕,使前臂和手尽量对准后面。这个动作很关键,直接影响到划水的效果。如果没有伸肘伸腕,前臂和手用力的方向主要是向上,其结果是身体下沉,身体的平衡遭到破坏,前进速度下降。

与爬泳和仰泳一样,向上划水在划水阶段产生的推进力是最大的,应用最大的力量和最快的速度完成。而且,蝶泳向上划水时,腿正好向下打水,腿、手配合产生的合力可以使身体前进速度增大,因此更要充分利用向上划水的力量。

蝶泳手臂的划水路线是三维运动曲线(图 5—4—7)。手相对于身体的动作轨迹从下往上看，像一个钥匙洞（图 5－4－8）。为获得更大的推进力，手臂划水速度应逐渐加快。

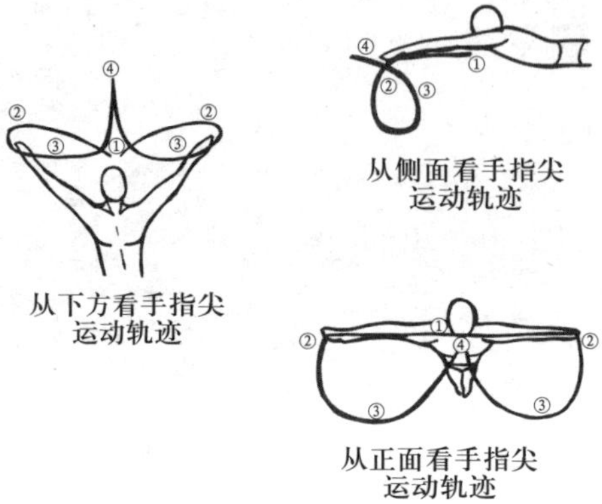

图 5－4－7　手相对于水的动作轨迹

图 5－4－8　钥匙洞型划水轨迹

5. 出水

在手划水到大腿两侧时，手臂旋转，使掌心向内，朝向大腿外侧，以便减小出水的阻力。在手划水尚未结束时，肘已经开始离开水面。手划水结束时，利用划水的惯性，肘和肩带动手臂提拉出水，出水时应小指领先（图 5－4－9）。

图 5－4－9　蝶泳出水

6. 移臂

出水后，在肩的带动下，手臂迅速从空中前移到头前，准备入水和下一个周期的动作。由于蝶泳是两臂同时向前移臂，故一般采用低平的直臂姿势从两侧前移，以使手臂自然放松，又不会破坏身体的平衡。移臂过程中手臂要放松，大拇指朝下，手前伸到接近入水时，肘微屈，以便入水后及时抓水（图 5－4－10）。空中移臂的时间约是划水周期的三分之一。

移臂过程中，当手臂与身体成十字形开始，一直到手入水为止，头部应有控制地与下颌、手臂、胸部一起向前下运动，即要把胸部以上的部位看作一个整体，不要割裂开来。

图 5-4-10　蝶泳空中移臂

7. 呼吸与划水的配合

呼吸与划水的配合时机是，手臂向内划水结束时头部开始露出水面，手臂向上划水及移臂的前半段完成吸气动作，手臂前移过肩后，前伸时低头入水。低头一定要在手入水前完成，或和入水同时完成，否则会使手臂和肩部难以伸展，影响入水的远度，使有效划水路线缩短。吸气时不刻意抬头，而是随着第二次向下打水的升力以及手腿协调配合使躯干和肩升高，头自然地露出水面。眼睛和嘴都朝向水面。吸气结束低头时，头随肩部的前伸向前下方伸展，下颌向前方冲顶，使手入水时肩能够充分前伸。如果抬头太高易使背部肌肉紧张，并导致腿部下沉。

关于吸气的频率，即划水几次吸一次气，可根据自己的特点和比赛项目调整。

（三）完整配合技术

由于躯干的波浪动作的介入，蝶泳的完整配合要求精细、准确，而且其动作特征要求有较强的肩背部、腰腹部力量和良好的柔韧性。

蝶泳完整配合

臂、腿的配合方式是每划水 1 次，打水 2 次。手入水时开始第一次下打，抓水过程中结束下打。在继续抓水和向内划水时上打，向上划水时第二次下打。

空中移臂时腿再次上打(图 5-4-11)。臂、腿的配合一定要准确协调,否则就会破坏动作内在的节奏,使推进力减弱。

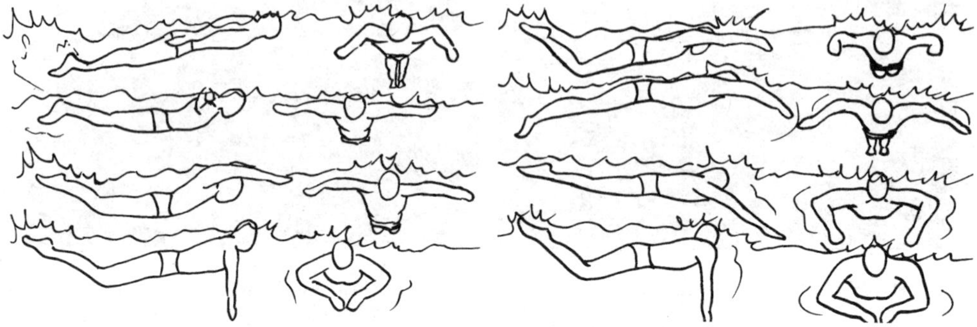

图 5-4-11　蝶泳完整配合方式

臂、腿的配合有不同的方式,有的第一次腿轻,第二次腿重;有的正好相反;还有的采用两次均匀打水。多数运动员第二次打腿力量更大,速度也更快。

完整配合的方式有采用 2 次打水、1 次划水、1 次吸气的(2∶1∶1),也有 4 次打水、2 次划水、1 次吸气的(4∶2∶1)。值得注意的是,不管在一个周期中是否吸气,移臂时肩都应该露出水面,以减少移臂的阻力。

二、蝶泳技术教学步骤

蝶泳技术的学习相对其他姿势要难一些,对学习者的水性、协调性、体能的要求相对较高,因此蝶泳教学通常放在四种姿势教学的最后。蝶泳教学顺序是先教身体姿势和腿的技术,后教划水和配合,先做陆上模仿,后下水练习。其中身体姿势和腿的教学既是教学重点,也是教学难点。由于蝶泳腿需要从躯干发力,在其他姿势教学中常用的坐姿或仰卧、俯卧陆上模仿打腿练习却不能用于蝶泳腿的教学,以免学生无法体会腰腹动作。

(一) 腿部技术教学步骤

1. 站立蝶泳腿模仿练习(风中小树)

站立蝶泳腿模仿练习 1

(1) 目的:体会蝶泳身体躯干部位的波浪动作和鞭状打水动作。

(2) 动作要点和方法:教师先讲解示范,学生边观察边模仿练习。手扶髋部,直腿向后送髋,臀后靠到一定位置的同时向前送胸(似站在水龙头前探身准备喝水),然后再向前送髋,挺腹。开始动作慢一些,幅度大一些,熟练后将动作连贯起来,幅度减小,流畅地进行(图 5-4-12)。

(3) 提示:提示学生想象自己是在风中摇摆的一棵小树,躯干随风摇摆。

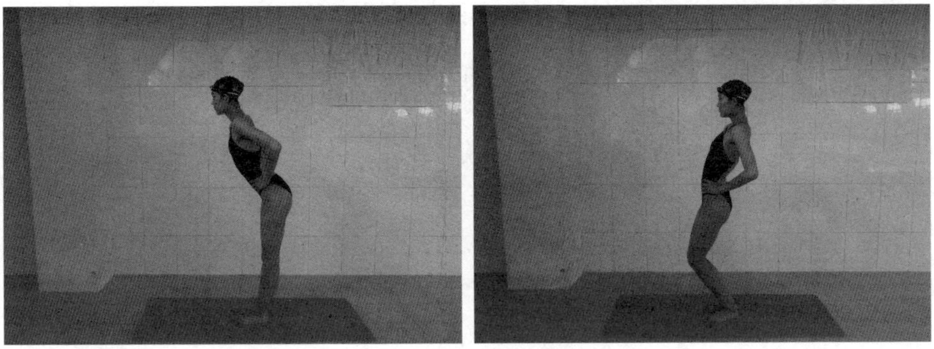

图 5－4－12　站立蝶泳腿模仿练习(风中小树)

2. 站立蝶泳腿模仿练习(挺屈提伸)

(1) 目的:体会蝶泳身体躯干部位的波浪动作和鞭状打水动作。

(2) 动作要点和方法:学生双手下垂站立,在教师的口令下练习。挺腹、屈膝、提臀、伸膝,先分解做,然后再连续做(图 5－4－13)。

站立蝶泳腿模仿练习 2

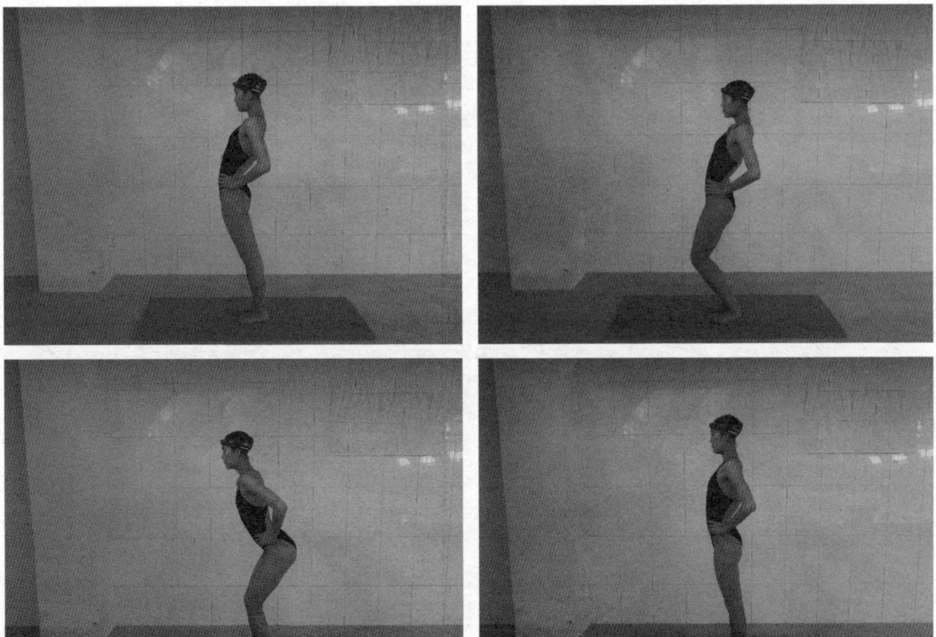

图 5－4－13　站立蝶泳腿模仿练习(挺屈提伸)

(3) 提示:教师的口令由慢到快,并逐渐加快速度。

3. 浅水直立躯干动作模仿练习

浅水直立躯干动作模仿

(1) 目的:体会蝶泳身体躯干部位的波浪动作和鞭状打水动作,并体会水的流动和阻力。

(2) 动作要点和方法:这个动作与站立蝶泳腿模仿练习相同,但是在齐腰深的水中进行。

(3) 提示:由于水有浮力,动作过程中学生可能感觉双脚容易漂浮游离,站立不稳,教师需要注意保障安全。

4. 深水直立扶边打腿练习

深水直立打腿

(1) 目的:前面所述的模仿练习虽然能够体会躯干的波浪动作,但由于双脚站立在地面上,无法感受鞭状打水动作。这个练习双脚游离,既能够练习躯干的波浪动作,也能够体会双腿、双脚鞭状发力动作。

(2) 动作要点和方法:这个练习是在深水池中进行。学生双手扶池壁,身体直立在水中(脚离池底),做蝶泳腿的练习(图 5-4-14)。

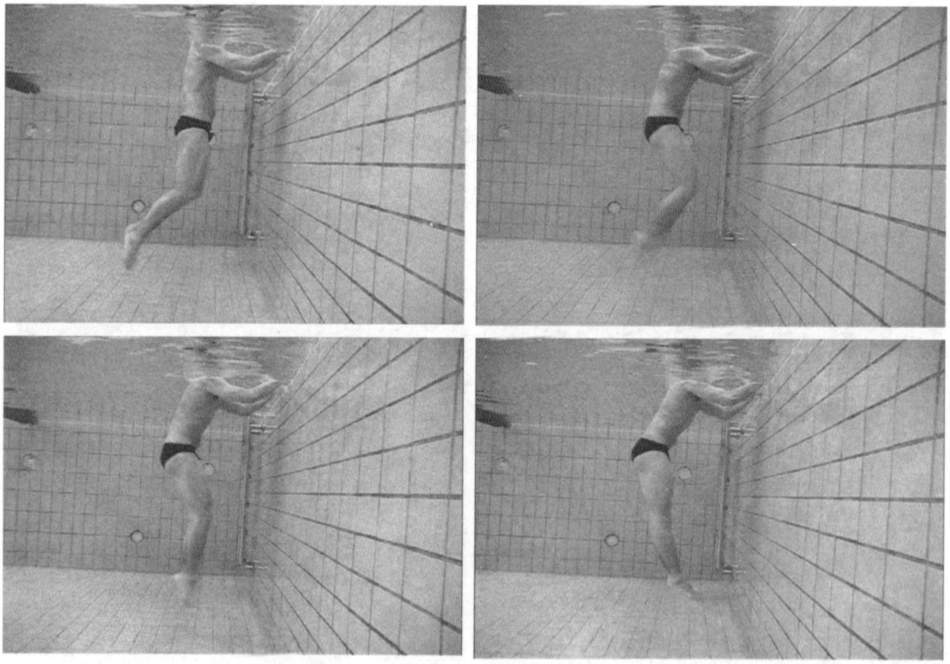

图 5-4-14 深水直立扶边打腿练习

(3) 提示:要求学生想象自己是海洋馆中直立打腿的海豚,从躯干发力,带动大腿、小腿和脚做波浪式鞭状打水动作。

5. 垂直蝶泳打水练习

(1) 目的：体会蝶泳打水的躯干动作、速度和力量，提高躯干的控制能力。

(2) 动作要点和方法：要求学生双手将打水板抱在胸前，想象自己是一只海豚，直立在水面用尾鳍拨水使身体后退，身体快速而有力地前后做波浪形动作。用快速而有力的蝶泳打水使头和肩保持在水面之上，身体逐渐后退(图 5－4－15)。

(3) 提示：如果学生开始时有困难，可以戴脚蹼。当水平提高后，去掉脚蹼。提醒学生体会髋部尽快、尽力前后打水的感觉。微屈膝，从髋关节发力打水，而不是从膝关节发力。

图 5－4－15　垂直蝶泳打水练习

垂直蝶泳打水

6. 反蝶泳打水练习

(1) 目的：练习蝶泳的躯干波浪动作，提高身体控制能力。

(2) 动作要点和方法：仰卧蹬边并漂浮，手臂放在体侧。从腹部开始向上打水，然后膝部和脚依次向上打水，这样就产生了从腹部开始的鞭状打水动作。头和手可以有略微的上下起伏(图 5－4－16)。

反蝶泳打水

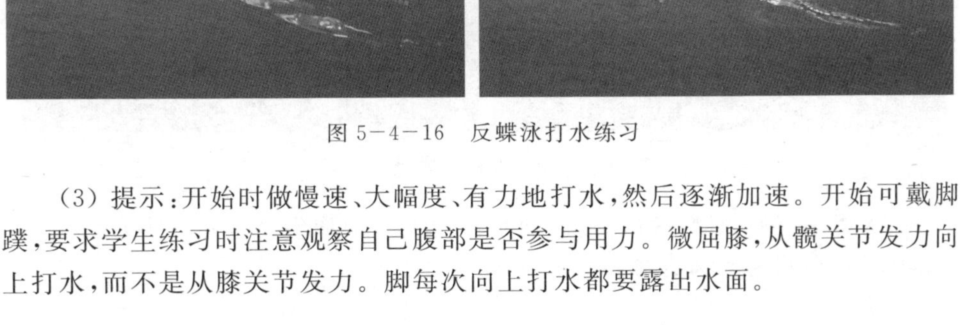

图 5－4－16　反蝶泳打水练习

(3) 提示：开始时做慢速、大幅度、有力地打水，然后逐渐加速。开始可戴脚蹼，要求学生练习时注意观察自己腹部是否参与用力。微屈膝，从髋关节发力向上打水，而不是从膝关节发力。脚每次向上打水都要露出水面。

7. 俯卧双手放体侧蝶泳腿练习

双手放体侧蝶泳打腿

(1) 目的：练习蝶泳的躯干波浪动作，提高身体控制能力。

(2) 动作要点和方法：蹬边后漂浮，双手放在体侧，用腰带动大腿和小腿做向下的抽打动作。每打腿 4～6 次，吸气 1 次。吸气时略微抬头，借助身体的波浪动作，头自然地露出水面吸气，不要因为吸气而破坏身体姿势和打水节奏（图 5－4－17）。

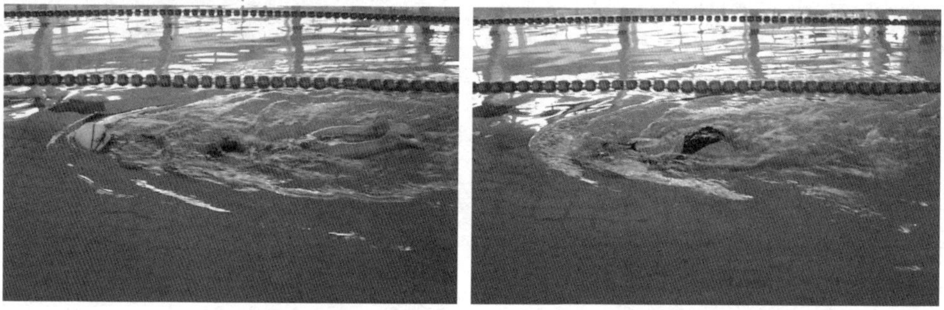

图 5－4－17 俯卧双手放体侧蝶泳腿练习

(3) 提示：为了强调腰部的动作，开始的时候可以先直腿打水，腰部有了动作以后，再做鞭状打腿动作。

8. 蛙泳手蝶泳腿练习

蛙泳手蝶泳腿练习

(1) 目的：这个练习既可以用于蝶泳腿教学，也可以用于蛙泳提高训练阶段练习，可以帮助学生体会腰腹部的波浪动作和打水节奏。

(2) 动作要点和方法：蹬边后漂浮，双手前伸成流线型，将蝶泳打水和蛙泳划水结合起来，每打 2 次腿，划蛙泳手 1 次（图 5－4－18）。

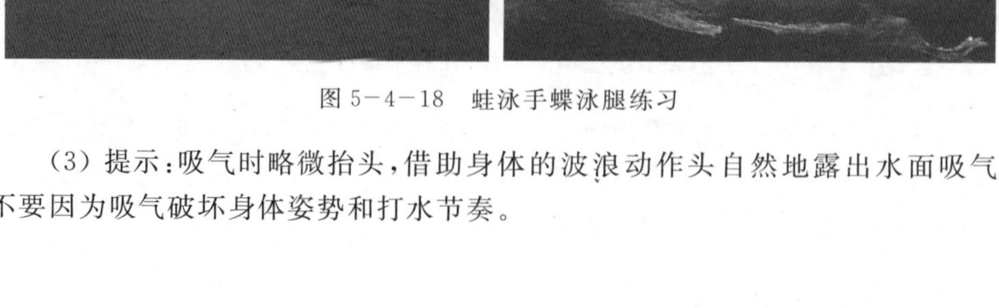

图 5－4－18 蛙泳手蝶泳腿练习

(3) 提示：吸气时略微抬头，借助身体的波浪动作头自然地露出水面吸气，不要因为吸气破坏身体姿势和打水节奏。

(二) 划水及呼吸技术教学步骤

1. 站立蝶泳划水模仿练习

(1) 目的:初步学习蝶泳划水动作,掌握技术概念。

(2) 动作要点和方法:学生站立,腰部前屈,两臂同时做蝶泳划水模仿练习。教师按照划水、空中移臂的口令控制动作节奏,然后逐渐加上与呼吸的配合(图 5-4-19)。

陆上双臂划水模仿

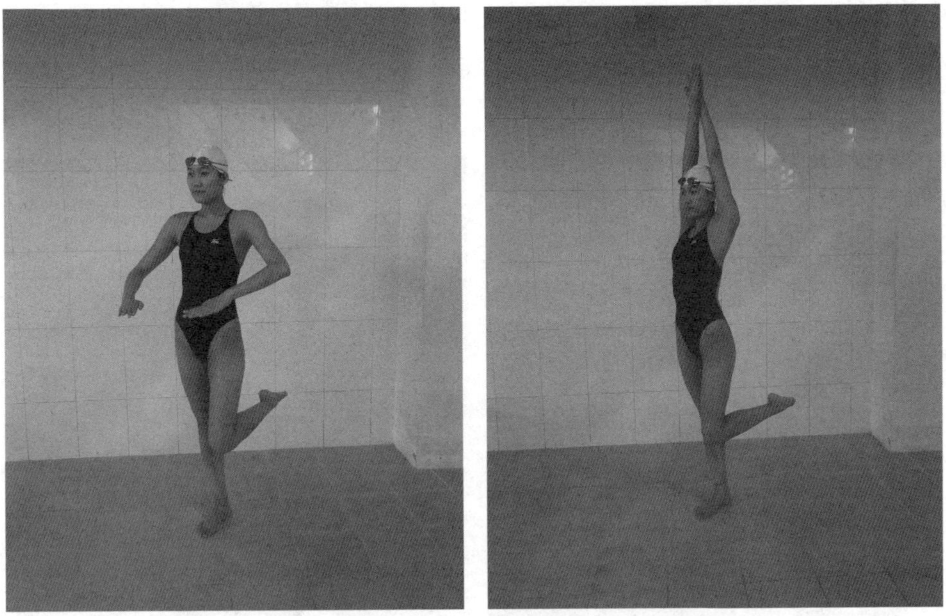

图 5-4-19　站立蝶泳划水模仿练习

(3) 提示:提示学生蝶泳划水与爬泳划水之间的区别,如蝶泳划水路线略短,在双手划到腹下时就要向外、后、上方划水来准备出水。蝶泳的移臂动作低平,放松,与爬泳的高肘移臂不同等。

2. 浅水中站立划水模仿练习

(1) 目的:在学习蝶泳划水路线、节奏的基础上,体会水的流动和阻力,体会划水产生推进力的感觉。

(2) 动作要点和方法:学生站在齐胸深的水中,双手同时做蝶泳划水模仿动作,逐渐从站立变为走动,体会通过划水使自己前进的感觉(图 5-4-20)。

图 5-4-20　浅水中站立划水模仿练习

浅水中站立划水模仿

(3) 提示:动作熟练后可以要求学生加上呼吸的配合。

(三) 完整配合技术教学步骤

1. 站立蝶泳配合模仿练习

(1) 目的:初步掌握蝶泳臂、腿及呼吸配合的节奏,为水中练习打好基础。

(2) 动作要点和方法:教师与学生面对面站立,教师边示范讲解,边喊口令。学生边观察,边模仿,按照教师的口令做动作。喊口令“1”时,双手入水,同时屈膝(代表打一次蝶泳腿),喊口令“2”时,手划水到腹下准备出水,同时再次屈膝(代表再打一次蝶泳腿)。熟练后加上呼吸配合练习,入水、打腿、低头,手向上推水、打腿、抬头换气(图 5-4-21)。

图 5-4-21　站立蝶泳配合模仿练习

（3）提示：刚开始练习时，学生容易节奏紊乱，教师需要边示范边讲解，将节奏放慢，待学生动作熟练后再加快节奏。

2. 单臂蝶泳分解练习（一臂前伸）

（1）目的：掌握打水与手臂动作的配合时机，体会配合的节奏。

（2）动作要点和方法：蹬边滑行后，一臂前伸，另一臂做蝶泳划水动作，同时躯干和腿配合做蝶泳打水动作，划水 1 次，打腿 2 次，吸气 1 次（图 5－4－22）。

单臂蝶泳分解练习 1

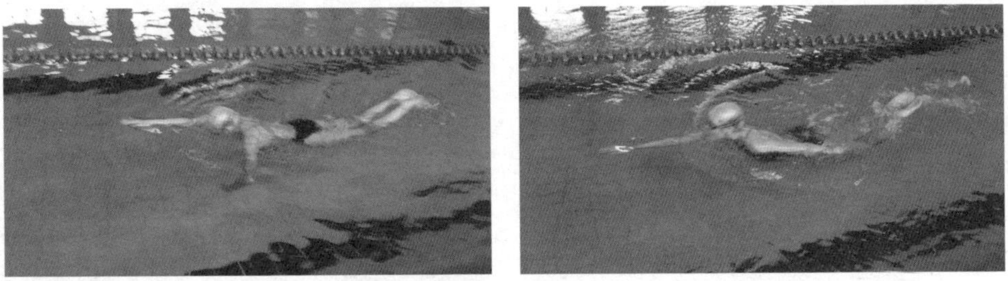

图 5－4－22　单臂蝶泳分解练习（一臂前伸）

（3）提示：开始时可以每趟（25 米）换一次手臂，然后每 3 个动作或每个动作换一次。在一趟中也可先左 5 次、右 5 次，然后左 3 次、右 3 次，最后左 1 次、右 1 次。适宜在 25 米的距离内反复练习。

3. 单臂蝶泳分解练习（一臂放体侧）

（1）目的：掌握打水与手臂动作的配合时机，体会配合的节奏，同时体会身体重心的变化。

（2）动作要点和方法：蹬边滑行后，一臂放在体侧，另一臂做蝶泳划水动作，同时躯干和腿配合做蝶泳打水动作，划水 1 次，打腿 2 次，吸气 1 次（图 5－4－23）。

单臂蝶泳分解练习 2

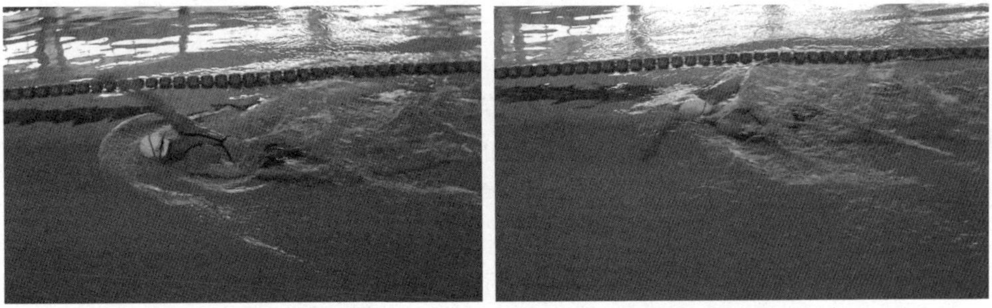

图 5－4－23　单臂蝶泳分解练习（一臂放体侧）

（3）提示：这个练习与上个练习的区别就在于不划水的手臂的位置从前伸变为体侧，使得身体重心位置发生了变化，加大了练习难度。

4. 分解配合组合练习

分解配合组合

(1) 目的:掌握打水与手臂动作的配合时机,体会配合的节奏,并逐渐从分解向完整蝶泳动作转换,重点注意躯干的动作。

(2) 动作要点和方法:身体俯卧在水面,首先用单臂做两次动作,然后另一臂做两次,最后两臂同时做两次划水动作,然后继续重复练习。每划水 1 次,打腿 2 次,吸气 1 次。两臂同时划水时向前吸气,单臂划水时向划水手臂的一侧吸气(图 5-4-24)。

图 5-4-24　单臂划水向一侧吸气

(3) 提示:提醒学生注意保持动作节奏,每个周期打水与划水的配合时机要准确。移臂结束时目视池底,臀部升高。

5. 逐渐减少打水次数的蝶泳配合练习

(1) 目的:这是一个过渡练习,可降低蝶泳配合的难度,帮助练习者逐渐掌握正确的蝶泳配合节奏。

(2) 动作要点和方法:两臂前伸成流线型,俯卧,打水 3 次,第 4 次边打水边做蝶泳划水和吸气动作,也就是将蝶泳的配合节奏减慢,每划水 1 次,打水 4 次,然后逐渐减少到划水 1 次,打水 3 次,最后划水 1 次,打水 2 次。

(3) 提示:重点是掌握第二次打水与手臂的配合时机,动作熟练后即转入完整配合练习。

6. 蝶泳完整配合练习

(1) 目的:体会完整配合技术,提高耐力。

(2) 动作要点和方法:按照每划水 1 次,打腿 2 次,吸气 1 次的节奏进行蝶泳完整配合练习。

(3) 提示:在 25 米距离内完成,随着技术熟练程度的提高逐渐增加游距。教师发现技术错误及时向学生指出并纠正。

第五节　出发技术分析和教学步骤

一、出发技术分析

出发是游泳比赛的开始。在竞技游泳比赛中,根据竞赛规则的规定,蝶泳、蛙泳、爬泳和个人混合泳项目应从出发台上出发；仰泳项目应从水中出发。出发对比赛结果有重要的作用，尤其是在短距离项目中。在对比赛技术参数进行分析时，出发一般指从出发信号发出起，到运动员的头到达 15 米处这段距离内所有的动作。对于 50 米项目来说，相当于总距离的 30%，其作用不言而喻。目前在游泳比赛中，台上出发技术常见的有抓台式出发、蹲踞式出发以及摆臂式出发。

（一）抓台式出发技术

抓台出发指在等候出发信号的时候用双手抓住出发台的前缘，借助手臂拉台动作保持身体重心的稳定性，并在起跳时获得手臂拉台的动量。抓台出发技术可以分为预备姿势、拉台、离台、腾空、入水、滑行、起游等几个阶段。

1. 预备姿势

正式比赛中，当发令员发出长哨音后，运动员走上出发台，用两脚的脚趾勾住出发台的前缘，两脚分开同肩宽，用两手抓住出发台的前缘，身体自然放松。两手可在两脚之间，也可在两脚之外。在“各就位”的口令后，膝关节弯曲 40°左右，目视前下方，身体重心尽量前移，并利用手臂拉台的力量保持身体稳定和平衡，避免失去平衡落入水中，造成犯规（图 5－5－1）。

图 5－5－1　抓台式出发预备姿势

2. 拉台

出发信号（一般是枪声或笛声）发出后，手臂向上拉出出发台，使髋关节以及身体重心向前下移动，身体重心前移到出发台前面，屈膝、屈髋，身体向前下方移动，手脱离出发台向前摆动（图 5－5－2）。

图 5－5－2　拉台动作

3. 离台

手脱离出发台后，两臂沿半圆形路线向前方伸展，直到形成预想的姿势。开始时手臂快速弯曲，向上移动到下颌的下面。当脚离台后手臂向前下方伸展。头的动作跟随在手臂之后，当脚离台、双臂向前下伸展时，眼睛看下方。头部必须在脚离台之前开始向下移动，如果在脚离台时头向上抬，就难以在空中形成弓形，从而无法形成洞式入水。

随着手臂向前摆动，身体前移，当膝关节弯曲成约80°时，两脚伸展，牵引运动员的身体离开出发台。通过髋关节和膝关节强有力伸展，以及踝关节伸展完成腿部的蹬离动作。

蹬离时，出发台与腿之间的夹角称为蹬离角，这个角在40°～50°之间，这样的角度可以使运动员呈弧形腾空，形成洞式入水。脚蹬离时，手臂在前下方伸展，眼看下面(图5－5－3)。

图5－5－3 离台动作

4. 腾空

离台后，身体伸展在空中滑行，躯干越过空中最高点后，弯腰呈弓形，之后两腿上抬，身体重新呈直线准备入水(图5－5－4)。弯腰的目的是增大入水的角度，使身体各个部位能从一点入水，减小入水阻力。

图5－5－4 腾空

5. 入水

入水时，身体呈流线型，两臂两腿并拢且伸展，两手重叠，头在两臂的下面，整个身体依次从手入水的那个点入水(即洞式入水)(图5－5－5)。

6. 滑行

入水后，身体保持流线型滑行，一般到身体滑行速度接近游速时停止滑行

图 5—5—5　入水

(图 5—5—6)。蛙泳项目一般滑行距离较长，滑行速度开始下降时做长划臂技术，将身体升到水面起游。

7. 出水

图 5—5—6　滑行

水下蛙泳长划臂

不同比赛姿势的出水动作是不一样的。蛙泳出发滑行后一般做长划臂动作，两手先向外上方划水，这个动作与蛙泳划水的向外划水动作相似。两手外划超过肩宽后，屈肘屈腕，手掌向后抓水。抓水后，两臂保持高肘姿势向内、后、下方加速划水。划到胸下时，两手距离最近，同时肘关节屈至约 90°。此时，手臂向外上方转动，手臂向上、外、后方划到大腿上部。此时，长划臂动作的划水部分结束，身体保持流线型滑行(图 5—5—7)。

加速划水将使身体前进速度明显加快，此时再次滑行，当滑行速度下降到接近游泳速度时，开始收手伸臂。为减小阻力，伸臂时，上臂和肘靠近身体，前臂和手掌贴着身体向前收。两手收到胸下时开始收腿，两臂继续前伸，接近伸直时开始加速蹬夹水。蹬夹水结束前，头部应上升到水面。随即划水、吸气、开始正常的蛙泳动作。

图 5-5-7　蛙泳出发后的长划臂出水

短距离爬泳出发入水后，一般滑行距离较短，身体在水中的位置也较浅，很快接爬泳打水使身体上升到水面，开始划水、起游。

也有部分爬泳运动员滑行后先做若干次水下海豚式打水，使身体升到水面，接爬泳划水动作。

蝶泳出发后通常先做快速水下海豚式打水动作，并逐渐使身体上升到水面，接正常蝶泳动作。但要注意水下海豚式打水的距离不能超过15米，以免犯规。

（二）蹲踞式出发技术

蹲踞式出发

蹲踞式出发像短跑的蹲踞式起跑，预备姿势时，两脚一个在前，一个在后。目前在短距离项目和自由泳比赛中有很多运动员采用蹲踞式出发，主要原因是这种出发离台速度快，而且重心低，比较稳定，不容易抢跳犯规。因为目前的竞赛规则采用一次出发规则，既只要有一次出发犯规，就被取消资格，蹲踞式出发稳定性较强，这也是蹲踞式出发目前比较流行的原因之一。

1. 预备姿势

预备时，一只脚勾住出发台前缘，另一只脚踩在出发台后面的斜坡上。低头，两手抓出发台前缘。身体向后倾斜，重心在后脚上（图5－5－8）。

图5－5－8　蹲踞式出发的预备姿势

2. 拉台和离台

出发信号发出后，手臂拉动身体向前下方移动，后面的腿先蹬离，前面的腿随即蹬离，同时手臂向前摆动。也有运动员将手臂先向后摆动，再向前摆动，增加手臂摆动的动量（图5－5－9）。

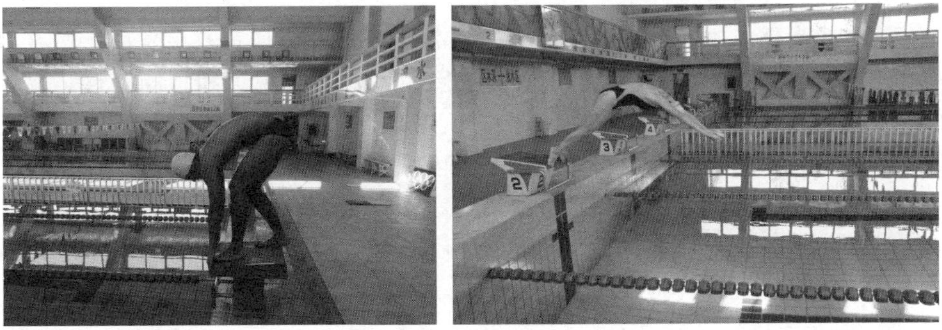

图5－5－9　拉台和离台

3. 腾空、入水、滑行和出水

离台后，身体沿弧线腾空飞行，以前人们认为蹲踞式出发飞行的弧线比抓台出发平一些，低一些，入水难以形成洞式入水，但现在许多采用蹲踞式出发的运动员腾空高度也较高，空中也有收腹提臀的动作，形成洞式入水（图 5－5－10）。入水后的滑行、出水以及蛙泳长划臂、水下海豚腿都与抓台式出发没有太大区别。

图 5－5－10　腾空

（三）摆臂式出发技术

摆臂式出发

摆臂式出发在比赛中常见于接力项目，虽然离台速度略慢一些，但由于蹬离力量大，腾空距离长，适用于配合娴熟的接力交接棒。

1. 预备姿势

预备时，两脚分开同肩宽，脚趾勾住出发台前缘，注意观察前一名运动员，并估算其触壁时间。

2. 摆臂和离台

离台前，手臂向后上方画一个圆圈后再前摆，同时屈膝，身体重心前移，脚底后部先离开出发台。随着腿蹬伸，脚蹬出发台。

3. 腾空、入水和起游

摆臂式出发技术的此环节与抓台出发技术相似。但摆臂式出发由于常在接力中使用，交接棒双方的配合十分重要。接棒者要善于观察和预测交棒运动员的游速和到边时机，以便提前做摆臂动作，增加腾空距离，还可以使脚在交棒运动员手触壁后立即蹬离出发台，以免抢跳犯规。

（四）仰泳出发技术

仰泳是唯一一种从水下出发的竞赛项目。根据竞赛规则，仰泳出发可以分为预备姿势、蹬离池壁、腾空入水、滑行、出水等几个部分。

1. 预备姿势

发令员发出第一声长哨音后，运动员下水，在水中面对池壁，双手握住仰泳出发握手器。双脚贴住池壁。脚掌和脚趾应抵住池壁，但脚后跟与池壁分开。腿弯曲，髋关节位于水中。

在“各就位”命令发出后，低头团身，屈肘用手臂向上拉起身体，臀部靠近脚后跟（图 5－5－11）。

仰泳出发 1

图 5－5－11　仰泳出发预备姿势

2. 蹬离池壁

出发信号发出后，向后上方甩头，眼睛看游泳池的对面，随后立即用手臂向前下方推握手器，使身体向后上方冲出去。手臂一旦伸直，手立即脱离握手器，手臂尽快从头上摆动。同时，通过膝关节和踝关节的伸展将身体向上推离池壁（图 5－5－12）。

仰泳出发 2

仰泳出发 3

图 5－5－12　仰泳出发蹬离池壁

3. 腾空入水

蹬离后，身体在空中呈弓形飞行，头向后仰，手臂在头上伸展，腿和脚也应伸展。腾空过程中，尽量使全身在水面上方滑行。由于脚在蹬离池壁后有拖在水中的趋势，因此，要做到身体完全腾空，有一定的难度。不过，只要蹬离角度适宜，躯干充分反弓，小腿和脚就可以在腾空的大部分时间露出水面。

入水时身体应保持流线型，两臂前伸并拢，头夹在两臂之下，双腿和双脚保持伸展，尽量使身体的各个部分从相同的一点，即手和头入水的那一点入水。因为身体腾空的高度较低，要做到这点是比较困难的。所以，臀部的入水点通常略在头入水点的后面。为防止腿拖入水中，在入水时可以略向上抬腿，使之有一定的弯曲(图 5－5－13)。

图 5－5－13　仰泳出发腾空入水

4. 滑行和出水

入水后，手臂应略向上升，腿向下沉，使身体运动方向从向下转为向前。在前进速度下降到接近游速之前，应以流线型姿势滑行，之后开始打腿(图 5－5－14)。

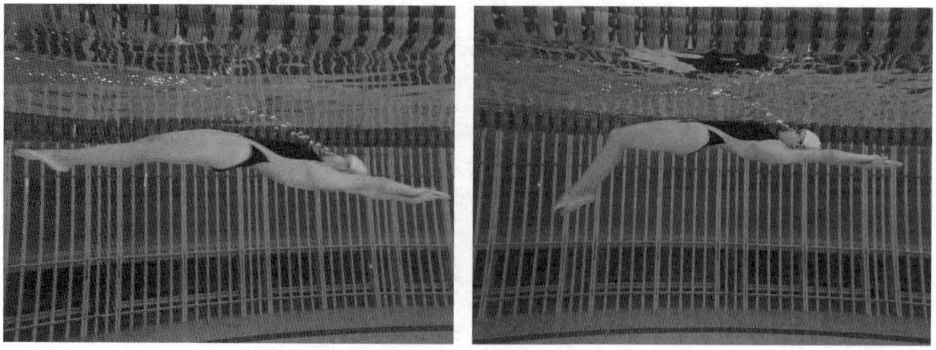

图 5－5－14 仰泳出发滑行和出水

许多仰泳运动员采用了水下海豚式打腿(不超过 15 米)的技术,效果很好。因此,如果海豚式打腿效果较好,应充分利用这种技术。通过训练,在每次转身后应在水下打 3～6 次腿。如果海豚腿效果不好,最好在短暂滑行后做 2～4 次交替打水,然后划水使身体升到水面。

出水动作应控制好,应在划水完成时身体正好露出水面,以免影响正常的节奏。在身体升到水面之前,不应向上抬头,否则将破坏身体流线型。身体一旦升到水面,应立即以适宜的比赛频率游进。

二、出发技术教学步骤

出发技术的学习相对要难一些,对学习者的协调性、体能的要求相对较高,因此出发技术教学通常放在四种泳姿技术教学之后。在教学中要加强组织管理和保护,避免发生危险。下面介绍出发技术教学的各种练习方法,以便根据学生情况灵活选用。

(一) 出发台出发技术教学步骤

出发台出发技术教学有一定的危险性,教师一定要提高警惕,不能掉以轻心。严禁在水深低于 1.8 米的池水中进行出发技术教学和训练。

1. 陆上原地摆臂高跳练习

(1) 目的:体会出发台出发重心的移动、摆臂动作、蹬跳的感觉。初步学习出发台出发技术,为后面的一系列练习打好基础。

(2) 动作要点和方法:学生两脚分开同肩宽,弯腰低头模仿预备姿势,然后摆臂向上跳起,身体呈流线型,手臂和腿伸直并拢,身体保持正直,落回原地(图 5－5－15)。

陆上原地摆臂高跳

(3) 提示:要求学生尽量向高处跳,摆臂后双手夹住头,双手重叠呈流线型。

2. 池边垂直跳水练习

(1) 目的:体会出发台出发重心的移动、摆臂动作、蹬跳的感觉。初步学习

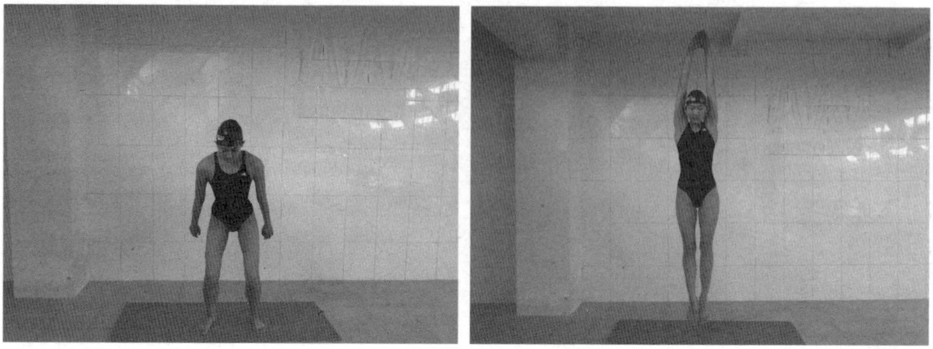

图 5－5－15　陆上原地摆臂高跳练习

出发台出发技术，为后面的一系列练习打好基础。

池边垂直跳水

（2）动作要点和方法：学生站立在池边的前沿，两脚分开同肩宽，弯腰低头模仿预备姿势，然后摆臂向前上方跳起，两臂上摆至头上，然后落入游泳池，两脚最先入水（图 5－5－16）。

图 5－5－16　池边垂直跳水练习

（3）提示：在动作的全过程中，要求学生保持双手夹住头和身体绷直的姿势。

3．立定跳远跳水练习

（1）目的：体会出发台出发时重心的移动、摆臂动作、蹬跳感觉。初步学习出发台出发技术，为后面的一系列练习打好基础。

（2）动作要点和方法：学生站立在池边的前沿，两脚分开同肩宽，弯腰低头模仿预备姿势，然后摆臂用力向前跳起，两臂上摆，从池边尽量远地跳入水中，两脚最先入水（图 5－5－17）。

立定跳远跳水

图 5－5－17　立定跳远跳水

（3）提示：头保持向前，用力摆臂，双脚用力蹬出。尽量跳得远，充分利用腿部的力量，体会双脚蹬出的感觉。

4. 出发台上跳水练习

出发台上跳水

（1）目的：体会抓台式出发的抓台动作。

（2）动作要点和方法：学生听口令弯腰抓台做好出发准备，身体慢慢向前移动，直到要失去平衡时，向前跳出（图 5－5－18）。

图 5－5－18　出发台上跳水练习

（3）提示：试着确定身体在出发台上失去平衡的临界点。头保持向前，用力摆臂，双脚用力蹬出。尽量跳得远，充分利用腿部的力量，体会双脚蹬出的动作。

5. 坐池边出发练习

坐池边出发

（1）目的：前面几个练习都是脚先入水，对腾空和入水的要求不高，从这个练习开始，要求学生体会手臂先入水的姿势和感觉。

（2）动作要点和方法：预备姿势时，坐在池边，双手夹住头（双手相握或重叠，手指交叉，肘关节伸直），听到口令后身体前倒，手和头先入水，体会手先入水的感觉（图 5－5－19）。

图 5－5－19　坐池边出发练习

（3）提示：教师可以站立水中，用手拉住学生的双手，把学生拉入水中，拉的时候要提醒学生低头（图 5－5－20）。

图 5－5－20　教师辅助学生练习手臂和头先入水

6. 蹲池边出发练习

（1）目的：重点体会身体重心前移及蹬离的感觉。

（2）动作要点和方法：预备姿势时，蹲在池边，双手夹住头（双手相握或重叠，手指交叉，肘关节伸直），身体慢慢前移直至要失去平衡时，蹬离池边，身体伸展，两臂前摆成流线型，身体干净利落地入水，重心前移后，双脚蹬出（图 5－5－21）。

蹲池边出发

图 5－5－21　蹲池边出发练习

（3）提示：要求学生体会先重心移动，后蹬出的动作顺序。

7. 池边出发练习

（1）目的：这是正规出发台出发技术的过渡练习手段，可以降低难度，增强学生学习的信心和勇气。

（2）动作要点和方法：学生站在池边前沿，弯腰成准备姿势，身体慢慢前移直至将要失去平衡时蹬离池边，然后身体伸展，两臂前摆成流线型，身体干净利落地入水(图 5－5－22)。

图 5－5－22　池边出发练习

(3) 提示：学生腾空和入水时一定要将头夹在双臂的下面，不能抬头，否则就会拍水，泳镜也会脱落。开始时可以由教师或学生辅助练习，一人扶住练习者的髋部，让练习者向前移，同伴往回拉，体会重心前移，失去平衡的感觉(图 5－5－23)。

图 5－5－23　重心前移

8. 夹头出发台出发练习

出发台夹头出发

(1) 目的：与池边出发练习基本相同，为降低难度，先不做摆臂或抓台动作，从双臂夹头静止开始练起。

(2) 动作要点和方法：学生站在出发台前沿，弯腰成准备姿势，两臂前伸成流线型，夹住头，然后身体慢慢前移直至将要失去平衡时蹬离池边，身体伸展，干净利落地入水(图 5－5－24)。

图 5－5－24　夹头出发台出发练习

(3) 提示:提示学生腾空和入水时一定要将头夹在双臂的下面,不能抬头,否则就会拍水,泳镜也会脱落,且不可在浅水池练习。

9. 摆臂出发练习

(1) 目的:在夹头出发台出发练习的基础上增加摆臂与起跳动作的配合,初步掌握摆臂式出发技术。

摆臂出发

(2) 动作要点和方法:学生站在出发台前沿,弯腰成准备姿势,两臂放在体侧,随着手臂向前摆动,身体前移直至将要失去平衡时蹬离池边,身体伸展,干净利落地入水(图 5－5－25)。

图 5－5－25　摆臂出发练习的预备姿势

10. 抓台出发练习

(1) 目的:在摆臂出发练习的基础上增加抓台、摆臂与起跳动作的配合,初步掌握抓台式出发技术。

抓台出发

(2) 动作要点和方法:学生站在出发台前沿,弯腰成准备姿势,两手抓住出发台的前沿,按照拉台、起跳、蹬离、腾空顺序完成出发动作(图 5－5－26)。

(3) 提示:预备姿势时手臂可以放在双脚中间或者两侧,熟练后可以练习蹲踞式出发。

11. 蛙泳出发和起游练习

(1) 目的:在台上出发技术的基础上加上蛙泳长划臂和起游。

(2) 动作要点和方法:蛙泳出发的入水深度应为最深。学生先弯腰成准备姿势,在平衡临界点保持稳定,出发信号发出后,蹬离,经腾空入水。入水后,保持流线型姿势 3 秒钟,做长划臂动作。划水后保持这个姿势 2 秒钟,做收腿蹬水

图 5－5－26 抓台出发练习的预备姿势

和伸臂，再 1 秒钟后开始蛙泳动作。

（3）提示：提示学生控制长划臂的滑行时间，不要急躁。初学者需要反复练习才能逐渐掌握滑行的深度和配合动作。

12. 爬泳出发和起游练习

（1）目的：在台上出发技术的基础上加上爬泳起游。

（2）动作要点和方法：爬泳出发的入水深度应为最浅。在出发信号发出后，蹬离，经腾空入水。入水后，立即成流线型并做快速打水，并立即抬头，一臂开始划水，身体升到水面，至少前两次划水动作不要吸气。

（3）提示：提示学生入水后快速打水，快速升到水面，并控制吸气，也可以在入水时打一次海豚腿。

13. 蝶泳出发和起游练习

（1）目的：在台上出发技术的基础上加上蝶泳起游。

（2）动作要点和方法：蝶泳出发的入水深度应为中等。在出发信号发出后，蹬离，经腾空入水。入水后，打海豚腿并做蝶泳起游，身体升到水面后做 2～3 次划水，不要吸气。

（3）提示：提醒学生入水后做海豚打腿。学生需要反复练习才能逐渐掌握身体在水中的深度和起游时机。

（二）仰泳出发技术教学步骤

1. 陆上蹲地摆臂仰泳出发模仿练习

（1）目的：体会仰泳出发技术中摆臂、伸髋的感觉。

（2）动作要点和方法：预备姿势时，低头团身下蹲，眼睛看地面，后背弓起，模仿仰泳出发的预备姿势。听到教师的口令后抬头挺胸伸髋伸膝，身体成背弓向上跳起，两臂向上摆动（图 5－5－27）。

（3）提示：模仿水中出发的动作，尽量往高跳；练习手、腿配合的动作感觉。

图 5－5－27　陆上蹲地摆臂仰泳出发模仿练习

2. 双人仰泳出发互助练习

（1）目的：在教师和同伴的帮助下体会仰泳出发拉台、挺胸、伸髋的动作。

（2）动作要点和方法：教师或同伴站在岸上，双手与练习者相握，练习者重心上提，低头团身屈膝弓背成预备姿势（图 5－5－28）。随着口令，练习者松手摆臂、头后仰、挺胸、弓背、脚用力蹬出，手、头、肩、躯干、腿，依次入水。

图 5－5－28　双人仰泳出发互助练习

（3）提示：站在岸上的教师或练习者要站稳，重心降低，如果水中的练习者在预备时重心提不起来，同伴可以帮助其向上提重心。

3. 出发后接水下反蝶泳腿练习

（1）目的：体会仰泳出发后水下反蝶泳腿技术，以及与仰泳划水、配合的衔接技术。

（2）动作要点和方法：双手抓仰泳出发握手器，按照出发动作出发滑行后，在水下做 5～7 次水下反蝶泳腿，身体浮出水面时开始划水、打仰泳腿（图 5－5－29）。

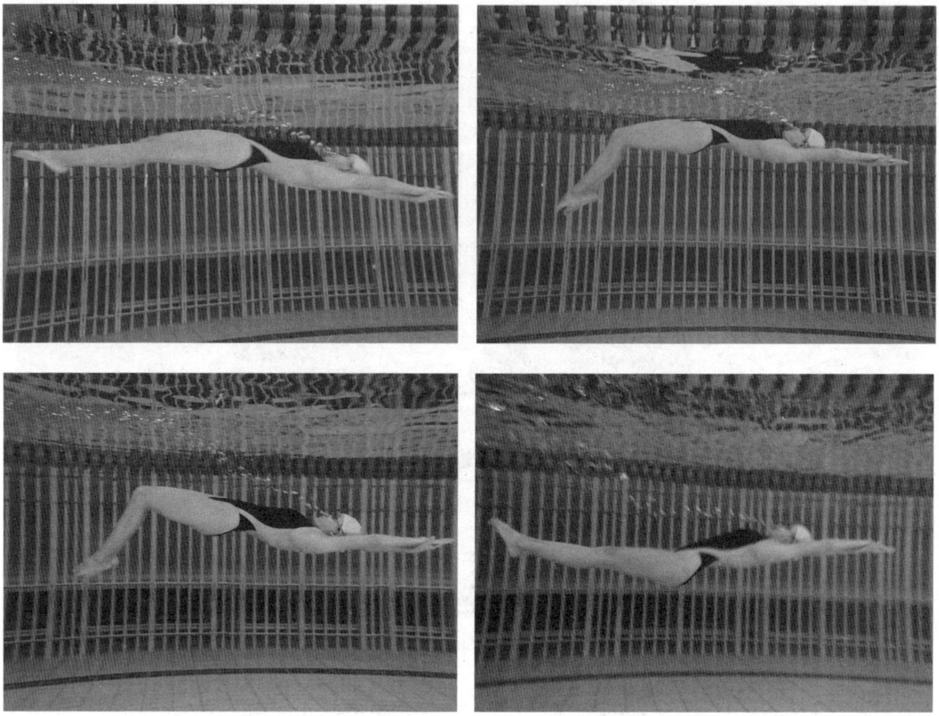

图 5-5-29　出发后接水下反蝶泳腿练习

（3）提示：用手和头的姿势控制身体位置。

第六节　转身技术分析和教学步骤

一、转身技术分析

转身是比赛中不可分割的一部分，比赛距离越长，转身就越重要。在长池比赛中，只有 50 米项目不需要转身，而在短池比赛中，任何项目都需要转身，而且短池比赛中转身次数增加，对比赛结果起重要的作用。在对比赛技术参数进行分析时，转身一般指从距离池壁 7.5 米开始，到转身后离开池壁 7.5 米为止，共 15 米距离内的动作。以 1 500 米爬泳比赛为例，短池比赛需要做 29 次转身动作，与转身有关的距离达到 435 米，占总距离的 29%，因此长距离比赛的转身技术是决定胜负的关键因素之一。转身技术包括爬泳滚翻转身、爬泳摆动式转身、仰泳转身、蛙泳和蝶泳转身等几种。

(一) 爬泳滚翻转身

游泳竞赛规则规定，爬泳转身和到边时可以用身体的任何部位接触池壁，因此在比赛中运动员一般都采用前滚翻转身，只用脚触壁、蹬壁，从而节省时间，加快速度。

滚翻转身可以分为游近池壁、滚翻转身、蹬离、滑行、起游等几个阶段。

1. 游近池壁

运动员在游过距离池壁 5 米的池底标志线后，就要调整动作频率和幅度，准备转身了。游近池壁时注意不要减速，根据个人身材和速度的不同，在适当时机完成最后一次划水动作。据研究发现，多数运动员在距离池壁 1.7～2 米时开始做最后一次划水动作(图 5－6－1)。

图 5－6－1　转身前游近池壁

爬泳转身 1

爬泳转身 2

2. 滚翻转身

在做完最后一次划水动作后，两手停留在体侧，两腿做一次海豚式打水，同时低头团身，向前翻滚。边滚翻，两手边向头前伸展。滚翻后稍头向一侧转动，身体略侧转，脚触壁时脚趾朝侧上方(图 5－6－2)。

图 5－6－2　滚翻转身

3. 蹬离、滑行和起游

触壁后立即蹬壁，此时身体接近仰卧，但略向一侧转动。滑行和起游动作与出发后动作接近，只是由于蹬离时身体处于侧卧位，因此需要边滑行、边转体。许多运动员为减小阻力，在蹬离后采用侧卧位置滑行，并做海豚式打水，直到身体接近水面时开始划水(图 5－6－3)。

图 5－6－3 蹬离池壁

(二) 爬泳摆动式转身

爬泳摆动式转身

对于技术水平不太高，还难以掌握前滚翻转身的人来说，可以先从摆动式转身开始学习，之后再过渡到滚翻转身，因为摆动式转身技术相对简单、容易。

1. 游近池壁

游近池壁时，快速积极地完成最后一次划水动作，身体侧卧，一臂前伸，一臂放在体侧，腿保持打水，直到前伸的手臂平直地接近池壁。

2. 触壁和转身

在向前的惯性作用下，触壁的手臂略微弯曲，身体贴近池壁，用力将上体推离池壁，两腿收紧向池壁摆动，前伸的手臂与头和上体一起向与池壁相反的方向摆动。

3. 蹬离

当上体摆动入水时，两手会合，同时两脚接触到池壁，躯干没入水中，两脚用力蹬离池壁，身体伸展，手足并拢，呈流线型侧卧蹬出。

4. 滑行和起游

蹬离后边滑行边转为俯卧，身体接近水面时，开始交替打水，身体升到水面后开始划水动作(图 5－6－4)。

(三) 仰泳转身

游泳竞赛规则规定，仰泳转身时可以用身体的任何部位触壁。为加快转身速度，节省时间，目前运动员在比赛中几乎都采用前滚翻转身技术。仰泳的前滚翻转身与爬泳滚翻转身有许多相似之处，但需要运动员熟练掌握身体从仰卧姿势转变为俯卧姿势的时间。

1. 游近池壁

要做好仰泳转身动作，首先应能够在尽可能不左顾右盼的条件下判断自己离池壁的距离。应根据仰泳转身标志线判断距离，然后通过数动作次数确定开

图 5－6－4　摆动式转身

始转身的时间。

转身前最好不要看前面的池壁。根据规则规定，可以在距离池壁还有两次划水时开始转身动作，因此可以较早转为俯卧姿势，从而清楚地看到池壁，不必担心手臂或头部碰撞池壁。此外，就算对距离的判断略有偏差，也可以在转为俯卧姿势后，做最后一次划水动作时加以调整。运动员一般都要有一过仰泳转身标志线，就开始数动作次数的习惯，并清楚自己此时需划几次水就可以转成俯卧姿势。

仰泳转身 1

2. 转成俯卧姿势

在距离池壁还有两次划水时应该开始转身。第一次划水时身体处于仰卧姿势。在此次划水进行到一半时，身体应向划水臂一侧转动，同时，另一臂在空中做类似爬泳的高肘移臂。当第一次划水的手臂划到胸下时，身体应完全转为俯卧姿势，此时另一臂正好入水。手臂向内划水和向上划水的动作可以协助身体从仰卧转变为俯卧。

仰泳转身 2

3. 滚翻转身

转变为俯卧姿势后，转身动作与爬泳滚翻转身十分相似，只是蹬离时和蹬离后身体成仰卧姿势。转身时，正在划水的手臂做一次有力的上划，然后将手臂停留在体侧。此时应目视池壁，以便对滚翻动作进行必要的调整，另一只手臂划水后同样停在体侧。头向胸部下压，同时做一次海豚式打腿，协助臀部上提。

两只手臂都到达体侧后，将双手向下旋转，使头部上升，脚向前翻转。在脚触壁之前，两手应在头前并拢，头应夹在两臂之间，手臂和上体成一条直线，这样当脚触壁时，就可以立即蹬离。脚应该在水下触壁，使身体在水下较深的位置蹬离，以便充分发挥水下海豚式打腿的作用。

4. 蹬离、滑行和起游

当身体仰卧蹬离池壁时，手臂和腿同时伸展，蹬离时身体应略向下倾斜，这样可以避免水面的波浪和湍流，而且有利于在较深的位置做海豚式打腿。滑行过程中身体从头到脚要保持流线型。

经过短暂的滑行后，开始做水下海豚式打腿，或者做 2～4 次交替打水，并开始划水，使身体升到水面。如果打腿技术好，应尽量利用水下海豚式打腿前进较长的距离。

在进行划水并使身体升到水面之前，先做几次仰泳打腿，然后在水下做一次划水动作，随着这次动作的完成，头露出水面。身体一旦升到水面，立即达到正常比赛的频率，不应有丝毫的耽搁(图 5－6－5)。

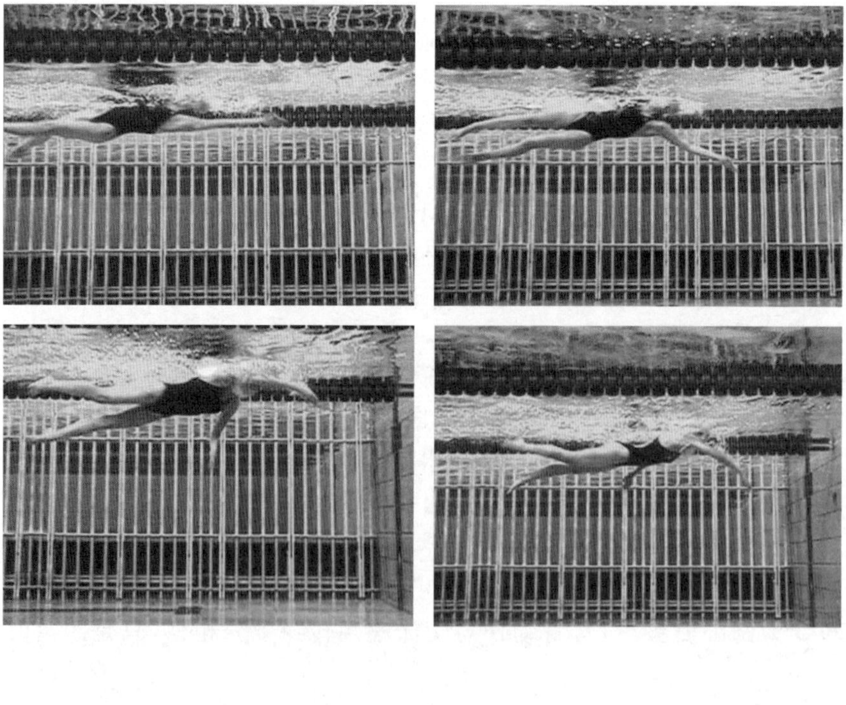

图 5-6-5　仰泳滚翻转身连续动作

(四) 蝶泳和蛙泳转身

蛙泳和蝶泳的转身动作，从触壁到滑行几乎没有什么区别，通常采用摆动式转身动作。

根据竞赛规则的要求，蛙泳和蝶泳转身必须用两手同时触壁，在每次转身后蛙泳可以在水下做一次长划臂动作，蝶泳可以做不超过 15 米的水下海豚式打水动作，运动员可以利用这个长划臂动作或水下海豚式打腿获得比较大的推进力。

蛙泳转身

1. 游近池壁

游近池壁时应注意观察距离，根据距离和自己的划频特点对动作进行调整，尽量在手臂移臂时触壁，以免再多做半个动作。游近池壁时不要减速，快速积极地完成最后一次划水动作，两手同时有力地触壁，使身体获得较大的转动动量(图 5-6-6)。

图 5-6-6　游近池壁和触壁

2. 转身

如果转身时脸朝左侧，那么左手迅速在水下向后伸。在向前的惯性作用下，右手手臂略微弯曲，身体贴近池壁，头露出水面。右手用力将上体推离池壁，两腿收紧向池壁摆动，右手手臂从空中与头和上体一起向与池壁相反的方向摆动。当上体摆动入水时，两手会合，同时两脚接触到池壁，躯干没入水中。两脚触壁时，身体侧卧，两脚一高一低(图 5－6－7)。

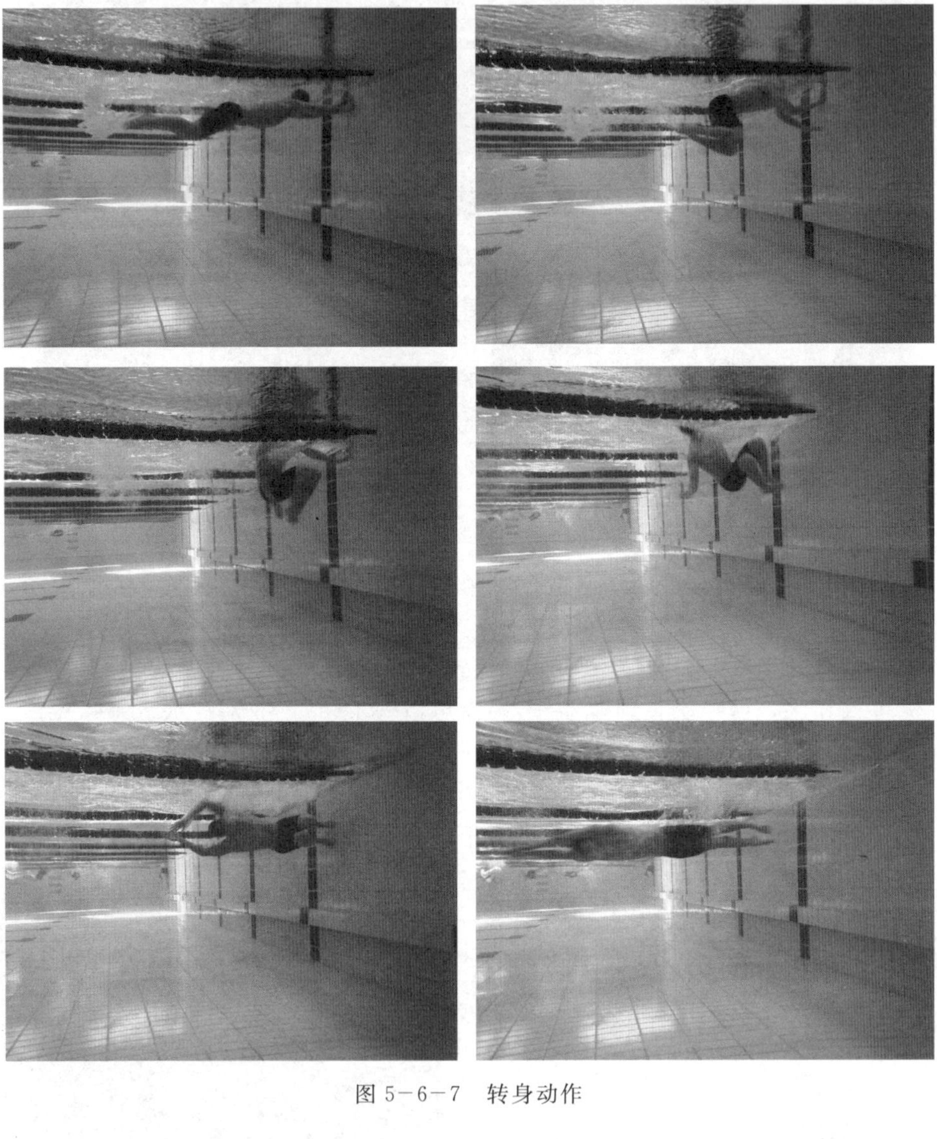

图 5－6－7 转身动作

3. 蹬离、滑行和出水

两脚触壁后立即用力蹬离池壁，身体伸展，手足并拢，呈流线型侧卧蹬出。蛙泳转身蹬离后边滑行边转为俯卧，当滑行速度下降到接近游泳速度时，开始做水下长划臂动作。

蝶泳转身蹬离后，也先以侧卧姿势滑行，之后边在水下海豚式打腿，边转动身体，直到身体接近水面，并成俯卧姿势，开始正常蝶泳动作（图 5－6－8）。

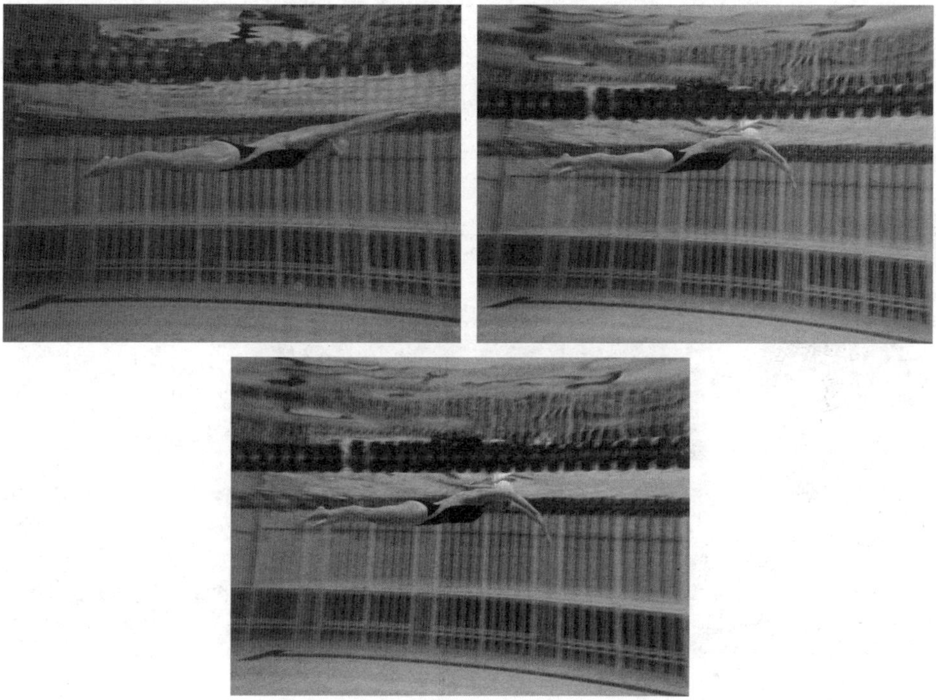

图 5－6－8　蝶泳转身后起游动作

二、转身技术教学步骤

游泳教学通常从蛙泳教起，因而转身教学也大多从蛙泳转身开始。蛙泳的摆动式转身学习起来难度不大，适合学会了蛙泳，掌握了一定水性的学生。爬泳的摆动式转身、蝶泳转身与蛙泳转身很接近，学会了蛙泳转身，基本就能够应付所有的摆动式转身了，滚翻转身可以晚些学习。

（一）蛙泳（蝶泳）摆动式转身教学步骤

1. 陆上摆动转身模仿练习

（1）目的：在陆地上体会身体姿势的变动，降低难度，及时纠正错误，提高教学效果。

（2）动作要点和方法：从距离墙壁 3 米左右开始，边走边模仿蛙泳划水动作，双手同时接近墙壁。双臂弯曲，肩部靠近墙壁后，推壁、收腿、团身，一脚前脚掌蹬壁，一手从水下，一手从水上摆动的同时转动身体，腹部朝向地面，双手夹头呈流线型蹬出（图 5－6－9）。

图 5－6－9　陆上摆动转身模仿练习

（3）提示：将动作要点总结为双手触壁、团身收腿、摆动敬礼、夹头蹬壁，教师边讲，学生边做。

2. 水中触壁收腿练习

水中触壁收腿 1

（1）目的：将转身动作分解，先只练习前半部分，降低难度，重点体会触壁和收腿动作。

（2）动作要点和方法：从距离池壁 5 米左右开始，向池壁游蛙泳，双手触壁，同时屈臂、收腹、团身，用两脚掌蹬住池壁（图 5－6－10）。

（3）提示：强调双手触壁、团身收腿，令学生默念要点并做动作。

3. 水中原地转身练习

水中触壁收腿 2

（1）目的：将转身动作分解，只练习后半部分，降低难度，重点体会摆动和蹬壁动作。

（2）动作要点和方法：面对池壁站立，双手触壁后屈臂、收腿、团身，身体向一侧转动，一手从水下，一手从水上摆动的同时转动身体，腹部朝向地面，双手夹

图 5-6-10　水中触壁收腿练习

头呈流线型蹬出(图 5-6-11)。

(3) 提示:强调摆动敬礼、夹头蹬壁,令学生默念要点并做动作。

4. 蹬边长划臂练习

(1) 目的:重点体会蛙泳出发和转身后的长划臂技术,掌握滑行时的身体位置、起游时机。

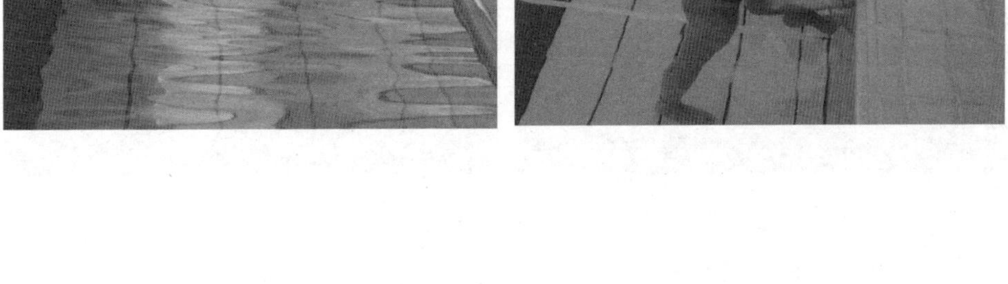

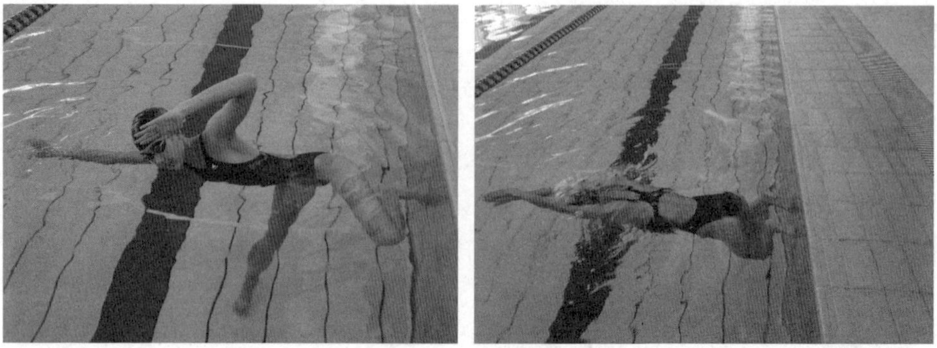

图 5－6－11 水中原地转身练习

陆上蛙泳长划臂模仿

（2）动作要点和方法：先在陆地上进行长划臂模仿动作，两臂前伸呈流线型，做大划臂后贴身体前伸，边伸臂边蹬腿。动作熟练后下水练习，从池壁下蹲、蹬壁、滑行，按动作顺序做长划臂后，身体正好浮出水面，并开始正常的蛙泳动作（图 5－6－12）。

（3）提示：提醒学生利用头部姿势调整身体位置。

5．完整蛙泳转身练习

（1）目的：学习完整蛙泳转身练习，根据完成情况调整各个环节的动作。

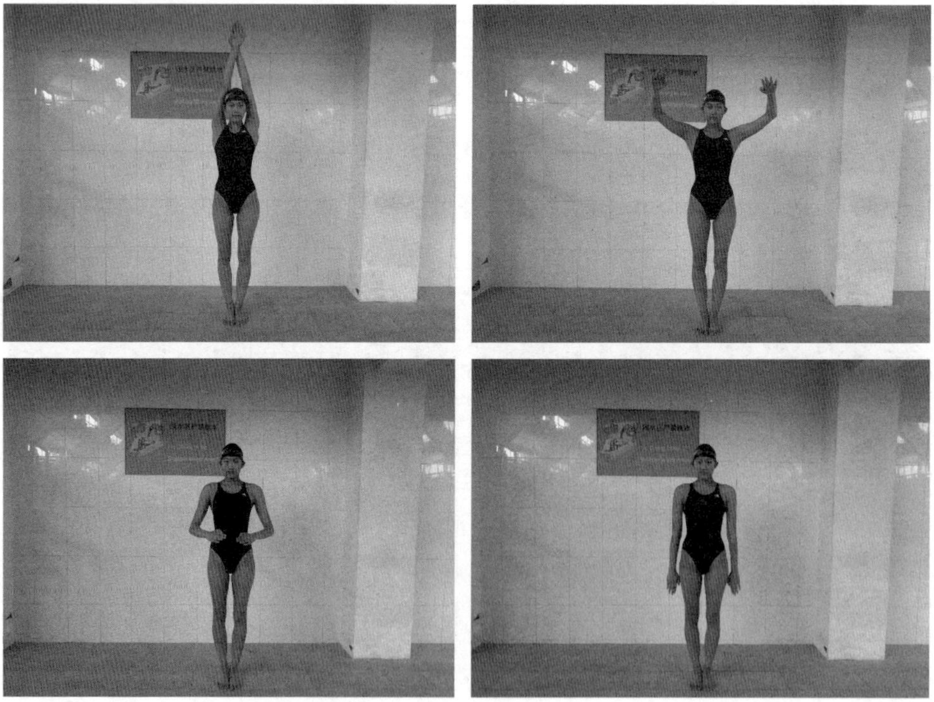

图 5－6－12 蹬边长划臂练习

（2）动作要点和方法：从距离池边 5 米左右开始游蛙泳动作，按照游近池壁、触壁、转身、蹬离、滑行、长划臂、出水起游的顺序进行完整动作。

（3）提示：初学者开始学习时错误动作会比较多，动作连接不熟练，转身蹬边后滑行的深度控制也有难度，教师需耐心指导，学生需反复练习。

（二）爬泳、仰泳前滚翻技术教学步骤

1．蹲池边前滚翻跳水练习

（1）目的：帮助学生体会前滚翻动作。

（2）动作要点和方法：两脚分开，团身，双手抱膝，蹲在池边，脚趾扣住池边，然后身体，团紧前滚翻后落入水中，头部首先入水（图 5－6－13）。

蹲池边前滚翻跳水

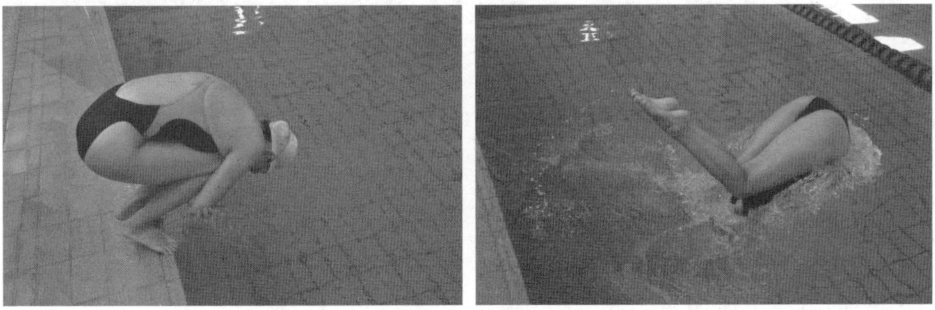

图 5－6－13 蹲池边前滚翻跳水练习

（3）提示：滚翻过程中身体团紧，低头抱膝。

2．水中原地前滚翻练习

（1）目的：学习由俯卧转变为团身的转动方法。

（2）动作要点和方法：站在浅水中，身体先下蹲没入水中，然后向下蹬地，借助蹬地的力量，团身（低头、收腹、膝盖紧贴身体）做前滚翻后站在原地，可以以水

水中原地前滚翻

线为轴，身体绕水线做前滚翻。

（3）提示：开始滚翻时利用手臂拨水动作帮助身体起动。

3. 蹬边滑行接前滚翻练习

蹬边滑行接前滚翻

（1）目的：掌握在身体前进中完成滚翻动作的技巧。

（2）动作要点和方法：身体呈流线型俯卧蹬离池壁，保持流线型姿势 3 秒钟，然后腰部前屈，头向下、向后朝膝盖方向转动。同时两臂做环行划动，帮助身体快速翻转。膝关节要弯曲，身体要团紧，做快速滚翻。滚翻的位置尽量高，使身体大部分露出水面在空气中翻转。完成滚翻动作后头立即出水，检查自己面对的方向是否和滚翻前一致，然后回到池壁重复练习（图 5－6－14）。

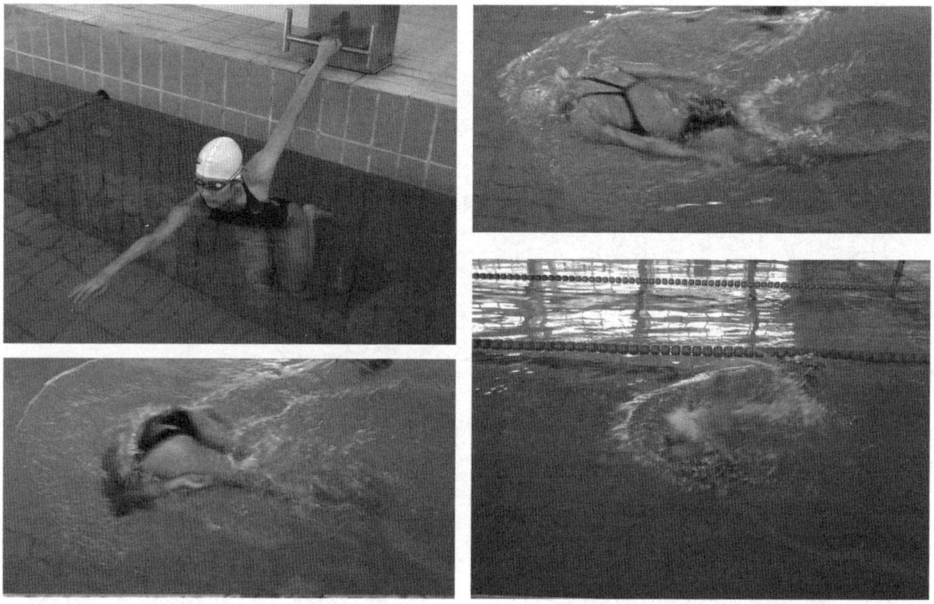

图 5－6－14　蹬边滑行接前滚翻练习

（3）提示：力量和速度提高后，可以增加练习的难度，滚翻时脚的移动幅度大一些，即身体不要团得太紧，成较伸展的姿势完成滚翻。

4. 游进中前滚翻练习

游进中前滚翻

（1）目的：学习体会游进中滚翻的动作技巧。

（2）动作要点和方法：连续游 5 次爬泳动作，不要吸气，然后一臂向下划水，另一臂与身体快速做滚翻动作，完成后停下来吸气，再继续游进并滚翻（图 5－6－15）。

（3）提示：滚翻时不要犹豫和停顿，快速低头引导身体翻转，在滚翻前要避免将两臂都放在体侧。

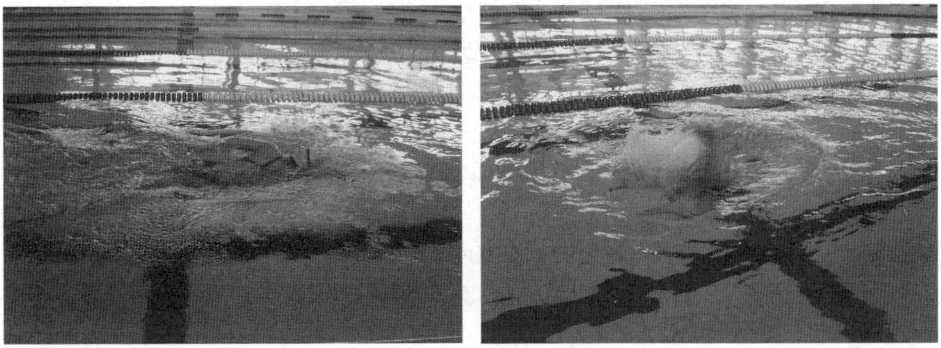

图 5-6-15　游进中前滚翻练习

5. 游近池壁滚翻脚触壁练习

(1) 目的：强化游近池壁过程中控制吸气的技术，并学习滚翻后，脚准确触壁的技术。

(2) 动作要点和方法：从离池壁 10 米处开始练习，用爬泳游近池壁，当游过仰泳转身标志线（距池壁 5 米）时控制吸气。在距离池壁至少还需要做 2 次动作时做前滚翻，使脚落在水面下约 30 厘米处的池壁上。如果距离太远，继续练习游近池壁，调整开始滚翻的距离，直至找到适当的开始位置。不要蹬离池壁，将脚落在池壁上即可。每次练习时注意在水下观察自己的脚触壁的位置。

游近池壁滚翻脚触壁

(3) 提示：提醒学生，如果脚在正确的位置触壁时，身体在水下应该像坐在躺椅上那样（仰卧，髋关节和膝关节微屈），双手在头的上方。

6. 滚翻后蹬离池壁练习

(1) 目的：强化正确的流线型身体姿势，控制身体滑行和起游动作。

(2) 动作要点和方法：在池壁前站立，原地做前滚翻后蹬出，蹬出时双臂夹紧头部，身体保持紧张，用力打腿，使身体浮上水面，当头露出水面时，开始划臂。

滚翻后蹬离池壁

(3) 提示：可以与游近池壁滚翻脚触壁练习结合起来进行，先练习滚翻和脚触壁，再练习流线型蹬离池壁。

7. 自由泳完整滚翻转身练习

(1) 目的：体会自由泳转身滚翻的全过程，提高熟练程度。

(2) 动作要点和方法：从距离池壁 10 米处开始，以爬泳游近池壁，控制吸气，然后做前滚翻，用脚触壁。以仰卧姿势蹬离池壁，身体呈流线型。一蹬离池壁，身体就开始转动，逐渐转为俯卧，同时保持流线型并打水。

(3) 提示：转身后开始的 2～3 次动作尽量不要吸气。

8. 前滚翻转仰泳练习

(1) 目的：学习仰泳转身从游近池壁到蹬边起游的全过程，并不断加快速度。

（2）动作要点和方法：以爬泳游近池壁，控制吸气，接近池壁时前滚翻并用脚触壁。从水下蹬离池壁，身体呈流线型，并用仰泳起游。

（3）提示：把准确性放在首位，在蹬离前观察脚触壁的位置，做好完整的动作。

9. 螺旋游练习

螺旋游

（1）目的：练习仰泳转身滚翻之前身体转变为俯卧姿势的正确方法。

（2）动作要点和方法：这个练习被称为螺旋游，因为要像螺丝那样在水中螺旋前进。先俯卧用爬泳划动一臂，转头吸气，继续转动头和身体直至变成仰卧，然后下面的手臂做仰泳移臂，上面的手臂做仰泳划水。身体继续向相同的方向转动成俯卧姿势，这样就完成了一次完整的螺旋转动。腿始终保持交替打水，向一个方向旋转 4 次，然后向另一个方向旋转，重复练习（图 5-6-16）。

图 5-6-16 螺旋游练习

（3）提示：用较少的螺旋转动次数游完一定的距离，越少越好。

10. 仰泳完整滚翻转身练习

（1）目的：完成仰泳滚翻转身的全过程。

（2）动作要点和方法：从距离池壁 10 米处开始游仰泳，记住经过转身标志线后，转成俯卧姿势之前还需要做几次划水动作。在最后一次动作的手臂入水时，身体向同侧转动，另一臂做爬泳移臂，用螺旋游的方法转成俯卧姿势，然后进行前滚翻、触壁、蹬离、滑行、起游等一系列练习。

（3）提示：保持稳定的动作节奏、强有力的打水和连贯的动作。

问题讨论与思考

1. 请比较爬泳前交叉配合与中交叉配合的利弊。

2. 观察队友的仰泳技术，辨别有没有第二次向上划水动作。

3. 以北岛康介的身体条件，他能够打破世界纪录并获得奥运会冠军的决定因素是什么？

4. 为什么躯干波浪动作对蝶泳技术起着重要的作用？如果躯干没有波浪动作，会造成什么结果？

5. 你习惯采用哪种出发技术？为什么？你认为哪种出发技术最有利？

6. 如果要加快转身技术，应从哪些方面考虑？

第六章 游泳教学法

【本章导言】

游泳教学是在水环境下进行的教学，是教师根据教学的目的、任务和内容，采用符合学生认识规律的有效教学手段来传授知识和技能的过程，培养学生分析问题和解决问题的能力，发展学生的个性。在学习掌握游泳技能的过程中，要培养学生的终身体育意识，提高学生自觉锻炼的积极性，提高学生身体素质和运动能力，促进学生身心健康发展。

第一节　游泳教学特点

游泳是人类借助自身肢体动作在水中活动或前进的一种运动，水可产生压力、浮力和阻力，这与人类在陆上环境中生活和运动有很大的区别。教师必须依据水环境的特点，以教育学、心理学理论为指导，依据动作技能形成的规律和人体生理机能活动变化的规律进行教学。

一、水环境特点

（一）浮力

根据人体的结构与形态特点，人们在水中首先应适应水的浮力，能使自身重力与浮力保持平衡从而漂浮起来。

（二）压力

人在水中会受到水的压力，如在潜水时耳内有疼痛感，这便是水的压力所造成的。水的压力使初学者呼吸困难，很容易呛水，这就需要适应水的压力并形成一种新的呼吸节奏。

（三）阻力

游泳动作是人浮在水环境中进行的，推动力来自于水而不是固体物质。实际上游进的过程就是避免前方水的阻力，并在打腿和推水时利用水阻力来推动身体前进的过程。

二、游泳教学特点

（一）初学者必须进行熟悉水性的教学

初学游泳者的教学中必须首先适应水环境，消除怕水心理，学会水中行走、漂浮、呼吸和滑行这一熟悉水性的教学阶段，为以后学习各种泳姿技术打下良好的基础。

（二）呼吸是教学的重点

人在陆上通常是用鼻自如呼吸，而游泳时的呼吸要用口在水面上吸气，用口、鼻在水中呼气直到出水吸气，在吸气和呼气之间有一个短暂的闭气阶段。在游进中，呼吸还必须与肢体动作密切配合，有节奏地进行。所以游泳的呼吸教学贯穿于游泳技术教学之中，是教学的重点。严格地说，没有掌握正确的呼吸技术，就不能算真正会游泳，一旦遇到特殊情况或在自然水域中有风浪，不会呼吸很容易发生危险。

（三）游泳动作教学的特点

游泳是在水中进行的运动，水的阻力比空气大 800 多倍，肢体向任何一个方向运动都会受到水的极大阻滞。所以，学习游泳时必须学会努力减小前方水的阻力。同时，水是流动的，肢体在水中的动作失去了固定的支撑，所以在做打腿和向后划、推水时要加大获取推动力的动作，利用好阻力。如果动作不正确，身体姿势不能呈流线型，即使用了很大的劲也很难获得向前的游进力。因此，在游泳教学中，应注意观察学生掌握动作是否正确，随时纠正错误。初学者的游泳学习过程是一个不断纠正错误动作的过程。

（四）体位变化的特点

游泳时通常采用人们不习惯的俯卧、仰卧、侧卧姿势在水中进行，改变了人体空间定向感觉。人们所不习惯的体位改变加上水的刺激，影响了人体前庭器官的感觉和分析，使初学者的平衡器官受到的刺激强于运动感觉，从而无法精确控制肌肉的工作，增加了学习的难度。由于运动姿势的变化不能从陆上生活动作中借鉴，所以必须重新建立条件反射，所有的游泳技能都得从头学起。

（五）腿是基础

在四种竞技游泳中，腿的动作不仅产生前进推动力，对初学者来说，更重要的是能起到平衡身体、产生平浮的作用。所以在各种姿势教学中应从腿部动作开始教起，腿部技术动作的掌握是学会各种泳姿的基础。同时，初学者掌握了腿部动作，有利于逐步增加扶板蹬腿或打腿的距离，从而增加水中的活动量，提高游泳的体力，为后续的手臂教学和完整配合的教学打下良好的基础。对初学者来说，腿部教学练习应贯彻游泳教学课的始终。

（六）体能是技能的基础

游泳技术的掌握是由量变到质变的过程。游泳初学者一般不具备专项体能基础，因此游泳教学的初级阶段，不要追求难度较大的动作，应该学习分解后的简单宜掌握的基础动作，坚持学与练相结合，以便在掌握动作的基础上逐步增加练习量。练习量不断增加有利于水感与专项基础体能的提高，从而有效地掌握游泳的技能。一般来说，初学者游泳练习量与游泳技能的掌握成正比。这就是从量变到质变的技术掌握过程，熟能生巧。

第二节　游泳教学的特殊原则

游泳教学原则是游泳教学过程客观规律的反映，是教学工作必须遵循的基本要求，根据游泳教学实践总结的特殊原则。

一、安全性原则

安全性原则是指在游泳活动的全过程中必须贯彻安全是第一位的指导思想。游泳教师要加强职业道德修养和责任感，在进行游泳教学和开展群众性游泳活动中，必须把安全教育、安全组织和安全措施放在首要位置，对游泳者必须进行有关安全卫生知识和组织纪律等的教育。在游泳活动中贯彻安全性原则，应注意以下几点。

（一）选择安全的游泳场所

要选择熟悉的泳池（馆）环境，深浅区要有明显标志，深度要适合游泳对象的水平；水质要符合卫生要求，水温适宜；有良好的救生设施和良好的管理。在有群众开放场（馆）内同时进行游泳教学时，教学区域必须有明显的与群众游泳区隔开的标志，认真负责游泳教学班的安全。

（二）游泳教学前的安全准备工作

1. 加强安全教育

开课前带领学生观看游泳教学区域的情况，介绍游泳场（馆）的卫生知识及要求，严明游泳教学的纪律，把安全教育贯彻到游泳教学的始终。

2. 游泳教学前必须对学生进行健康检查

心脏病、高血压、癫痫等患者一律不能下水游泳，凡有传染病、严重皮肤病、红眼病者也不能下水，以免在公共场所传染别人。教学过程中要经常注意了解学生的健康情况。

3. 在游泳教学场所准备好救护工具

游泳教学前必须准备救护工具，尤其是在天然水域上游泳课，课前一定要勘察游泳场地的水情、地形，对存在安全隐患的水域，要设置明显的警示标志，要准备好竹竿或救生圈、浮板等救护工具。

4. 严格控制教学班的人数

游泳的安全与学生人数是成反比的，人数多了，不仅影响游泳教学质量，更难以保证初学者的安全。通常在浅水区游泳教学，一名教师配一名助手，人数控制在 20 人之内；深水区教学可控制在 15 人之内。这既可以保证教学质量，也有利于游泳教学的安全。

（三）安全组织游泳教学

1. 每次游泳教学课都应坚持严格的点名制度

在进行游泳教学时，下水前要准确清点人数，活动过程中应适时进行检查，起水后要再次认真清点人数，发现人数少时迅速查找。学生中途离开游泳场或归队都必须向教师报告。

2. 了解初学者游泳水平

第一次游泳课，必须对初学者进行摸底测验，切实了解每位学生水性掌握的程度，做好原始水平的记录，做到心中有数，也便于后续游泳教学的安全。

3. 下水前一定要做准备活动

准备活动是使身体各器官、系统的机能从安静状态迅速过渡到工作状态的必不可少的手段。一般可做慢跑、徒手操等动作，特别注意活动颈、肩、肘、腰、髋、膝、踝、腕等大关节，一般做到身体微微出汗为止，避免抽筋现象的发生。

4. 游泳教学要有严格的纪律要求

学生应在指定的区域内活动，不能在岸边或水中嬉戏打闹，不能在水中横冲直撞，不搞恶作剧。严禁学生在没有教师指导的情况下乱跳水和潜水，以消除潜在的不安全因素。

5. 教师要全面观察

教师教学时所在的位置应能全面观察学生，对水性较差或个性较强的学生要重点关注，尤其是一些怕水、跟不上教学进度的初学者，必须在教师的视线内，这既是安全的需要，也更有利于督促他们按照要求完成一定数量与质量的动作。

6. 掌握好游泳时间与运动负荷

游泳时间的长短，应根据身体情况、水温、游泳的水平确定，一般每次 1～2 小时为宜。运动负荷即游泳的强度和量。游泳的强度指的是游泳的速度，游泳量指的是游泳的距离，通常来说，强度高时量则可少，强度低时量则可多，根据个人具体情况而异。

(四) 几种情况不宜即刻游泳

1. 饱食后不宜即刻游泳

饱食后游泳会减少消化器官的血液供应，使消化器官功能降低，影响食物的消化和吸收。此外，水的温度和压力会使胃肠的蠕动功能受到限制，容易引起胃痉挛，出现腹痛或呕吐。一般饱食半小时后才能游泳。

2. 饥饿时不宜游泳

空腹饥饿时不宜马上下水游泳，饥饿游泳使体内血糖浓度下降，不能及时提供足够的能量以满足运动和维持正常体温的需求，会出现头昏或四肢无力等症状，严重时甚至会昏厥。

3. 剧烈运动后不宜马上游泳

人在剧烈运动或强体力劳动后，新陈代谢活动增强，体温升高。如果此时马上下水游泳，身体突然受到冷水的刺激，体温迅速下降，抵抗力减弱，容易引起感冒。另外，剧烈运动后马上入水游泳，会造成疲劳的积累，易引起肌肉抽筋，甚至发生溺水事故。

4. 饮酒后不宜游泳

酒中所含乙醇对人的神经系统有麻醉作用，会使人体机能反应迟钝，动作协调性下降，此时下水游泳无法清醒处理可能发生的意外情况，容易发生溺水事故。另一方面，饮酒后皮肤血管扩张，大大加快了体内热量的散发，容易引起伤风感冒而损害健康。

二、从陆到水、水陆结合的原则

游泳是人类模仿动物在水中做俯卧或仰卧等动作的运动，在水中游泳教学时，难以借助人体的视觉和听觉的帮助，仅凭感觉来做动作，给游泳教学增加了难度。因此，在游泳各种姿势教学的开始部分，必须先在陆上做模仿练习，充分利用人体视觉、听觉、本体感觉来完成正确的动作再进入到水中的游泳教学。严格遵循从陆到水、水陆结合的原则。

(一) 从陆到水

在学习游泳动作的最初阶段，多做陆上的模仿练习，充分利用听觉、视觉准确完成动作。随着模仿动作的逐步熟练，再过渡到强化靠本体感觉来完成动作，随后选择适当时机转入到水中的练习。

(二) 陆为水用

陆上模仿练习动作的设计应与水中的游泳技术动作相一致，陆上的所有练习是为了掌握游泳技术所设计的，差距大不利于掌握正确的游泳技术。此外，为提高游泳专项力量、协调、柔韧、耐力素质等而进行陆上练习，必须有阶段性和针对性，坚持水陆结合，陆为水用。

（三）水陆结合

在游泳教学的初始阶段，可安排一些半陆半水的模仿练习，如俯卧或仰卧在池岸上，身体一半在水中，一半在岸上的反蛙泳蹬腿的练习，俯卧在泳池边的蛙泳臂的练习，再过渡到扶泳池的蛙泳蹬腿练习，既降低了动作的难度，也能增加水中练习的实际感觉。

（四）水陆转换的时机

注重及时从陆上练习转换到水中练习的时机，陆上练习太多会浪费时间，如陆上的模仿动作不正确，过早转入水中会影响动作质量。要灵活运用，掌握好转换的时机，当陆上模仿动作基本熟练后，及时转入水中游泳动作的练习。如发现初学者的水中动作不正确应转换到陆上，再次强化正确的动作定型。通过反复实践才能更好地学会游泳。

第三节　游泳教学方法

教学方法是教师为完成教学任务所采取的手法。它包括教师的工作方式和组织学生学习的方式。教学方法对实现教学目的、教学质量和完成教学的效果起着重要的作用。

游泳教学和陆上其他体育运动项目的教学有明显的差别。成功的游泳教师，应该懂得学生的心理动态和学习规律，重视对学生进行“安全游泳”“生存自救”的培养，让学生在快乐中学会游泳、在“玩水”中学会游泳。制定一些行之有效的教学方法，通过与学生的互动，将复杂的学习任务通过教学法将教学过程简单化，使学生懂得“学什么、如何学”，提高学生的学习兴趣，体现高效的教学效果。

游泳的教学方法是多种多样的，要使学生掌握好游泳技术技能，以练习法为主，辅之以示范法、完整教学法和分解教学法、层次教学法等。

一、练习法

练习法是游泳教学中最基本的方法，通过重复练习、变换练习、游戏和比赛等方法，不断巩固动作、增加游距，通过量的堆积达到质的变化，提高学生掌握游泳技术技能的能力。当学生初步掌握了正确的技术动作以后，就要增加距离，提高体能，然后再提高难度，解决技术动作的细节问题。

二、示范法

教师可采用录像、水中示范、陆上示范等教学方式对技术进行正确示范，使学生了解正确的技术动作要领，形成正确的技术动作概念，并对游泳学习产生兴趣。生动形象的示范，既活跃了教学气氛，又提高了教学的感染力，对提高教学质量有着重要的作用。游泳教学示范一般采用正面示范和侧面示范，教师可以根据需要选择示范面。示范时要尽可能地放慢游速，让学生能够看清楚。教师根据场地情况和动作要求在示范时注意队形组织与示范位置，突出重点。

（一）观看录像

可有选择性的让学生观看诸如奥运会游泳冠军的比赛录像或大型的即时赛事录像，并结合教师的讲解，让学生对优美的泳姿和技术产生浓厚的兴趣。

（二）水中示范

在教学的开始，教师对所教姿势进行完整示范，给学生一个整体印象，也可以让学得好的学生做示范，给学生树立榜样，增强信心。挑选学生示范在一定程度上会比教师示范更具有鼓励性和正面引导作用，同时结合教师的讲解，更有利于教学效果的提高。

（三）水中正误对比示范

当教学进行到一定阶段后，可结合教师的讲解挑选学生示范，并根据需要做出正确和错误的动作，让学生对错误的动作进行改正，起到明显的对比作用。

（四）陆上示范

陆上示范动作要根据所学的泳姿和分解动作在陆上进行示范讲解。根据需要边示范边讲解，必要时分解细小的动作，并随时根据学生的理解情况重复讲解动作。

（五）示范与讲解口诀相结合

教师在示范时可结合讲解和口诀。简明扼要，充分利用口诀和形象的语言，口诀便于记忆，形象的语言能使学生产生联想，有助于动作的掌握。

三、完整教学法和分解教学法

（一）完整教学法

完整教学法是学生对游泳技术动作有完整的概念，不破坏动作的结构，不分割各部分之间的联系，使其在运动过程中注重技术动作的连贯性，使游泳技术更加流畅、完美。采用完整教学法就是从动作的开始到结束完整地进行教学。在现有的游泳教学中，部分技术动作就采用完整教学法。例如：出发动作，转身滚翻动作，蝶、仰泳腿和爬泳腿的初级教学都采用完整教学法，但进入提高阶段后，教师为使学生更好地提高动作技术，对某些细节动作必须结合分解练习，以取得更好的效果。

运用完整教学法应注意突出重点，注重动作的基础部分，先有整个完整动作的概念，如方向、路线，也可在陆上做定型动作，再逐步修正动作的幅度、节奏等。

（二）分解教学法

分解教学法是教师根据游泳教学特点，将完整的技术动作合理分为几个部分，依次进行教学，简化教学过程，降低教学难度，突出教学重、难点，以快速掌握复杂的完整技术动作。其优点是简化教学过程，降低动作难度，增强学生的信心，以有利于较快地掌握复杂的动作。四种泳姿都可以用分解教学法进行教学，可以把完整动作分解为腿、手、配合三个部分进行。有的动作还可以继续分解。

运用分解教学法应注意合理分解动作技术，根据不同泳姿动作结构分解不同部分，同时要与完整教学法结合，运用分解法的时间不宜过长，要掌握好转入完整练习的时机。

在游泳教学中，这两种方法是紧密配合的，教师要根据技术动作的复杂程度和学生的接受能力选择采用何种教学法。一种游泳姿势或一个游泳动作，是简单技术还是复杂动作也是相对的。同一个动作，对于基础好的学生是简单动作，对于基础差的学生则是复杂动作。同一个动作，对于能力强的学生用完整教学法，对于能力差的学生则应采用分解教学法。完整法和分解法都不是孤立的，它们相辅相成，互相作用，两种教学方法要有机地结合。

在游泳教学中，教师可根据需要，将水上练习与陆上训练结合起来，以强化完整和分解动作的教学需求，同时与讲解、示范相结合，先在陆上模仿练习中建立动作概念，再到水中练习。

四、层次教学法

层次教学法是以游泳技术的结构层次性和教学规律为依据，遵循认知学习的心理规律，强调教学的方向性、层次性和节奏性，教师根据教学对象的基础水平进行分组，再依据教学大纲的内容规定按分层情况进行教学的方法。这种教学方法可以提高教学质量，是一种比较有效的教学方式。

分层累加法是通过逐渐积累的方法去掌握复杂技术动作和动作细节的一种技术教学方法。分层累加法的特点就是把一个动作的要点按照动作过程和用力方法依次排列，在练习的时候把动作要点按照顺序依次提出，完成的是完整动作，但是每次只注意其中一个环节的一个问题；每次只提一个最简单的要求，当学生掌握了以后再提下一个要求，在巩固保持前一个动作的基础上做好第二个动作。先学习动作过程，再教如何用力。

1. 分层

首先运用分解法，按照技术动作的运动学结构和外形分解为几个基本的层次，然后再把每个层次的动作要点按照内在的、力学的结构，用力的方法和肌肉的感觉进行分层。

第一次分层：各种姿势都可以分为身体姿势、腿、腿与呼吸、手、手与呼吸、手腿配合、手腿配合与呼吸等层次，教师可以按照顺序进行动作概念的教学。

第二次分层：按照内在的、力学的结构进行分层，顺序是动作的方向（划水路线）、用力的方法和完成动作的感觉。

2. 累加

累加就是把动作要点按照难易程度排列，按照顺序提出要求。通常在进行教学时，一个动作会有几个动作要点，因此，要把动作要点分为重点与次要，或者按照难易程度依次提出，每次只提一个要求，当学生掌握了以后再提下一个要求，在巩固保持前一个动作的基础上再做好第二个动作。通过这样逐步积累，直到掌握正确完整的动作为止。

第四节　组织游泳教学

一、游泳的教学顺序

（一）游泳教学的一般顺序

第一步：熟悉水性、换气、浮体、滑行，体会了解水的特性，逐步适应水环境，掌握最基本的呼吸、俯卧、漂浮、滑行和站立，为学习泳姿打好基础。

第二步：腿。

第三步：臂与呼吸的配合。

第四步：腿、臂与呼吸的完整配合。

（二）根据泳姿的难易程度安排学习顺序

（1）蛙泳→爬泳→仰泳→蝶泳，该顺序是目前游泳教学中最常见的一种学习方式。初学者在熟悉水性，学会换气、浮体、滑行后，自然过渡到学习蛙泳腿、臂与呼吸的完整配合，以同样方式顺利学习爬泳、仰泳和蝶泳。

（2）爬泳→仰泳→蛙泳→蝶泳，与第一种顺序不同的是初学者熟悉水性，学会换气、浮体、滑行后，先学习爬泳，然后自然过渡到仰泳。此顺序适合于学生人数比较少的班级，教师可在学习初期借助皮筋等辅助材料系在学生的腰部以提高学生的浮力和推进力。

（3）仰泳→爬泳→蛙泳→蝶泳，与其他泳姿相比，仰泳的动作结构相对简单。初学者普遍都有怕水的心理，在学习浮体阶段，一旦能较快较自然地仰卧在水面上，怕水的心理负担就会减轻许多。在学其他泳姿不顺利或碰到特殊情况时，他们会迅速地仰卧在水面进行“自救”。一旦学会了仰泳，与其动作结构相对接近的爬泳也就容易了许多。

(4) 蛙泳→仰泳→爬泳→蝶泳，结合前面三种学习顺序，学生在学习蛙泳后，过渡到动作结构相对简单的仰泳，克服了恐水心理、熟悉了呼吸，其他泳姿的学习也就水到渠成了。

二、游泳教学的分组

依据游泳教学特点和游泳教学原则，并根据教学实际情况进行分班。教学班的人数要相应控制。小班在12人左右，大班(提高班)在30人左右。

(1) 按照男女分班。

(2) 按照年龄组分班。

(3) 按照教学行政班教学。

(4) 按照学生游泳基础分初级、中级、高级班。

(5) 按照泳姿学习分班。

三、游泳教学课

根据教学进度，一堂完整的游泳教学课，应包括教学任务、教学内容、组织与教法、运动负荷、课堂小结。

1. 教学任务

根据教学进度，对本课教学所要达到的目的提出相应的任务。

例如：(1) 进一步熟悉水性，克服恐水心理。

(2) 通过陆上、水上自由泳腿的模仿练习，进一步提高自由泳腿的技术。

2. 教学内容

根据本课的教学任务制定相应的教学内容。

例如：(1) 陆上模仿爬泳腿的练习。

(2) 熟悉水性。

3. 组织与教法

根据教学内容给出相应的队形组织、动作要领、要求及方法。

例如：(1) 队形组织： × × × × × × ×

× × × × × × ×

△

(2) 要领：体现腿的鞭状动作；水中行走，手拉手走到对岸；双手扶边进行练习；靠池边原地进行抱膝浮体练习。

4. 运动负荷

每个教学内容和方法要有相应的动作练习次数、时间和运动量。

5．课堂小结

每次课程结束，教师都必须对本课程就教学任务的完成、教学中出现的情况、教学效果进行小结。

四、教学文件

游泳教学中的教学文件包括考勤表、教学大纲、教学进度表、教案。

游 泳 教 案

××年级女生3班30人，教材游泳第3次课，教师×××

本课任务 1．通过熟悉水性练习，进一步使学生消除对水的“恐惧”心理。

2．通过陆上、水上蛙泳腿的模仿练习，进一步改进、提高蛙泳腿的技术。

3．通过陆上、水上蛙泳手的模仿练习，进一步改进、提高蛙泳手的技术。

××××年×月××日—×月××日　第4周

教学部分	教学内容	组织及教法	活动量	
			组次数	时间
开始部分（15′）	1．集合 2．点名 3．宣布本次课的任务 4．布置见习生见习	组织：×××××××××××××× ×××××××××××××× △ 要求：静、快、齐		5′
	5．陆上蛙泳腿的模仿练习	组织：× × × × × × × × × × × × × × △ 俯卧在池边，一人练习，另一人协助，然后轮换。 要求：1．收腿慢、蹬腿快 2．翻脚的位置多体会		10′
基本部分（60′）	1．陆上模仿蛙泳手的练习	组织：× × × × × × × × × × × × × × △ 要领：手臂“内旋”、外分、高肘、胸下回臂		8′
	2．熟悉水性 a．水中行走 b．水中呼吸（扶边） c．抱膝浮体 d．蹬边滑行	组织：×××××××××××××× ×××××××××××××× △ 1．水中行走，手拉手走到对岸 2．双手扶边进行水中呼吸练习 3．靠池边原地进行抱膝浮体练习		8′

续表

教学部分	教学内容	组织及教法	活动量	
			组次数	时间
基本部分（60′）		4. 蹬边滑行：× ×××××××× ↓ Δ 如图一个一个进行练习。 要求：1. 身体要放松 2. 水中呼吸要“嘴吸鼻吐” 3. 抱膝扶体要憋气 4. 蹬边滑行：吸气、低头、放手、蹬		
	3. 扶边蹬蛙泳腿	组织：× × × × × × × × × × × × × × Δ 一人练习，另一人协助，然后轮换。 要求：注意动作要领和节奏		15′
	4. 套圈蹬蛙泳腿 25 m×8 次	组织：来回横游 要求：1. 做动作不要发力，动作和动作之间要有“漂” 2. 自己给自己喊口令 3. 注意翻脚		14′
	5. 水中原地模仿蛙泳手的练习	组织：× × × × × × × × × × × × × × Δ 要求：体会“高肘抱水”的动作要领		15′
结束部分（15′）	1. 上岸集合 2. 俯卧撑练习 3. 小结 4. 宣布下次课的内容 5. 宣布下课	组织：××××××××××××××× ××××××××××××××× Δ 要求：俯卧撑动作要到位	2×15 次	2′ 10′ 3′
课后小结	本课程教学任务完成正常			

五、游泳教学课的评定

根据教学计划、教学大纲、教学进度以及教学效果对教学课进行评定。

第五节　制订教学练习计划

通过教学练习计划的制订，指导不同目的的练习者根据自己的实际情况进行有计划的学习，能够达到快速掌握竞技游泳技术的目的。

一、首教泳姿

游泳技术动作有相似转移的特点，即掌握一种泳姿有助于另一种泳姿的掌握。如爬泳的腿部技术与仰泳和蝶泳的腿部技术动作相似；爬泳手臂技术的划水路线与蝶泳手臂技术的划水路线相似；蛙泳手臂的开始下划抓水技术、高肘抱水技术与蝶泳手臂入水后的下划抓水技术及高肘抱水技术相似；蛙泳的波浪式蹬腿技术同样也与蝶泳的海豚式打腿技术相似。此外，仰泳的六次打腿二次划手配合与爬泳六次打腿二次划手的配合相似。以上的相似之处使得我们在进行游泳教学时可以根据教学的时间、教学的泳姿及教学的目的进行选择。在四种泳姿中，最快、最容易掌握、最有成就感的泳姿为仰泳，由于仰泳的臂腿及配合技术简单，呼吸易于掌握，只要掌握了腿部技术，保证打腿的力量能够推动身体前进，仰泳就基本上学会了。但第一泳姿学习仰泳不能算是学会了游泳，因为当人在深水区时，一旦身体成俯卧姿势时就会容易出现危险。所以先学仰泳一定要与踩水学习相结合，以保证安全。爬泳技术相对也好掌握，其臂、腿动作配合相对简单，类似人在陆地上的行走，而且爬泳技术的掌握有益于蝶泳、仰泳技术的掌握，所以也可以作为首选泳姿，但同样要与踩水技术配合进行教学。由于蝶泳对学习者的协调性、力量、柔韧性要求较高，因此蝶泳的学习一般安排在最后。最为安全实用的泳姿为蛙泳，虽然蛙泳是四种泳姿中技术较为复杂、较难掌握的泳式之一，但由于蛙泳是正面抬头呼吸，动作自然，手腿动作对称，便于身体平衡，在游进的过程中动作节奏感强且有明显的间歇，因此一旦掌握就可以游较远的距离。学会了蛙泳技术后，踩水就非常容易掌握，为游泳教学的安全提供了有力的保证。建议在没有大量的时间进行四种泳姿系统学习的情况下，第一泳姿学习蛙泳，同时在掌握了踩水技术后再学习其他三种泳姿，这样的教学顺序较为安全合理。在有大量时间进行系统学习四种泳姿，并在能够保证安全的前提下，可以采用以下的顺序学习四种泳姿。

熟悉水性→蛙泳→仰泳→爬泳→蝶泳

熟悉水性→仰泳→爬泳→蛙泳→蝶泳

熟悉水性→爬泳→仰泳→蝶泳→蛙泳

二、练习计划的制订

（一）一种泳姿练习计划的制订

一种泳姿练习计划的制订是指在一定时间内，只制订一种泳姿的学习计划，待学生掌握了此泳姿之后再进行下一泳姿计划的制订。其优点在于可以突出学习重点，较快地掌握一种泳姿。值得注意的是此计划的制订一定要采用丰富的教学手段，同时配以多样的教学方式，从而提高学生的学习兴趣（表 6－5－1）。

表 6－5－1　一种泳姿练习计划的制订

内容＼课次		1	2	3	4	5	6	7	8	9	10
熟悉水性		☆	☆	√	√						
蛙泳	腿部技术		☆	☆	√	√	√				
	腿与呼吸配合技术			☆	√	√	√	√			
	手臂技术				☆	☆	√	√			
	手臂与呼吸配合技术					☆	√	√			
	手与腿配合技术					☆	☆	√	√		
	完整配合技术						☆	☆	☆	☆	
	出发与转身技术								☆	√	
	水中游戏	√	√	√	√	√	√	√	√	√	
	考核										☆

注：1. 此练习计划是以蛙泳的 10 次课练习计划为例，其他三种泳姿的练习计划如爬泳、仰泳、蝶泳也可按此计划进行。在执行此计划时可对计划做适当的调整。

2. “☆”为重点内容，“√”为一般或复习内容。

（二）四种泳姿综合练习计划的制订

综合泳姿教学计划的制订是指在一定的时间内，将四种泳姿系统连贯地进行安排，使其在较短的时间内学习掌握较多的泳姿。此计划的优点在于系统连贯、时间紧凑，缺点在于时间短，技术掌握不稳定。因此，在基本掌握了四种泳姿后，还需要大量练习进行巩固加强。在制订综合练习计划时，可以采用平行连贯练习计划、相似动作练习计划、同时教学练习计划等不同的练习计划。以 20 次课平行连贯的教学方法进行计划制订如表 6－5－2 所示。

表 6-5-2　四种泳姿练习计划的制订

内容＼课次	1	2	3	4	5	6	7	8	9	10	11	12	13	14	15	16	17	18	19	20
蛙泳	T	T	T	S	S	TS	TSP	P	P					P			P			
仰泳							T	T	S	S	P	P			P			P		
爬泳								T	T	ST	ST	P	P	P		P			P	
蝶泳											T	T	T	S	S	ST	ST	P	P	
考核										K			K		K					K

注:熟悉水性练习在每一次课的开始部分都要进行。T 为各种泳姿腿部技术练习,S 为各种泳姿手臂技术练习,P 为各种泳姿配合技术练习,K 为考核。

问题讨论与思考

1. 结合实例说明在 7～8 岁儿童初学游泳的教学中要遵循哪些原则?
2. 你都见过哪些游泳教学辅助器材?你认为其有哪些用途?效果怎么样?
3. 你认为在游泳教学中,应该先教哪一种泳姿?为什么?
4. 根据书中内容,设计一节大学生初学游泳课的教案,要求内容详细、格式工整。
5. 针对大学生制订一个 10 次课的蛙泳练习计划。

第七章 大众游泳活动

【本章导言】

大众游泳在整个游泳活动中占据非常大的比重，对大众游泳提供一些有针对性的指导，对促进大众游泳水平的提高有着非常大的帮助。本章内容主要包括公开水域、冬泳以及成人游泳活动的组织与指导；婴幼儿、儿童、中老年以及特殊人群不同的游泳教学特点；水中健身活动和休闲蹼泳的相关知识。

第一节 组织与指导群众性游泳活动

一、公开水域游泳活动与指导

（一）公开水域游泳运动简介

根据国际泳联的竞赛规则规定，在江、河、湖、海等自然水域中举行的比赛称为公开水域游泳比赛，包括公开水域长距离比赛、横渡江河比赛和游渡海峡比赛。国际泳联经常开展的公开水域游泳比赛包括 3 000 m、5 000 m、10 000 m、25 000 m 等不同的距离。

1989 年国际泳联成立了公开水域委员会，并将公开水域游泳项目正式列为世锦赛和世界杯比赛项目。从 1990 年开始，国际游联每年举办 10～16 站世界杯公开水域游泳比赛，每两年举办一届公开水域世界游泳锦标赛，设 5 000 m、10 000 m 和 25 000 m 游泳比赛项目。1993 年在世界游泳锦标赛上，公开水域游泳比赛项目正式进入赛程。2005 年 10 月，国际奥委会正式将男、女公开水域10 000 m游泳列入 2008 年北京奥运会游泳比赛项目。目前，世界上公开水域游泳开展较好、水平较高的国家有俄罗斯、德国、美国、澳大利亚、意大利和英国等。

我国江、河、湖、海等自然水域分布较多，为开展公开水域游泳活动提供了得天独厚的条件。群众性公开水域游泳活动在我国开展较为普及，深受人民群众的喜爱。1998 年，国家体育总局将公开水域游泳项目列为全国正式比赛项目。同年 10 月，第一届全国公开水域游泳锦标赛在福建省古田县举行。2004 年，中国游泳协会公开水域游泳委员会成立。2006 年，国家体育总局将公开水域 10 000 m游泳项目设为我国竞技体育正式比赛项目。目前我国每年举行的全国性重大公开水域游泳比赛和群众性横渡活动主要有全国马拉松游泳冠军赛及锦标赛，全国成人公开水域游泳锦标赛，武汉国际抢渡长江公开赛，青海国际抢渡黄河极限挑战赛，湖北长阳青江张健接力挑战赛，云南西双版纳澜沧江抢渡赛等。

北京体育大学教师张健在公开水域横渡领域创造了多项纪录。1988 年，张健用 9 小时 19 分 52 秒 64 游完了 29.5 km 宽的琼州海峡，被誉为“横渡海峡的中国第一男人”。2000 年 8 月 10 日，张健不借助任何漂浮物横渡了渤海海峡，创造了当时男子横渡海峡距离的世界纪录。此后，张健又相继横渡了英吉利海峡、青海湖等自然水域，并打造了一支横渡队伍。

（二）公开水域游泳比赛规则简介

公开水域游泳对安全有着特殊的要求，按规则规定，比赛应设有安全检查员，检查起点和终点的水域是否安全，整个赛场范围内有无障碍物；比赛中还要配备救生员、补给员、救生艇，随时救护发生意外的选手；组织者还要在赛前向参赛选手提供比赛当日的潮汐和水流图，标明潮汐变化以及对比赛的影响等。公开水域游泳对水温和水质也有严格的要求。国际泳联规定：公开水域游泳基地的选择必须在水流和潮汐较小的湖水或流动水域中进行；参加公开水域游泳比赛的运动员年龄不得小于 14 周岁；水温不得低于 16℃；比赛水域任何部位的深度不得少于 1.4 m；水质及周围环境必须符合安全标准。这类比赛没有严格的游泳泳式要求，运动员可以采用任何泳姿参赛，但多数采用自由泳。比赛时，运动员要站立于出发点或先踩水出发，比赛途中运动员可站立，可中途进食，但绝不能走动或跳跃。同田径项目中的马拉松赛一样，设有“关门时间”，当第一个完成比赛的运动员到达终点之后的一定时间内，未能完成比赛的运动员就要退出比赛。比赛只有最好成绩，而没有纪录(图 7－1－1)。

图 7－1－1　在公开水域进行的游泳比赛

（三）公开水域游泳活动注意事项

公开水域游泳的首要原则是不要单独游泳，至少得有一位教练或其他游泳者在身边，或者在有救生员的水域游，以确保发生意外时能获得救援，如抽筋，发生体温降低现象，或被海洋生物攻击，虽然这些情况很少发生，但最好对各种可能发生的情况做好准备。

在公开水域中游泳安全最重要。自然水域的水情变化无穷，随着气候和季节变化也在不断发生改变。在公开水域中游泳，即使有很高的游泳技术水平和体能，在遇到危急的自然状况时也非常容易发生危险。因此在公开水域游泳，无论是游泳活动的组织者、管理者，还是游泳者本人，都要在思想上高度重视，充分做好游泳前的准备工作，保证在公开水域游泳中减少侵害，快乐游泳，快乐锻炼（图 7－1－2）。

图 7－1－2　参加公开水域游泳比赛的运动员在准备出发

1. 熟悉环境，准备器具

到公开水域游泳场游泳运动时，首先要熟悉游泳场所和水域的环境、水文、设施情况。确定游泳场的标志物和方位，特别要弄清楚入水点的深浅、障碍物、水域中礁石、水下的水草及暗流情况，做到心中有数。对公众开放的水域还要确定救生员位置和救生设备等。如果是没有对公众开放的水域，自己一定要携带救生浮漂等救生器具，以防万一。

2. 避免在饥饿和饱腹时游泳

饭后不要马上下水游泳，应适当休息 1 小时后再下水游泳。如果马上下水游泳，会因腹中食物未消化，而产生血液循环加快，血压升高，心肺负担加重，甚至突发心血管疾病，造成事故。空腹、饥饿情况下也不适宜游泳，因为空腹、饥饿时人体中的血糖降低，容易出现低血糖，造成头晕、眼花、体能下降而出现事故。

3. 充分热身，有备无患

游泳运动前要充分做好陆上准备活动，特别是在季节交替和气温较低时更要认真充分做好下水前的准备活动。通过做操提高体温，舒展肢体，起到防止肌肉拉伤、痉挛的作用。

4. 量力而行，适时休息

在公开水域中游泳消耗的体能较大，要合理安排运动量和持续锻炼的时间，量力而行，切不可盲目冒进。运动过程中可根据个人的能量消耗具体情况，适时补充能量和水分。一般在水中的运动时间以一小时为宜。如要进一步锻炼，应适时休息和补给，避免造成因体能下降而产生突发疾病和肌肉痉挛。

5. 监控得法，安全第一

心血管疾病患者可适当参加游泳锻炼，但要注意监控和预防病情突发。参加游泳锻炼前要测量血压，确认是否正常，如出现异常情况，不宜参加锻炼。水温高于32℃或低于25℃都不适宜心血管疾病患者游泳锻炼。心血管疾病患者不适合参加冬泳活动，可根据水温高低以及个人感觉情况，适当增减在水中的活动时间和运动量。参加游泳活动时，尽可能靠近池岸边活动。当身体感到不适时可及时靠岸休息，等待救援，以保证健康运动、快乐运动为目的。

（四）公开水域游泳自救方法

在公开水域中游泳，由于气候、水文变化以及身体体能下降等原因，难免要遇到一些困难和危险。掌握一定的自救知识，有利于自己在困难险阻面前从容不迫，用自救方法处理和解救自我，从而化险为夷。

1. 水上漂浮休息法

由于受伤、肌肉痉挛、体能下降等原因不能继续游进时，采用水上漂浮休息等待救援，是一种非常好的自救方式。

（1）仰卧漂浮休息法：身体仰卧水面，向上伸展双臂，两腿向外分开。吸气要深而短，呼气要缓慢，然后稍微屏气。为了使身体重心平稳，可通过调整漂浮姿势来实现。如腿部下沉，可将手臂露出水面并屈腕。仍然下沉，还可以通过两肘慢慢地屈伸来寻找身体平衡姿势的最佳位置（图 7－1－3）。

（2）身体垂直漂浮休息法：身体垂直漂浮休息，可不做任何动作就能休息。但与仰卧漂浮休息法相比，身体垂直漂浮休息法动作难度较大，颈部肌肉容易疲劳。身体垂直漂浮休息的方法顺序如下：

头部露出水面呼吸（2～3 秒）→头部潜入水中，两臂做小划手（2～3 个动作）→身体放松，双臂上伸，两腿分开，在水中慢慢吐气（6～10 秒）→双臂下划，两腿蹬水，抬头出水吸气，而后再进入下一个周期动作，周期动作 6～8 次/分（图 7－1－4）。

图 7－1－3　仰卧漂浮休息

图 7－1－4　身体垂直漂浮休息

2. 靠岸自救方法

(1) 遇险情时，千万不可慌张，要保持镇静。采用积极的自我保护方式，在身体条件许可的情况下，努力向岸边靠拢。边向岸边游进边呼救，尽可能节省体力，争取更多的时间，等待救援。

(2) 靠岸后要尽快找到能扶持支撑自己的固定物，仰卧水面或垂直于水中放松休息，等待救援。如果自己有能力可进行必要的自救处理(图 7−1−5)。

图 7−1−5　靠岸自救

3. 利用水面漂浮物进行自救

遇险时水中的任何漂浮物都可以作为自救工具。如木头、塑料泡沫等具有浮力的物体。不要放弃任何一块水中的漂浮物，小的可积少成多，每一块漂浮物都是“救命稻草”。充分利用漂浮物来支撑自己的身体，达到休息和自救的目的。

4. 利用衣裤作为漂浮物进行自救和援救

可将浸湿的衣裤作为漂浮物进行自救和援救的工具。

(1) 将衣裤浸湿后，扎紧衣服的袖口、领口、扣好衣服的扣子。裤子要扎紧裤腿口。用衣服腰身或裤子的腰身作为充气口，两手撑开腰口上下拍打水面，使衣服或裤子充满气。

(2) 衣服或裤子充满气后，一只手要迅速握紧充气口。这时的衣服或裤子就形成了一个充气球，具有一定的浮力，可支撑人体 1～3 分钟左右。

(3) 当衣服或裤子中的气体泄漏到一定程度时，要及时补充气体才能维持浮力(图 7−1−6)。

图 7−1−6　利用衣裤作为漂浮物进行自救

5. 肌肉痉挛(抽筋)自救方法

肌肉痉挛(抽筋)是游泳运动中经常遇到一种突发疾病。肌肉痉挛的主要原因是：人体的体能下降；情绪过分激动或过度紧张；在水中运动时间太长，肌肉疲劳；水温太低等。出现肌肉痉挛时要冷静，不要慌乱，尽快游向岸边，边游边呼救，到岸后可根据实际情况进行自救或等待援救。

缓解肌肉痉挛的有效办法就是想方设法将痉挛部位的肌肉拉长伸展，而后配合按摩让痉挛部位肌肉缓解放松。下面介绍几种肌肉痉挛的解救方法。

（1）手指肌肉痉挛解救法：先将手握拳握紧，然后用力伸开，伸直。反复做几次，痉挛就能消除（图 7－1－7）。

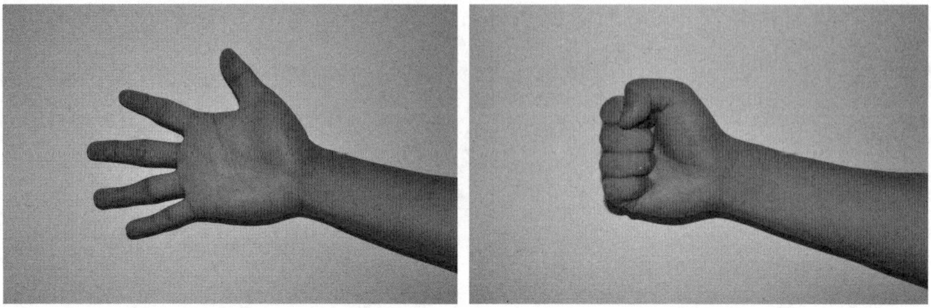

图 7－1－7　手指肌肉痉挛解救

（2）手掌肌肉痉挛解救法：双手伸直合掌，用力向左右方向挤压。反复几次，痉挛就能消除（图 7－1－8）。

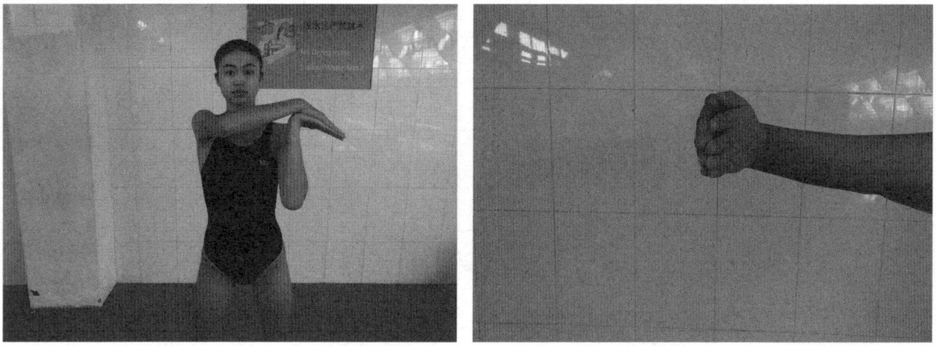

图 7－1－8　手掌肌肉痉挛解救

（3）前臂及上臂前部肌肉痉挛解救法：一手抓痉挛手指，痉挛的手臂伸直，用手用力压、拉痉挛手臂的手指。反复几次，痉挛就能消除（图 7－1－9）。

图 7－1－9　前臂及上臂前部肌肉痉挛解救

（4）前臂后部肌肉痉挛解救法：一只手握住患处手背，痉挛手握拳做屈腕动作，而后伸直放松拳头。反复几次，痉挛就能消除（图 7－1－10）。

（5）上臂后部的肌肉痉挛解救法：先将痉挛的手臂屈肘向后，用另一只手托住其肘部弯曲向后向头内侧拉。反复几次，痉挛就能消除（图 7－1－11）。

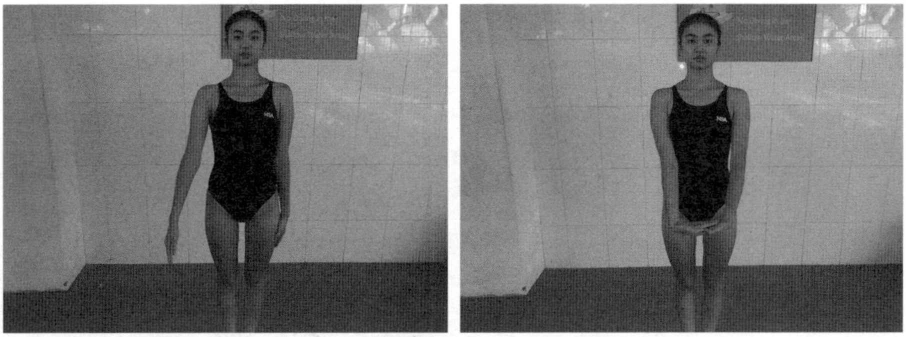

图 7－1－10　前臂后部肌肉痉挛解救

（6）大腿前部肌肉痉挛解救法：痉挛腿的膝关节屈曲，用同一侧的手抓住脚，而后尽量向后做伸的动作。反复几次，痉挛就能消除（图 7－1－12）。

图 7－1－11　上臂后部的肌肉痉挛解救

图 7－1－12　大腿前部肌肉痉挛解救

（7）大腿后部肌肉痉挛解救法：用同一侧的手按住膝盖，另一只手抓住脚趾，尽量用力向后拉并蹬直患腿，或双手抓住脚掌用力向后拉并蹬直患腿。反复几次，痉挛就能消除（图 7－1－13）。

图 7－1－13　大腿后部肌肉痉挛解救

(8) 小腿前部肌肉痉挛解救法:先用一只手抓住脚趾,而后用力尽量往下按压。反复几次,痉挛就能消除(图 7—1—14)。

图 7—1—14　小腿前部肌肉痉挛解救

(9) 小腿后部肌肉痉挛解救法:先伸直患腿,一手按住膝盖,踝关节屈,双手抓住脚趾用力向后拉并蹬直患腿(同大腿后部肌肉痉挛解救法)。反复几次,痉挛就能消除(图 7—1—15)。

(10) 腹部肌肉痉挛解救法:人体浮在水面伸直,腿和头部尽量后伸,挺起腰腹,拉长,并用双手配合按摩腹部。反复几次,痉挛就能消除(图 7—1—16)。

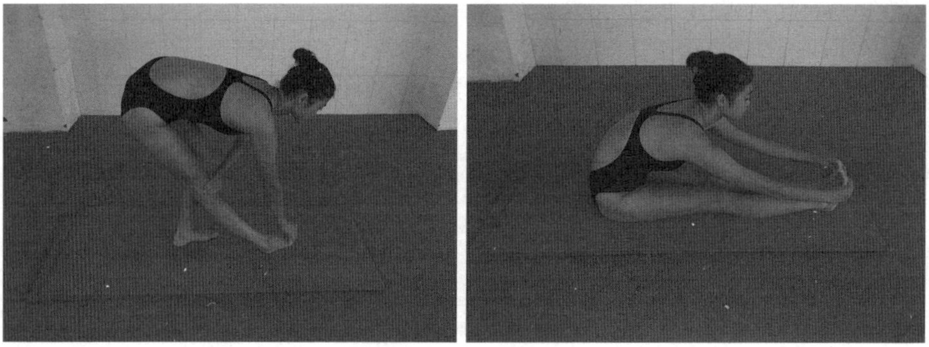
图 7—1—15　小腿后部肌肉痉挛解救

(五) 公开水域游泳技术训练与参赛

公开水域游泳比赛是一项在江、河、湖、海进行的长距离游泳竞技项目。公开水域游泳训练及比赛中的技战术使用与在游泳池进行游泳比赛项目截然不同。一个是在自然水域进行,而另一个则在游泳池中进行。因此,要求公开水域游泳运动员要有良好的游泳技术,强壮的体能,坚强的意志和训练有素的"野战"能力。

图 7—1—16　腹部肌肉痉挛解救

1. 公开水域游泳技术

公开水域游泳比赛的实战技术是以爬泳为主,仰泳、蛙泳为辅。但是公开水域游泳的爬泳技术又不同于一般游泳的爬泳技术。在公开水域中游泳受自然条件影响较大，如海浪、水流、风力等都将影响运动员的前进速度。因此，公开水域游泳的爬泳技术又分为途中游技术，抬头看目标游技术，对抗性游技术。仰泳和蛙泳只是在运动员比赛途中进行能量补给时才会采用。

（1）途中游技术：要求运动员头部位置略高于一般爬泳技术，眼睛看向前进方向，自身位置平稳，两臂采用中交叉或中前交叉划水，采用两次或四次打腿技术（图 7－1－17）。

图 7－1－17　途中游技术

（2）抬头看目标游技术：公开水域游泳方位目标非常重要，一旦游歪方向再游回正确位置就是几十米或几百米的误差。所以游进中自始至终都要看准目标游，在游进中可阶段性地采用抬头游爬泳技术，确定自己游进的方向。抬头游时，两眼注视前方，看准方向，抬头而不晃头，身体位置起伏要小，减少阻力，发现方向偏差及时纠正。

（3）对抗性游技术：公开水域游泳比赛不同于游泳池的比赛，在游泳池中的比赛是一人一条泳道。而公开水域游泳比赛是一群人一起在水中"搏斗"，为了在游进中能抢占有利位置，运动员之间的拖、拉、压、打在所难免。虽然拖、拉、压、打在比赛中是犯规动作，但有时裁判员无法观察到而没有判罚。为了能在"野战"中保护自己，并让裁判及时观察到干扰队员的犯规行为，在保证自己不犯规的前提下，及时采用对抗性游技术，保护自己游进途中不受他人干扰。

对抗性游技术类似水球比赛中运动员拼抢球及控球的爬泳技术。头抬高，动作周期短，频率快，打腿动作猛、水花大，以威猛快速动作甩开对手，并以肢体运作"语言"告诉裁判员有人干扰我，以提醒裁判员的注意（图 7－1－18）。

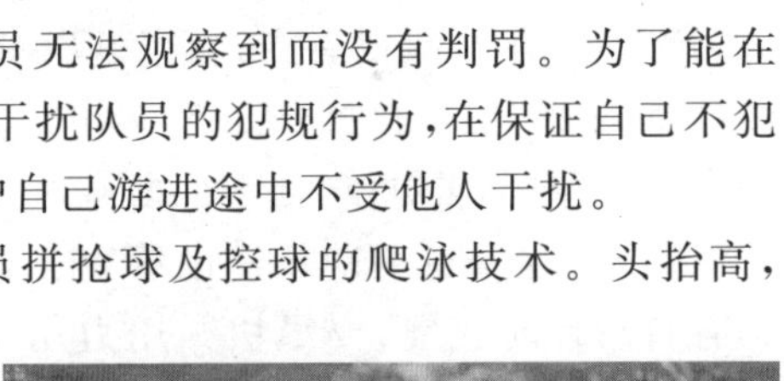

图 7－1－18　对抗性游技术

（4）补给游技术：公开水域游泳比赛在 5 000 m 以上的比赛项目会给运动员安排途中补给。途中补给方式分为运动员自行补给和人工补给两种。要求运动员在游进中以最快捷方式得到补给，达到补充能量的目的。

运动员自行补给技术：运动员补给时从爬泳姿势转变为仰泳姿势，而后一手抽出携带在衣、裤中的"能量棒"快速吸食，另一只手不停地继续划水，补给结束后转变为爬泳姿势继续前进。整个补给动作过程在游进中一气呵成（图 7－1－19）。

人工补给技术：公开水域游泳比赛举办单位会给参赛运动员比赛途中提供能量补给，在比赛场地搭建人工浮台。当运动员通过补给浮台时，由运动员指定的人员给运动员提供补给。

当运动员游近补给台时，补给员要快速将事先准备好的补给饮品杯通过长杆传递给运动员。运动员由爬泳姿势转变成仰泳时，一手接饮品补给，另一只手继续划水前进（碰、拉传递长杆都属于犯规行为）。补给结束快速转换成爬泳姿势前进。整个补给过程需要补给员与运动员之间紧密配合，尽可能缩短补给时间以赢得比赛的胜利。

图 7－1－19　补给游技术

（5）冲浪游技术：在公开水域游泳比赛中，因气候、水文等原因遇到大浪是常事。遇到大浪时运动员首先不能紧张，采用高抬头、快打腿、爬泳六次打腿技术，快速迎浪而上冲过浪区。遇浪时不可低头游或改游蛙泳，如低头游或游蛙泳，大浪就很容易将你打回原地停滞不前，从而失去战机。所以在通过浪区时一定要“踏在浪尖”快速游进，千万不可以“穿浪”或游蛙泳。

（6）冲刺技术：在高水平的公开水域游泳比赛上，前几名运动员的成绩都非常接近，有的几乎同时到达终点。因此，要求公开水域游泳运动员要有良好的耐力、意志力，还必须要有在终点阶段快速拼搏冲刺的能力来赢得最终胜利。运动员冲刺时采用六次打腿的爬泳技术。如有对手跟随，要想方设法占据有利位置压制对手，控制主动权冲向终点。如果有自动计时装置，要尽快并用力用手拍击自动计时触板（图 7－1－20）。

图 7－1－20　冲刺技术

2. 公开水域游泳比赛战术

公开水域游泳比赛中，运动员合理使用战术是非常重要的。比赛中合理使用战术能够有效地调节体力诱骗对手。与队友配合形成战术，能有效阻止和压制、消耗对手，取得最终胜利。

（1）跟随游战术：在公开水域比赛中，领头游的运动员比较吃力，一是要不断抬头看目标，怕游错方向；二是怕后面队员赶上来，想方设法甩开后面的对手。因此，领头游运动员消耗体力较大，一般很难坚持到终点，没有绝对的实力决不当领头“羊”（同队两名队员采用两人配合变速领头游例外）。而采取跟随游战术，跟随领头游运动员后面游，波浪阻力小，游起来轻松，不用经常性抬头看目标，节省体力。你快我也快，跟着领头游运动员的节奏，消耗领头游运动员的体力。所以公开水域游泳比赛中，很多运动员途中游都采取跟随游战术。

(2) 两人配合领头游战术：在公开水域比赛中，同队两名水平相当，有夺标实力的运动员参赛，为了争取好名次，在比赛中两名运动员采取交替领头游的战术，其目的在于拖垮、甩开对手赢得胜利。领头游运动员在前面游时，另一名队友紧随其后跟随游。当领头游运动员游到一定距离速度有所减慢时，跟随其后游的队友快速替换领头游队员的位置，继续快速前进。在比赛中，这样反复相互替换交替领头游，达到战胜对手的目的。

(3) 夹击游战术：在公开水域比赛中，为了阻止对手超越自己，同队两名队员快速形成并排游，阻止夹击对手不让其超过自己。采取夹击游战术时一定要注意自己不要犯规，当对手拖、拉你时可采用对抗性游技术，提醒裁判员注意。

(4) 掩护游战术：掩护游战术一般用在接近终点冲刺阶段，为掩护队友夺标所采取的一种战术。同队的两名队员为了阻止对手争夺，实力强的队员奋勇前进夺标，而另一名队员牺牲自我打掩护。掩护队员采用快速爬泳技术向对手一侧压制游进，把对手逼出终点门区。把到达终点门最快捷的线路让给队友去夺取胜利。采用掩护游战术时，掩护队员一定要注意自己的行为动作，千万别犯规，达到目的即可。

3. 公开水域游泳的训练

(1) 公开水域游泳训练与游泳池项目的游泳训练有相同之处，也有不同之处。相同之处是同属于游泳周期运动项目，不同之处是一个在游泳池进行比赛，而另一个则在自然水域中比赛。游泳池比赛项目最长距离 1 500 m，而公开水域比赛项目除抢渡赛外，一般距离都在 2 000 m 以上。游泳池比赛是一人一条泳道相互间不干扰，而公开水域游泳比赛是集体出发，“群游”“野战”。因此，诸多因素决定了公开水域游泳训练的特殊性。

(2) 在训练方法手段上也有所区别。游泳池游泳比赛项目最长距离 1 500 m，多数项目则在 100～400 m 之间，所以训练方法多采用有氧与无氧训练相结合的方法进行。而公开水域游泳世锦赛最短距离项目是 5 000 m，所以公开水域游泳是一项训练量大的项目，多采用以有氧耐力训练为基础、无氧训练为辅的训练手段。

(3) 公开水域游泳训练应根据季节、天气以及训练的目的，来安排在游泳池训练还是在自然水域场地进行训练。冬季训练一般都安排在游泳池训练，其他季节可根据实际情况，适当增加在公开水域的训练时间。游泳池训练时间与自然水域的训练时间在 5∶5之间较为适合。

(4) 公开水域游泳训练安排在游泳池进行，主要是解决运动员的技术问题和提高运动员的训练强度。在游泳池中训练容易发现运动员的技术问题并及时纠正。强度训练也是一样，因为游泳池的距离短，强度容易调控和监督，可变换训练内容达到提高训练强度的目的。在公开水域中训练主要是结合实战，训练运动员的速度、耐力、距离感、方向感、波浪阻力及技战术配合。

(5) 公开水域游泳的训练量和强度要因人而异，因训练的场地、条件、目的而定。要有计划有针对性科学地安排好各个阶段的训练及每堂训练课。公开水域游泳训练的负荷量是基础，强度是核心。要科学地安排好训练量和训练强度，不断提高训练质量和训练效果，达到提高成绩的目的。

(6) 公开水域在特殊条件下训练非常重要。一是在低水温下进行训练；二是在不同的自然水域中训练。公开水域游泳规则规定的水温下限为 16℃，而公开水域的比赛经常安排在 20℃左右的水温中进行。因此，在赛前就要对运动员进行低水温适应性训练，适应低水温才能在比赛中取得好成绩。公开水域游泳比赛在海水和淡水中进行，运动员的水感都不同。海水比重轻，人的浮力大。如果之前未在海水中进行适应性训练，就会感到浮力大、划不到水以及晕海等现象，将直接影响运动员在比赛中技术的正常发挥。如果比赛确定在海上进行，就要针对性地在海上进行训练。一般情况下，赛前两周安排海上适应性训练较为适宜。

二、冬泳活动与指导

冬泳是指冬季在室外自然水域中(江、河、湖、海、人工水域、水库和露天游泳池等)，气温在 10°C 以下，水温在 14°C 以下的低气温、低水温中进行的一项游泳运动。

冬泳运动在我国开展得十分普及，从北到南，从东到西，覆盖 27 个省、自治区、直辖市，上百个大、中、小城市。中国游泳协会冬泳委员会自 1995 年成立以来，已有 150 个团体会员单位加入冬泳委员会组织，全国冬泳委员会每年都要举办一届全国冬泳锦标赛，截至 2008 年 10 月已经举办了十五届，每一届都有近两千人参加。每年的 1 月 1 日为全国冬泳日，在这一天，全国各地的群众性冬泳组织，自发地并有组织地采用各种办法，调动社会各阶层力量与本地区的新闻媒体，结合当地特点，举办各种传统的、形式多样的、富有地方民族特色的冬泳表演活动和竞赛。

冬泳活动和竞赛大都在每年的冬季和春、秋(东北、华北)季节开展，它的影响在逐年扩大。各省、市之间，各基层冬泳协会组织之间的冬泳联谊活动、表演、座谈、交流、旅游以及国际之间的交流和友好往来等活动丰富多彩。最具有特色的有已连续举办七届的大连国际冬泳邀请赛；每年春节在厦门举办的厦门“迎新春、盼统一”金厦海峡冬泳活动和已经连续举办过五届的青海国际抢渡黄河挑战赛等。

目前，冬泳运动以它独特的健身效果和魅力被越来越多的人所接受、认知、理解和热爱。因此，在组织和开展冬泳活动中，要正确引导已经开始冬泳锻炼和正在准备参加冬泳锻炼的人们，通过科学的锻炼方法达到强身健体的目的。

（一）冬泳的特点、作用和意义

1. 特点

（1）冬季是在室外自然水域（低气温、低水温）条件下的游泳，兼有冷空气浴、冷水浴和日光浴的功效，只要冬泳者的肌肤裸露于寒冬的自然环境中，就有很强的抗寒能力，这便是区别于其他运动项目最突出的特点。

如果没有充分准备，在19℃以下的水中游泳会产生生理上的一系列问题。身体在冷水中散热比在温水中快很多，水温的下降会导致体温过低。体温过低时，通常脚先开始痉挛，面部疼痛，接着背部痉挛，然后臀部和下肢下沉，身体颤抖，游速变慢。注意力难以集中，不能正常回答问题，之后背部皮肤变蓝变灰，最后变为灰白直至对问题无法做出反应。

（2）冬泳者在水温14℃以下时有几个生理反应阶段。

① 平滑降温期：当冬泳者在冷空气中脱去衣服后，人体就开始热量损失——体表降温。由于空气的热导系数是水的二十分之一，因而这种降温是渐进的、平滑的。它使脸部、手足部、胸腹部、背部及四肢的皮肤温度逐步降低并且均匀起来，皮肤由温热过渡到冷凉，缩小了与冷水的温差。

② 寒冷期：入水后，人体散热骤然增加，皮肤紧缩，周身寒冷。这时，神经系统迅速传递冷信息，命令全身血管收缩，以减少散热。

③ 温暖期：经过一段运动后，血管开始放松，大量血液带着热能又重新注入体表。运动肌产生的新热能也开始补充，人体转入温暖期。

④ 寒颤期：温暖期用大量散热作代价，保护人体在冷水中的“相对平衡”。人是恒温动物，其热量是有限的。当热量消耗到不能维持内脏各系统正常动作时，神经系统虽然两次命令血管收缩，但此时血管收缩疲劳无力，血液重新回流内脏受阻。于是全身颤抖，血液淤滞在体表，皮肤产生紫块，牙齿打颤，手脚发木，不听使唤，人体生理平衡遭到破坏。

⑤ 恶寒期：如果寒颤期也得不到立即保护，继续失热就会进入恶寒期。内脏得不到足够的血液而导致运作受阻，产热减少，人体就会出现“能源危机”，呼吸困难，心慌气短，头昏脑涨，手脚由麻木转为失去知觉，局部肌肉僵硬，嘴唇由紫变乌，胸腹透凉，浑身无力，恶寒不止。如果在这个时期不采取紧急措施，情况

就可能进一步恶化，因缺氧而昏迷，危及生命安全。

(3) 常年坚持冬泳运动的群体里以中老年人居多。有资料统计，常年坚持冬泳运动的45～70岁年龄组的人数，占总体人数的60%～80%。因为在中老年群体中大多人已经退休，时间充裕，有强烈的健身愿望。所以，在冬泳队伍里，中老年人愈来愈多，不仅在中国，世界其他国家也是一样的。

(4) 冬泳是在冬季利用自然水域，在超低水温刺激下进行的，如果在冬泳过程中，没有遵循科学冬泳的规律和方法进行锻炼，就会发生溺水死亡或伤残事故。

(5) 只要掌握了游泳技能的人都可以参加冬泳运动，它不受经济条件的限制，他们在自己居住周边地区的自然水域中进行冬泳，既经济又能达到良好的健身效果。

(6) 冬泳是一项勇敢者的运动，参加冬泳需要有决心、毅力和勇气。

2. 作用和意义

(1) 冬泳能增加人体的抗寒能力：冬泳对提高人体抗寒能力是所有其他体育运动所无法比拟的，特别对预防伤风感冒有着特殊功效。冬泳时，冷刺激可使交感神经活动增强，其末梢释放去甲肾上腺素增加，对提高机体的适应能力起到了十分重要的作用。冬泳时，皮肤降温，毛孔收缩，控制散热，体内血液加速流动，以提供能量来维持人体的温度，促进人的反应灵敏，以适应不同环境温度的变化，因此，人体就能有效抵御百病之源的风邪入侵，从而减少了疾病的发生。

(2) 冬泳能祛病健身：冬泳俗称血管体操，冰水短暂的强烈刺激，就像千万支银针对肌体各个穴位进行高强度按摩、针灸，刺激全身器官，使肌体代谢水平跃升到新的高度。所以，冬泳可以使神经、内分泌、免疫等系统的功能得到振奋和调整，除垢纳新，生命自然焕发生机。利用寒冷的刺激，提高生活与生命质量，祛病健身，解除病痛。

(3) 冬泳能增强呼吸循环系统的功能：经常参加冬泳运动，可以改善和增强呼吸肌的收缩和耐力。由于冷水的刺激，进行深呼吸能使那些平时得不到充分利用的肺泡被激活起来，对于哮喘、支气管炎、鼻炎、上呼吸道等疾病有着一定的缓解和疗效作用。冬泳时人在冷水中不停地运动，体内能量的消耗比较大，为及时供应养料，要求心脏的收缩力量加大，次数增多，血液循环加快，使心脏肌肉增厚，收缩力增强，脉搏输出量加大。

(4) 冬泳能增进人的心理健康：冬泳者游泳后大都有十分明显的愉快情绪体验。按照情绪的激活理论分析，个体对刺激的反应可分为强弱不同的阶段，当接近最强的反应阶段，即伴随情绪产生，此时，交感神经兴奋而导致身体各器官、腺体、肌肉等方面发生变化，同时对大脑也有激活作用。冬泳过程是全身性的强冷刺激，水温越低，情绪兴奋性越高。根据情绪的两极化表现，对立的两种情绪在一定条件下可以互相转化。适应了适当的冷刺激加上适量的全身运动，会使人有苦尽甘来的快乐感受；反之，若温度过低或时间过长，将出现恐惧与痛苦体验。因此，就情绪体验而言，掌握科学的冬泳方法尤为重要。

脑内儿茶酚胺系统的神经结构与脑内自我刺激关系密切。脑内儿茶酚胺的含量与脑内自我刺激率成正比。有资料表明，人们在受到低温刺激时，由于应激反应，儿茶酚胺的分泌量明显增加，冬泳后普遍有愉快情绪体验，唱歌、说笑，甚至于兴奋得大喊大叫。

(5) 冬泳可以锻炼人的意志品质：冬泳是一项艰苦的体育运动之一，冰封雪覆的路面、刺骨的寒风、浸肌的冷水都是磨炼冬泳人的意志品质的试金石，人的意志品质是否坚强不是与生俱来的，而是靠在实践中培养和锻炼出来的，它与人的认知水平和情绪控制有着很大的关系。数九寒冬，冬泳人能心甘情愿坚持不懈地冬泳绝非易事。只有冬泳人才能在寒冷的水里，闯过肌肤刺痛、手脚麻木、下裆紧缩、呼吸紧迫等难关，最终到达胜利彼岸。多次反复“胜利”后良好情绪的体验，会潜移默化地造就冬泳人藐视一切艰难险阻的坚强意志品质。

(6) 冬泳的社会功效：冬泳对促进社会物质文明和精神文明有着积极意义。冬泳活动是城乡文化体育活动中的新风尚、新气象、新景观。在近十几年里，全国大多数省会城市纷纷出现了冬泳群众组织与活动场面，成为媒体与人们关注的一个亮点。

冬泳人的勇敢气质与意志品质使人们惊异与叹服。在冬泳运动中还涌现出了许多舍己救人的英雄人物，充当冬季冰区溺水者的“保护神”，这些人不顾个人安危，热心赴救或打捞溺水者的英雄范例在全国各地冬泳人群中多有涌现，他们这种无私无畏的精神得到百姓的赞扬和政府的表彰。

冬泳可以有效增强人们的体质，在参加冬泳的人群中，多年不患感冒的很普遍。他们精力充沛，在各自的工作岗位上劳动效率高、出勤率高、工作热情高，为社会带来了公益效益。

(二) 冬泳表演与比赛

冬泳的比赛形式是冬泳运动发展初期对冬泳活动方式的一种探索，究竟采取什么样的形式才更适合冬泳的特殊性内容，仍需在实践中探索。

目前，由国家体育总局主办或批准举办的全国性冬泳比赛活动有：全国冬泳锦标赛、大连国际冬泳邀请赛、厦门“迎新春、盼统一”金厦海峡冬泳活动、青海国际抢渡黄河极限挑战赛(水温 12℃)等。全国各地方的冬泳表演赛、邀请赛、联谊赛大部分都是以阵地表演或游渡或娱乐活动的形式来体现的。

(三) 组织冬泳活动应注意的几个问题

1. 冬泳锻炼的方针

认真执行“冬泳以健身娱乐为宗旨,科学为指导,表演比赛为手段,重在参与”的方针,保证冬泳安全。

2. 冬泳锻炼的原则

严格遵守“循序渐进、因人而异、量力而行、持之以恒、科学冬泳”的健身原则。

3. 冬泳锻炼的基本条件

(1) 冬泳水域及环境条件:冬泳可以在自然水域(江、河、湖、海、人工水库、室外泳池)中进行。在选择冬泳锻炼地点时,应了解水质有无污染,了解水深、水流,水闸地区、水下有无杂物,在结冰期间周边是否有金属物体,不可忽视自然水域中的浮冰和游泳池边沿的锐利残冰,有便于人们下水、上水的地方为宜。

(2) 冬泳者自身条件:从国内各地统计数字表明,45～70 岁之间的人是冬泳的主要人群。一般来说,掌握两种以上泳姿,会踩水就可以从事冬泳锻炼。

有严重的器质性疾病如先天性心脏病、严重肝炎、肾病、皮肤过敏和妇女经期等要停止冬泳。

(3) 对少年儿童进行冬泳要采取慎重态度。

4. 冬泳锻炼的步骤

从事冬泳锻炼必须坚持循序渐进的原则。

(1) 冷气候适应阶段,如在晨练或晚间散步时,尽量少穿衣服,使肌肉充分适应冷空气。

(2) 冷水浴活动阶段,从夏季开始养成冷水冲凉习惯,坚持早、晚各一次。

(3) 从夏季开始分步进行过渡。

第一步:从夏季游泳进入秋季。

第二步:进入冬季改做冷水浴。

第三步:第二年再完成冬泳过程,经过两年的过渡,充分适应后,在第三年坚持游过严冬。

5. 冬泳锻炼的要求

按照冬泳者的经验进行锻炼,坚持“四游、四不游”,即:游阳不游阴、游雪不游风,游雨不游雾,游清不游浑。

(1) 在冬泳活动中,最好是两个人以上或更多的人一起进行,保证安全,相互照应,这对每个参与者,特别是年龄大的人来说,尤为重要。

(2) 选择冬泳的时间,根据个人的生活和锻炼习惯、工作条件,因人而异。

由于冬天气温较低，以中午游泳最为适宜，此时日光充足，气温相对偏高，对于在职的爱好者来说，利用午休时间进行冬泳比较方便。还要注意饭后冬泳不宜过于激烈，以免影响消化。早晨冬泳的优点是空气新鲜，水净浪缓，河岸和海滨负氧离子含量较高，但缺点是气温较低，日光不充足，水温也是一天中最低的。夜间冬泳光照不足，易发生事故，应该特别小心。

(3) 在没有脱衣服之前要做一些慢跑、深呼吸等适当活动，脱衣时可慢一点，让肌体逐渐适应低气温，脱衣服之后，不要急于下水，可以做一些徒手操，用双手摩擦全身，同时可以结合手掌拍打全身，准备活动的时间可根据当时天气情况而定。

(4) 当水温非常低的时候，入水应采取渐进方式，即脚、下肢、腰、胸逐步入水。如果一下子跳入冷水中，可能会喘不过气，肌肉可能会紧缩以至无法游泳或者因体温过低引发心脏病。走到水边时，应立即把双手放入水中，浇些水在脸上。当手和脸适应了水温之后，再把身体反复浸入水中，将身体打湿，然后在水中游一会儿，将膝盖蜷缩碰到下巴，可以感受到短暂的温暖。

(5) 冬泳者在水中停留的距离和时间的长短，是冬泳活动的关键。据资料介绍，0℃时，人可以忍受 15 分钟；2.5℃时可停留 30 分钟；5℃可停留 1 小时；10℃时可停留 3 小时；25℃时可达一昼夜。北京冬泳者提出一种根据水温确定在水中停留时间的参考推算方法，即严冬条件下“1℃水温游 1 分钟”，如 1℃水温中可停留 1 分钟，5℃水温可停留 5 分钟，或在 1℃水温中可划水 15～20 次，2℃水温划 20～30 次，以此类推。青岛一位冬泳者还采用某一系数乘以水温的度数为最适宜时间。如水温 9℃，系数为 0.7，水中停留时间为 9×0.7＝6.3(分钟)；水温 3℃，水中停留时间为 3×0.7＝2.1(分钟)。郑州与武汉的冬泳人则用“(气温数＋水温数)÷2”来确定水中停留的分钟数。冬泳爱好者切不可以游距为目标，盲目攀比。

(6) 冬泳结束之后，一定要做一些暖身活动。在冬泳时，人体在水中散热较多，体表温度急剧下降，突然停止运动就会妨碍血液回流到心脏，所以，上岸之后一定要做一些暖身活动，如跑步、原地跳动，也可做擦身活动，要注意防止冻伤。

三、成人游泳活动与指导

成人游泳比赛在世界许多国家都已开展多年，它的竞赛形式与许多大众健身活动项目相同，其最大的特点是参赛者必须是业余选手。比赛按年龄划分为 10 个组别，运动员根据年龄参加比赛。成人游泳比赛的宗旨是促进广大体育爱好者参加游泳活动，扩大“游泳人口”占总人口的比例，提高大众身体素质，推动全民健身运动。成人游泳比赛的目的是增进 25 岁以上游泳运动员的健康、友谊和理解。

(一) 成人游泳活动的比赛概况

世界成人游泳锦标赛已被国际游泳联合会列入正式比赛项目，并根据比赛目的、特点制订了相应的成人游泳竞赛规则，设立了世界纪录。截止到2012年，共进行了十四届世界成人游泳锦标赛，比赛先后在日本的东京、澳大利亚的布里斯班、巴西的里约热内卢、美国的印第安纳波利斯、德国的蒙特利尔、英国的谢菲尔德和摩洛哥的卡萨布兰卡等地举行。成人游泳竞赛规则规定参赛者必须是25岁以上的成年人，每5岁分为一个年龄组。所以，成人游泳比赛也被称为成人分龄游泳比赛。运动员实际年龄计算方法是以比赛当年的12月31日为界。比赛可在25 m池或50 m池中进行，比赛的项目有男、女自由泳，仰泳，蛙泳，蝶泳及自由泳接力和混合泳接力比赛。比赛的规模与具体分组情况应根据报名参赛者的人数确定。例如1998年6月19日—30日在摩洛哥的卡萨布兰卡举行的第七届国际成人游泳锦标赛，有47个国家的839个游泳俱乐部参加，参赛选手共计1 900多人，共设430个游泳单项与12个接力项目的比赛。

我国的成人分龄游泳比赛开展较晚，最初在北京、上海、广州等沿海城市有了成人游泳比赛，但比赛的规模较小，参加人数也比较少，竞赛规程与规则也不规范。

大众健身、休闲体育的发展与经济水平的提高密切相关。随着世界健身产业的发展、我国国内生产总值的上升及人们物质生活水平的提高，体育健身和娱乐体育也得到了进一步发展。

近年来，我国人民生活水平的不断提高，人们对物质、文化、健康水平及休闲娱乐的要求也不断提高。为了满足人们对强身健体、休闲娱乐的要求，许多健身练习与竞赛项目迅速发展起来。在国家体育总局和中国游泳运动协会的领导下，1998年9月在广州天河游泳馆举办了全国首届成人分龄游泳公开赛，同时成立了中国游泳协会成人分龄委员会。比赛有全国13个省、市以及香港、澳门地区的共19支代表队参加，比赛报名运动员达340人之多，并确定这次比赛的最好成绩作为全国成人分龄游泳纪录。2001年4月，国家体育总局审定批准了《成人分龄游泳竞赛规则》这是中国游泳运动协会根据国际游联颁发的《1998—2000年成人游泳竞赛规则》，结合我国实际情况制定的。这使我国的成人游泳比赛竞赛与裁判方法、制度更加规范与完善。

(二) 成人游泳活动的组织与指导

成人游泳活动不同于少年儿童的游泳教学训练。由于身体机能的衰退和自我控制能力的加强，游泳时应注意以下几点。

（1）中、长距离游泳时，转身动作应缓慢，游动途中可以适当改变游泳姿势，避免用同一种泳姿游动时间过长。

（2）练习时间、强度、周练习次数应根据自己的实际情况决定。一般每周不少于 3 次，每次练习时间不少于 30 分钟。

（3）应做练习记录。将练习前后及日、周、月练习量记录下来，以便为下一阶段的练习计划做参考依据。

（4）练习中休息的频度以及休息时间应根据实际情况因人而异，灵活掌握。

（5）随着游泳水平的逐渐提高，应选定自己最喜爱的泳姿为主项，在不断改进主项泳姿的同时，也要不断改进提高其他泳姿。

（三）成人分龄游泳竞赛规则简介

成人分龄游泳比赛的目的在于增进 25 岁以上游泳运动员的健康、友谊和理解。

1. 总则

（1）除国际游联的特殊规定外，国际游联、国家体育总局、中国游泳运动协会发布的所有游泳规则均适用于成人分龄比赛。

（2）国际游联接受代表俱乐部的个人选手参加世界比赛，运动员或代表队不能代表国家或协会参加世界比赛，国家体育总局游泳运动管理中心接受代表地方协会、俱乐部的个人选手参加全国比赛。

2. 竞赛规则规定

（1）个人比赛项目：25～29 岁；30～34 岁；35～39 岁；40～44 岁；45～49 岁；50～54 岁；55～59 岁；60～64 岁；65～69 岁；70～74 岁；75～79 岁；80～84 岁；90～94 岁……（每 5 岁设一个年龄组）。

（2）接力比赛项目：以参赛队员年龄累计相加计算。

接力比赛项目分为下列年龄组：100～119 岁；120～159 岁；160～199 岁；200～239 岁；240～279 岁；280～319 岁；320～359 岁……（从 120 岁起，每 40 岁设一个年龄组），其分组办法如表 7-1-1、表 7-1-2 所示。

表 7-1-1　成人分龄游泳比赛个人项目年龄分组

组　别	年龄/岁	组　别	年龄/岁
A	25～29	F	50～54
B	30～34	G	55～59
C	35～39	H	60～64
D	40～44	I	65～69
E	45～49	J	70～74

表 7-1-2 成人分龄游泳比赛接力项目年龄分组

组 别	年龄/岁	组 别	年龄/岁
A	100～119	E	240～279
B	120～159	F	280～319
C	160～199	G	320～359
D	200～239	H	360～399

3. 确定年龄的日期

申报成人分龄世界或全国纪录比赛和参加成人分龄世界锦标赛或全国锦标赛时，运动员的实际年龄以比赛当年的 12 月 31 日为界。

4. 游泳技术性规则

游泳竞赛规则规定适用于成人分龄游泳比赛，另补充如下：

(1) 不同年龄组男女运动员可混合编组，以免运动员独自比赛，所有泳道尽量排满。

(2) 总裁判发出哨声之后，除仰泳外，运动员可在出发台上、台下或在水中做出发的预备姿势。

(3) 成人分龄游泳比赛的全部项目均以计时成绩决定名次。成绩相同名次并列，无下一名次。

(4) 其他运动员没结束比赛，总裁判发出运动员出水指令前，已结束比赛的运动员可留在本泳道内。

(5) 进行男女混合编组自由泳接力赛时，可随意安排参赛运动员顺序。

(6) 竞赛编组时，先编排大年龄组运动员参赛。预赛时，成绩最差的一组应排在第一组。进行 400 m 和 400 m 以上距离比赛编组时，可打破年龄组的界限，根据报名成绩、预赛成绩编组，成绩差者先游，优者后游。

(7) 进行 400 m、800 m 和 1 500 m 自由泳比赛时，每条泳道可安排同性别的 2 名运动员参赛，但应分别为每个运动员计时。

5. 竞赛项目

各年龄组可进行下述项目的比赛：

(1) 男子、女子 25 m 池比赛项目。

50 m、100 m、200 m、400 m、800 m、1 500 m 自由泳；

50 m、100 m、200 m 仰泳；

50 m、100 m、200 m 蛙泳；

50 m、100 m、200 m 蝶泳；

100 m、200 m、400 m 个人混合泳；

200 m 自由泳接力；

200 m 混合泳接力；

200 m 男女混合编组自由泳接力(2 男、2 女)；

200 m 男女混合编组混合泳接力(2 男、2 女)。

(2) 男子、女子 50 m 池比赛项目。

50 m、100 m、200 m、400 m、800 m、1 500 m 自由泳；

50 m、100 m、200 m 仰泳；

50 m、100 m、200 m 蛙泳；

50 m、100 m、200 m 蝶泳；

200 m、400 m 个人混合泳；

200 m 自由泳接力；

200 m 混合泳接力；

200 m 男女混合编组自由泳接力(2 男、2 女)；

200 m 男女混合编组混合泳接力(2 男、2 女)。

(3) 一次比赛无须进行上述所有项目的比赛。然而各年龄组需设自由泳、仰泳、蛙泳和蝶泳短距离项目及一项个人混合泳项目和接力项目的比赛(表 7-1-3)。

表 7-1-3　成人分龄游泳各年龄组男、女比赛项目

比赛项目	25 m 池	50 m 池
自由泳	50 m、100 m、200 m、400 m、800m、1 500 m	(同 25 m 池)
仰泳	50 m、100 m、200 m	(同 25 m 池)
蛙泳	50 m、100 m、200 m	(同 25 m 池)
蝶泳	50 m、100 m、200 m	(同 25 m 池)
个人混合泳	100 m、200 m、400 m	200 m、400 m
自由泳接力	4×50 m	4×50 m
混合泳接力	4×50 m	4×50 m
自由泳接力	(2 男 2 女)4×50 m	4×50 m
混合泳接力	(2 男 2 女)4×50 m	4×50 m

6. 接力项目比赛

参加接力项目比赛的 4 名运动员须在同一个俱乐部注册。不允许一名运动员代表两个或两个以上俱乐部参赛。

(1) 每一名运动员可参加多个年龄组的接力比赛。

(2) 接力比赛名单必须在该场比赛前交检录处。

7. 成绩申报

各年龄组项目的成人分龄世界纪录和全国纪录应记录到百分之一秒，可承认人工计时的成绩为世界、全国纪录，但也应记录到百分之一秒。

申报成人分龄世界纪录须按国际泳联规定的正式表格填报，并须在该项比赛结束后的60天内申报；申报成人分龄全国纪录须按国家体育总局游泳运动管理中心规定的正式表格填报，并须在该项比赛结束后的30天内申报。

8. 报名标准的制定

由国家体育总局游泳运动管理中心制定报名标准并组织实施，如有必要应考虑国际泳联和组委会的意见。

第二节 不同人群游泳指导特点

一、婴、幼儿游泳教学

婴、幼儿的游泳教学一直备受社会与家长的关注。很早就有人提出："婴儿在出生15天后，就可以开始练习游泳"，也有人主张"婴儿在学会走路前，就应先教会其游泳。"但在当时并没被社会重视，只有极少数人进行婴儿游泳练习的尝试，有组织、有计划、有具体教学内容的大范围的教学活动没有形成。20世纪50年代末，欧洲一些国家就有人进行了婴儿游泳训练的实验，如德国、法国对不满周岁的婴儿进行游泳训练，甚至有的人在婴儿出生后两个月即开始水中的实验性训练。实践证明：最好是在孩子打过第一轮预防针和满3个月以后，再去公共游泳池，否则婴儿容易被各种细菌和病毒感染。

20世纪80年代以来，欧、美、日一些游泳俱乐部就开始进行各种婴儿游泳教学的尝试。近年来，许多发达国家都相继建立了婴儿游泳学校，而且规模越来越大，数量越来越多，质量也越办越好。美国纽约州的罗伯特夫妇创办了一个婴儿游泳基地，每年有3 000多名出生仅3个月的婴儿参加游泳活动。日本全国的1 500个游泳俱乐部中的绝大部分都开设有婴、幼儿游泳班，采用各种各样方法进行教学练习。

1983年，上海市开办了全国第一个婴儿游泳训练班，人数达100多名，许多婴儿年龄都不满一周岁。此后，全国各地也相继开办了类似的学习班，参加婴儿游泳活动的人数也越来越多，深受家长们的欢迎。

现在，由婴儿进行游泳练习的尝试发展到母亲和婴儿同时进行游泳学习和游戏，从而使婴儿游泳这种单纯的生理健身活动发展为一种生理的、心理的、社会的三维健康活动。

在重视孩子早期全面教育的现代社会，身体素质作为全面素质教育的一个组成部分。婴、幼儿时期进行游泳运动对提高孩子的身体素质，促进婴、幼儿的生长发育，增进健康有着很好的效果。

(一) 婴、幼儿游泳的益处

婴、幼儿学习游泳对于开发儿童的智力，促进儿童的心理健康发展是极为重要的。婴、幼儿进行游泳运动与其他人群相比，有着非常特殊的意义与作用。

1. 智力发展方面

人类的游泳活动与动物的不同，人类游泳是一种有意识的活动。婴儿生下来就具有高级的感觉能力，对动作的理解和模仿是这些能力中的一种。研究证明，不会说话的婴儿能理解抽象的概念，并能分辨不同物体，婴儿还不会说话或不懂语言时，就能够思考了。同时，还有的研究结果表明，游戏会导致一系列生物学意义上的变化，从而使器官更为灵活有效。游戏可使脑重量加大，神经末梢发达，对儿童的发育、智力开发都有极大的意义，有多种玩具游戏经历的儿童，其后天达到的智力层次都比较高。婴、幼儿游泳练习中使用多种玩具进行练习，玩具的使用方法、技巧以及准备、整理工作都对婴、幼儿的智力发展有益。

2. 身体发展方面

婴、幼儿出生后处在一个快速的生长发育时期，需要内脏各器官和运动器官全面、平衡地发展。游泳运动与其他体育运动项目相比，其最大的优点是能使人体的心血管系统、呼吸系统、体温调节系统、骨骼肌肉系统等几乎身体所有各系统器官都得到改善与提高。同时，经常参加游泳的孩子在心理、智力发育方面，都有良好的表现，最突出的是表现在心理活动的敏捷性和灵活性上。科学研究表明，参加游泳锻炼的孩子，对光、声的选择反应所表现得快速、准确、灵活都大大高于参加陆上锻炼的孩子。因此，婴、幼儿参加游泳对提高其身体各项素质、各器官系统的功能与良好的生长发育都具有非常积极的作用。

游泳时可充分利用水环境帮助婴儿放松。实践证明，晃动能使人镇静、放松。每位父母都有用摇篮使烦躁的孩子安静下来的体会。晃动会使不安的婴儿感到舒服、安逸。年龄大一点的孩子会本能地用晃动的方法来安慰自己，水中练习的特定环境可以产生这样的效果。除此之外，游泳中的呼吸调节方法有利于提高孩子的吸氧量，增进呼吸系统的发育，加强肌肉的耐力。

游泳练习可使婴、幼儿体会水的特性，逐步适应水环境，消除对水的恐惧感，提高在水中维持平衡的能力，适应水对身体的刺激，提高身体对环境、温度变化的调节能力。游泳练习可提高婴儿动作的准确性、协调性，使婴儿身体的各部分肌肉得到锻炼，增强体力。

3. 社交方面

利用水环境能增进父母与婴儿之间的信息交流。家长学习如何在水中引导婴儿的过程也是和婴儿共同学习另一种“动作语言”的过程。非语言的交流，是婴儿开始了解父母和周围环境的重要方法。最初，婴儿与家长的信息交流都是通过身体动作，以及在不同场合重复这些动作来实现的，婴儿会从单纯的动作学习发展到“动作语言”。

由于水的自然特性，人在水中的动作比较缓慢、舒展。因此，在水中的动作就像宇航员在太空中一样，婴儿在这种环境下可以完成许多陆上不能做的动作。第一次把婴儿带到水中，彼此用“动作语言”进行交流的时候，婴儿就会在水中对教练或家长的需求做出协调的反应。儿童教育专家认为，信任是孩子成长过程中的一个极其重要的里程碑，是共同学习的基础。因而，通过“动作语言”来达到与婴儿的相互交流，同时通过这些动作来实现婴儿接受游泳学习，是非常有效的。

婴、幼儿与其他小朋友一起练习，也可以促进婴、幼儿社会性的发展，使婴、幼儿对其他参加练习者的谦让性逐渐增强，集体练习中协作心理及感情交流的愿望也会明显升高。练习中的快乐体验，有助于婴、幼儿对人际交往的兴趣的形成与发展，对婴、幼儿开朗活泼的性格形成起到积极的作用。

（二）婴、幼儿游泳练习

婴、幼儿的年龄从 0 至 6 岁，在这个年龄阶段，孩子的智力、体力与心理有着很大的差别。因此，在指导婴、幼儿游泳活动时，应该根据不同年龄阶段的特点区别对待。婴幼儿游泳教学应该从淋浴开始，这是他们熟悉水性的第一步练习。

1. 0～1 岁婴儿游泳的指导

水的适宜温度是婴儿感觉舒适的关键，游泳池的水温低于 30℃时，婴儿会很容易感冒生病。如果没有理想的游泳池，可以先在家中的浴盆里开始水中练习。

新生儿出生后视觉逐渐提高，两个月时多数都对亮度产生了感觉。水和周围环境的温度、声音和亮度，是使孩子感到舒适、安全的重要因素。在婴儿进行水中练习前，首先对于环境的安排要考虑周到，让婴儿感觉到游泳时的舒适感。创造游泳时的舒适感和增加婴儿对水的兴趣，对进行游泳训练是至关重要的。

婴儿独立参加练习的能力还不具备，最好是家长一起参加亲子游泳练习。如家长不参加时只能进行一对一的练习。练习可分为池边练习部分与水中练习部分。

（1）池边练习部分：拍手、拍身、踢水、“浇花”等内容。

① 拍手：家长抱着婴儿坐在池边，随教练的动作帮助婴儿在水上、水中击掌。

② 拍身：家长抱着婴儿坐在池边，随教练的动作帮助婴儿在水上、水中拍打身体。

③ 踢水：家长抱着婴儿坐在池边，双手握住婴儿的双脚，随教练的动作帮助

婴儿在水中踢水。

④“浇花”:家长与婴儿坐在池边,家长或教练用小水桶或喷壶向婴儿身上与头上浇水。

(2)水中练习部分:水中跳跃、水中漂浮、水中移动、水中呼吸、抛接练习、取玩具等内容。

① 水中跳跃:托住婴儿肋部让孩子头在水上,身体直立于水中,在水中上下移动。

② 水中漂浮:托住婴儿的下颌或胸部,让婴儿俯卧在水中,使嘴巴和鼻子露出水面,在水中做向前、向后的滑行移动。8 个月以上婴儿让其俯卧在水中,一手托住其胸部,一手抓住婴儿的脚跟,推其滑行,腰骶部基本露出水面,然后过渡到让婴儿自己滑行,但要注意保护,随时可以托起婴儿。

③ 水中移动:托住婴儿肋部让孩子头在水上,身体直立于水中,在水中左右移动。

④ 水中呼吸:托住婴儿肋部让孩子在水面模仿做水中呼气练习。此动作熟练后可做憋气练习。先做紧闭嘴巴的示范,然后把孩子的头全部浸入水中。先身体直立于水中,然后过渡到俯卧,头要全部没入水中。在水中的时间由 1 秒开始逐渐延长,不要超过 5 秒。

⑤ 抛接练习:托住婴儿肋部让孩子头在水上,身体直立于水中,教练与妈妈做抛接婴儿动作。开始练习时注意动作不要过大,头应露出水面。

⑥ 取玩具:在水面上放一些孩子平时喜欢的充气玩具,离孩子有一定距离,让孩子自己去取,在孩子欲伸手抓玩具时,可给一些帮助,此时,孩子的脸部可能浸水,但一定要使其抓到所喜欢的玩具。8 个月以上的婴儿可以把喜欢的玩具抛入浴缸底,让他自己潜水打捞喜爱的玩具。如婴儿在水下的时间超过 7 秒,还在寻找玩具,就要帮助他浮到水面上来。

以上动作要连续交替进行,一次课中可以重复多次。最好让孩子在妈妈、教练及同组练习的其他妈妈的保护帮助下完成练习。婴儿游泳练习的效果评定标准如表 7-2-1 所示。

表 7-2-1　婴儿游泳练习效果评定标准

内　容	评定标准		
	好	中	差
游戏的兴趣	兴奋,主动下水	反应一般,可做游戏	恐惧,可被动下水
游戏的持续时间(min)	>30	20～30	<15
动作的准确性	动作准确性高	帮助下可完成动作	帮助下基本能完成
动作的节奏感	与口令较好吻合	与口令基本吻合	与口令不太吻合

续表

内　　容	评定标准		
	好	中	差
观察后的模仿能力	基本可完成动作	可完成部分动作	大部分动作不能完成
头上浇水时的反应	兴奋，可主动做	一般，帮助下能做	恐惧，帮助下勉强做
水中的呼吸动作	能独立连续完成	帮助下能完成	帮助下只能完成一次
帮助下完成漂浮能力	动作正确	基本完成动作	不能完成动作
入水动作（脚先入水）	独立完成	帮助下能完成	不能完成动作
水中行走（带浮具）	移动自如	帮助下能完成	不能完成动作
有帮助的潜水能力	水中取物	完成潜水动作	不能完成动作

注：观察示范后的模仿能力，除固定练习内容以外的附加练习动作的模仿能力包括在内。

(3) 注意事项。

① 注意不要让孩子在水中保持静止状态，6 个月以下婴儿每次游泳的时间控制在 15 分钟以内。6 个月以上婴儿游泳时间可延长到 20～25 分钟，出水后，6 个月以下婴儿用大毛巾裹住孩子全身，并可喂少量糖水。6 个月以上婴儿要擦干全身，放在暖和的床上，休息 15～20 分钟，然后可以给孩子喂食。

② 6 个月以下婴儿游泳水温最好在 33℃～34℃，6 个月以上婴儿至少不应低于 32℃，室温应不低于 30℃。

③ 练习中或练习后，如婴儿脸色苍白或呕吐，一般是因练习中喝池水过多造成，以后的练习中应注意。

④ 如果不是一对一教学，每次课应有两名教练同时授课，助理教练在主教练的指示下完成各种辅助性工作。

⑤ 教学中应多使用适合于婴儿的音乐。池边与水中练习的动作最好制作成歌曲，教练边唱边示范的形式效果更好。

2. 1～3 岁幼儿游泳的指导

幼儿正处于吸收性思维的敏感期，也是肌肉和身体各器官的生长发育期，在心理上也表现出对外界事物有浓厚兴趣。所以，此阶段幼儿学习游泳比较容易。

幼儿学游泳，有条件时应该在专门为儿童建造的小型、浅底的游泳池内进行。水温在 32℃左右，不宜在低于 30℃的水中进行练习。浅水练习时水的深度在孩子的腋下，不宜过肩。每组人数一般不超过 10 人，应有两名教练指导，以防发生意外。

幼儿刚开始学习游泳，首先要有一个适应水性的过程。由教练或家长抱着下水，头部露出水面，体会水对身体的压力。在池内可以放一些玩具以提高幼儿的兴趣。通过 4～5 次下水，基本上就不怕水了，然后可以抱着幼儿在水中向不同的方向移动，往脸上、头上泼水，进一步消除幼儿的怕水心理。完全不怕水了，就可以做以下熟悉水性的练习：

① 拉着幼儿的双手或单手，在齐胸深的水中做向前、后、左、右的行走。

② 让幼儿面对池壁，两手扶池壁左右行走，逐渐过渡到脱离池壁的行走。教练或家长与其保持 1 米左右的距离，引导幼儿向前走。

③ 池中间拉一条水线，让幼儿走到水线处钻过水线继续向前走。

④ 托住幼儿的颈后部，身体仰卧，在有帮助的状态下做水中滑行。然后，使其俯卧，托住下颌或腋下，帮助滑行，滑行的速度由慢到快。

⑤ 深吸一口气，把头部没入水中，做憋气练习，憋气时间由短到长。熟练后，可以做水中呼气练习。在水面上深吸一口气，头部入水后，用嘴用力呼气，直至把气全部吐完头部才露出水面，此练习要反复多做。熟练后可在有、无帮助下做水下钻圈或从教练腿下钻过练习。

⑥ 让幼儿仰卧或俯卧，两腿与两臂并拢伸直，大人两手分别托住背部（或胸部）和脚跟（或脚背），让其深吸一口气后憋气，然后大人用力推其脚跟，使幼儿在水面上滑行。

⑦ 在齐胸深的水中，深吸一口气，低头、收腿，两臂紧抱两膝，使身体团成球形，背部向上，慢慢地身体就会球状般浮上水面。待气憋不住时，抬头，张臂，一腿前跨一步，站稳于水中。

⑧ 站立池边，两脚相距两拳宽，脚趾扣紧池边，在有、无帮助下做脚先入水的跳水练习。

⑨ 站立池边，两脚相距两拳宽，脚趾扣紧池边，低头、屈膝，臀部抬高，身体重心前移，两手握紧打水板做跳水练习。开始时由教练帮助，逐渐过渡到独立完成。

学会了以上这些练习，便已基本了解水性，然后再进行游泳技术教学。

3．3 岁以上幼儿游泳的指导

3 岁以上幼儿语言理解和模仿动作的能力都有很大的提高，针对他们的游泳教学可以从熟悉水性直接过渡到游泳技术教学。如进行比较系统的游泳教学，可以将教学分为多个教程，由浅入深、循序渐进。下面推荐一组 16 级教程（表 7−2−2）。

表 7−2−2　幼儿 16 级游泳教程

级别	教学内容	技术评定与达标
16 有浮具	水中呼吸、扶板爬泳打水、加呼吸爬泳打水、持板水上出发、仰面漂浮	达标：25 米打水（1 分 40 秒以内） 要求：踝关节放松、脚尖向内
15 有浮具	扶板加呼吸爬泳打水、持板从水上出发、仰面漂浮、两臂放于体侧仰泳踢水、在他人帮助下仰面蹬壁滑行出发	达标：25 米踢水（1 分 50 秒以内） 要求：身体姿势水平、脚尖向内

续表

级别	教 学 内 容	技术评定与达标
14 有浮具	扶板加呼吸爬泳打水、两臂前伸仰泳踢水、仰面蹬壁滑行出发、仰泳配合、仰泳出发	达标:25 米仰泳(1 分 40 秒以内) 要求:身体姿势水平、配合节奏正确
13 有浮具	浮板加呼吸爬泳打水、侧面打水、爬泳分解练习、爬泳配合、池边蹲跳出发	达标:25 米爬泳(1 分 30 秒以内) 要求:前交叉配合,呼吸动作基本正确,呼吸时手、臂动作不停顿
12 半浮具	池边鱼跃出发,爬泳、仰泳配合(浮具的浮力减半),两臂前伸爬泳打水	达标:50 米爬泳打水(2 分钟以内) 要求:身体伸直浮于水面、腿部动作基本正确
11 半浮具	仰泳完整出发,爬泳、仰泳配合(浮具的浮力减半),两臂前伸爬泳打水,两臂前伸仰泳踢水	达标:50 米仰泳踢水(2 分钟以内) 要求:身体伸直浮于水面、腿部动作基本正确、腿不下沉
10	仰泳完整出发,爬泳、仰泳配合,两臂前伸仰泳踢水,仰泳配合	达标:25 米仰泳(1 分 20 秒以内) 要求:身体伸直浮于水面、配合节奏正确、基本掌握高肘划水动作
9	仰泳配合、爬泳高肘划水动作、爬泳两面呼吸动作、爬泳配合	达标:25 米爬泳(1 分 15 秒以内) 要求:身体伸直浮于水面、呼吸动作、配合节奏正确
8	仰泳、爬泳配合,蛙泳蹬水,两臂前伸蛙泳蹬水,蛙泳划水,蛙泳配合,池边出发	达标:25 米蛙泳(1 分 10 秒以内) 要求:身体伸直浮于水面、呼吸动作、配合节奏正确
7	蛙泳、仰泳、爬泳配合,蝶泳打水,两臂前伸蝶泳打水,蝶泳划水,蝶泳配合,池边出发	达标:25 米蝶泳(1 分 10 秒以内) 要求:水上移臂动作对称、两腿同时打水、配合节奏正确
6	蛙泳、蝶泳、爬泳配合,仰泳踢水,仰泳配合,仰泳转身,仰泳完整出发	达标:50 米仰泳(1 分钟 25 秒以内) 要求:身体姿势、S 型划水动作基本正确、仰泳出发与滚翻转身动作正确
5	蛙泳、仰泳、蝶泳配合,爬泳抱水、划水、推水与移臂动作,爬泳打水、配合、转身,出发台出发	达标:50 米爬泳(1 分钟 20 秒以内) 要求:身体姿势、划水动作基本正确、出发台出发与滚翻转身动作正确
4	爬泳、仰泳、蝶泳配合,蛙泳水下动作,蛙泳配合、转身,出发台出发	达标:50 米蛙泳(1 分钟 30 秒以内) 要求:配合节奏、划水动作基本正确、出发台出发与转身动作正确
3	蛙泳、仰泳、爬泳配合,蝶泳臂、腿配合,水中耐力练习,转身,出发台出发	达标:50 米蝶泳(1 分钟 35 秒以内) 要求:配合节奏正确、出发、转身动作正确
2	蝶泳、仰泳、蛙泳、爬泳配合,个人混合泳与水中耐力练习,转身,出发台出发	达标:100 米混合泳(2 分钟 35 秒以内) 要求:配合节奏正确、出发、转身动作正确
1	蝶泳、仰泳、蛙泳、爬泳配合,个人混合泳与水中耐力练习,转身,出发台出发	* 在此阶段进行业余少年儿童游泳运动员选拔

注:此练习教程对 6 岁以上儿童也适宜,达标的标准可随年龄的增长逐年提高。

3 岁以上幼儿游泳教学的注意事项如下：

① 下水前，组织做娱乐性陆上徒手操，内容应结合幼儿的生理与心理特点，动作活泼，形式多样。

② 做示范动作时一定要慢慢做，反复做，让幼儿看清楚。

③ 幼儿在练习中常常会打逗或交谈。此时，教练可以引导其注意练习，不要粗暴地打断他们之间的交流，否则会影响其社交能力的发展。教练也应多用一些儿童语言指导练习。

④ 多用语言鼓励幼儿，尽量让幼儿独立完成动作，成功一次后应立即鼓励其再做一次，使技能得到巩固提高。

⑤ 对怕水的幼儿千万不可操之过急，严禁将其投入水中，应与其耐心交谈，多用鼓励的语言帮其消除恐惧感。有时可让其坐在池边观看他人练习或自由玩耍一段时间后再进行练习，可收到较好的效果。对调皮的孩子不要批评过多，可适当多安排一些练习，转换其注意力，还可加快学习的进程。

⑥ 沐浴室与池边严禁跑动，防止滑倒跌伤。

⑦ 水温最好在 30℃～32℃，至少不应低于 30℃，室温应不低于 25℃。

⑧ 教学课应有两名教练同时授课，在幼儿上厕所或出现其他问题时，既可保证练习又有助于提高安全性。必要时助理教练应在主教练的指示下完成各种辅助性工作。

二、儿童游泳教学

大多数人是在儿童时期学习游泳。因为儿童处于身体发育的阶段，学习游泳，不仅能促进身体的发育，更重要的是通过游泳教学，发现人才和培养优秀运动员。游泳教学阶段的主要任务是培养儿童对游泳的兴趣，提高身体健康水平，熟悉水性，学习四种泳姿出发转身的基本技术，发展柔韧性、协调性，为系统训练做好准备。

（一）儿童心理特点与游泳教学

初学游泳的儿童在游泳教学过程中表现出了强烈的心理活动特点，教师掌握了这些心理特点，就能充分利用，因势利导，加速游泳教学进程，提高教学质量。

儿童的心理活动与成人一样，主要受内因和外因的影响。

（1）内因：儿童天真活泼、喜欢运动、尊敬师长、互比高低、敏感、好学，有很强的活动能力和很好的模仿能力。

（2）外因：比赛激烈的竞争场面、运动员的成就和人能在水中游的现实都会增加儿童的学习欲望和自信心。在集体的影响下，也会产生责任感和荣誉感。

1. 儿童游泳教学过程中的感知特点

感觉和知觉是认识世界的源泉，是思维发展的直接基础。儿童感知的特点是视觉、听觉发育早，但感觉事物的目的性还不明确，无意识性和情绪性很大，主要表现形式是模仿性强，兴趣短暂、活泼好动。随着年龄增长，思维能力逐步提高。根据这些特点有以下几种教学方法：

（1）示范直观教法：示范是游泳最基本的直观教学方法。儿童的技术训练可以说是一种“模仿与重复反映”，为此，示范动作要规范，重点突出。示范要配合讲解、提示，使儿童的注意力集中在重点动作上，把对所学动作的理解与直观形象尽可能地联系在一起。采用正、误对比的示范方法可以使正确的动作概念得到强化。观摩游泳比赛是很好的直观教法。

（2）图像直接教法：图片、模型、幻灯等是图像直观教学的主要手段，采用这些方法，可以使儿童获得那些限于条件，不能直接感知的技术细节、技术特点。如组织观看游泳录像，利用图片分析技术，使儿童清晰地感知游泳动作的方向、路线、用力时间等本质及内在联系。

（3）语言直观教法：教学中语言应儿童化，要简练、生动、形象、具体。如吐气好似“吹泡泡”，蛙泳蹬夹腿好像“筷子夹菜”，仰泳鞭状踢腿是踢“水面上的皮球”等。

2. 儿童的注意力与组织教学

注意力是常见的一种心理现象，所谓“聚精会神”“专心致志”等是指人对事物集中注意力而言的，其生理机制是人的一种定向反射活动，在皮层相应区域产生优势兴奋中心。儿童的注意力比较容易分散。资料表明，年龄越小，注意力集中的时间越短。

注意力有自然发生的无意注意和需要有一定意志努力的有意注意两种，这两种注意不是截然分开的，可以相互转化。

（1）运用无意注意组织教学：实践证明，直观、生动、形式新颖的教学方法最容易引起儿童的注意。在练习时，注意方法手段的兴趣性及完成方式的变化来提高儿童的注意力。在练习中还要带有情绪色彩，根据游泳教学特点，可以组织一些竞赛游戏和有竞争力的活动（如强弱分组、泳道分级）等，吸引儿童的注意力。

（2）运用有意注意的规律进行教学：游泳教学与训练是一种枯燥、艰苦的劳动，要求儿童在单调、乏味和寒冷、紧张的情况下能够集中注意力，不受外界的干扰，这种要求对他们来说是较高的。因此，教员必须运用有意注意的规律进行教学。

明确学习目的和任务是贯彻有意注意的主要方法，如熟悉水性中的蹬壁滑行，可以提出达到 3 m 为及格，3.5 m 为良好，4 m 为优秀的成绩要求，这样儿童会有意识地去完成。有目标、有检查、有表扬、有鼓励地布置每一个练习，引导儿童对更高目标的向往和追求，这对培养儿童注意力是行之有效的。

教师的严格要求对控制儿童的注意力起重要作用。教师布置的练习应该是儿童力所能及的，但又不是轻而易举的。难度太大，会使儿童失去信心；过分简单，容易引起儿童不认真，只有恰如其分，注意力才会大大增强。

疲劳是分散注意力的一个主要方面，一个人疲劳时，难于控制注意力，因此对儿童的教学训练任务不能过多，负担量不能过大。

3. 儿童的记忆与复习巩固

记忆是人对经历过的事能够记住，并在以后再现（或回忆）或在重新呈现时能再认识的过程。它包括识记、保持、再认识或再现三方面。儿童的记忆特点是擅长形象的记忆和具体事实的记忆，方式是机械记忆，随着年龄增长，逐步过渡到抽象记忆和辩证记忆。

强化刺激的方法是复习巩固的主要方法。儿童学习游泳的过程中最大的缺点是技术不稳定，时好时差，反复多变。因此根据学游泳的规律，抓住重点，反复多练，起到巩固提高的目的；利用顺口溜、表象训练等方法达到巩固动作的目的。

要抓好基本功，不要追求进度，注意安排好练习时间的间隔，两次练习时间间隔短，有利于技术动作的掌握。如果两次练习间隔时间长，可以安排一些家庭作业，陆上模仿练习，以缩短下次练习的复习时间，顺利地开始新的练习。

4. 启发式教学

思维是人脑对客观事物间接的概括的反映。儿童思维发展的特点是由具体到抽象，从不完善到完善。在教学过程中，要善于启发、发展他们的思维能力，在讲解技术动作时，要进行提问，对技术动作要点进行强化。

5. 想象与教育

想象是在原有感性认识的基础上创造出新形象的心理过程。儿童是具体形象思维特别活跃的时期，少年时期的创造性想象逐步突出。利用儿童富于想象的特点，从小引导他们向英雄人物学习，要有正确的游泳学习动机，要有远大的抱负，树立为国争光的理想，引导他们把理想与实干结合起来，一步一个脚印，踏踏实实刻苦训练，走上成功之路。

（二）儿童游泳教学的注意事项

在儿童游泳教学的启蒙阶段，教学中最典型的问题就是儿童在学习游泳过程中的怕水心理。对于这种普遍的心理活动，必须采取有针对性的教学方法，尽快消除怕水心理，尤其是个别人的行为可以影响整堂课的教学效果和教学进度，教师对此要有足够的认识，要在教法上下功夫，要让儿童在愉快的环境中消除这种不良的心理。

(1) 教学步骤的安排要严格遵循由易到难的原则，每一个动作都要分解成几个部分，由最低难度开始，逐步增加练习难度，如果有一半的儿童不能完成这个练习，就说明这个练习的难度太大，应降低难度，或增加一个过渡练习。

(2) 运用相似技术教学原理安排教学手段，紧接着的两个教学手段，最好有一部分的动作是相似的，这样难度增加不明显，有利于动作掌握和巩固，动作之间互相渗透是安排教学手段的原则。

(3) 模仿练习是学习动作、改进技术的最好手段。可以利用陆上模范练习学习技术，明确概念和动作要点。在改进技术时可采用模仿与水上练习交替练习的方法，陆上练习的感觉有助于水上技术的掌握。

(4) 无论是深水还是浅水教学，使用辅助器材是提高教学质量、减轻教师劳动强度的好方法。在深水教学中，辅助器材是必不可少的。常用的辅助器材有浮背、浮带、浮袖、打水板等，浮背、浮带用于儿童，浮袖常用于幼儿。辅助器材有助于消除儿童的怕水心理，常常在熟悉水性阶段大量使用，随着儿童怕水心理的消除，辅助器材使用的种类减少，可能仅使用打水板。在改进动作时还可以使用辅助器材，可以降低难度，有利于正确地掌握和巩固动作。

(5) 对水有过度反应的儿童不要给予过多的照顾，因为现在的独生子女习惯被别人照顾，这时应采取冷处理，并用有趣的练习来吸引他们，用学得好的人来影响他们，而不要采用过激手段。

(6) 在练习的组织形式上，要把学习有困难的儿童放在自己教学位置附近或比较明显的位置上，一方面可以给他们一些学习的压力，另外还可以防止发生意外。

(7) 每次课结束前安排一定时间的个别辅导，对于学习有困难的儿童进行有针对性的教学。

(8) 精讲多练，数量是质量的基础，正确技术的培养需要多练。儿童时期新陈代谢旺盛，恢复快，除了必要的休息外，应安排满练习时间。但要注意各种手段的交叉安排，如陆上和水上，打腿和划手。

三、中老年游泳教学

游泳是世界上最受人欢迎的健身运动项目之一，它不仅有良好的健身与疾病康复的效果，还有不分男女、体质强弱、运动水平高低、老少皆宜的特点。

(一) 中老年人参加游泳活动的意义与作用

中老年人一般是指 40 岁以上的成人。40 岁开始，人体衰老的速度明显加快。年龄的增长引起人体各器官的老化是自然现象。体能下降，骨密度降低，听力减退，老年性疾病也开始出现。人类无法永葆青春，但是可以通过人类自己的努力延缓老化的速度，如改善生活的环境，特别是通过适度的体育运动和注意营养的摄取平衡，加上适度的休息就可以达到目的。70 岁老人看上去像 50 岁的人，这种现象并非罕见。

随着人们生活水平的不断提高，人们对物质、文化、健康水平及休闲娱乐的要求也在不断提高。家庭电气化的普及，使人的活动范围变小，饮食结构也起了变化，蛋白质、脂肪过多摄取，工作节奏加快引起情绪的紧张。这些都是导致肥胖、高血压、糖尿病等中老年人多发病的原因，阻碍着中老年人的健康。游泳锻炼可以减肥，降低体重，从而相对减小心脏负荷，稳定血压，降低血糖，这些均对冠心病的康复有利。游泳可以使心理和身体都尽量保持年轻，减轻更年期的不适，提高更年期生活质量，延缓老化，它是帮助顺利度过更年期的一项很好的活动。因此，为了满足人们对强身健体、休闲娱乐的要求，为有效防止疾病，增进健康，保持体力。根据自己的年龄与身体状况，中老年人适当参加游泳等体育活动是十分重要的。

（二）适宜参加游泳练习的条件

游泳虽具有不分男女、体质强弱、运动水平高低、老少皆宜的特点。但患有严重的高血压与心脏病、耳鼻喉病、皮肤病、性病以及精神病等病症的人，不适宜进行游泳练习，疾病痊愈才能参加锻炼。

患有轻度高血压病、心脏病、糖尿病以及更年期综合征、颈椎、腰椎、关节疼痛等疾病的中老年人都可参加游泳练习，并在练习中可以取得良好的健身效果。

（三）中老年人的游泳指导

中老年人参加游泳活动的目的各有不同，但不管是为了参加成人游泳比赛，还是为了满足个人的兴趣或病后的康复等，都是为了增进健康。为了达到这些目的，指导中必须注意以下问题。

中老年人游泳锻炼时，必须根据年龄和身体状况，科学、系统地安排练习内容。刚开始学习游泳的中老年人，应从熟悉水性开始，练习时安排一定的休息与适当的水中游戏，有益于掌握练习的节奏和消除怕水心理。对会游的人适当安排练习计划，以达到改进游泳技术和增加游泳距离的目的，提高心脏、血液循环系统机能的效果主要取决于对锻炼的时间与距离的合理控制。

中老年人在进行游泳活动时，游泳的距离、强度都应科学、严格地进行控制。游泳练习中要随时掌握自己的身体反应和变化。测试心率是最容易掌握的方法，机体活动时心率的变化最容易反映出运动负荷及强度对人体的影响。测试心率可以测手腕上的腕动脉，也可以用手掌按住胸口部位或用食指按颈动脉，记录 10 秒内的脉搏次数，然后乘以 6 即得出 1 分钟的脉搏数，并以此来检查运动负荷及强度的大小。

中老年人进行游泳锻炼绝大多数是为了增进健康和体力。根据资料表明，以此为目的的游泳锻炼，按60%的运动强度游泳时的心率是最适宜、最安全的。

身体虚弱者最好不要超过适宜的运动强度，妇女则应根据自己的具体情况，合理控制运动强度。

(四) 中老年人进行游泳活动的注意事项

(1) 初学游泳的中老年人，参加游泳锻炼前一定要进行身体检查，体检合格者才能参加练习。

(2) 初学游泳的老年人，为保证安全，最好有人陪伴或参加游泳学习班练习。

(3) 游泳前要认真做好陆上准备活动，使身体各部器官都得到活动，特别是四肢各关节的活动一定要充分，使身体感到有暖意。

(4) 进入游泳馆后，由于馆内与室外温差较大，应注意防止头晕及休克，不要急于下水。身体有汗时应该擦干身体后再下水游泳。

(5) 下水游泳时游速要由慢到快，慢慢提高运动强度。游泳时一定要量力而行，每次一般以30～50分钟为宜。

(6) 游泳完毕上岸时要及时擦干身体，不要在风口处停留，以免感冒。

(7) 如果游泳后还要进行日光浴，则选择在上午10:00—11:00、下午3:00—4:00为宜，并擦抹防晒油。

(8) 在自然水域进行游泳时一定要了解水的深度、水下情况、涨落潮的时间，最好在缓流河的上游游泳。

(9) 最好每次按规定的时间进行游泳锻炼，形成规律。

(10) 冬季游泳时为防止散热过多，应尽力减少上下水次数。上岸后，应立即擦干身上的水，穿上拖鞋、浴衣或披上浴巾保暖。

(11) 中老年人最好选择平底的浅水池进行游泳练习。水温为30℃左右，气温不低于25℃。

四、残疾人游泳教学

(一) 游泳运动对残疾人的康复作用

残疾人游泳是指个体的人在生理、肢体等方面有功能性障碍，通过参加游泳活动改善身体机能的运动。参加游泳运动可以帮助残疾人突破局限和障碍，融入社会、增强体质、康复健身。已故日本著名康复医学专家、体育家中村裕说："残疾人体育运动不仅仅是为了比赛，它的主要目的是通过体育运动把残疾人从病房和家庭中解放出来，走向社会，享受与健全人同等的待遇。"

在残疾人的康复治疗中，除了用医学手段进行前期治疗外，残疾人后期的康复训练会持续很长时间，甚至将伴随残疾人的一生。在后期康复训练中以文体疗法、运动疗法、物理疗法和作业疗法最常用，这几种疗法均涉及应用游泳和水疗技术进行康复。由此可见，游泳运动对残疾人康复是有积极作用和显著效果的。

此外，由于游泳康复是在“水环境”中进行，不仅可以防止重力造成的再次受伤问题，还能利用水具有流动性的特点，缓解患者康复中的疼痛，效果明显。所以，游泳是唯一对各种障碍者都适宜的运动项目，包括肢体障碍、视力障碍、脊椎损伤、智力障碍等。

游泳运动对肢体障碍类别的偏瘫、脑瘫、脊髓损伤、神经肌肉疾病有良好的身体康复效果。在心理康复、社会适应的康复作用方面，游泳运动对肢体障碍类别、智力障碍类别、听力障碍类别、视力障碍类别都有较好的效果。游泳运动对各残疾类别的康复效果如表 7－2－3 所示。

表 7－2－3　游泳运动对各残疾类别的康复效果

残疾类别	康复作用
肢体障碍（偏瘫、脑瘫、脊髓损伤、神经肌肉疾病）	运动功能、手部功能、生活自理、心理康复、社会适应
智力障碍	运动能力、语言交往、生活自理、自控能力
听力障碍	运动能力、心理康复、社会适应
视力障碍	心理康复、社会适应

（二）各类残疾人参加游泳康复训练的基本原则

（1）安全第一原则。残疾人先天或后天各种原因导致身体行动不便，因此不能再因为参加游泳锻炼不科学而造成二次伤害。残疾人体育的本质就是帮助残疾人克服身体、心理障碍，进行身体功能康复和融入社会，达到“参与、平等、共享”的目的。由于游泳是在水中进行，所以安全显得尤为重要。

（2）重在参与原则。开展残疾人体育，重要的不是比赛成绩如何，而是在于参与。

（3）个别对待原则。通常，残疾人不仅缺乏运动实践，更缺少在水中的体验，特别是在初次参加游泳活动时，一定要在指导员的监督或陪同人员的协助下（一对一）进行，沿着游泳池的阶梯缓慢入水和出水，同时要教会他们如何保障自己的安全和发生意外事件时呼救的方法。

（4）趣味性原则。参加游泳康复训练是个长期的过程，单一枯燥的训练方法会使他们感到厌烦和痛苦。在组织游泳教学训练过程中，首先应考虑游泳训练的多样化和趣味性，保证练习者对游泳运动产生和保持兴趣。

（5）适应性原则。适应性原则是指教学与训练应根据残疾人的具体情况进行调整。在实际训练中体现在对游泳练习内容和方法的选择、场地变化、游泳辅助器械利用以及训练量和强度的调整等方面的考虑，以适应他们的需求。

（6）特异性原则。特殊的训练负荷能产生特殊的反应。一般训练都是在为特殊的训练做准备，利用残疾人的身体障碍特点进行训练，以期获得特殊的训练效果。

（7）水陆结合原则。与普通人学习游泳一样，先采用陆上模仿练习，再入水实践，活用水陆结合、陆为水用的原则。

（8）全面训练原则。全面发展残疾人身体各个部位、各器官系统的机能，发展各种身体素质（柔韧、灵敏、速度、力量、耐力、协调等）和身体活动的基本能力，做到身心均衡发展。

（9）合理负荷原则。负荷过小，对身体康复的作用不大；负荷过大，会伤害身体，只有适宜的运动负荷，才能有效地增强体质，提高健康水平。同时，身体具有适应逐步提高训练负荷的能力，适当提高训练负荷可改善总体健康状况，促进运动能力的提高。

（三）各类残疾人初学游泳的基本内容与步骤（表 7-2-4）

（1）入水前各种指导。游泳指导员首先对残疾人进行游泳下水前的安全教育和游泳环境介绍，游泳用具的准备以及水中各种自救的基本知识讲解。

（2）适应水环境。遵循适应性原则，指导员带领残疾人逐步湿身、入水，让他们习惯水环境。

（3）掌握呼吸技术。通常采用陆上模仿、陆为水用的方法，先让嘴部入水，再让鼻子入水，最后让整个脸部全部入水。通过各种练习呼吸的游戏活动逐步掌握水中呼吸技术。

（4）掌握水中平衡技术。由于人在水中会受到浮力以及水的流动性影响，残疾人不能像正常人那样可以利用四肢的变化获得身体平衡，他们可能缺少肢体或肌肉力量，不能自如地控制四肢的活动，造成他们在水中平衡能力受到限制，很容易发生意外事故。因此，指导重点应放在控制身体在水中的平衡技术。

（5）掌握水中滑行技术。在掌握了水中呼吸、水中平衡和水中自如站立的技能后，开始学习滑行技术，为学习下一步游泳技术打下基础。

表 7-2-4　各类残疾人初学游泳的基本内容与步骤

第一步 熟悉水环境	第二步 掌握基本技能	第三步 水中自如活动
入水前安全知识指导	扶池边行走、相互拉手行走	水中蹬池底“鱼跃”
戏 水	扶池边换气、掌握水中呼吸技术	水中上下沉浮（俯浮或仰浮）
洗脸、用手拨水	团身漂浮、展体、站立	潜水

续表

第一步 熟悉水环境	第二步 掌握基本技能	第三步 水中自如活动
用脚打水、踢水	扶池边漂浮、滑行	俯卧漂浮滑行
水中吹泡泡	水下睁眼猜拳、水下拾物	仰卧漂浮滑行
	水中各种游戏	水中各种游戏

(四) 各类残疾人游泳康复训练流程

1. 判断能否参加游泳运动

很多残疾类别都有严重的并发症，而这些并发症将会对患者在水中的活动产生严重的影响，甚至会危及患者的生命，故在进行训练前要详细了解训练对象的病史情况，或者让康复对象到正规医院请医生进行检查，开出能否参加游泳运动的证明。

不适宜参加游泳运动的情况：

① 有严重的器质性疾病(先天性心脏病、脑水肿、颅压高、肝肾功能不健全、精神病)或同时患有慢性传染性疾病。

② 神志不清、行为怪异或不能控制，在游泳过程中易发生意外的患者。

③ 各类疾病急性发作期，慢性病恶化期，各类传染病。

④ 肺功能不全，慢性非特异性肺病。

⑤ 癫痫，突发性失忆，间歇性的痉挛。

⑥ 大小便失禁，咳痰过量。

⑦ 被诊断有寰枢椎不稳定的唐氏综合征的特奥运动员不得参加蝶泳比赛。

⑧ 唐氏综合征患者比赛开始时不得以前跃式入水(即头部不得先入水)。

2. 建立档案

在进行技术教学和训练之前，要先进行准备工作。训练指导人员在制订训练计划之前，要全面了解康复对象的情况，确定运动员档案的基本信息。

康复档案是康复训练工作规范化的重要措施之一。需要填写的内容有家庭基本信息、残疾状况、致残原因，是否伴有其他残疾，既往的医疗和康复状况。

3. 初期评估

训练指导人员第一次接触康复对象，评定的重点是向家属全面了解康复对象的历史和发育情况，了解康复对象的日常生活和功能状态。通过医疗机构全面评价康复对象的功能状况，为选择康复训练的重点范围和制定训练目标提供依据。

4. 制订训练计划

制订训练计划是根据康复对象的障碍情况对未来的训练预先做出理论设

计，是康复训练过程中的一个重要环节。游泳康复的终极目标是使康复对象回归社会、享受生活，但是游泳康复对象的障碍原因、障碍类别、障碍程度和个体差异都很大，所以每个个体最终能够达到的康复水平会有很大的差别，康复目标不可能对所有康复对象都是一致的。所以制订训练计划要有针对性。

因此，在制订训练计划时，总体目标不是使每个康复对象都达到正常，而是运用游泳的练习方法，最大限度地提高康复对象的独立生活能力。要达到此目标，在制订训练计划时，应根据时间的长短、目标的递进，安排切实可行的训练内容。

5. 技术教学

技术教学是指康复对象在不会游泳的情况下，经游泳指导人员进行游泳教学。在技术学习阶段，游泳指导人员必须对将要进行的教学内容非常熟悉，在课前要非常清楚地给康复对象进行讲解，让康复对象知道将要进行的学习、练习内容和重点、难点。在技术教学的时候，游泳指导人员要有耐心，一次课不要安排太多学习内容或给予太多压力。

在技术教学时，根据康复对象的障碍程度和类别选择首学泳姿，一般来说，对障碍程度较重的对象进行教学时，宜首选仰泳进行教学。不同类型残疾人适合学习和锻炼的游泳项目如表 7-2-5 所示。

表 7-2-5　不同类型残疾人适合练习的游泳姿势

残障种类		爬泳	仰泳	蛙泳	反蛙泳	蝶泳
肢体残障	上肢	+	+	−	+	−
	下肢	+ +	+	−	+	−
肌肉障碍		−	+	−	+	−
大脑损伤		−	+	−	+	−
内脏损伤		−	+	−	+	−
视力障碍		+ +	+	+	+	+
听力障碍		+ +	+	+	+	+
学习能力障碍			+	+	+	+
智力障碍		+	+	+	+	−
心理障碍		+ +		+	+	+
综合障碍		+	−	−	+	−

注："−"表示不宜参加；"+"表示可以参加；"+ +"表示非常有效。

6. 康复训练

参加游泳康复训练是指患者已基本掌握游泳的呼吸技术、水中自救技能，并已学会至少一种泳姿，确保患者在泳池内游泳不会发生安全事故的前提下进行的练习。

对于视力障碍、听力障碍和肢体障碍中的截瘫类的康复对象，在本阶段的训练就是提高康复对象的技术水平，系统提高康复对象的身体机能和运动能力，还可以为参加比赛做准备。

对肢体障碍类的偏瘫、脑瘫、脊髓损伤、神经肌肉疾病的康复对象，本阶段是康复效果的最佳时期，康复对象已经熟悉水性，可以采用至少一种泳姿游泳。本阶段主要是系统进行康复训练，训练中要做到：第一，在训练中尽量利用康复对象功能较好的肢体，采用对称运动带动功能较差的肢体。第二，要针对康复对象的主要障碍进行训练，如康复对象是痉挛型的脑瘫患者，步态呈剪刀步，则在康复训练中应多安排腿部的训练。第三，在选择康复对象主要康复部分时，应以生活中应用较多的关节或肢体的粗大功能为首选。

7. 中期或末期评估

很多残疾是无法完全治愈的，其康复是一个非常漫长的过程，甚至将伴随康复对象终生。从这个意义上说，康复是没有末期的。这里的中期或末期评定是指在一个比较集中和强化康复的阶段结束时进行的评定。

中期或末期评定也要针对希望解决的问题重点评定，看是否达到了预期效果。同时，还需要对康复对象进行全面的评定，了解康复对象目前的状态，为将来的生活和下一步康复训练提供建议。

（五）各类残疾人游泳教学的注意事项

1. 智力障碍者游泳教学注意事项

（1）在智障者的游泳教学中，应注意在训练过程中逐渐从直接帮助改进为简单的信号提示，直至最终不作任何提示和帮助。

（2）在技术教学环节，多做陆上模仿练习。对学习较慢的康复对象要分步多次强化指导。

（3）对不能保持专注力的康复对象，要采用短时间一对一地讲解和练习。

（4）对智力障碍的康复对象采用积极的强化法手段（如口头表扬、物质奖励等），进行巩固训练时，要注意选择合适的强化手段。

2. 肢体障碍者游泳教学注意事项

（1）在进行游泳训练过程中，凡是康复对象能独立完成的活动，都不要主动去帮助他完成，以免过度关注引起肢体障碍者的反感。

（2）在与坐轮椅的康复对象交谈时，如果时间超过 1 分钟，训练指导者最好采用蹲姿与其谈话，此时双方的目光应保持在同一水平线上。

（3）不要倚靠肢体障碍的轮椅或者其他辅助设备，不要拍轮椅使用者的头或肩，不要用居高临下的方式向他表示友好，在给坐轮椅康复对象讲解的时候，要站在他们看得见的地方。

(4) 给肢体障碍者打电话时，电话铃声要多响几声，便于对方接听。

(5) 在进行游泳训练时，应把康复对象的轮椅和辅助器材妥善放置，既要方便康复对象使用，又要保证轮椅和辅助器材不会被泳池中的水弄湿。

3. 听力障碍者游泳教学注意事项

(1) 在上课前，见到听力障碍康复对象时，应提前微笑着打招呼。在交流过程中多注视他的眼神和手势，如看不懂他们的手语，可进行笔谈或短信交流，用语要直截了当，避免用晦涩、幽默或说反话等方式与他们交流，以免引起误会。在任何时候，诚恳与微笑都是与听力障碍康复对象沟通的根本。

(2) 为方便与听力障碍康复对象交流，应当学习一定的日常手语，但要注意手语的准确性和表情的配合，比如“等一等”和“活该”的手语近似，打得不准确就容易让人误解。

4. 视力障碍者游泳教学注意事项

(1) 在进行视力障碍者游泳教学时，注意语调应诚恳而平和，切勿突然大声，以免惊吓到康复对象。在训练之前应带视力障碍者熟悉训练环境，用简单易懂的语言，把周围的情况详细介绍给他们。

(2) 在距离视力障碍者一两米远时，首先应有一个声音提示，让其知道你在附近，然后再进行交谈。

(3) 如果是和多位视力障碍者在一起，要告诉大家你是谁。注意在与一位视力障碍者交谈时，要使对方明确谈话指向，应表明自己正在与谁说话。当你离开时，需告知与你说话的视力障碍者。

(4) 对于低视力的障碍者，他们有一些残存的视力，在光线较好的环境中，他们的活动是可以自理的，不需要训练指导者过度关心或关注。

五、孕妇游泳

在怀孕期间进行游泳锻炼，已被世界上许多国家的妇女所接受。在地中海沿岸与佛罗里达等欧美温暖海岸地区，经常能看到许多孕妇挺着大肚子游泳的情景；在日本，女潜水员怀孕后坚持潜水，她们产前与产后身体状况良好，这一情况很早以前就引起了医生们的注意。然而在中国，由于受传统观念的影响，大多数的孕妇还不能够接受，只有在我国的一些大城市，不少孕妇开始在专业人员或医生的指导下进行游泳锻炼。

1. 对孕妇游泳的新认识

长期以来，一种带有普遍性的观点认为，由于游泳池水温较冷，所以孕妇不能游泳。而事实上，孕期进行适当的游泳运动，不仅让孕妇身体好，而且有利于胎儿的发育。

在妊娠初期，由于胎儿处于不稳定状态，孕妇容易发生孕期特有的异常状况。但怀孕 15 周后，由于荷尔蒙分泌趋于稳定，胎盘与胎儿也处于安定状态，适当进行游泳锻炼，会有利于胎儿的发育和分娩。这是因为在陆地上活动受限的孕妇可以利用水的浮力，比较轻松地活动身体。另外，由于水的流动有按摩作用，能促进血液循环，增进新陈代谢。在水中，孕妇像是在充满弹簧的软环境中，腹部的重量将得到支撑。在此环境中进行全身运动，会有爽快的感觉。

2．孕妇游泳的目的及意义

孕妇参加游泳活动能增加心功能、心输出量、肾和子宫的血流量及肺的换气量，使腰腹部、腿部的肌肉得到锻炼，增强了体质，有利于正常的分娩。苏联的科学家曾经做过一个有趣的实验，他们不仅定期组织孕妇参加游泳，还让孕妇在游泳池中分娩，结果孕妇的分娩都十分顺利。2004 年，我国首例怀孕期间进行游泳练习的孕妇在水中顺利分娩，这充分说明孕妇进行游泳锻炼不仅能增强体质而且有利于分娩。除此之外，孕妇参加游泳活动还可以达到以下几个目的：

（1）怀孕 4 个月后，孕妇肚子逐渐变大。脊柱、骨盆容易出现疼痛。游泳时身体姿势改变、肌力增加，可以改善局部的循环状态，所以孕妇参加游泳活动可以达到预防怀孕期间腰痛的目的。

（2）怀孕后，孕妇下半身会有淤血，会引起懒倦、下肢水肿、痔疮等症状发生，孕妇经常参加游泳活动，可以达到改善以上症状、减轻妊娠反应的目的。

（3）在怀孕期间，为了使胎儿能够更好地发育，孕妇需要摄入足够的营养和补充大量的能量。游泳活动可以大大提高脂肪的代谢率，燃烧多余的能量。因此，孕妇可以通过游泳锻炼达到保持身材的目的。

（4）孕妇游泳时，在水中的呼吸运动和肌肉用力等情况与分娩时的情况很相似，因此，游泳锻炼对孕妇最大的好处是有益于缩短分娩过程和降低难产发生率，这对孕妇顺产和产后恢复具有现实意义。

（5）孕妇在怀孕期间精神上承受着一定的压力，有时会出现烦躁的情绪，这种精神状态会对胎儿产生不良影响，而在水环境中，孕妇精神较易彻底地放松，可以帮助其在精神和心理上得到安定感，有助于胎儿发育。

3．孕妇游泳练习步骤

孕妇进行游泳锻炼，要把安全放在第一位。一般情况下，应有家人、朋友的陪伴或者游泳指导员的指导，使其能在水中无危险地、放松地进行游泳活动。孕妇游泳的练习内容，应根据个人的游泳熟练程度与怀孕时间而定，没有固定的模式，以下介绍标准的练习步骤。

(1) 测定与诊断:首先应对孕妇进行健康诊断,看其食欲、睡眠、背痛、腰痛与腹部状态等是否正常。如果无异常,可以根据个人情况制定练习内容;如果有异常,应当终止运动。

(2) 入水前淋浴:先从离心脏远端的手与脚等部位开始淋浴;在洗净身体的同时适应水温。

(3) 水中准备体操:对于孕妇来说,在游泳池边滑倒是非常危险的,因而准备体操应该在水中进行。在水中即使摔倒,水的浮力会使孕妇不受到伤害,浮力还会使其动作变得轻松,全身的肌肉与关节变得松软。此外,水的流动将促进血液循环加快,对孕妇呼吸的调整有帮助。

(4) 自由泳:在四种泳姿(蝶泳、仰泳、蛙泳与爬泳)中,爬泳的速度最快。但是孕妇进行快速运动是违反练习原则的,应该根据自己的体力情况慢慢游。由于爬泳练习使肩部与胸部肌肉运动强度增大,能促进胸部的血液循环,对母乳的产生有积极效果。另外还可以强化腹式呼吸,从而避免阵痛。在练习中需要不断划手与打腿,这样能够体会肌肉紧张与放松交替的节奏感,同时对全身的血液循环起到良好的促进作用。

(5) 仰泳:仰泳的姿势正好与爬泳相反。许多人会爬泳,但是不会仰泳,其原因是不会使身体放松,这样就不能很好地保持平衡,所以身体会下沉。孕妇应采用拉玛泽(lamaze)呼吸法(孕妇通过腹式呼吸练习来帮助婴儿出生的方法)进行放松练习。仰泳与爬泳一样可以使乳房的血液循环加快,还可以提高腹部的肌肉力量。

对初学者进行仰泳指导时,指导人员应用手托扶学习者背部,或让学习者两脚放在水线上,背部放在打腿板上,体会身体在水面仰卧的感觉。对于会游者,应慢慢调整好呼吸,尽量以放松的状态进行练习。

(6) 拉玛泽(lamaze)呼吸法练习:从理论上讲,自然的分娩是最理想的。孕妇产前不安是很正常的,这种不安有时会带来阵痛,要想办法消除这种不安,尽量使孕妇接近自然分娩状态是拉玛泽考虑的问题。

法国妇产科医生拉玛泽运用巴甫洛夫条件反射的原理,研究出了一种无痛分娩方法——以呼吸为主来解除疼痛。从理论上讲,使疼痛完全消除是不可能的。此方法主要是根据阵痛的节奏进行呼吸,使疼痛程度降低,同时将新鲜氧气输送给胎儿。

拉玛泽呼吸法有四个内容,根据阵痛的节奏进行呼吸。

① 双手扶浮板,仰卧于水面,身体放松进行“准备期”的呼吸练习,进行这种拉玛泽呼吸法练习,会有一种神圣的感觉。随着“吸、吐”的口令反复进行呼吸练习。用嘴进行吸气,用鼻子吐气。

② 将两腿放在水线上，背部放在打腿板上，进行“进行期”的变速呼吸练习、“急速期”的急速呼吸练习与“产期”的憋气用力练习。但憋气用力练习只需体会一下感觉。

③ 练习后俯身在水中放松，体会自身控制阵痛的能力，以使今后的分娩顺利。

④ 池底坐禅呼吸练习。在 1 米左右水深的池中，两人一组，A 以坐禅姿势下沉水底闭气，B 站立水中双手压住 A 的双肩防止 A 上浮，指导员根据孕妇的闭气能力，大声数数，当 A 感觉闭气困难时，用手拍 B 以示需要松手并从水中站立起来。这种呼吸练习有益于提高“产期”的憋气用力能力。

(7) 出生游泳法。出生游泳法是以仰卧的姿势游蛙泳，这是一种结合胎儿产出的专门辅助方法。作为女性，仰卧、两腿分开的姿势会觉得有些不雅观，甚至会感到难为情。但是，这种练习对孕妇来说是很重要的。根据产科医生的经验，在分娩时两腿没有充分地分开会导致分娩时间延长。出生游泳法是通过练习使孕妇适应两腿分开的姿势，以便防止临产时出现紧张情绪。由于是在水中进行练习，浮力减小的负重，因此要比陆上练习来得轻松。

(8) 蝶泳。让孕妇练习四种泳姿中最难的蝶泳，会使大家感到吃惊。但这只是在孕妇游泳的高级班中对个别人进行的，其主要目的是减少腰痛症状的发生。蝶泳练习时腰部不断运动，对提高骨盆的灵活性有帮助。对初学者来说，应该在指导员用手托住腰部进行保护的情况下练习。

(9) 水中体操与整理运动。在约 1 小时的练习结束时，孕妇应该在水中进行短暂的休息，然后进行水中“坐禅练习”。临产时需要憋气用力，此练习的目的是帮助孕妇掌握临产时的憋气用力方法。

此外，如果胎位不正，可以在水中纠正胎位，但是一定要在医生与指导人员的指导下进行。

(10) 检查与淋浴。与入水前相同，游泳结束后，应接受医生与助产士的检查，然后进行淋浴。因游泳池里的水需要消毒，所以水中放有漂白粉，孕妇淋浴时务必将皮肤与眼睛洗干净。

以上是孕妇游泳的基本步骤与方法，曾在日本进行过 10 年孕妇游泳指导的多摩川游泳俱乐部的田中数雄先生有以下观点：孕妇游泳对于妊娠、分娩以及产后都有非常大的影响。一般分娩最后阶段所需要的时间为 15～20 分钟，而进行过孕妇游泳练习的人平均只需 6～8 分钟就能轻松完成分娩。

4. 孕妇游泳的注意事项

(1) 孕妇进行游泳的理想时期是从怀孕 4～5 个月时开始。应先与医生商量，获得许可后再进行练习。怀孕晚期，为避免羊水早破和感染，应停止游泳运动。此外,有流产、早产、死胎病史及阴道出血、腹部疼痛,症状或患有妊娠中毒症、心脏病的孕妇,都不适合游泳。

(2) 要注意选择合适的游泳场所。

① 适合孕妇游泳的水温为30℃±1℃,与婴儿适宜游泳的水温相同。水温低于28℃,对腹部有不良影响,甚至导致早产与流产等现象发生。如果水温超过32℃,血管舒张,身体的热量难以散发,人容易头昏。

② 由于孕妇对细菌的抵抗力较弱,因此水质必须达标,否则可能引发妇科炎症,一旦用药治疗可能会对胎儿发育造成影响。

③ 注意防止别人撞到、踢到孕妇的肚子。

④ 为避免以上情况的发生,孕妇游泳时应注意选择对水温进行严格管理、水质干净且泳客不多的游泳池。

(3) 孕妇进行游泳活动的理想时间是上午10:00至下午2:00,并且必须在进餐2小时以后进行。晚上至清晨人体内脏负担很重,不适宜练习。以每周练习2～3次较理想。

(4) 孕妇游泳时应有人陪伴。时间一般不宜超过1小时,大致游400～500米即可,不要勉强进行练习,要轻松、愉快地进行练习。游泳前要做好充分的热身运动,避免跳水和剧烈的运动。

(5) 孕妇还需要注意防止运动不足。如果认为参加了孕妇游泳练习就可以不必再进行其他运动,那是错误的。仅仅1小时的运动是不够的,可以做一些轻体力的家务劳动进行补充,否则运动的效果将会降低。

(6) 不是只在怀孕期才参加游泳练习,产后也要积极进行锻炼。游泳是终生运动项目,在怀孕期养成的运动习惯,只有持续保持下去才会获得更好的效果。

第三节　其他水中练习方式

一、水中健身活动

水中健身是人类为了达到身体健康、增强体质、促进伤病后康复、塑造体形或休闲娱乐等目的,利用水环境的特点,在水中进行的各种形式的锻炼活动。它广泛应用了运动解剖学、运动生理学、运动医学、流体力学、运动生物化学、运动心理学等方面的科学理论指导锻炼,通过练习提高肌肉力量、肌体柔韧性,改善心血管系统、呼吸系统等器官机能,具有很高的强身健体、康复医疗作用,同时还可以促进人与人之间的交流，达到陶冶情操、休闲娱乐的目的。

陆上体育活动是人类进行身体锻炼的主要形式，并具有良好的健身效果。但是，人们逐渐发现，利用水的特性，在水中进行各种练习不仅具有避免陆上运动损伤的效果，同时还具有康复病痛的作用。因此，众多种类的水中健身练习在世界各地迅速发展起来。

国外水中健身活动的发展已经历经了几十年，现代水中健身内容有水中有氧练习、水中柔韧练习、水中肌肉力量练习，练习方法包括水中行走、跑步、跳跃、游动、上肢运动、全身运动等。这些相结合形成了目前的以水中健身操、水中减肥、水中康复、水中娱乐等为主要内容的锻炼项目。

游泳活动在中国受到广大群众的喜爱。近年来，随着游泳教学班的频繁举办，游泳人口的大幅增加，人们在水中的活动有了更丰富的需求。为推动水中健身活动在全国范围内开展，满足广大群众的需求，更好地利用水中活动来强身健体，拓宽游泳馆（池）新项目，国家体育总局游泳运动管理中心自 2001 年开始每年举办一至两期水中健身教员培训班，至 2009 年已培养了 11 期水中健身教员，共 700 余人。水中健身教员的队伍正在逐步扩大，并活跃在全国各地的水中健身场所，为推动水中健身活动在全国范围内开展作出了巨大的贡献。

（一）水中健身的特点

1. 水中活动时肌肉、骨骼系统的特点

（1）水中运动身体受到的震动和冲撞少：水的浮力使人们既能够保证较高的运动强度，又可以防止因震动冲撞导致的运动伤害。因为膝关节疼痛或肘关节疼痛而难以完成平时在陆地上进行的运动，都可以改在水中练习。利用水的特性，克服水的阻力来达到提高体能的目的，同时还能有效避免损伤。

（2）失重可减轻关节的负荷：当在齐肩深的水中运动时，人们将体验到 90% 的失重感觉。也就是说，体重为 100 千克的人，在齐肩深的水中体重大约有 10 千克，大大减轻了承重关节的负荷。因此，水中健身是非常安全的健身方式。

（3）水中健身活动以肌肉的动力性工作方式为主：进行水中健身活动时，肌肉多采用动力性工作方式，克服水的阻力。但由于水的流动性，肢体在动作过程中遇到的阻力会随着水的流动以及肢体对水的角度而改变。因此，进行水中健身活动时，肌肉收缩既有长度的改变，也有张力的增减，与陆地上的等张收缩不同。所以，进行水中健身练习既可以增大力量，又能够使肌肉修长圆润而富有弹性，且肌肉增粗并不明显。

（4）提高柔韧性的效果比陆地上明显：柔韧伸展练习对增大动作幅度、防止运动损伤起着非常重要的作用。但柔韧牵拉和伸展练习过程本身却带有一定的痛苦和不适感。当人们在水中放松时，由于浮力的作用，肌肉的支撑作用减轻，因此可以更加放松。肌肉的放松使呼吸更加轻松、有节奏，这些都有助于提高牵拉伸展的效果。

(5) 提高平衡和协调性：在水中练习时，练习者必须用腹背部和臂、腿的肌肉协同用力保持身体姿势和平衡。改善的平衡能力反过来又能够促进其他运动及日常生活中的活动能力。

水中练习活动的方式自然、节奏感强，而且有阻力感。在这样的条件下，即使练习者的动作有微小的不协调和不平衡，也能够轻易地察觉出来。随着在水中的动作越来越柔顺，越来越平衡，在陆地上不协调的动作会越来越少。

2. 水中活动时心理活动特点

(1) 情绪调节：在进行水中健身练习过程中，可以充分利用活动调节、音乐调节、呼吸调节、颜色调节、转移调节等途径，调节练习者的情绪，舒缓压力。

水中一些健身活动，如水中韵律操、水中太极拳等可以配合音乐完成。在锻炼身体的同时还能够陶冶情操，抒发情感，提高艺术素养，增强对音乐的理解和把握能力。

(2) 审美情趣：进行水中健身活动对人的审美情趣也有一定的提高。许多操类练习来源于舞蹈，动作具有对称、平衡、稳定、动静相宜的特点，可充分展示艺术表现力和美感，陶冶情操，培养审美情趣，改善气质。

(3) 协作与交流：水中健身活动，特别是水中游戏和操类活动多以集体方式进行，可促进人与人之间的协作和交流，沟通情感，起到真情互动的作用。如祖孙同乐，亲子游戏，好友结伴等，有助于打开现代人越来越封闭的情感世界。

(二) 水中健身活动所需要的装备

水中健身所需要的基本装备非常简单。为了增加练习的趣味性和多样性，并起到保护、防止伤害事故、提高练习的科学性等目的，可根据练习目的和内容采用一些辅助装备。

1. 基本装备

水中健身的基本装备有游泳装、游泳帽和毛巾等。

(1) 游泳装：参加水中健身活动对泳装没有很高的要求，只要合体，不妨碍身体各部分的活动范围即可。游泳装在使用后，应用冷水冲洗后阴干。

(2) 游泳帽：戴游泳帽有助于保持池水的清洁卫生，避免脱落的头发对游泳池的清理造成困难。练习者戴上游泳帽既能够保护头发，避免游泳池中的氯对头发的腐蚀，还可以避免长发进入眼睛、鼻子和耳朵，影响活动。

(3) 毛巾：毛巾是必备物品之一。经常进行水中健身或游泳活动，可准备一块专门的吸水巾，擦拭身体后只需拧干水分即可，无须晾晒。

2. 补充装备

（1）水中健身鞋：游泳池的池底一般铺的是瓷砖，如果长时间进行水中健身活动，水中健身鞋可以保护腿部和脚部的肌肉、韧带和皮肤，并避免滑倒（图 7－3－1）。

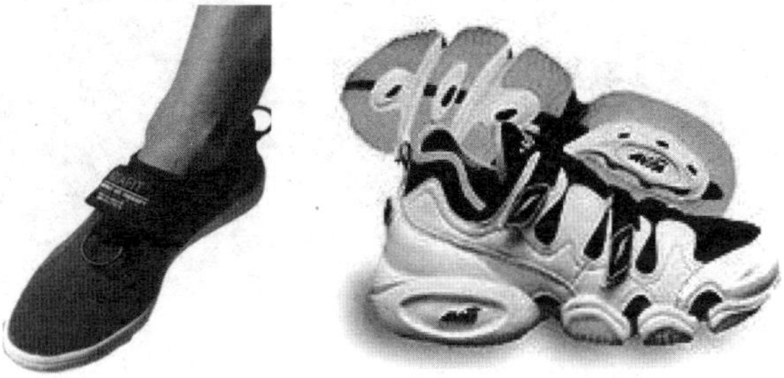

图 7－3－1　水中健身鞋

（2）阻力手套：在进行上肢力量练习时，为增大对水面积，增加阻力，可以戴水中健身的阻力手套。阻力手套一般由氯丁橡胶制成，持久耐用，形状像鸭蹼，可有效增大阻力（图 7－3－2）。

图 7－3－2　阻力手套

（3）水中练习专用浮板：这种浮板上有不同形状和大小的小孔，水流可以通过，在水中可调节阻力，增加稳定性。练习时，可以俯卧、仰卧、坐或站在浮板上进行各种平衡或力量练习，也可作为打水板使用（图 7－3－3）。

图 7－3－3　水中练习专用浮板

（4）深水跑步助浮腰带：一般由硬泡沫塑料制成，在深水池中系上助浮腰带，可以体会双脚悬空，太空漫步的感觉（图 7－3－4）。

（5）水中健身棒：水中健身棒是由软泡沫塑料制成的，柔软，可变换形状成条形、环形或半圆形。练习者既可以用健

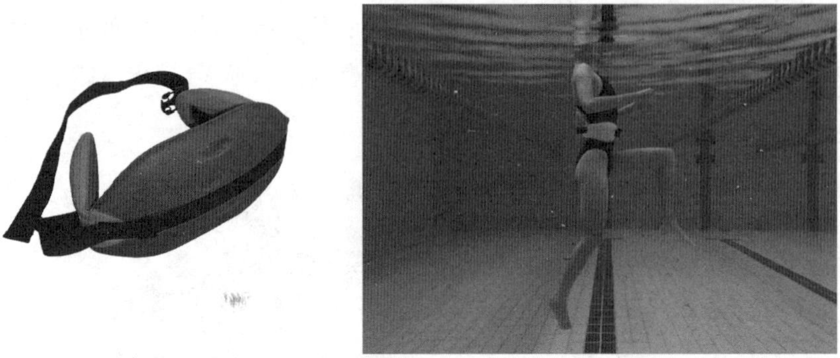

图 7-3-4　深水跑步助浮腰带

身棒做各种舞蹈或体操动作，也可用于在水中助浮（图 7-3-5）。

图 7-3-5　水中健身棒

（6）水中哑铃：由泡沫塑料制成，用于进行水中力量和平衡练习（图 7-3-6）。

（7）麦克风（教学用）：为教师和领操员准备好麦克风。因为教师要随时示范和纠正动作，应选择能够相对固定，不会因身体动作而影响扩音质量的麦克风。

（8）音像设备（教学用）：包括录音机、录像机、影碟机、电视机以及盒带或光盘，以便教学时播放音乐或示范画面。

图 7-3-6　水中哑铃

（三）水中健身场地要求

1. 池底

虽然水中健身练习本身是安全、对人体无害的，但游泳池底部的条件可能成为造成伤害事故的原因。较滑的池底很容易引发伤害事故。练习者在练习时脚如果滑动，容易使腿部或背部的肌肉和韧带拉伤。粗糙的池底常常导致足底皮肤磨损或破裂。因此，在池底较滑和粗糙的游泳池中练习时，建议练习者穿水中健身鞋。为避免足底磨损，在表面粗糙的池底上练习时应穿防护鞋。

倾斜的池底容易使身体失去平衡，破坏身体姿势，有一定的危险性，并容易造成局部组织劳损。所以最好不要在坡度大的池底练习。如果条件所限，不得不在有一定坡度的池底练习，应注意经常变换方位和方向，避免造成部分肌肉长时间过度紧张。

2. 水温

适宜的水温是进行水中健身练习的一个重要条件。身体健康、体质较好、运动量较大的练习者最适宜的健身水温是在 27℃～30℃，以便于散热。水温低于 27℃时，必须增加热身练习的时间，才能转入动作幅度较大、负荷较高的有氧练习。

不同的水温适合不同类型的活动。如果水比较温暖（30℃以上），可以进行水中伸展练习，发展柔韧性，或者进行特定的水中康复练习。水温适中时（27℃～30℃），可根据自己的体质和体能水平进行各种形式、各种强度的水中健身练习。

3. 水深

水中健身包括许多水中行走、跑步、跳跃、旋转的动作，因此多数练习是在浅水池中进行的，水面高度可在中腹部和腋窝之间。这样的水深范围可使练习者充分锻炼上肢肌肉，有效控制动作，保持平衡。而且在浮力作用下，练习者的肌肉、关节、韧带、肌腱还可得到有效的保护和支撑，避免伤害事故。如果水太浅，上肢动作就难以利用到水的阻力，练习效果就会受到影响。如水中康复练习的水深在胸部以下是比较合适的，这样不容易发生危险。

深水游泳池也可以进行水中健身锻炼，但需要练习者借助浮漂等浮具，可做一些深水太空跑步、肌肉力量强化、旋转或其他活动。如果在深水中练习，一定要注意安全，练习者应该会游泳，并能在水中掌握身体平衡，以免发生溺水事故。

4. 练习场地

游泳池的池边应有足够的空地供教师或领操员示范、讲解和组织练习。由于练习过程中经常有位置和队形的变化，为防止发生碰撞和伤害事故，建议每个练习者拥有不少于 6 平方米的水域面积。

(四) 水中健身活动的分类

现代游泳运动由竞技游泳、实用游泳、大众游泳三部分组成。水中健身是大众游泳中的一部分，包括水中健身操、水中康复、水中减肥、水中娱乐等内容。

1. 水中健身操

在音乐的伴奏下或无音乐环境下，以体操或肌肉强化练习的形式进行锻炼，可以采用单人、双人或多人、集体的形式。动作包括徒手或借助器械的水中行走、水中跑步、水中跳跃、水中柔韧与肌肉练习、健身操、舞蹈、武术等项目中的动作。

通过水中健身操的练习，可以改善心血管系统和呼吸系统的机能，增进肌肉的工作能力与关节的灵活性，治疗运动损伤。该运动同时具有促进人与人之间的交流、陶冶情操、促进身心健康的作用。

适宜人群：水中健身操适合不同年龄段的人群，最好是身体状况较好，无重大疾病和急性或慢性损伤的健身爱好者。

2. 水中康复

水中康复是充分利用水的自然特性与水中运动的生理基础知识对练习对象进行治疗、训练，以达到缩短康复治疗期，尽早恢复生活、劳动能力的目的而采取的水中锻炼方法。

在水中康复练习的过程中，可利用适当的音乐，消除患者的焦躁与不安情绪，使之树立克服病症的自信心，进入轻松愉快的状态。

练习内容可以采用单人、双人或多人、集体的练习形式，动作包括游泳、游戏、徒手及借助器械的单人与双人或多人的水中行走、水中慢跑、水中康复操、水中柔韧与肌肉练习等。进行此练习时必须注意加强医务监督。

适宜人群：适于更年期综合征、腰疼、膝疼、颈椎病等患者及哮喘儿童、脑瘫儿童进行康复练习。需要注意的是，应该得到主治医师的同意后并在有指导和监护人员的情况下进行有计划的练习。

3. 水中减肥

水中减肥是为降低体重，改善因肥胖症引起的各种疾病症状而进行的水中练习。

进行水中练习时，人体直立或横卧在水中，借助水的浮力与阻力，手、脚做一些动作就可使身体移动。陆上进行步行、跑步、跳跃等动作因重力作用使腰、膝、髁等关节承受很大的负荷，而水中进行就不会对以上部位产生这样大的负荷，所以不易使这些关节受到运动损伤，从而更好地达到减肥练习的效果。

练习可以采用单人、双人或多人集体的形式，动作包括游泳、游戏、徒手及加负荷的单人、双人或多人的水中行走、水中跑步、水中跳跃、水中柔韧与肌肉练习等。

适宜人群：主要适用于肥胖人群。

4. 水中娱乐

水中娱乐是练习者为达到休闲娱乐与提高水中活动能力而进行的各种趣味性水中练习。

水中娱乐练习不仅可以使人消除由工作与生活压力而带来的精神上的疲劳，改善情绪，还可使参加者更加熟悉水环境，提高身体对浮力、阻力的适应能力，消除对水的恐惧感，特别是对不会游泳的人学会游泳、水平较低的人快速提高游泳技术水平有着良好的促进作用。水中娱乐活动还有利于人与人之间的交流，增进友谊，树立集体观念。水中娱乐的形式包括水中游戏、亲子游戏、水下球类游戏等。

适宜人群：适用于各个年龄段的人群。但一些强度较高的活动不适合老年人和伤病者。

（五）以水中健身操为例的基本练习方法

水中健身操是水中健身活动的主要锻炼形式之一，在国内外很受欢迎。由于健身操的运动形式活泼多变，组织容易，对场地设施条件要求简单，锻炼效果显著，将音乐、舞蹈、形体塑身、强身健体等流行元素融合在一起，可以满足不同层次人群的诉求，因此很快流行于全国各地(图 7－3－7)。

图 7－3－7　国内外水中健身操活动方兴未艾

根据当今世界水中健美运动的发展状况和未来的发展趋势，按照练习者的年龄、目的、任务、性别、不同类型方法可将水中健身操细分。例如，根据练习者年龄不同，可分为少儿水中健身操、青年水中健身操和中老年水中健身操。

根据练习目和形式的不同，可分为水中有氧健身操、水中形体操、水中搏击健身操、水中拉丁健身操、水中太极健身操、水中减肥健身操和水中康复健身操等。

根据是否使用器械，又可分为水中徒手健身操、水中健身棒操、水中哑铃健身操和水中池边健身练习等。

一套水中健身操练习通常包括水中有氧运动、水中肌肉强化练习、柔韧练习和放松练习。

1. 水中有氧运动

有氧运动是全身多处部位，多数大肌肉群参与的活动，如跑步、游泳、健身操、爬山等，运动持续时间应不少于 30 分钟，运动强度应在有氧运动的心率范围内。

走、跑、原地练习和跳跃练习是水中健身练习的基本动作，下面列举的练习可以根据练习者的情况重复 20～30 次，练习 3～4 组，每周练习 2～3 次。

(1) 走、跑及原地练习动作。

① 前后行走。

练习目的：体会在水中的平衡感，提高全身协调性，可用在热身、整理或过渡练习中。

动作描述：身体保持正直，收腹立腰，大步在水中向前行走一段距离后，再后退到原处。走路的步频要慢，向前迈腿时用后脚跟先着地，向后退时用前脚掌先着地(图 7－3－8)。

动作提示：可摆臂、手叉腰、抱头、抱臂、背手，分别体会在不同姿态下保持身体平衡、维持姿态的感觉。在后退时注意不要碰到别人或障碍物，以免碰伤或滑倒。

图 7－3－8　前后行走

② 侧向行走。

练习目的：体会在水中的平衡感，提高全身协调性，可用在热身、整理或过渡练习中。

动作描述：身体保持正直，收腹立腰，大步在水中向一侧行走一段距离后，再向另一侧行走到原处。两腿先并拢伸直，一腿向一侧分开，同时屈膝成马步；另一腿向同侧并步，同时伸膝。走路的步频要慢一些（图 7－3－9）。

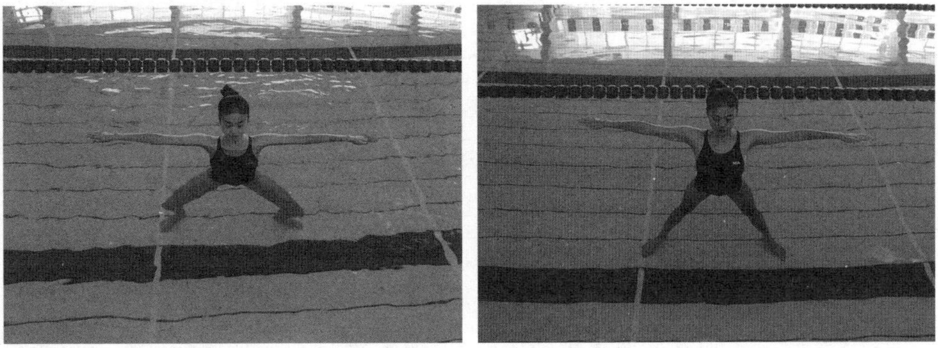

图 7－3－9　侧向行走

动作提示：可摆臂、手叉腰、抱头、抱臂、背手，分别体会在不同姿态下保持身体平衡、维持姿态的感觉。注意不要碰到别人或障碍物，以免碰伤或滑倒。

③ 行走加转体。

练习目的：体会在水中的平衡感，提高全身协调性，并可锻炼身体躯干部位大肌肉群的力量，可用在热身、整理或过渡练习中。

动作描述：两手抱头，身体保持正直，收腹立腰，左腿向前上方迈出时身体向左侧转动，用右肘碰左膝，然后身体回转，另一腿向前迈出时身体向另一侧转动，走路的步频要慢一些（图 7－3－10）。

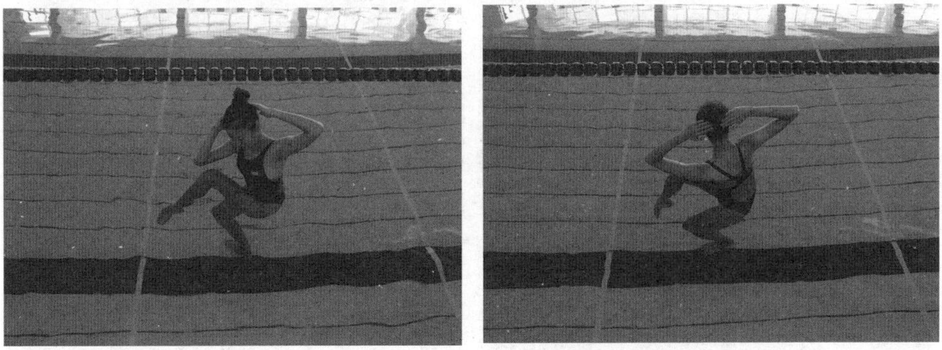

图 7－3－10　行走加转体

动作提示：每次迈腿和转体时一侧的肘关节碰触对侧的膝关节。注意不要碰到别人或障碍物，以免碰伤或滑倒。

④ 高抬腿走。

练习目的：体会在水中的平衡感，提高全身协调性，并可对下肢肌肉进行适度拉伸，可用在热身、整理或过渡练习中。

动作描述：身体保持正直，收腹立腰，左腿向前上方迈出，使膝关节贴近前胸，用双手抱膝，停留 3 秒后放开，向前推落地，再迈另一腿，重复抱膝、停留的动作(图 7－3－11)。

图 7－3－11 高抬腿走

动作提示：前腿尽量向上抬，后腿成后弓步伸展。注意不要碰到别人或障碍物，以免碰伤或滑倒。

⑤ 原地踢腿。

练习目的：体会在水中的平衡感，提高全身协调性，并可对下肢肌肉进行适度拉伸，可用在热身、整理或过渡练习中。

动作描述：身体保持正直，手叉腰或背在后面，收腹立腰，右腿大腿向前(侧)上方抬高，小腿自然下垂，使大腿与水面平行，小腿与大腿垂直。之后小腿向前(侧)上方伸，使膝关节伸展，然后腿部保持伸直，缓缓下落到原处。换另一腿做相同的动作(图 7－3－12)。

图 7－3－12 原地踢腿

动作提示：前腿尽量向上抬，后腿成后弓步伸展。注意不要碰到别人或障碍物，以免碰伤或滑倒。

⑥ 高抬腿跑。

练习目的：体会在水中的平衡感，提高全身协调性，并可通过控制持续时间改善心肺功能，可用在热身或主要练习中。

动作描述：与陆上高抬腿跑动作相似，但为保持身体平衡，身体要略微前倾，两臂配合跑的动作摆动，每次抬腿尽量使膝关节贴近前胸(图 7－3－13)。

动作提示：前腿尽量向上抬，后腿成后弓步伸展。

在上述练习的基础上适当加以改变，可形成更多练习动作，例如后踢腿跑、侧抬腿跑、侧身跑等多种练习。

图 7－3－13　高抬腿跑

(2) 跳跃动作。

① 收腿跳。

练习目的：体会在水中的平衡感，提高全身协调性，提高腰、腹及腿部肌肉力量，并可通过控制持续时间改善心肺功能，可用在热身或主要练习中。

动作描述：两腿并拢边向上跳起边屈髋屈膝，使膝关节贴近前胸，两手在身体两侧向下划水，帮助腿部跳起，然后缓缓下落回到原处，可连续做 20 次左右(图 7－3－14)。

动作提示：每次跳起抬腿时尽量使膝关节贴近前胸，跳起后身体在水面保持若干秒后再缓缓下落。

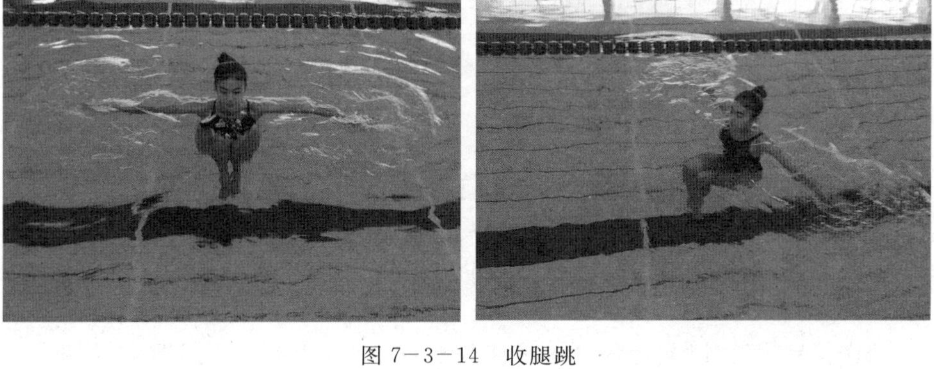

图 7－3－14　收腿跳

② 收腿加分腿跳。

练习目的：体会在水中的平衡感，提高全身协调性，提高腰、腹及腿部肌肉力量，并可通过控制持续时间改善心肺功能，可用在热身或主要练习中。

动作描述：前面的动作与收腿跳练习相同，两腿并拢边向上跳起边屈髋屈膝，使膝关节贴近前胸，之后利用水的浮力，两腿向两侧分腿，两腿从屈到伸，缓缓落下，可连续做 20 次左右（图 7-3-15）。

动作提示：每次跳起抬腿时，尽量使膝关节贴近前胸，通过两手在身体两侧划水，帮助腿部跳起并维持身体悬浮。

图 7-3-15 收腿加分腿跳

③ 分腿大跳。

练习目的：体会在水中的平衡，提高全身协调性，提高腰、腹及腿部肌肉力量，改善下肢肌肉灵活性，并可通过控制持续时间改善心肺功能，可用在热身或主要练习中。

动作描述：预备姿势是两腿分开比肩略宽，膝关节微屈，两臂侧平举。两腿向侧上方跳起，同时两臂向内侧划水帮助维持身体平衡，之后两腿缓缓落下回到原处，可连续做 20 次左右（图 7-3-16）。

动作提示：每次跳起抬腿时尽量使腿贴近水面，两手在体侧划水，帮助腿部跳起并维持身体悬浮。

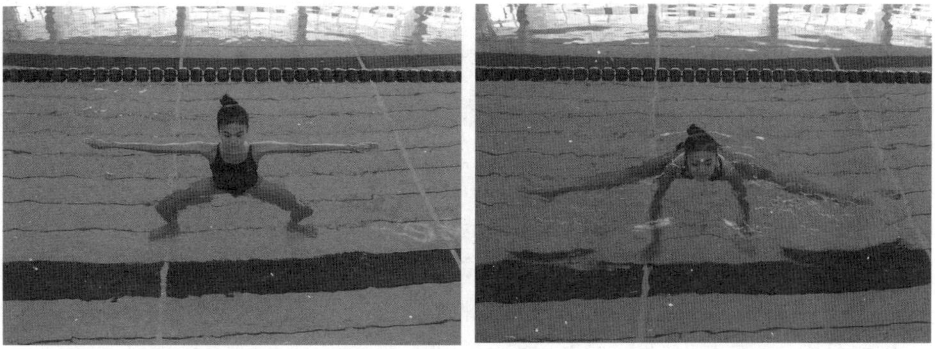

图 7－3－16　分腿大跳

④ 收腿加前伸跳。

练习目的：体会在水中的平衡感，提高全身协调性，提高腰、腹及腿部肌肉力量，并可通过控制持续时间改善心肺功能，可用在热身或主要练习中。

动作描述：前面的动作与收腿跳相同，两腿并拢边向上跳起边屈髋屈膝，使膝关节贴近前胸，之后利用水的浮力两腿向前伸，身体后仰，利用手臂划水动作维持身体平衡，两腿从屈到伸，缓缓落下，可连续做 20 次左右（图 7－3－17）。

图 7－3－17　收腿加前伸跳

动作提示：每次跳起抬腿时，尽量使膝关节贴近前胸，通过两手在身体两侧划水，帮助腿部跳起并维持身体悬浮。像将陆地上的立定跳远分解成几个部分，在水中完成一样。

⑤ 跳起后转体。

练习目的：体会在水中的平衡感，提高全身协调性，提高腰、腹及腿部肌肉力量，并可通过控制持续时间改善心肺功能，可用在热身或主要练习中。

动作描述：前面的动作与收腿跳相同，两腿并拢边向上跳起边屈髋屈膝，之后利用水的浮力使身体悬浮在水中，髋部和腿部向两侧转动数次后，两腿缓缓落下，可连续做 10 次左右（图 7－3－18）。

动作提示：通过两手在身体两侧划水，帮助身体转动并维持身体悬浮。

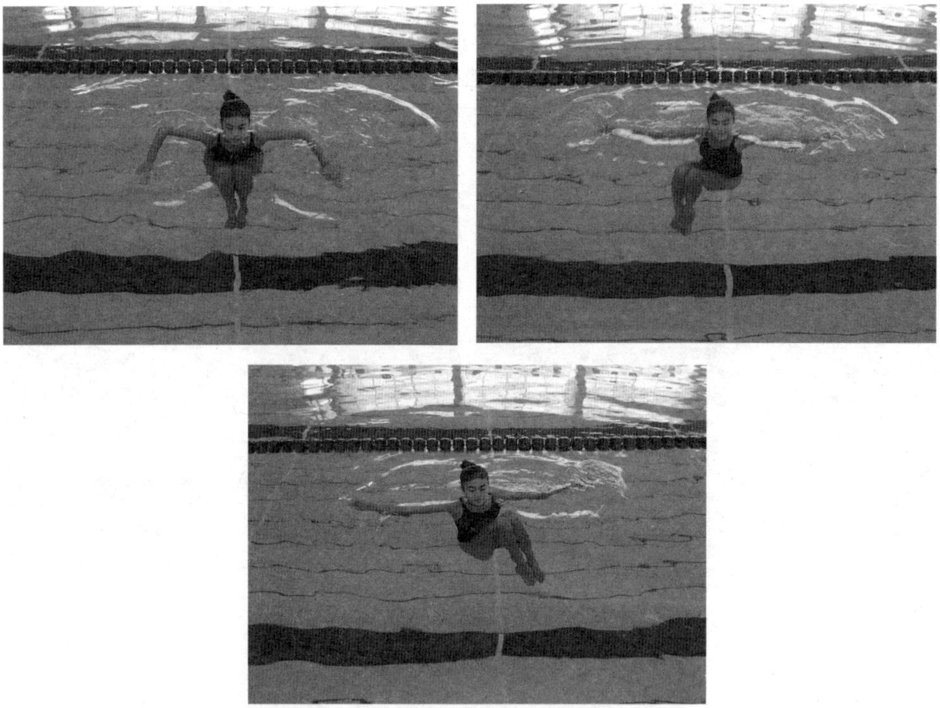

图 7－3－18　跳起后转体

⑥ 伸腿跳。

练习目的：体会在水中的平衡感，提高全身协调性，提高腰、腹及腿部肌肉力量，改善下肢肌肉灵活性，并可通过控制持续时间改善心肺功能，可用在热身或主要练习中。

动作描述：两腿向前上方跳起，膝关节保持伸直，手臂前伸碰触脚背，之后两腿缓缓落下回到原处，可连续做 20 次左右（图 7－3－19）。

动作提示:每次跳起时尽量使整个腿贴近水面,通过腹部收缩用力帮助完成动作。

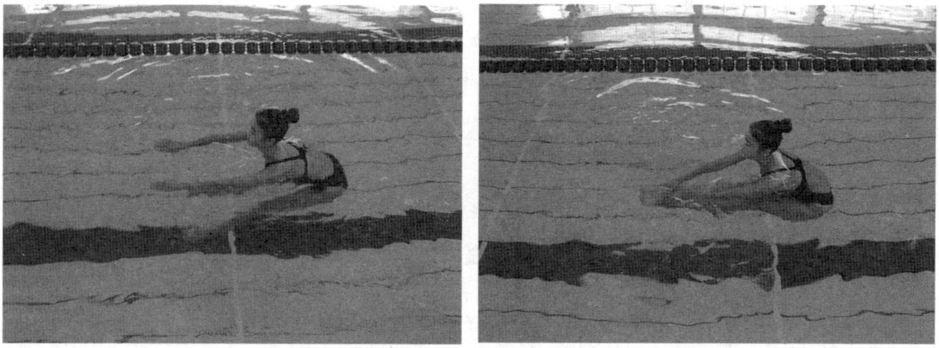

图 7-3-19　伸腿跳

⑦ 旋转跳。

练习目的:体会在水中的平衡感,提高全身协调性,提高腰、腹及腿部肌肉力量,并可通过控制持续时间改善心肺功能,可用在热身或主要练习中。

动作描述:与陆地上的纵跳相似,但需要一边跳一边旋转身体,每跳一次,身体旋转 180°(图 7-3-20)。

动作提示:利用手臂在两侧的划水动作协助完成旋转动作,并维持身体平衡。

⑧ 跨栏跳。

练习目的:体会在水中的平衡感,提高全身协调性,提高腰、腹及腿部肌肉力量,并可通过控制持续时间改善心肺功能,可用在热身或主要练习中。

动作描述:向上跳起时一条腿弯曲上抬,一条腿向外伸展,手臂同时向外摆动,可连续跳 20 次左右(图 7-3-21)。

图 7-3-20　旋转跳

图 7-3-21　跨栏跳

动作提示：利用手臂在两侧的划水动作协助完成跳跃动作，并维持身体平衡。

跳跃练习还有很多，可以根据练习需要增加诸如开合跳、前后跨越跳、纵跳、蛙跳、兔跳、鹿跳等多种练习。

（3）深水练习。

在深水中借助一些助浮器材进行的以直立体位为基本姿势的练习称为深水健身练习，主要形式为深水太空行走、跑步等，常用器材为助浮背心、助浮腰带、助浮裤、助浮靴、健身棒等。

由于在深水中双脚得不到固定支撑，身体是完全悬浮在水中的，因此保持平衡是练习的关键。身体重心的平衡需要肢体之间的相对运动来获得，而腹、背部肌肉的用力是维持平衡的关键因素。因此，在深水中练习可有效提高腹、背部肌肉的力量和耐力。

深水中的练习一般采用间歇形式进行，例如，一种练习重复 3～4 组，每组 20～30 次，或持续 2～5 分钟，组间休息 30 秒左右，随着练习水平的提高可以逐渐增加练习次数或组数。

① 深水跑步。

练习目的：体会在深水中的平衡感，提高全身协调性，提高腰、腹及腿部肌肉力量，并可通过控制持续时间改善心肺功能，可用在热身或主要练习中。

动作描述：身穿助浮背心或腰带，身体保持正直，悬浮在水中跑步，与陆上跑步相似，头、胸正直，肩部自然放松，可连续练习 2～5 分钟（图 7－3－22）。

动作提示：膝关节每次上抬到与水面平行。

② 深水行走。

练习目的：体会在深水中的平衡感，提高全身协调性，提高腰、腹及腿部肌肉力量，并可通过控制持续时间改善心肺功能，可用在热身或主要练习中。

动作描述：身穿助浮背心或腰带，身体保持正直，悬浮在水中行走，与陆上跑步相似，头、胸正直，肩部自然放松，可连续练习 2～5 分钟（图 7－3－23）。

图 7－3－22　深水跑步

图 7－3－23　深水行走

动作提示：双腿和双臂保持伸直。当适应练习后可加大强度，将步幅加大，同时手臂与水垂直，增大阻力。

③ 抬腿转体。

练习目的：体会在深水中的平衡感，提高全身协调性，提高腰、腹及腿部肌肉力量，并可通过控制持续时间改善心肺功能，可用在热身或主要练习中。

动作描述：身穿助浮背心或腰带，预备时身体保持正直，悬浮在水中。左膝边上抬边向身体右侧转动，用右肘碰触左膝，然后还原。两臂和两腿交替进行，可连续练习 2～5 分钟（图 7－3－24）。

动作提示：躯干保持正直，避免为使肘关节和膝关节接触而俯身。

④ 深水直立交叉腿。

练习目的：体会在深水中的平衡感，提高全身协调性，提高腰、腹及腿部肌肉力量，特别是腿部旋转肌群的力量，并可通过控制持续时间改善心肺功能，可用在热身或主要练习中。

动作描述：身穿助浮背心或腰带，预备时身体保持正直，悬浮在水中，两腿略分开。两腿快速进行交叉动作，可连续练习 2～5 分钟（图 7－3－25）。

图 7－3－24　抬腿转体

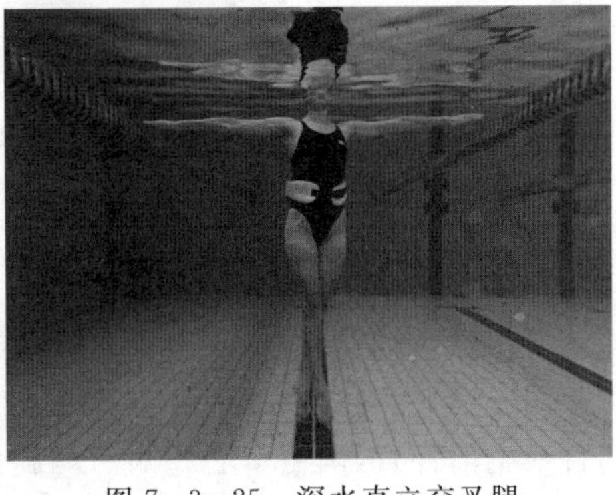

图 7－3－25　深水直立交叉腿

动作提示：采用快频率、小幅度的练习。

⑤ 深水腹肌练习。

练习目的：体会在深水中的平衡感，提高全身协调性，提高腰、腹肌肉力量，特别是躯干转动肌肉的力量，并可通过控制持续时间改善心肺功能，可用在热身或主要练习中。

动作描述：身穿助浮背心或腰带，预备时身体仰面在水中保持平衡，两腿伸直，头露出水面。收腹屈膝使膝关节靠近腹部，双手抱膝，然后再恢复到原来位置，可连续练习 20～30 次（图 7－3－26）。

动作提示：为加大难度并增加趣味性，在收腿后可使腿部左右摇摆数次，再伸展，重复进行。

图 7-3-26　深水腹肌练习

⑥ 深水臂腿开合。

练习目的:体会在深水中的平衡感,提高全身协调性,提高上肢、下肢和腰、腹肌肉力量,特别是下肢外展和内收肌群的力量,改善下肢肌肉柔韧性和灵活性,并可通过控制持续时间改善心肺功能,可用在热身或主要练习中。

动作描述:身穿助浮背心或腰带,预备时身体直立,两腿外分到最大幅度。两臂在胸前伸直,两手掌心相对。两腿内收,同时两臂外展,然后还原到开始姿势,可连续练习 20～30 次(图 7-3-27)。

动作提示:手臂和腿动作的幅度越大越好。

在水中可以进行的练习形式多种多样,除上述练习外,还可以借助其他器材进行其他形式的练习。例如可以采用水中健身棒在深水进行分腿、收腿、大腿、跳绳等多种形式的练习(图 7-3-28)。将网球、乒乓球的挥拍动作练习放在水中进行,体会阻力加大、速度减慢时肌肉的感觉;类似这样的练习动作还有武术的冲拳动作、排球接球动作、搏击动作、瑜伽动作、投掷动作等。运动员在伤病期间可将专项动作放在水中进行,避免伤病加重。水中健身爱好者也可以采用各项运动技术中或阳刚或柔美的动作环节,将其编排到水中健身操动作中,增强练习的趣味性。

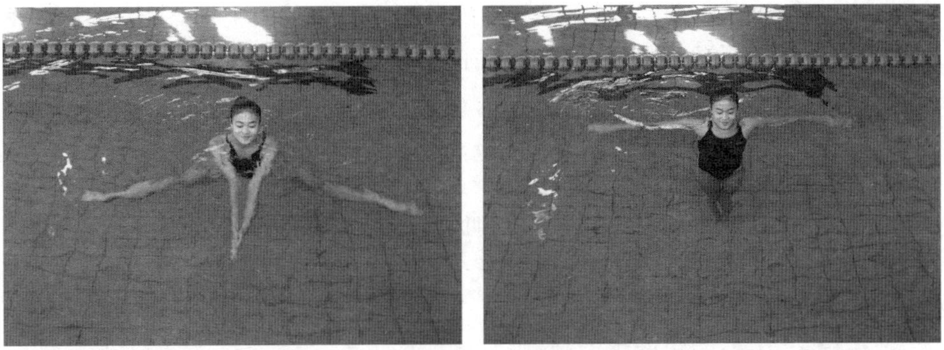

图 7－3－27 深水臂腿开合

图 7－3－28 其他深水练习

2. 水中肌肉强化练习

在进行水中健身练习时，肌肉强化练习通常安排在有氧练习的后面，这样可以使要强化的肌肉得到充分的活动，提高练习效果，并预防损伤。

水中进行肌肉力量训练与陆地上进行力量训练有一定的差别。在水中练习，可以使身体各部分肌肉得到更全面、更均衡的练习，同时避免爆发式收缩或伸展，可以保护肌肉组织不受伤害。

在水中进行肌肉强化训练，可以采用徒手练习，也可以根据需要借助一些器械，增加练习强度。通常采用循环练习、间歇练习或重复练习。重复次数、练习强度、间歇时间可根据需要调整。

（1）上肢动作。

① 前后划水。

强化的肌肉：胸大肌、背阔肌、三角肌、肱二头肌、肱三头肌等。

动作描述：两脚开立或成弓步，两臂一前一后，分别向后和向前划水，可连续练习20～30次（图7－3－29）。

动作提示：手臂的幅度越大越好，身体保持正直，手掌垂直对准划水方向，不要躲水，可以两臂交替划水，也可以两臂同时划水。

图7－3－29 前后划水

② 双臂侧下压。

强化的肌肉：胸大肌、背阔肌、三角肌、肱二头肌、肱三头肌等。

动作描述：两脚分开站立，两臂侧平举，掌心向下。两臂同时向内下方下压，直至两手在腹部前方合拢，然后再向外上方展臂，回到开始姿势，可连续练习20～30次（图7－3－30）。

动作提示：手臂的幅度越大越好，身体保持正直，手掌垂直对准划水方向，不要躲水。

图 7－3－30　双臂侧下压

③ 飞鸟。

强化的肌肉：胸大肌、背阔肌、三角肌、肱二头肌、肱三头肌等。

动作描述：两脚分开站立成马步，或两腿交叉，两臂侧平举，掌心向前。手臂位于水面下，两臂同时向内前方合拢，直至两手在腹部前方合拢，然后再向外后方向展臂，回到开始姿势，可连续练习 20～30 次(图 7－3－31)。

动作提示：手臂的幅度越大越好，身体保持正直，手掌垂直对准划水方向，不要躲水。

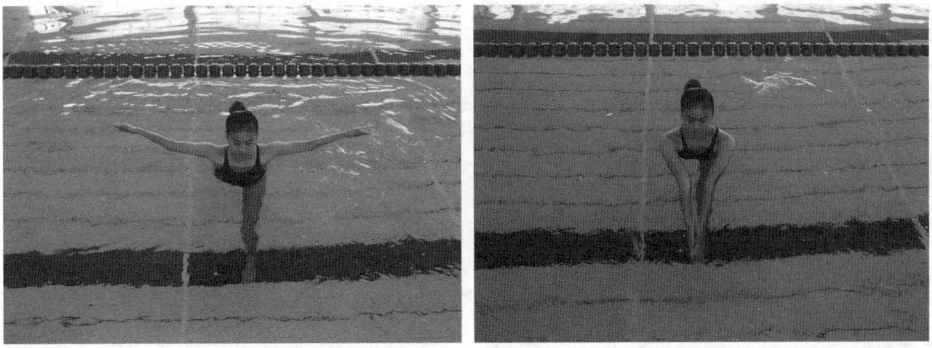

图 7－3－31　飞鸟

④ 环状推水。

强化的肌肉：肱二头肌、肱三头肌、腕部屈肌和伸肌等上臂肌肉。

动作描述：两脚分开站立成马步，或两腿交叉，两手掌朝向胸部，指尖相对。保持肩、肘和腕关节水平，只用前臂肌肉使手臂外展至两臂侧平举，然后再向外后方向展臂，回到开始姿势，可连续练习 20～30 次(图 7－3－32)。

动作提示：肘关节的位置要固定，不能移动。如果开始感觉有困难，可背靠池壁站立进行练习，用池壁阻挡肘关节移动。外展和内收用同样的速度和力量进行。

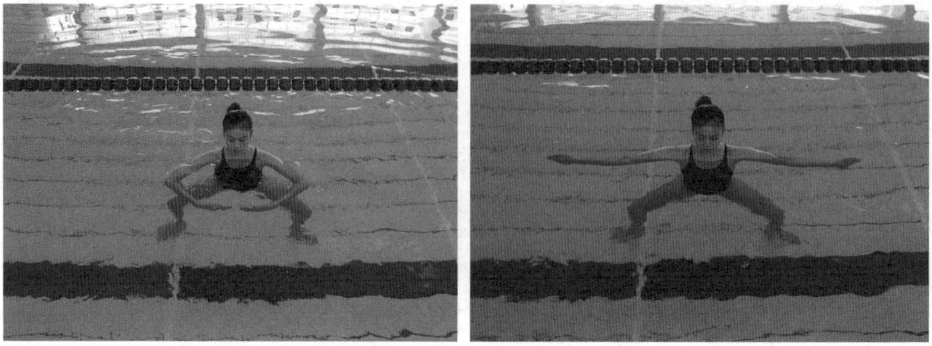

图 7-3-32 环状推水

⑤ 下撑池边。

强化的肌肉：胸大肌、背阔肌、肱二头肌、肱三头肌等。

动作描述：站立在池边，面对或背对池壁。两手正扶或反撑池边，手臂向下用力撑池边使身体上升，脚离开池底，然后缓缓回落。根据自己的肌肉力量情况安排练习次数，但不宜安排过多(图 7-3-33)。

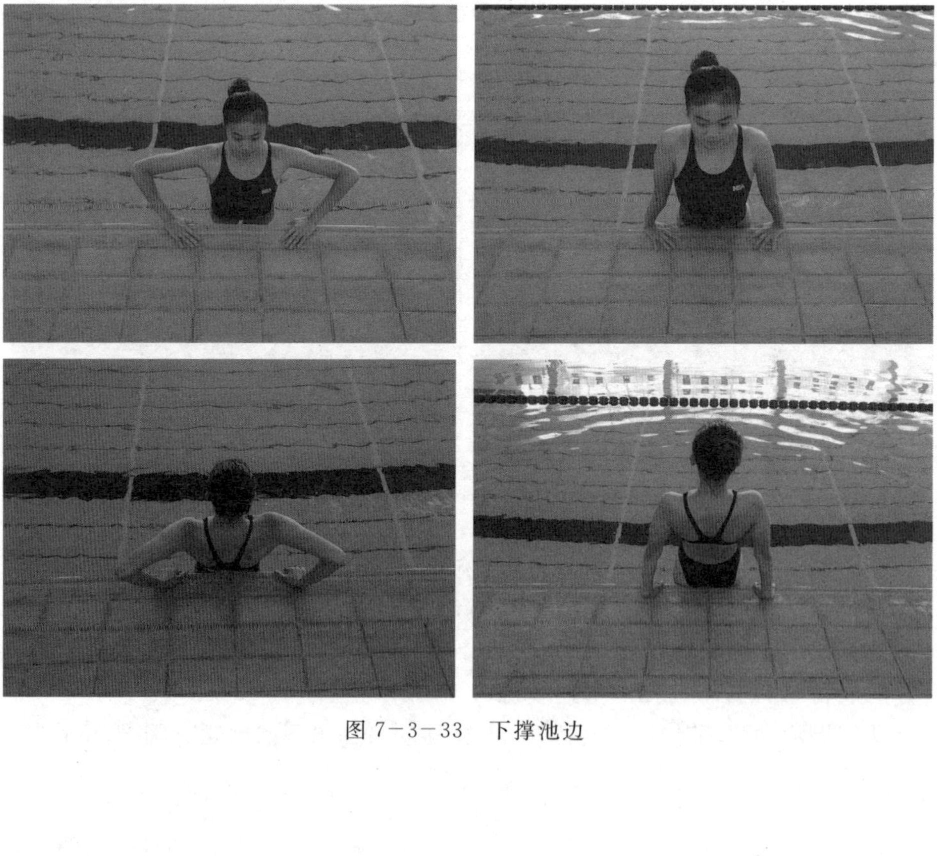

图 7-3-33 下撑池边

动作提示：下落时肌肉要控制，不要借助重力突然下落，避免受伤。

利用打水板、划手掌、浮球、池边、专用力量架或橡皮条等简易器械可以增加挡水截面，或加大阻力，进行力量训练。练习者可以根据自己的水平和需求，在指导员的指导下进行适当选择(图 7－3－34)。

图 7－3－34　一组利用器械进行上肢力量训练的方法

(2) 下肢动作。

① 举腿下压。

强化的肌肉：腰、腹部肌肉，股四头肌，臀大肌等腿部前群和后群肌肉。

动作描述：身体背靠池边直立，两手侧后撑池边，将一腿缓缓上举至与水面平行，再缓缓回落到远处，两腿交替练习(图 7－3－35)。

动作提示：身体姿势保持正直，下落时要克服水的浮力，因此要用力。

图 7－3－35　举腿下压

② 腿侧举。

强化的肌肉：躯干侧面肌肉、腿部外展和内收肌群。

动作描述：站在水中，一手扶池边保持身体稳定，对侧腿向外侧举起至与水面平行，之后缓缓下落，两腿交替练习（图 7−3−36）。

动作提示：身体姿势保持正直，下落时要克服水的浮力，因此要用力。

图 7−3−36　腿侧举

③ 侧平转。

强化的肌肉：躯干侧面肌肉、腿部外展和内收肌群。

动作描述：站在水中，一手扶池边保持身体稳定，对侧腿大腿上抬至与水面平行，保持这个姿势从外向内转动膝关节，然后再向外转动（图 7−3−37）。

动作提示：身体姿势保持正直，如果髋部曾有损伤或曾经手术，不要做这个练习。

图 7−3−37　侧平转

④ 屈膝踢腿。

强化的肌肉：屈髋肌群、股四头肌和腘绳肌。

动作描述：站在水中，一手扶池边保持身体稳定，对侧腿大腿上抬至与水面平行，保持这个姿势将小腿上举直至整个腿与水面平行，然后小腿再屈回到与水面垂直,两腿交替练习(图 7-3-38)。

动作提示:身体姿势保持正直。

图 7-3-38 屈膝踢腿

⑤ 小腿屈伸。

强化的肌肉:屈髋肌群、股四头肌和腘绳肌。

动作描述:站在水中,手扶池边保持身体稳定,一腿的小腿后屈至与水面平行,然后克服浮力向下伸直,两腿交替练习(图 7-3-39)。

图 7-3-39 小腿屈伸

动作提示：身体姿势保持正直，也可以采用坐姿进行小腿屈伸练习，但练习强度相应降低。

⑥ 两腿交叉。

强化的肌肉：腰、腹部肌肉，腿部外展和内收肌群。

动作描述：背对池壁，两手侧后撑池壁，两腿分开，然后同时内收使两腿在体前交叉，然后再分开（图 7－3－40）。

动作提示：腿的动作幅度尽量加大，也可以采用坐姿进行交叉练习，但练习强度相应降低。

图 7－3－40　两腿交叉

下肢肌肉强化练习的方法还有很多，许多陆地上的练习可以迁移到水中。利用池边、扶梯、练习器材、脚蹼等器械可以增加或减低练习强度或难度。图 7－3－41是一组其他下肢的练习方法。

(3) 躯干及全身练习动作。

躯干肌肉被称为人体的核心肌肉群，是大肌肉群集中之处，也是维持体态、体形，确保身体平衡，维持人体正常运动功能的枢纽。

图 7－3－41　其他下肢肌肉力量练习

① 收腿。

强化的肌肉：腰、腹部肌肉，以屈肌为主。

动作描述：背对池壁，两手侧后撑池壁，身体几乎仰卧于水面，两腿并拢伸直。屈髋屈膝使腿收向腹部，再缓缓前伸至开始姿势(图 7－3－42)。

图 7－3－42　收腿

动作提示：动作幅度尽量加大，也可以采用坐姿进行收腿练习，但练习强度相应降低。

② 收腿加转体。

强化的肌肉：腰、腹部屈肌及旋转肌群。

动作描述：背对池壁，两手侧后撑池壁，身体几乎仰卧于水面，两腿并拢伸直。屈髋屈膝使腿收向腹部，然后向一侧转动到最大幅度，再转到另一侧，然后回到中间位置，再缓缓前伸至开始姿势（图 7－3－43）。

动作提示：动作幅度尽量加大，也可以采用坐姿进行收腿练习，但练习强度相应降低。

图 7－3－43　收腿加转体

③ 旋转大交叉。

强化的肌肉：腰、腹部旋转肌群及腿部。

动作描述：背对池壁，两手侧后撑池壁，身体几乎仰卧于水面，两腿并拢伸直。两腿交叉同时身体向一侧转动到最大幅度，然后两腿打开交换交叉位置，同时身体向另一侧转动（图 7－3－44）。

动作提示：动作幅度尽量加大。

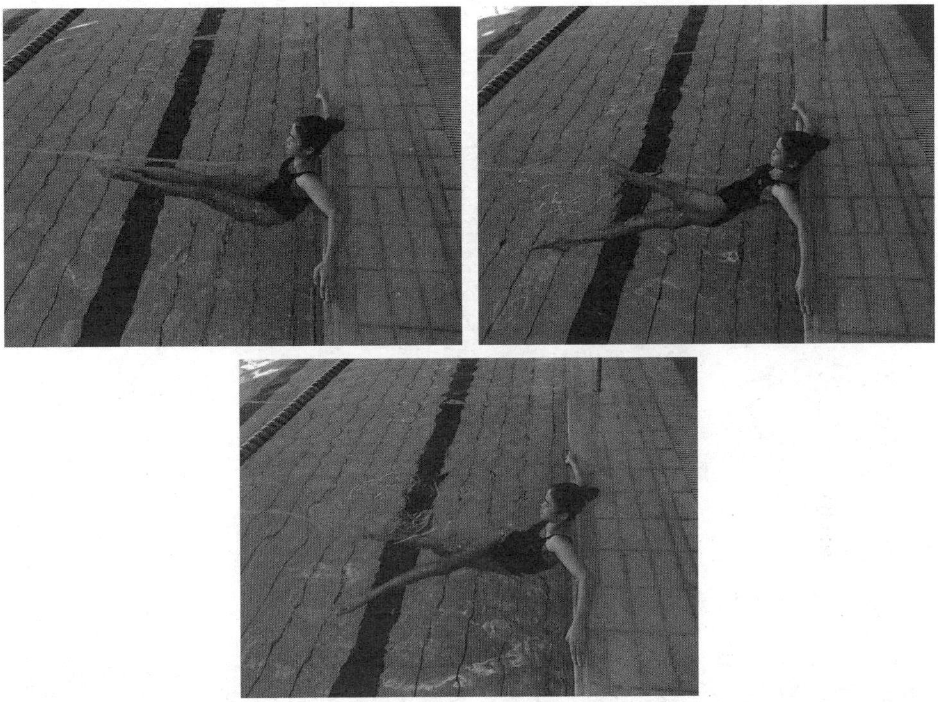

图 7－3－44　旋转大交叉

④ 直腿深打腿。

强化的肌肉:腰、腹部肌肉,以屈髋肌群为主,如臀大肌、股四头肌等。

动作描述:背对池壁,两手侧后撑池壁,一腿直腿上下打腿,幅度从水面至池底,两腿交替练习(图 7－3－45)。

动作提示:动作幅度尽量加大,膝关节保持伸直。

图 7－3－45　直腿深打腿

⑤ 蹬自行车。

强化的肌肉:腰、腹部肌肉,以屈髋肌群为主,如臀大肌、股四头肌等。

动作描述:坐在有台阶的游泳池台阶上,两腿轮流做蹬踏自行车的动作(图 7－3－46)。

动作提示:动作幅度尽量加大。

⑥ 钟摆。

强化的肌肉:腰、腹部肌肉,以屈髋和旋转肌群为主,如臀大肌、股四头肌等。

动作描述：背对池壁，两手侧后撑。两腿并拢像钟摆一样从一侧摆动到另一侧（图 7—3—47）。

动作提示：动作幅度尽量加大。

图 7—3—46 蹬自行车

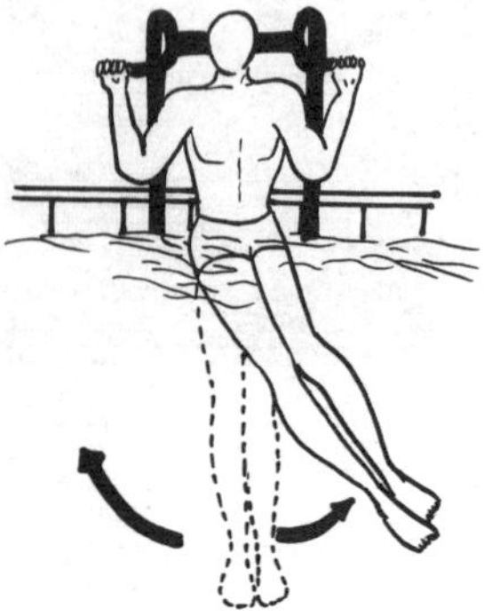

图 7—3—47 钟摆

利用池壁、池边、浮板、拉力等练习器材，还可以设计更多的躯干及全身练习，并根据需要增加或降低难度（图 7—3—48）。

图 7—3—48 其他躯干及全身肌肉力量练习

3. 柔韧练习

柔韧练习的目的是加大肌肉运动的幅度，帮助肌肉消除疲劳，并预防损伤。在进行水中练习之前和之后，都应该安排一定时间的柔韧练习，特别是在肌肉强化练习之后，要安排相对较长的时间，以静力性牵拉为主的柔韧练习。

(1) 上肢牵拉。

① 头上拉肘。

牵拉部位：肱三头肌。

动作描述：将一臂上举至头后侧，用另一手向下拉其肘部(图 7-3-49)。

练习提示：向下牵拉到最大限度后停留 10 秒左右。

② 胸前拉肘。

牵拉部位：上背部、肩部和上臂。

动作描述：将一臂平放胸前，用另一手向后牵拉其肘部，应感觉到上背部、肩部(三角肌)和上臂(肱三头肌)被拉长(图 7-3-50)。

练习提示：牵拉到最大限度后停留 10 秒左右。

图 7-3-49　头上拉肘

图 7-3-50　胸前拉肘

③ 背铐。

牵拉部位：上背部、肩部和上臂。

动作描述：两臂在背后分别从头上和背下向中间靠拢，两手之间的距离越近越好，最好能够接触到(图 7-3-51)。

练习提示：牵拉到最大限度后停留 10 秒左右。

④ 反撑牵拉。

牵拉部位：胸大肌、三角肌等。

动作描述：两臂在背后反撑池壁，身体向下拉。两手距离越近，牵拉效果越好(图 7-3-52)。

练习提示：牵拉到最大限度后停留 10 秒左右。

图 7－3－51 背铐

图 7－3－52 反撑牵拉

⑤ 俯背压肩。

牵拉部位：肩部和背部的肌肉。

动作描述：两手扶池边，俯背向下压肩背部。动作缓慢，逐渐加力（图 7－3－53）。

练习提示：牵拉到最大限度后停留 10 秒左右。

（2）下肢牵拉。

① 池边压腿。

牵拉部位：腿部后群肌肉、背部肌肉。

动作描述：面对池边，单腿放在池边上，两腿尽力伸直，身体下压，头尽力靠近小腿处。动作缓慢，逐渐加力（图 7－3－54）。

练习提示：牵拉到最大限度后停留 10 秒左右。

图 7－3－53 俯背压肩

图 7－3－54 池边压腿

② 抱膝抬腿。

牵拉部位：大腿后群和小腿前群肌肉。

动作描述：将一条腿抬高到接近胸部，双手抱膝停留数秒（图 7－3－55）。

练习提示：牵拉到最大限度后停留 10 秒左右。这个练习也可以采用坐姿进行。

③ 后摆腿。

图 7－3－55　抱膝抬腿

牵拉部位：腿部前群和腰、腹部肌肉。

动作描述：面对池壁，两手扶池边，一条腿向身体后上方缓慢摆动到最大幅度（图 7－3－56）。

练习提示：牵拉到最大限度后停留 10 秒左右。

④ 屈小腿牵拉股四头肌。

牵拉部位：股四头肌（大腿前群）。

动作描述：面对池壁，一手扶池边，对侧小腿向后屈，用同侧手抓住脚向上牵拉（图 7－3－57）。

练习提示：牵拉到最大限度后停留 10 秒左右。

图 7－3－56　后摆腿

图 7－3－57　屈小腿牵拉股四头肌

（3）躯干及身体其他部位牵拉。

① 肩颈斜拉。

牵拉部位：肩部和颈部肌肉。

动作描述：背对池壁，两手侧后撑扶池边，身体保持正直，颈部先缓缓向右侧转动到最大位置，再以同样的方式向左转动（图 7－3－58）。

练习提示:牵拉到最大限度后停留 10 秒左右。

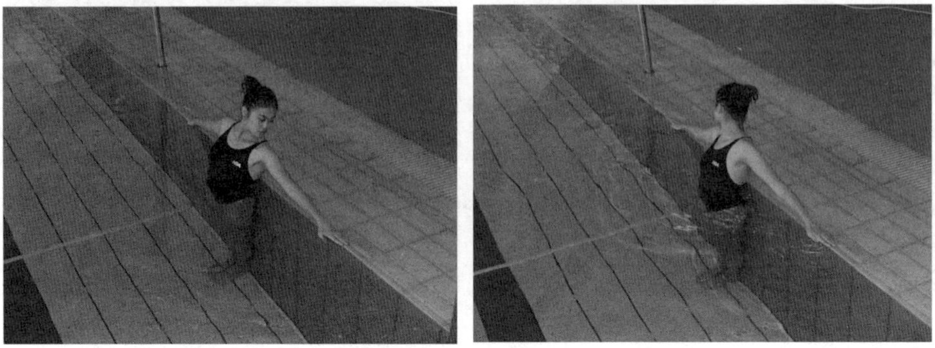

图 7-3-58　肩颈斜拉

② 躯干侧拉。

牵拉部位:躯干侧面肌肉。

动作描述:躯干一侧朝向池壁,身体距离池壁 30 厘米左右。一手扶池边,一手高举头上,身体向池壁方向呈弓形牵拉,两侧轮流进行;也可借助扶梯或在教练帮助下做水中侧摆(图 7-3-59)。

图 7-3-59　躯干侧拉

练习提示：牵拉到最大限度后停留 10 秒左右，可采用水中俯卧方式或双人互助牵拉。

③ 反撑挺身。

牵拉部位：躯干前部肌肉。

动作描述：背对池壁，身体距离池壁 30 厘米左右。两手反撑扶池边，身体向前呈弓形牵拉（图 7－3－60）。

练习提示：牵拉到最大限度后停留 10 秒左右。

图 7－3－60　反撑挺身

4. 放松练习

放松练习常常被忽略。事实上放松练习绝不是可有可无的，而是非常重要，不仅可以帮助练习者尽快消除疲劳，还可以为后面的练习做好准备。

放松练习尽量采用俯卧或仰卧的姿势，利用一些助浮器材或由同伴帮助身体漂浮，促进血液向心脏回流（图 7－3－61）。

图 7－3－61　放松练习

（六）水中练习负荷的控制

任何身体练习都要承受一定的运动负荷，才能达到健身目的。运动负荷是指人们在健身锻炼中所承受的生理负担，是引起人体生理和心理变化的刺激因素和原动力。

1. 负荷量

负荷量指运动中完成练习的数量，一般用练习持续的时间或重复次数、个数、组数、距离等来表示。其中，练习时间是反映负荷量的基本指标。水中健身活动追求的主要是有氧锻炼效果，为达到有氧锻炼的效果，每次锻炼的持续时间应在30分钟以上，根据个人情况每次可持续30～90分钟。

2. 负荷强度

负荷强度指健身活动时机体用力的大小或机体的紧张度，如动作速度、密度、间歇时间、负重量等。

强度可以用最大摄氧量、血乳酸浓度、心率、用力程度感觉（RPE）等表示，其中最为简便实用的是心率和用力程度感觉。

水中健身活动一般以有氧负荷强度为主，练习中的心率应尽量保持在有氧练习的目标心率范围内。不同年龄、体质的练习者该心率范围可能不同，可以根据下面的方法计算出适合自己的目标心率范围。

第一步：最高心率＝220－年龄

第二步：测量安静心率（晨脉）。早晨自然清醒后，不要起床，连续测量三个一分钟的心率，取最低值。

第三步：计算最高心率与安静心率之间的差值，即心率储备。

心率储备＝最高心率－安静心率

最后确定自己有氧练习目标心率范围。

有氧练习目标心率的下限＝（55％×心率储备）＋安静心率－10

有氧练习目标心率的上限＝（85％×心率储备）＋安静心率－10

公式最后减去10，是因为该公式来源于陆地上有氧练习的目标心率范围计算方法。由于在水中受到浮力的作用，对心血管系统的刺激强度低于陆上运动，因此减去10次。

根据上述计算方法，如果某人35岁，安静心率是65次/分，我们可以计算出其有氧练习的目标心率范围是121～157次/分。那么在进行水中健身活动中，只要其心率保持在上述范围内，就可以获得有氧练习的效果。为了在练习中测量方便，可以测量10秒钟的心率，然后乘以6。如上述某人每10秒的有氧练习目标心率范围是20～26次。

3. 锻炼频度

锻炼频度通常指每周参加运动的次数。运动要经常化、定期化才能发挥作用。根据自己的余暇时间和机能水平，每星期最好锻炼3～6次。每日锻炼或隔日锻炼的效果较好。

二、休闲蹼泳活动

根据历史资料证明，人类大概在六千年前就已经开始潜水了。古代巴比伦贵族妇女使用的装饰品——珍珠就是由底层劳动者潜水采得的。古代的军事战争、水下探宝等活动都证明了潜水运动的存在。潜水在人们的生活中早已得到广泛的应用。

人类在战胜自然的历史长河中，不仅要适应水，克服水的危害，还从中学会了游泳和潜水的技能。随着人类社会科学技术的发展，进一步掌握了海洋的相关知识，并增强了征服水域和探索海洋的勇气和信心。人类在征服海洋、发掘海洋的过程中，潜水随着科学技术的迅速发展，使人类能够进入碧波覆盖之下的海洋深处，窥视神秘的海底世界。假如你是一个潜水运动员或潜水爱好者，那么，你便会亲眼看到，大海之下绚丽多彩的壮观景色，那色泽鲜艳的奇花异草、美丽多姿的珊瑚礁和光彩夺目闪闪发光的斑斓鱼群，交织成一座美不胜收的海底花园，那将是一种奇幻般的享受。

潜水的原意是为进行水下勘查、打捞、修理和水下工程等作业而在携带或不携带专业工具的情况下进行的水下活动。后来潜水逐渐发展成为一项以在水下活动为主要内容，以达到锻炼身体、休闲娱乐为目的的休闲运动，广为大众所喜爱。从广义上讲，潜水是人在水面以下进行的各项活动的总称。从狭义上讲，大家平常所见的潜水是指人们在水面以下进行的休闲、观光等娱乐活动，从而达到强身健体、休闲娱乐、愉悦身心、探究水下奥秘的休闲运动，我们称之为休闲潜水。

人类的活动从本质上来看是局限在陆地上的，因此，人类经历了数百万年的进化，才勉强成为游泳能手，并且学会了潜水。人们也已认识到，许多在陆地上习以为常的现象，到了水中却完全不同了。在水下主要有以下的不同点：

（1）动作缓慢。

（2）散热快。

（3）光的强度减弱。

（4）折射和反射的不同。

（5）听觉的改变。

（6）即使深度改变很小，压力也会有大的变化。

所有这些变化的原因，是水的密度比空气大800倍，黏滞性是空气的60倍，光的传导速度只有空气的 1/3，而声音的传导速度却比空气大 5 倍。

(一) 休闲蹼泳练习的意义

潜水从分类上又分为实用潜水和竞技潜水。实用潜水应用于潜泳、水下打捞、水下勘探、水下生物考察、水下考古和水下生产作业等方面。竞技潜水，以运动竞赛为主，运动包括在游泳池中进行的蹼泳、水下球和水下曲棍球、水下射靶，还包括在自然水域中进行的长距离竞速蹼泳、水下狩猎、水下摄影和水下定向潜水等。蹼泳是戴轻便潜水装具，在游泳池中竞速潜水的一个运动项目。蹼泳运动大体分为水面蹼泳、水下屏气游泳和水下带空气呼吸器的潜泳三大类，共 21 个比赛项目。其特点是泳姿新颖，速度快，并且在运动形式、技术特点、生理负荷和能量消耗等方面都有别于游泳运动。除以上潜水外还有洞穴潜水、沉船潜水、流冰或冰下潜水、瀑布壶潜水、屏气深潜水以及近些年来盛行的水下旅游(休闲潜水)和水下结婚潜水等。

无论是实用潜水、竞技潜水还是当前国际流行的休闲潜水，在技术上，除在浅水中采用呼吸管潜水外，绝大部分都采用“自携式呼吸器”装备的潜水，也即在国际上普遍采用的水肺(SCUBA)潜水技术。

(二) 休闲蹼泳练习分类

休闲蹼泳的分类从不同的角度可以分为潜水种类、练习器材、潜水其他分类、潜水性质和潜水组织几个方面(表 7－3－1)。

表 7－3－1　休闲蹼泳的分类表

<table>
<tr><th colspan="3">休闲蹼泳的分类</th></tr>
<tr><td rowspan="5">潜水种类</td><td colspan="2">半潜</td></tr>
<tr><td colspan="2">浮潜</td></tr>
<tr><td colspan="2">岸潜</td></tr>
<tr><td colspan="2">船潜</td></tr>
<tr><td colspan="2">夜潜</td></tr>
<tr><td rowspan="7">休闲蹼泳练习器材</td><td rowspan="7">重装式</td><td>头盔</td></tr>
<tr><td>输气管</td></tr>
<tr><td>通信电缆</td></tr>
<tr><td>电话</td></tr>
<tr><td>潜水衣</td></tr>
<tr><td>压铅</td></tr>
<tr><td>铅底潜水鞋</td></tr>
</table>

续表

休闲蹼泳的分类		
休闲蹼泳练习器材	轻装式	潜水镜/潜水面罩、轻便头盔
		呼吸管、输气管、应急气瓶
		袜套
		蹼鞋(靴和脚蹼)
		氧气瓶
		潜水衣
		通信电缆、电话
		腰铅
潜水其他分类	由潜水器分	
	由潜水方式分	
	由呼吸气体种类分	
潜水活动性质	浮潜	
	水肺潜水	
潜水组织	休闲潜水组织	AIDA(自由潜水者组织)
		PADI(世界职业潜水教练员协会)
		NAUI(国际潜水教练员协会)
		CMAS(世界水下活动联合会)
		YMCA(基督教青年会)
		ADS(国际潜水学校联盟)
		BSAC(英国潜水协会)
		AUA(亚洲水下活动联合会)
	技术潜水	PSA(专业水肺潜水系列)
		TDI(技术潜水员国际组织)
		IANTD(国际氮氧混合气潜水及技术潜水员协会)
		ANDI(美洲氮氧混合气潜水员国际组织)

1. 潜水种类

(1) 半潜:搭乘半潜式海底游览船。

(2) 浮潜:也称海底漫步。装备有泳装、潜水镜、呼吸管,配重铅块的蛙鞋。有了这些装备便可轻松自如地探寻神秘的海底世界。

(3) 岸潜:穿上潜水服,背上氧气瓶,戴上潜水镜,在潜水教练的陪伴下,第一次潜水可潜入4～12米的深度。

(4) 船潜:与岸潜装备一样,准备好后乘坐快艇到海上,从船上潜入较深的海底,与岸浅相比海水更清澈,海底景色更好,各种海洋生物更加丰富,潜入深度在10～20米。

(5) 夜潜:夜晚的海底只能靠专业潜水手电筒指引,看到的是真真切切的海底世界,还可观赏到喜欢在夜晚出来的海洋动物,适合喜欢探险的探险家们。

2. 休闲蹼泳练习器材

潜水员下水时穿戴和佩挂的全部装备有重装式和轻装式两种。重装式有头盔、输气管、通信电缆、电话、潜水衣、压铅和铅底潜水鞋等;轻装式有面罩或轻便头盔、输气管、通信电缆、电话、应急气瓶、潜水衣、腰铅、靴和脚蹼等。使用重装潜水装备在水中工作时必须脚踏水底或实物,或手抓缆索,不能悬浮工作,并且放漂(即在水底因潜水服中气体过多,失去控制而突然急速上升)的危险性大,所以重装潜水装备已逐渐被轻装式取代。休闲蹼泳最基本的器具有潜水镜(潜水面罩)、呼吸管、袜套、蹼鞋、氧气瓶、潜水衣。

3. 潜水其他分类

按潜水器分为硬式潜水、软式潜水、半闭锁回路送气式、应需送气式、自给气式。

按潜水方式分为非饱和潜水、饱和潜水。

按呼吸气体种类分为空气潜水,氮气、氧气混合气体(人工空气潜水),氦气、氧气混合气体(人工空气潜水),氢气、氧气混合气体(人工空气潜水),其他混合气体。

4. 潜水活动性质分类

休闲潜水从性质上可分为浮潜和水肺潜水(即使用气瓶和水下呼吸器进行潜水)。我们平常能接触到的潜水观光就属于休闲潜水,而在海滨旅游景区所看到的绝大多数是休闲潜水中的潜水体验。

浮潜是比较简单的,只需利用面镜、呼吸管和脚蹼就可以漂浮在水面,然后通过面镜观看水下景观。只要通过简单的培训,而不必一定需要取得浮潜证书,即可进行浮潜活动。

水肺潜水是带着压缩空气瓶,利用水下呼吸器在水下进行呼吸,是真正的潜入水底的一种潜水。全套水肺潜水装备包括面镜、呼吸管、脚蹼、呼吸器、潜水仪表、气瓶、浮力调整背心和潜水服等,潜水员在开放水域潜水时,还会携带潜水刀、水下手电乃至鱼枪等必要的辅助装备。

5. 潜水组织

潜水运动日益流行,许多潜水组织应运而生。目前世界上的潜水组织有几百个，由于经营策略和方法上的不同，其知名度、普及率、国际化等程度有所差异。以下介绍一些知名的国际潜水组织。

(1) 休闲潜水组织。

① AIDA(自由潜水者组织)，它的全名是 Association Internationale pour le Développement de I'Apnée，总部设在洛桑，是一个自由潜水者的组织。主席萨伯斯坦·纳吉尔说，估计全球有 5 000 名左右自由潜水者，分布于 40 个国家。

② PADI(国际专业潜水教练协会)，于 1966 年在美国加利福尼亚州正式成立，其英文全名是 Professional Association of Diver Instructor，简称“PADI”。

PADI 是世界最大的潜水教育机构，也是国际职业潜水教练员的培训机构，它的特点是不断接受新的科学理念和知识，不断改进各层次的、多样化的培训内容，使之更符合不同人群的需要，使之在潜水活动中更完美。

参加 PADI 潜水训练的人很多，它的教育品质和训练计划在世界各地得到普遍的承认，并受到尊重。

PADI 潜水教育系统是教学专家和专门领域的专家发展起来的。其中，PADI 提供的某些潜水课程是唯一得到美国教育委员会推荐的，可用于获得大专院校学位的学分。

而今，世界各地的潜水俱乐部或从事潜水器材设备的人对 PADI 都非常熟悉，很多俱乐部都按照 PADI 的潜水员培训计划来教学或训练到旅游点来体验潜水的人。

PADI 专注于开发与设计水肺潜水训练课程及其训练教材，详细维护并记录每一个等级潜水员的资料，期望建立具备全球公信力的潜水员资格认证体系。

③ NAUI(国际潜水教练协会)，它的英文全名是 National Association of Underwater Instructors，简称为“NAUI”，成立于 1950 年，其教育系统普及世界各地区。NAUI 在所有的潜水训练组织中是唯一的非营利教育性协会，而且它与其他潜水组织的最大差异还在于它的董事会中的董事，是经由所有的协会成员选出来的，其后，再由董事们指派一人担任执行长。执行长的任务是监督整个组织的运作、推广和发展。NAUI 是由众多会员组成，其会员包括潜水长、助教、浮潜教练、潜水教练。NAUI 代表了“训练品质”“教练能力”“经由教育落实潜水安全”。

④ CMAS(世界水下运动联合会)，它的英文全名是 World Confederation of Underwater Activities，世界水下运动联合会原系国际钓鱼运动联合会下属的一个组织——潜水运动委员会，成立于 1958 年，其教育系统普及地区为世界各地区，大部分潜水组织与 CMAS 交叉认定潜水员资格、等级，小部分潜水组织为 CMAS 技术委员会会员。CMAS 设立了三个委员会，“运动委员会”负责协调各

会员国、共同订立钓鱼、蹼泳、水球、水中曲棍球等的国际竞赛规则;“技术委员会”负责订立“标准化”的水肺潜水训练规则及国际认证系统,它还负责推动、改善水肺潜水安全性之相关高科技材料与潜水装备的研发;“科学委员会”提供经费,执行有关“潜水科技”方面的研究计划。

CMAS的主要任务是促进没有成立水下运动协会的国家成立协会;研究与本宗旨有关的各种法制和规定,并探讨保持这些法规和规定的标准化;组织符合本宗旨的展览和竞赛活动;资助符合本宗旨的各项活动;努力获得一切体育团体的承认,特别是国际奥委会的承认;协调全世界范围内的潜水活动。

⑤ YMCA(基督教青年会)成立于1844年,其教育系统普及地区为北美洲、中美洲、南欧洲、东北亚洲。依据CNCA(美国国家水中运动促进委员会)《水中呼吸器发展准则》,制定了高标准的安全潜水训练课程,简称“Y-SCUBA”。1990年YMCA在美国印第安纳州Ball State University in Muncie提供潜水教练课程全额奖学金。

⑥ ADS(国际潜水学校联盟),英文全称Association of Diving School International,成立于1980年,其宗旨在于灌输正确的潜水知识技能和安全潜水的观念,是一个潜水教育的专门学校。

⑦ BSAC(英国潜水协会),英文全称为British Sub Aqua Club,成立于1953年,其性质类似财团法人机构,组织经营获得的利润必须用于潜水安全方面的研究与发展造福潜水爱好者。BSAC于1954—1955年间在英国迅速发展,成为英国水中运动政策指导的权威性组织,并于1976年建立了“BSAC潜水训练学校系统”。BSAC潜水学校,是独立的商业团体,由BSAC授权训练,授予BSAC潜水资格认证。

(2) 技术潜水。

① PSA(专业水肺潜水系列),成立于1987年,其教育系统普及地区为北美洲地区。PSA运用源自“空气水肺”技术性深潜的知识与经验,制定严密的安全准则,提供适当的技术潜水训练,以最安全的方式,延伸休闲潜水员的潜水领域。

② TDI(技术潜水员国际组织),成立于1994年,其教育系统普及地区为北美洲、南美洲、欧洲、中亚洲、北亚洲。TDI核心管理阶层人员,在技术潜水领域的资历超过20年以上。TDI开发广泛的技术潜水训练课程,运用众多支援教材、大众化的价格,提供技术潜水领域NITROX、Mixed gas、Deep air等的教育训练。

③ IANTD(国际氮氧混合气潜水及技术潜水员协会),成立于1985年,其教育系统普及地区为北美洲、欧洲、非洲、亚洲。IANTD制定高品质的“标准和程序”规范教育和训练。1992年IANTD着手编订系统化的技术潜水相关教材,包

括各级潜水员训练手册、各式技术潜水参考表格(PO2、CNS/OUT%、EAD、helium、EANx)。

④ ANDI(美洲氮氧混合气潜水员国际组织),成立于1989年,其教育系统普及地区为北美洲、欧洲、中东、北亚洲。ANDI最初名为“美国氮氧混合器潜水员协会”,目标在于推展“高氧”呼吸气体的标准制定和教育训练,让休闲潜水领域的潜水员,在经过技术潜水教练正确的指导之后,能够安全运用,已经发展了40余年,历经美国海军与NOAA严格考验,所研发EANx(NITROX)潜水呼吸用气体进行潜水活动。ANDI制定呼吸用EANx气体的调配程序、检验标准,并注册商标为“SafeAirTM”,依照ANDI规范产出的EANx呼吸用气体就称为“SafeAir”。

(三)休闲蹼泳练习的组织与注意事项

休闲潜水在比较浅的水域进行,只要掌握一些简单易学的基本知识,就可以下水畅游。但是值得提醒的是,潜水者在水中,身体受到的压力常常比陆地高几倍,压力不但直接作用于人体,而且会引起人体内部复杂的物理变化和生理变化。

浮潜一般不超过5米,患减压病的概率很少,但是身体不能有不适合潜水的疾病,比如中耳炎、鼻窦炎、癫痫、心脏病、肺病、皮肤病、高血压、糖尿病等,所以,简单的体检还是很重要的,因为高压下这些疾病可能会对身体造成伤害。

有人下水之后会感觉耳朵疼痛,这是因为下潜时水压变大,耳朵内外的压力不同所致。所以,休闲潜水既要了解自己的身体状况,也要熟悉水性,贸然下水可能有危险。

潜水可以非常刺激地体验到“鱼的感觉”,可以看到奇妙的海底世界,五彩斑斓的热带鱼、貌不可侵的海胆、悠悠飘摇的海藻、巨大如伞的珊瑚群等那些平日在电视里才见过的海洋生物就在自己身边,甚至还可以用手触摸它,感觉新鲜刺激。有些人到水下,感觉胸闷,应放松、镇定,慢慢适应。下潜过程中有些人耳朵有刺痛或是太阳穴有点胀,可做吞咽动作缓解。

1. 海滨潜水注意事项

(1) 防晒:去海边一定要注意防晒,可选择防晒系数较高(SPF50,PA+++)的防晒霜、防晒油或者新鲜的芦荟汁,在下水前20分钟涂抹在身体裸露的部位,即使阴天也应做好防晒工作,这样能降低紫外线的伤害,防止晒伤。

(2) 防意外伤:潜水时尤其要注意预防海底生物的伤害。预防的方法很简单,就是下水之后不要因为好奇而去触摸珊瑚、鱼等生物。只要注意自己的手脚不去碰它们,尤其不要触摸不认识的动物,就可以避免这些问题。这些海底生物80%都带有毒素,只不过毒性大小不同,如果你触犯它们,为了自我防卫,它们会放出毒素。无论是从环保还是安全的角度,这一点都很重要。

(3) 防沙滩玻璃:沙滩上行走要注意碎玻璃片。有些沙滩,由于清理不干净，沙里会散落一些碎玻璃片，尤其在夜晚潜水时，行走时不穿鞋就有可能被割伤。因此，在沙滩上行走一般还是要穿上潜水鞋、沙滩鞋，预防割伤脚。

(4) 潜水衣和救生衣：干式潜水衣中含“佳基料”较为滑润，可以直接穿上。湿式潜水衣，必须把身体及潜水衣弄湿，才能顺利穿上。如果在冬天，则可用滑石粉或痱子粉，涂在潜水衣内部，尤其是双手及双脚的部分可多涂一些。穿着时，勿用指甲拉扯，以防扯破。救生衣穿着在潜水衣之后，与身体保持一个拳头宽的松紧度(挺胸状态)，太紧会造成挤压，太松则会上下移动。

(5) 呼吸管：呼吸管有固定的带子固定在面罩带左侧(右侧位置是水肺潜水时调整器的位置)，位置装在面罩左边的耳前方。

(6) 戴面罩：面罩戴上后，须将前面的头发拿出来，以免使面罩漏水。为防止面罩模糊，可用防雾液，如果没有也可用唾液轻轻涂抹，烟草、海草也是不错的方法，但要防止刮花面罩。

(7) 蛙鞋：带型蛙鞋穿上前，先调整扣带的长度，通常无左右之分。鞋型蛙鞋则和湿式潜水衣相同，必须先用水弄湿后，才能穿上，再加上固定带确保不会松脱。蛙鞋的使用与自由式的脚部动作相同，膝盖不能太过弯曲和大幅度摆动。挺胸，背伸直，面向前方。初学者应该使用较软的蛙鞋。

(8) 配重：配重带系于腰间，最后穿配，以利随时可解开。配重块分放两边，利于潜泳时的平衡。配重带多余部分须切除，最多不可超过 15～20 厘米。

(9) 将调节器内的水排除的方法：潜入水中时，水会浸入呼吸管中，所以必须浮到水面上，用力吹气，将水排除。吸气要慢，吐气时要用力呼。管中的水必须一口气排除。潜入水中时，不要在水中吐气，以免浮上水面后没有空气来做呼吸管的排水动作。

(10) 面罩的挤压与排水：潜降时外压增加，会引起挤压，必须排除以免面部受到伤害。此时鼻子慢慢吹气，恢复正常状态。面罩进水时，头部微微上扬，压住面罩上方，鼻子慢慢吹气将水排除。

(11) 紧急上升：脚若在水中被异物绊住，将空气筒及配重带除去，紧急浮上水面的方法，请勿独自一人练习。

(12) 使用呼吸管与调节器的交换练习：两人共用一个调节器的练习。这是当发生其中一人空气筒用完或故障时的处理方式。

(13) 潜降：吸气后，双手伸向前方，身体自腰部呈直角弯曲。身体伸直，双脚抬离水面，双手滑水一次。等全身进入水中后，开始用蛙鞋滑水。

(14) 上升：为了安全，上升时要抬头看水面，伸出右手，指定方向。注意后方，身体慢慢做 180°旋转，上升速度不可比气泡来得快。

(15) 无论在游泳池或是海水浴场游泳，若需佩戴眼镜，应佩戴有度数的蛙镜，因海水的渗透压较高，易使隐形眼镜掉出。戴蛙镜可避免眼睛接触大量海水。另外，应使用抛弃式镜片，每次潜水完后即丢弃更新，以避免游泳池或海水中的细菌感染。

（16）选择适合的入水点，风浪太大，是不适合由岸边入水的。走向海中，水深及膝时，需注意不要被浪冲走（当身上有装备时，不易保持平衡）。水深及腰时，把握浪退下的瞬间，纵身游向海洋。礁岸地形（尽量选择岸坡陡的地形）、港边（堤防边）或由船上入水，则可直接跳水。

（17）跳水的种类：正面直立跳水水深需在1.5米以上，双脚前后张开，双手按住面罩及空气筒背带。背面（座）跳水仅适合从船上入水时使用，正面（座）跳水适合初学者。侧身入水像蛙人部队一样，从橡皮艇上，俯卧着滚身入水。跳水方式的入水，勿含着呼吸管。

（18）使用浮力调节器能使身体保持水平，提高游泳效率（水越深，潜水衣的浮力越差）。水中要用手势及时沟通，随时注意空气筒的残压量。

（19）上升：上浮时不超过自己吐的最小气泡的上升速度，一定不要停止呼吸（保持呼吸速率），注意上升动作。

（20）上岸：必须游到身体触到海底，达到安全高度时再站起来。站起时需控制好重心，突然感受到体重及装备重量，会导致重心不稳。站起后，将重心放低，注意海浪，慢步上岸。不要边走边脱掉装备（面罩可拉至脖子上），须等到完全上岸后，才能脱掉装备。不要走在同伴的后方，以免因各种原因造成不必要的伤害。

（21）几种重要的手势：各地手势的意义会有少许差异，需在下水之前做好沟通。

① 我现在情况良好——“OK”。

② 注意（物体）方向——“食指指示方向”。

③ 下潜——“右手握拳，拇指向下”。

④ 上升——“右手握拳，拇指向上”。

（22）潜水时间安全表（表7-3-2）。

表7-3-2　潜水时间安全表

水深（米）	时间限制（分）	水深（米）	时间限制（分）
10	无	27	30
12	200	30	25
15	100	33	20
18	60	36	15
21	50	39	10

2. 一般常识

如果判断的基础是错误的，那么对某人能力作出的判断将是十分危险的。有些业余潜水者往往不能正确估计自己的情况，因为他使用的可能是用来指导潜水冠军、职业潜水员，甚至深海潜水员的资料和数据，而没有考虑到这些人员是在严密的医务监督之下，经过专门选材和训练的，他们的潜水活动是计划好的，有专门的后援队伍，有最先进的技术和设备。

业余潜水运动员必须注意，他们最大的敌人就是自己的热情。他们往往意识不到在很多情况下自己是危险而且没有任何保护措施的。我们有时会听到有些一时兴起的“星期天潜水者”在没做任何体检，没有任何准备和设备，未经训练，没有他人帮助的情况下就去冒险。还有的人急于求成，想在短短几天内就把什么都学会，而不去考虑可能为此付出的代价。最可怕的敌人正是他们自己，是他们的不严于律己，缺乏训练，过分热情和毫无经验而造成伤害和灾难。不要去和潜水专家较量，要在自己的能力范围内使潜水运动成为一种休闲娱乐。要远离危险，使自己既能体验到全新的感受，又不必潜入较深的水下。潜水员可以把自己看作发现者、探险者和征服者，也可以陶醉于海底世界的美妙。

潜水运动适合于任何人，不论男女老幼。年轻人尤其可从潜水中获益，因为它不会对心脏和血液循环造成太大的刺激，而且能增大肺的容量。年轻人对新环境的反应往往迅速而准确，因此能够很快适应潜水。

由于不需要用较大的力量，女性可以与男子一样在潜水运动中大有作为。女性的情绪一般比较外露，她们不像男子那样有攻击性和表现欲，因此不容易发生危险。

近来有些医学研究表明，老年人腿部的血液循环有减慢的趋势，而潜水可以帮助他们缓解这一现象。而且自我保护的本能和高度的责任感，使他们不会使自己的活动超出能力和身体条件所允许的范围以外。

最重要的是永远不要独自潜水，同伴是最好的安全措施，而且我们训练的目标就是能够在需要时给予或获得帮助。

休闲潜水，不言而喻，在潜水中不仅可以使身体上得到锻炼，还能使精神上达到放松、愉快，开阔眼界，赏心悦目。因此选择景色迷人且具有诱惑力的水域尤为重要。

我国东南海面上岛屿星罗棋布，总共有五千多个，而可供休闲潜水，水下景色最美的当推海南岛、西沙群岛、南沙群岛、台湾岛和北方辽东半岛附近海域，其中尤以海南、西沙、南沙水域当为首选。因为几乎所有在海水里的休闲潜水活动都是在温带、亚热带、热带水域中进行的，因为在这些水域中有各种各样的奇花异草、色泽斑斓的鱼群及神态百异的珊瑚礁，能给人以极大的观赏价值和乐趣，特别是进行水下摄影、水下动植物考察、水下狩猎活动最佳的水域。

因此，对休闲潜水地点的选择是很重要的，应该注意以下几点：

(1) 由近及远，由浅入深，由短到长。

如果是首次进行海水潜水，应该选择离岸边近些，水质能见度清澈、深度浅些的水域。随着适应海水环境的能力和潜水技术的不断提高，在掌握了一定的经验后再进行较深度的潜水。

在浅水潜水时可首先采用呼吸管进行浮潜，取得经验后再采用水下呼吸器装备的潜水，同时也可增加在水中活动的时间和加长潜水距离，循序渐进。

(2) 当选择下水和上水的地点时，应尽量安排在较平坦的沙滩或海浪缓慢的地段，不要在礁石杂乱的地段和水草丛生的水域。简言之，即上、下水都比较安全的地点。

(3) 潜水时应尽量避开人工鱼礁、码头、钻油台等处，如在这种水域潜水时需要考虑到波浪、潮汐、水流、珊瑚礁、来往船只、深水和海洋生物等。

(4) 不要选择在海流和激流、碎浪频繁出现的水域潜水，如果你是一个很有经验的潜水能手，为了寻求更大的刺激性活动，在这些水域潜水需要专门的训练。

(5) 为了能够使休闲潜水获得较好的效果，在选择潜水地点时不妨多选择一处或几处作为候补潜水点。

3. 拟定潜水计划和装备工作

一次成功的休闲潜水活动，需要有一个较周密的潜水计划，它能保证你有一次愉快的水下旅游，特别是首次做水下旅游潜水的新手尤为重要。

潜水活动计划大致可以分为以下几点：

(1) 潜水前计划。

当你选定潜水地点后就应该考虑：

① 选择同潜伙伴很重要，即使是有经验的潜水者也应该结伴同行。初次潜水者可以采取小组形式或在导游陪同指导下进行，这样可以相互照顾，一旦出现问题可以及时得到解决，特别是在水下摄影、水下狩猎、水下考察时应该互相协助。

② 明确潜水的目的任务，休闲潜水并不等于随意游荡，无的放矢。当你选择潜水地点时，一定会考虑到该景点的特色是鱼群多、珊瑚礁多、奇花异草多抑或是岩洞多，继而根据它的特点去观赏、去考察，以期达到最大的满足。因此应该集中精力首先在潜水过程中完成你要观赏的主要目标，不要受临时发现的其他景物的影响。要保持自我控制和自律，就需要在潜水活动前明确此次潜水的主要目的和任务。

③ 决定最好的潜水时间。选定地点后，应该考虑到该水域潮汐情况和天气、水温情况以及有无其他活动，以便选择适宜潜水的时间。

④ 与同伴或小组研究讨论一些细节问题，如出发时间、交通工具、必备物品以及必要的资料，甚至可以考虑和商定一旦出现问题该如何联系、如何解决等。

(2) 准备工作。

为了保证潜水活动顺利进行，事先的准备工作是非常重要的。

① 检查将要使用的全部器材装备是否有损坏或缺少什么器材，然后及时补齐。

② 检查气瓶是否已充满气，如到了潜水点再临时充气会耽误时间。

③ 把所有准备好的器材清点后放在一起。

④ 准备好有关潜水地点的资料和该水域的最新情况信息。

(3) 出发前的准备。

在出发前仍要进行一次最后的检查。

① 整理所需器材装备，最后检查一次是否有遗漏，并且按照顺序把最后要用的器材最先放进器材袋子里。

② 检查气瓶是否需要补气，使之达到最高要求。

③ 索取一份当天最新的天气预报资料。

④ 将潜水计划的复印件交与住处其他人一份，并说明返程时间以及逾时未归时如何联系和处理意见。

⑤ 整理好需要携带的其他物品，如证件、移动电话、外衣、帽子、太阳镜、钱包、午餐、旅行衣箱、潜水日志等。

⑥ 最后再做一次检查，确定没有忘掉需用的任何物品即可出发。

(4) 下水前的准备工作。

到达潜水地点后不要急于穿戴装备，应先与同伴在岸上将入水后一切细节问题讨论确定好。

① 首先观察一下预选潜水地点当时的环境状况是否有利于潜水，如现场与预选时的情况有变化，可选择另外一处预选的候补潜水点，如果现状仍不理想应该放弃这一次潜水活动。

② 决定下水和上岸的地点。

③ 商定潜水时间、潜水游动路线、潜水深度和空气供应量的限制等。

④ 决定如果遭遇和同伴或小组潜散落单时应如何取得联系，如何解决。

⑤ 商定遇到紧急情况时应如何处理。

⑥ 再次与同伴复习一下信号手势和其他沟通方式。

(5) 按计划下水潜游。

按预定计划进行潜水时，你会感到潜水更安全、更容易和更有兴趣。在潜游中与同伴能够达到互相关照、心领神会、互助互补，能够在有安全感和轻松愉快的状态下潜水，获得更大的情趣。

潜水计划不需要很复杂，但必须和同伴一起商定，按计划进行。

如果是参加当地潜水俱乐部组织的潜水活动，也应该了解这次活动的整个进程。如使用俱乐部提供的潜水装备，也应事先做好必要的检查，特别是下水前的检查，不能粗心大意。潜水时一定要服从俱乐部导游人员的指挥。

4. 船潜的准备工作和流程

目前世界各地普遍采用船潜方式进行休闲潜水活动。各潜水点和潜水俱乐部都备有大型或小型的潜水用船，将人带到水质透明、清澈、水中生物最多和珊瑚礁最迷人的潜水点，这样可以节省很多途中游泳或步行的时间，能保证有更充沛的精力进行潜水，取得事半功倍的效果。因此，了解和做好船潜的准备工作很重要。

(1) 上船前要充分做好准备工作。

① 仔细检查器材装备，将气瓶充满气，整理好备用的器材零件。

② 在自己的器材装备上标上明显的标志或记号，避免在船上拿错。

③ 利用器材装备袋(箱)携带器材上、下船。

④ 将最先用到的器材放在袋子的最上面。

⑤ 带够保暖的干衣服。

(2) 做好思想和身体上的准备。

① 潜水前一天晚上不要喝酒和参加晚会。

② 不要吃不易消化的食物。

③ 要保证有充足的睡眠。

④ 将船票、钱包、午餐和保暖服等整理好。

(3) 要了解和熟悉船上的简单用语和手势。

① 向前：即向船头方向；向后：即向船尾方向。

② 左舷和右舷：面向船头站立时，左舷就在你左手边，右舷就在你右手边。

③ 上风和下风：当风吹过船时，迎风的那一边是上风，顺风的那一边是下风。

④ 在船上，有些地方潜水者是不能进入的，必须征得船长或工作人员的同意方能进去。

⑤ 上船前不要吃太油腻的食物。

⑥ 要在开船前半小时到达，这样可以有充分的时间安置自己的潜水装备和找一个较好的休息位置。

(4) 到达潜水点后要注意事项。

① 到达潜水地点后，要服从船长和潜水导游的统一指挥和行动。

② 穿戴潜水装备时永远要找同伴帮助。

③ 在船上前后颠簸时很容易失去平衡，要留心较重器材，不要伤害到自己和别人。

④ 穿好装备后，行走时要注意装备会改变身体重心，避免摔倒。

⑤ 在没有下水之前先不要急于穿上脚蹼。

(5) 下水潜游服从命令听指挥。

① 按照船长或潜水导游指定的地点顺序下水。

② 在大型潜水船上通常采用跨步式入水法，在小船上可以采取坐姿入水或背滚式入水法。

③ 入水前要看清水下是否有人或障碍物。

④ 入水后再请人把照相机或渔枪等附属设备递给你。

⑤ 入水时要注意水流方向，最好是沿着锚链或其他绳索下潜。

⑥ 到达水底后先确定方位，然后再逆流潜游。

⑦ 如果在潜水时听到船上发出的水底召回信号时，应先浮出水面，然后面向船，注意船上的指示。

(6) 潜水结束上升时应注意事项。

① 结束潜水时最好在船的附近，上船后使气瓶内仍能保持有剩余空气为好。

② 潜水结束时要在船的前方上升，上升时一只手上举过头以便保护，浮出水面后立即向船长发出信号。

③ 避免贴着水面朝下游回船边，容易发生事故。

④ 浮出水面后如发现船不见了，应保持冷静并调整好浮力，耐心等待别人来接，如果离岸边很近也可以慢慢游向岸边上岸。

(7) 潜水结束浮出水面上船时应注意事项。

① 当到达上船地点时，一般都在船尾，应该一个一个上船并保持一定距离，避免梯上的人滑脱掉下来或器材掉下来砸伤。

② 照相机、渔枪可先递给船上人员，所有其他装备不要先脱下。

③ 在抓紧船边或上船扶梯后再脱下脚蹼，否则一旦水将你冲走会很难游动。

④ 上船后应立即将装备脱下装进器材袋子里，并固定好气瓶和其他附件。

⑤ 潜水活动全部结束后应在开船前把自己的装备收拾好装进口袋里。

⑥ 在返回开船前，船长要点名检查人数，证明所有人都已安全上船后，才开始返航。

(8) 潜水结束后对器材装备应加以保养。

① 将全部器材和潜水服等用淡水冲洗干净。

② 将冲洗后的器材放置在通风的地方吹干备用。

③ 对有损坏的零部件应及时维修、更换、补齐。

问题讨论与思考

1. 在公开水域中，由于气候、水文变化以及身体体能下降等原因，游泳时难免要遇到一些困难和危险。列举一些公开水域中的自救方法，并说明在何种情况下使用。

2. 对初学游泳的少年儿童进行指导时，应注意哪些问题，并说明原因。

3. 举例说明不同人群水中健身的特点及作用?

4. 简述潜水的种类。

第八章

大众游泳俱乐部

【本章导言】

随着社会经济的发展和体育体制改革的不断深入，由社会兴办的不同类型的体育俱乐部在我国迅速发展。大众游泳俱乐部是以游泳为共同爱好的人自愿组织的自由体育团体，在欧洲和北美地区，一些大众游泳俱乐部往往具有百年历史。本章主要介绍大众游泳俱乐部的历史沿革、发展特征、俱乐部运营与管理等。通过本章的学习了解和掌握一些大众游泳俱乐部在运营与管理中常采用的方法和手段，学习如何组织和指导会员进行游泳活动。

第一节　大众游泳俱乐部概述

一、大众体育俱乐部发展概述

"俱乐部"(Club)，原意为"总会"和"社交圈"，或指娱乐场所，现在通常作为一种组织制度来解释。体育俱乐部是现代体育最常见的一种基层体育组织形式。早在18世纪初，欧洲的英国、瑞典就已出现了板球、高尔夫球、赛马和滑雪等项目的体育俱乐部，但还只是少数上流社会参加的体育组织。早期的俱乐部与其说是一个体育组织，倒不如说是上流社会人士业余消遣与社交的沙龙，是社会地位高贵的象征。

进入18世纪，伴随着科学技术的进步和人们生活方式的变化，生活水平提高，新的文化需求不断产生，经济的发展，使人们的联系变得更为快捷，过去封闭的社会变得开放。人们的生活发生变化，工作时间减少，余暇时间增多，普通老百姓也开始受到良好教育，以前仅仅是贵族特有的俱乐部开始向平民化发展。

体育活动开始向普通市民普及，以体育为共同爱好的大众社团组织开始出现，体育俱乐部随时代的发展而迅速建立起来。

我国学者周进强等认为“体育俱乐部是由企事业单位、社会团体和公民个人利用非国有资产举办的、以开展体育活动为主要内容、以公民个人为组织和服务对象的基层体育组织”。德国著名学者海尔曼认为“体育俱乐部是一个以‘自由的成员资格’‘以成员利益为准则’‘不依赖第二者’‘义务参加工作’和‘民主决策’为特征的自由团体”。

目前，我国的体育俱乐部大致有几种类型。按俱乐部的任务划分，有以开展竞技体育、提高运动技术水平为目的的职业、半职业俱乐部，有以开展群众健身活动为主的健身俱乐部，有以培养体育后备人才为主的青少年业余体育俱乐部；按投资渠道划分，有政府与企业合办的俱乐部，有企业与事业单位合办的俱乐部，有个人独资或企业独资创办的俱乐部；按所开展的运动项目划分，有足球、篮球、乒乓球等项目的俱乐部；按俱乐部的性质划分，有社团型俱乐部，有企业型俱乐部，有民办非企业型俱乐部等。

二、大众游泳俱乐部特征

大众游泳俱乐部是以游泳为共同爱好的人自愿组织的自由体育团体，其主要任务是组织自由参加的会员利用业余时间开展游泳活动。大众游泳体育俱乐部的特征主要表现在以下七个方面：

(1) 以游泳为共同爱好：大众游泳俱乐部的主要任务是组织会员开展游泳活动。例如：组织俱乐部会员参加游泳锻炼、训练和比赛等活动。近年来，为了丰富活动内容，增加吸引力和凝聚力，不少大众游泳俱乐部还纷纷增加文娱、旅游和社交活动，组织会员观赏大型游泳比赛，组织游泳聚会等。

(2) 业余性：大众游泳俱乐部的会员都是利用业余或课余时间参加游泳活动。即使是高水平的成员，其训练和比赛也都是业余的。有些俱乐部的业余运动员也有可能得到一些补助和津贴，但金额一般都不大，无法赖以生活。这一特征，决定了业余体育俱乐部的活动时间，大都只能局限在早晨、傍晚、晚上和节假日。

(3) 自愿性：参加大众游泳俱乐部的人完全出于自愿，没有任何强迫之处，而且来去自由，不受任何约束。对绝大多数没有参加固定运动队的会员来讲，完全凭自己的兴趣爱好自由选择活动的内容、时间和频度，在俱乐部任职与否，也都出于自愿。

(4) 公开性：除少数有特殊规定者外，绝大多数大众游泳俱乐部的大门面向所有人敞开。任何人，不分年龄、性别、宗教、信仰、阶级、职业和文化程度，只要承认俱乐部的章程和定期交纳会费，均可报名参加。

(5) 民主性：业余体育俱乐部由民主选举产生理事会领导。会员的民主权利得到充分保证。俱乐部的领导和会员之间只有平等的伙伴关系，而无任何从属和雇佣关系。

(6) 公益性：大众游泳俱乐部是一个公益性的组织，其运转主要依靠会员的两种奉献，一种是时间，即利用业余时间无偿参与俱乐部的各项工作；另一种是金钱，指会费、有偿教学培训和捐赠。俱乐部的财产和盈利全归集体所有，任何个人不得占有。也就是说，任何个人既无权参与分配俱乐部的盈利，当俱乐部经营亏损时也不负赔偿责任。俱乐部只负责提供总体服务，每一个会员都可以自由充分利用它。

(7) 独立性：大众游泳俱乐部是自治组织，独立自主、自力更生是其灵魂。俱乐部及其成员对第三者保持高度独立。俱乐部主要凭借全体会员的奉献精神和自身的财力而独立生存和发展，即使是接受第三者的捐赠和赞助，也不能影响自身的独立性。

案例　　台湾大众游泳俱乐部的发展

我国台湾大众游泳俱乐部的发展是很好的，在台湾根据不同的情况，他们会为俱乐部起不同的名字：如“四季泳会”这样的俱乐部条件较好，有室外池和游泳馆，会员可以常年坚持游泳锻炼，因此得名。另一个就是“早泳会”，“早泳会”的活动在台湾开展得非常普遍。“早泳会”，顾名思义就是在早晨游泳，是指在早晨上班前进行游泳锻炼的会员制俱乐部。这部分都是上班族和退休人员，一般都有多年坚持锻炼的习惯。加入“早泳会”的人，一般会在早晨 6～7 点来到游泳池锻炼，结束后在休息厅小憩，吃早饭。“早泳会”会提供一些饮品和主食，人们吃完后就上班了。有条件的游泳俱乐部会提供免费的饮食，像“泸州四季泳会”供免费米浆。在台湾，游泳俱乐部也是人们的社交场所。有的游泳协会会在每个月为在这一个月里过生日的会员集体过一次生日，集体外出旅游一次。在俱乐部，你可以结识很多的新朋友，大家每天一起游泳锻炼，切磋泳技，一起外出参加活动，一起参加比赛。由于没有利害关系，大家是朋友，关系十分融洽。有了生意，也会有泳友帮忙。台湾成人游泳协会还会经常组织俱乐部之间的比赛，最具代表性的就是台湾最大型的每年一次的“万人泳渡日月潭嘉年华活动”，有一万多人参加，活动轰动整个台湾。活动的举办大大促进了台湾大众游泳俱乐部的发展。

第二节　大众游泳俱乐部运营与管理

一、大众游泳俱乐部的选址规划

对于建立和发展大众游泳俱乐部来说，选址规划会对今后的运营与管理产生重要影响。所选地址的交通状况、人文环境、自然环境、经济氛围都会对俱乐部的运营产生直接影响。俱乐部最终能否取得成功,位置的正确选址非常重要。

要对选址所在地区基本状况进行必要的分析和了解,考虑的内容包括所在地区企事业、机关单位数量、居民住宅小区数量、人口数量、地区设施、地区规划、交通道路条件、同行业竞争情况、竞争对手及潜在竞争对手数量、体育消费水平、游泳场地及租金水平、法律环境及条件等。大众游泳俱乐部选址宏观评价因子如图 8-2-1 所示。通过对宏观诸多因素的考察,可以帮助大众游泳俱乐部的决策者对项目大环境有足够的认识。一般而言,大众游泳俱乐部的选址必须以一定的市场化环境为前提,一个封闭的,缺乏市场竞争与发展环境,缺少足够市场资源的地区,是不适合俱乐部运行和生存的。

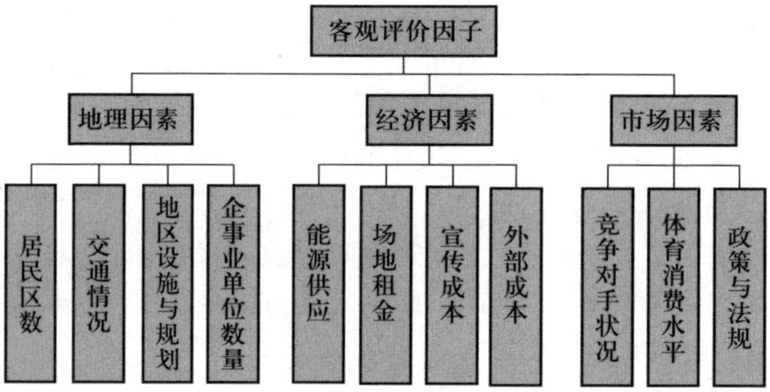

图 8-2-1 大众游泳俱乐部选址宏观评价因子

二、大众游泳俱乐部的登记与注册

对于组织和建立大众游泳俱乐部来说,应遵照国务院颁发的《体育类民办非企业单位登记管理暂行条例》(以下简称《条例》)相关规定,完成登记和注册工作,取得俱乐部合法的法律地位。体育类民办非企业单位,是指由企业单位、事业单位、社会团体、其他社会力量和公民个人利用非国有资产举办的,不以营利为目的的,以开展体育活动为主要内容的民办的中心、院、社、俱乐部、场馆等社会组织。根据《条例》相关要求,体育行政部门是体育类民办非企业单位的业务主管单位。国务院体育行政部门负责指导全国体育类民办非企业单位的登记审查工作,并负责在民政部登记的体育类民办非企业单位的登记审查工作。县级以上地方各级人民政府体育行政部门负责本辖区内体育类民办非企业单位的设立审查工作。

1. 文件材料的提交

(1) 需要向地方体育主管部门提交的文件材料:

① 社会体育团体申请书。

② 章程(有范本)。

③ 社会体育团体审批表。

④ 准备房产证明(合作协议)。

⑤ 法人及负责人简历、身份证、学历证、资格证(原件和复印件)。

⑥ 场地设施开放证明材料和数量、种类清单。

⑦ 从业人员中体育专业技术人员的专业技术资格证明材料,包括学历证明、工作简历、在体育运动中获得的成绩证明、体现运动技术水平的其他证明材料等。

(2) 申请民办非企业单位登记,举办者应当向民政局(登记管理机关)提交下列文件:

① 登记申请书。

② 业务主管单位的批准文件。

③ 场所使用权证明。

④ 验资报告。

⑤ 拟任负责人的基本情况、身份证明。

⑥ 章程草案。

2. 登记与注册

(1) 申请登记民办非企业单位,应当具备下列条件:

① 经业务主管单位审查同意。

② 有规范的名称、必要的组织机构。

③ 有与其业务活动相适应的从业人员。

④ 有与其业务活动相适应的合法财产。

⑤ 有必要的场所。

⑥ 民办非企业单位的名称应当符合国务院民政部门的规定,不得冠以“中国”“全国”“中华”等字样。

(2) 民办非企业单位的章程应当包括下列事项:

① 名称、住所。

② 宗旨和业务范围。

③ 组织管理制度。

④ 法定代表人或者负责人的产生、罢免的程序。

⑤ 资产管理和使用的原则。

⑥ 章程的修改程序。

⑦ 终止程序和终止后资产的处理。

⑧ 需要由章程规定的其他事项。

相关阅读　　　　　　　　什么是民办非企业单位

我国习惯上把单位分为四类:机关单位、企业单位、事业单位和社会团体。与之相对应,传统的法学理论也把法人分为四类:机关法人、企业法人、事业单位法人和社团法人。

所谓“民办非企业单位”,根据国务院颁布的《民办非企业单位登记管理暂行条例》规定,它是指企业单位、事业单位、社会团体和其他社会力量以及公民个人利用非国有资产举办的,从事非营利性社会服务活动的社会组织。在我国现行体制下,民办非企业单位和社会团体、基金会一样,其实质均为社会组织的一种形式。它的一个明显特征是:不是由政府或者政府部门举办的。

民办非企业单位的根本属性是非营利性。民办非企业单位,作为市场经济中的主体,不进行营利性的经营活动,事业组织是指为了社会公益事业目的,从事文化、教育、卫生、体育、法律、新闻等公益事业的单位或组织。事业组织包括事业单位和民办非企业单位。事业单位与民办非企业单位除经费来源有些许不同之外,其性质、设立程序都是相同的,都属于事业组织的范围。

案例　　　　　　　　国外游泳俱乐部发展初探

历史上最古老的游泳俱乐部 Brighton Swimming Club

1860 年 5 月 4 日的一天,8 位喜爱游泳运动的英国绅士,在英国 Maidstone 市区的河边,经过集体会议和讨论,决定成立一家以爱好游泳运动为共同兴趣的体育俱乐部。俱乐部起名为“Maidstone DC”,而后更名为“Brighton Swimming Club”。这标志着世界上第一家游泳俱乐部的成立。经过 170 多年的发展,现今 Brighton Swimming 俱乐部设立游泳、水球、公开水域游泳、花样游泳、跳水、水上救生等多个水上运动项目。招收从青少年到老人的各个层次的会员,开设几十种与游泳项目相关的教学培训课程。

世界冠军的培养摇篮——巴尔的摩水上俱乐部 NORTH BALTIMORE AQUATIC CLUB

美国游泳运动员迈克尔·菲尔普斯在北京奥运会个人夺得 8 金,让美国人对水中运动的兴趣越加广泛,菲尔普斯史诗般的成绩让全美 700 多个游泳中心都处于兴奋状态,而在他从小训练的北巴尔的摩水上俱乐部更是涌动着菲尔普斯热,孩子们纷纷来到这里上游泳课。成立于 1968 年的北巴尔的摩水上俱乐部,坐落在美国巴尔的摩北部的小镇,是世界游泳冠军的培养摇篮。来自美国、加拿大、墨西哥等国家的优秀选手在俱乐部世界级水平的教练指导下刻苦训练,并在各种世界或国家大赛中取得好成绩。为世界泳坛相继培养出迈克尔·菲尔普斯、凯蒂·霍夫等著名运动员。我们可以从俱乐部网站上公布的信息看到,作为一家游泳俱乐部他们取得的成绩是多么辉煌：

15 项世界纪录。

11 枚奥运会金牌。

2 名奥运会游泳教练员。

4 枚世界游泳锦标赛金牌。

13 项全美纪录。

26 项全美游泳锦标赛冠军。

131 项全美年龄组游泳锦标赛纪录。

三、大众游泳俱乐部的会员管理

(一) 会员章程的制定

大众游泳俱乐部主要是以招募会员，缴纳会费为俱乐部运营的主要经济来源。会员是俱乐部的主体，就像家庭需要由不同的人员组成，班级要由不同的学生组成一样，俱乐部的工作是围绕招募会员，保障会员的权益和约束会员行为而开展的。制定科学、有执行力的会员章程是俱乐部管理会员的首要条件。一般来说，会员章程的制定应包括以下几个内容：

① 总则。

② 名称。

③ 俱乐部的性质、宗旨和业务范围。

④ 会员的资格。

⑤ 会员的权利和义务。

⑥ 会员的费用。

⑦ 会员资格的申请、转让和退会。

⑧ 组织机构和负责人的产生。

⑨ 经费使用原则。

⑩ 章程的解释权。

⑪ 免责声明。

游泳俱乐部章程范例

×××游泳俱乐部章程

第一章　总则

第一条　名称：×××游泳俱乐部。

第二条　性质：本俱乐部是由×××游泳运动爱好者自愿结成，从事非营利性群众组织。

第三条　本俱乐部的宗旨：遵守国家宪法和法律法规，遵守社会道德风尚，团结俱乐部所有爱好游泳的会员，广泛开展群众性游泳运动，促进会员参加游泳运动，保证会员的身心健康，提高游泳技术水平。

第四条　其他……

第二章　业务范围

第五条　本俱乐部业务范围：

（一）宣传和开展群众性游泳活动，增强人民体质。

（二）组织本俱乐部会员参加游泳活动，推荐会员参加全市、全区及国内外业余游泳爱好者的竞赛活动。

（三）开展游泳技术交流，提高游泳技术水平。

第三章　会员

第六条　本俱乐部的会员由个人会员组成。

第七条　申请加入俱乐部的会员，必须具备下列条件：

（一）拥护本俱乐部章程的×××员工。

（二）热爱游泳活动，有加入本俱乐部的意愿。

第八条　会员入会的程序是：

（一）提交入会的申请书。

（二）经相关组织委托的俱乐部负责人审核和批准，正式加入本俱乐部。

第九条　会员享有下列权利：

（一）本俱乐部的选举权、被选举权和表决权。

（二）自愿参加本俱乐部的活动。

（三）获得本俱乐部服务及活动的优先权。

（四）对本俱乐部工作的批评建议和监督权。

（五）入会自愿，退会自由。

第十条　会员应履行的义务：

（一）执行本俱乐部的决议。

（二）维护本俱乐部的合法权益。

（三）完成本俱乐部交办的工作。

（四）按规定交纳会费。

（五）向本俱乐部提供相关信息及资料。

第十一条　会员可随时提出退会申请。

第十二条　会员如有严重违反本章程的行为，将予以除名。

第四章　组织机构和负责人的产生

第十三条　本俱乐部的负责人由本俱乐部的会员协商推荐产生，并报校×

××备案。本俱乐部的职责有：

（一）制定和修改章程。

（二）推荐俱乐部负责人。

（三）监督俱乐部财务执行情况。

（四）决定和终止俱乐部的相关事宜。

（五）决定其他重大事宜。

第五章　经费使用原则

第十四条　本俱乐部经费来源：

（一）会费。

（二）捐赠及赞助。

（三）×××拨款。

（四）在核准的业务范围内开展活动或服务的收入。

（五）其他合法收入。

第十五条　本俱乐部按照自愿原则收取会员会费。

第十六条　本俱乐部经费必须在本章程规定的业务范围内使用，不得在会员中分配。

第十七条　本俱乐部经费使用情况定期向全体会员公布，保证经费使用合法、真实准确、完整、透明。

第十八条　本俱乐部的资产属校工会所有，任何单位、个人不得侵占，私分和挪用。

第十九条　本章程的解释权属×××。

（二）会员卡设计

发行会员卡是目前各种大众体育俱乐部普遍采用的招募会员、培养会员忠诚度，维持俱乐部运营的重要手段。我国的大众体育俱乐部，从会员活动的时间特征来看，主要有四种会员：长期会员（1 年或者 1 年以上），中期会员（3 个月至 6 个月），短期会员（1 个月左右），临时会员（1 天或 1 次活动）。其基本特征是会员会费和消费费用的统一性和提前性，即先交钱后消费、会员会费与消费费用相等。设计与发行会员卡对俱乐部招募会员有着重要作用。设计与发行会员卡需要考虑以下几个因素：

（1）卡片设计：包括文字、图片、材料、卡号等的选择，不同种类的会员卡应该有不同的设计，除了名称之外，可以通过颜色区分。会员卡上应该有俱乐部的标志和联系方式，这也是宣传俱乐部的一个很好方式。

（2）会员卡的种类：可以根据会员对俱乐部的贡献程度分为临时会员卡、普通会员卡、高级会员卡、VIP 会员卡等，也可以根据时间分为年卡、季卡、月卡和次卡等。

(3) 会员卡标准:按会员累计消费金额或一次性存入卡内金额区分。例如,一年消费金额在一万元以上(含一万元)或一次性存入金额一万元以上均可以办理金卡。

(4) 会员权利:不同会员卡享受的待遇是不一样的,且应有一定差距。如高级会员卡会员可以享受俱乐部所有教学培训的七折优惠,VIP 会员卡可以享受俱乐部教学培训的五折优惠。

(5) 会员卡的有效期和有效持有人:有效期可以是一年也可以是终身。有效持有人是指会员卡是否可以授权给他人使用,还是持卡人本人使用。

(6) 会员资格的生效和取消程序:例如会员获得会员卡即获得会员资格。会员资格的取消可以是会员自愿取消,或者超过有效期自动取消。

(7) 其他事项:包括变更通知,俱乐部会员活动具体规定。

会员卡不仅是招募会员的手段,保障俱乐部经济收入的来源,也是俱乐部与会员沟通的良好途径。俱乐部应指派专人负责会员卡的办理,并及时与会员联系和沟通,了解和征求会员对俱乐部发展的意见,及时兑现对会员相关待遇的承诺。

案例　　上海市游泳俱乐部会员卡分类及收费情况

隗晓璇等人曾对郑健游泳俱乐部(俱乐部 1)、沈坚强游泳俱乐部(俱乐部 2)、上海游泳馆(俱乐部 3)三家在上海颇具规模的游泳俱乐部在俱乐部会员收费和培训等方面做过调查,调查结果如下(表 8−2−1、表 8−2−2、表 8−2−3):

表 8−2−1　游泳俱乐部单次游泳收费　　单位:元

		俱乐部 1		俱乐部 2		俱乐部 3	
		平时	周末	平时	周末	平时	周末
夏季	下午	15	15	15	20	25	30
	晚上	15	15	20	25	30	30
其他三季	下午	18	18	15	20	25	25
	晚上	18	18	20	25	30	30

表 8−2−2　游泳俱乐部办理会员卡收费　　单位:元

		次卡	月卡	季卡	年卡	2 人卡	3 人卡	4 人卡	其他卡
俱乐部 1	夏季	150～240	258	无	1 800	2 700	3 600	无	爱心卡
	其他	180～540	288						1 200
俱乐部 2	夏季	无	200	500	1 600	无	无	无	无
	其他	无	无	无	无	无	无	无	无
俱乐部 3	夏季	300～1 000	无	无	2 000	无	3 800	无	晨练卡
	其他								300

表 8-2-3 上海市游泳俱乐部游泳培训的种类和定价

	成人班		少儿班		学生班			私教班			亲子班
	初级	中级	幼儿班	小班	普通班	低年级	高年级	1对1	1对2	1对3	
俱乐部1	300元/8次		300元/8次	—	300元/8次	300元/8次	—	—			260元/4次
	180元/4次		180元/4次	—	180元/4次	180元/4次	—				470元/8次
俱乐部2	500元/16次（2个月）		—		—	200元/8次	240元/8次	800元	1 300元	1 650元	380元/8次
俱乐部3	480元/10次	700元/10次	560元/12次	420元/12次	—			800元	1 300元	—	—
			1 000元/24次	750元/24次							

案例　　新加坡游泳俱乐部的会员制度

成立于1894年2月7日的新加坡游泳俱乐部是新加坡最大的非营利性游泳俱乐部，是有历史记载的最早的亚洲游泳俱乐部。经过百年的发展，俱乐部拥有完善的体育配套设置，其业务发展已经不再局限于开设游泳项目的体育俱乐部。在新加坡游泳俱乐部缴纳会费，成为会员，不仅能参加游泳健身活动，还可以参加高尔夫、羽毛球、保龄球、体操、健身等各类体育项目和高品质的餐饮、娱乐服务。可以说新加坡游泳俱乐部已经发展成为一家多功能的高级商务体育休闲俱乐部。

新加坡俱乐部会员制分为普通会员、公司会员和青少年会员三类(表8-2-4)。

表 8-2-4 新加坡游泳俱乐部的会员制度

会员类型	会　费	备　注
普通会员	每月＄60	每季度最低消费＄90 首次入会时应缴纳＄100会员保证金
公司会员	1年期：＄4 000 2年期：＄7 000 3年期：＄10 000	可一次提供给两人使用
	1年期：＄5 000 2年期：＄8 500 3年期：＄12 000	可一次提供给三人使用
	1年期：＄2 000 2年期：＄3 500 3年期：＄5 000	提供给公司级个人会员使用
青少年会员	＄500	一次性缴纳会费，每月最低消费＄15

（三）会员服务的经营管理

大众游泳俱乐部是一个非营利性的、业余的、自愿的、自治的群众性体育组织，其经营管理工作的目标是如何巩固和壮大会员队伍，确保俱乐部的生存与发展。而要做到这一点，既不能靠物质刺激，又不能靠强迫命令，唯一可行的办法只能是靠俱乐部自身的模范工作和优质服务。一方面有针对性地、最大限度地满足各类会员的需求；另一方面激发每一个会员当家作主的参与积极性和主观能动性，以提高俱乐部的亲和力、向心力和凝聚力，同时扩大财源，增强俱乐部的经济实力。

1. 举办各类俱乐部活动，最大限度地满足各类会员的需要

（1）组织一般会员大力开展多种形式的、丰富多彩的体育锻炼，游戏和竞赛活动，以满足他们锻炼身体、增强体质、促进健美、减少疾病、愉悦身心、增加人际交往、活跃文化生活的愿望。如积极参加各类成人和青少年业余比赛等游泳竞赛活动，并以此为杠杆，组织和鞭策队员们刻苦训练，努力比赛，力争取得更好成绩和名次；既可满足会员们增强体质，提高技艺，过“泳瘾”，在比赛中表现自己，获得人们好评的愿望，也可满足广大会员们通过观看本俱乐部比赛来善度余暇、宣泄情感，和运动员一道共享荣誉和悲伤的要求。

（2）逢年过节举行庆典活动，不时举办一些电影晚会、集体郊游以及诸如此类的文化活动。

（3）经常举办一些健身、健美，某些疾病防治、保健等方面的讲座和培训班，普及一些有关的科学知识和方法手段，以满足人们健康、长寿、提高生活质量的愿望。

2. 激发会员的奉献精神，提高俱乐部的亲和力、向心力和凝聚力

除了采取上述一些措施，满足各类会员的切身需要，使他们能够从中得到实惠、舍不得离开外，还可以采取下列一些措施。

（1）发扬民主。经常召开会员大会，向他们通报情况，商讨问题，征求意见，并针对个人的专长，吸收他们参加力所能及的工作，为俱乐部建设贡献自己的力量。

（2）对俱乐部做出重大贡献的会员和工作人员授予荣誉会员称号并免收会费，以此来激发会员的荣誉感和奉献精神。

（3）为了鼓励人们尽可能地延长会龄，对老会员给予特殊优待，例如会龄超过若干年的老会员会费减半等。

（4）会员有权以优惠价租用会员之家举办私人庆典。此外，会员们在比赛门票或参加某些收费运动时的门票方面均可享受一些优待。

(四) 会员发展原则

(1) 努力扩大会员数量,采取灵活措施增加会费收入。俱乐部每年都要集中举办几次招募会员的宣传、动员活动,例如出动宣传车上街宣传,在报刊上刊登或在赛场周围张贴广告,赛前或在商场、马路上散发传单等。此外,由主席团成员亲自出马进行游说,或由元老会员现身说法等方法的效果则更直接。在会费方面采取一些灵活措施,例如对学生、退休人员以及全家集体加入的会员给予一定的优惠。有的大型俱乐部采用半价优惠的方法来吸引远郊区和外地会员。

(2) 尽可能多地举办比赛等游泳活动。大众游泳俱乐部的赛事虽然在规模、观看人数、影响等方面和全国游泳锦标赛等国家级赛事不可同日而语,但它毕竟拥有一定的观众和会员,还可适当收取一些参赛费。

(3) 有偿对非会员开放。对非会员实行有偿开放,一则可增加收入,二则也是扩大会员队伍的一个渠道。不少会员就是通过这一方式体会到大众游泳俱乐部的优越性而变临时顾客为长久会员的。

四、大众游泳俱乐部设施管理与维护

(一) 建立设施管理规章制度,保障游泳场馆的设施管理安全性

在会员服务方面,安全永远处于第一位,比其他方面都重要,管理者要对场地和设备章程运行担负责任,以保护会员人身安全和保障环境安全,要确保俱乐部内各种设施得到及时维护或维修。对设备教学维修时,也应确保所遵循的标准、使用方法和程序安全。设施设备管理者应严格遵守规章制度,安全操作,以免危及他人和自身安全。会员在俱乐部所在场馆进行游泳活动时,场馆内应配有标志明确的场馆平面示意图(图 8-2-2),确保会员方便使用场馆内各种设施。

(二) 俱乐部设施的建造或设备购买应符合国家相关的规定

无论是俱乐部的基础设施(游泳池,更衣间等),还是俱乐部内的专业设施或设备(打水板、划手掌、脚蹼等),在设计建造或购买阶段,都应考虑到设施设备要符合国家相关的法律法规。这些法律法规应包括国家、地方各种法规,各种行业主管部门标准、条例。有些设备关系到人身财产安全,法规有强制性规定,必须严格遵守。例如:我国对开放的游泳场馆有相关的技术要求,如表 8-2-5 所示。

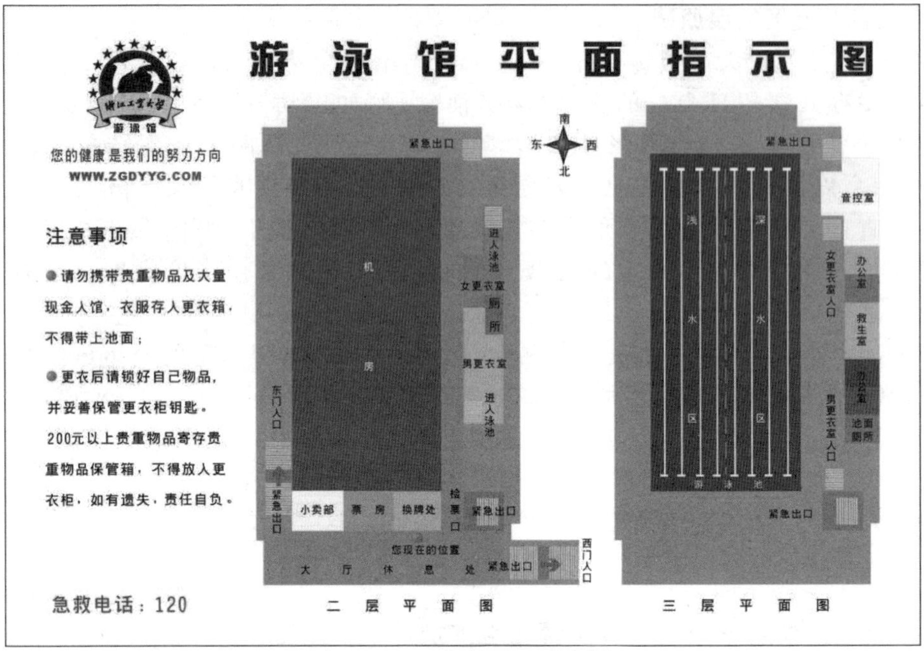

图 8-2-2　场馆平面示意图

表 8-2-5　游泳场馆管理对照表

序号	检查项目	检查内容
1	备案	将开办游泳场所的有关材料报体育行政主管部门备案。
2	设施标准	水面面积不小于 25 m^2。 游泳池壁及池底光洁，不渗水，呈浅色。 池面有明显的水深度，深、浅水区警示标志，或标志明显的深、浅水隔离带。 浅水区水深不得超过 1.2 m。 每 250 m^2 水域面积设有 1 个出入池扶梯，面积较小的游泳池至少设有 2 个出入池扶梯。 游泳池四周铺设有防滑走道，其静摩擦系数不小于 0.5。 游泳池与防滑走道之间设有排水沟。 游泳池内排水口设有安全防护网。 有符合国家质量标准的沉淀吸污设备或自动水循环过滤、消毒、吸尘设备。 水面光照度不低于 80lux，照明设备距水面的高度不低于 5 m，并备有足够的应急照明灯。 有分设的男、女更衣室、淋浴室、厕所，并能满足游泳人员需要。 更衣室与游泳池走道中间设有彼此分离的强制通过式浸脚消毒池和强制喷淋设备。

续表

序号	检查项目	检查内容
2	设施标准	有符合建筑规范的人员出入口及疏散通道。 设有广播设施、直拨电话以及宣传牌、警告牌和载有管理规则及其他必要事项的告示牌。
3	救生设施	每 250 m^2 水域面积设有 1 座救护观察台，水域面积不足 250 m^2 的，至少设置 2 个救护观察台，救护观察台高度不低于 1.5 m。 配有符合国家质量标准的救生圈、救生杆、救护板和护颈套等救生器材，救生圈和救生杆的数量按救护观察台的数量配备，救护板和护颈套每个场所至少配备一套。 设有急救室，并配有氧气袋、救护床、急救药品和器材，救护器材要摆在便于取用的明显位置。
4	救生人员	每 250 m^2 水域面积配备固定水上救生员 1 人，水域面积不足 250 m^2 的，至少配备固定水上救生员 2 人。 至少设有流动救生员 1 人。 至少有医务人员 1 名。
5	安全制度	有醒目的"游泳人员须知"及"严禁跳水""严禁潜泳""防滑"等其他必要的安全警示。 人均游泳面积不得小于 2.5 m^2。

（三）能为俱乐部会员提供满意的服务

俱乐部为会员提供满意、舒适的服务是最高目标。场地设备管理者的工作成果可以通过俱乐部的整体运营得到体现。

（四）适当的运营成本控制

成本控制在场地管理中也占有重要的地位。设备管理者控制着维护运行费用（人工费、材料费等），能源消耗（水、电、燃气等），部分资本支出（设备更新等）。

（五）游泳池水化学消毒处理

游泳池水质受诸多外界因素的影响，所以游泳池水质的卫生状况是所有会员最为关注的。如水质管理不当，游泳池会成为病菌的滋生、繁衍地和传染病传播场所。正是由于这些原因，游泳池的管理者对水质的净化和消毒应有基本的了解。符合卫生标准的池水主要取决于以下三个环节：过滤，消毒和水质的化学平衡。这三个环节中任一环节出现差错，都会影响到水质的卫生洁净程度。游泳池所发生的溺水事故多与池水的水质不清有关，它导致救生员无法及时察觉和判断水下的异常情况。

五、大众游泳俱乐部财务管理

（一）营运预算

营运预算要根据俱乐部规模的大小，提供服务的各类活动项目的多少，还有雇员人数和工资报酬的定位和相关动作费用，以及当年气候温度的变化，特别是所在地区城市、社区、家庭文化层次和经济收入与娱乐风尚来决定。一般来说，游泳俱乐部的运营预算应考虑以下几个因素：

(1) 游泳池工作人员的构成与工资档别。根据工作责任的轻重与劳动强度的不同，工资定位应有区别。

(2) 保险险种费用。依风险性质和服务对象合理做不同险种的投保，例如财产险、生命险、事故险等，以减免突发事故的损失。

(3) 广告宣传费用，含媒介报纸、电视广告、印刷宣传册、门票印制等。

(4) 水、电、天然气、煤、重油、池水净化用化学品，统一印制的T恤和标记救生符号的泳装，电话、治安、卫生防疫、场地、器材、设备维护和修理费用。

(5) 偶然性、突发性事件应付费用，主要为不可预见地处理突发性事件所需的费用，占全部预算的5%～10%，例如对溺水者、摔伤者的抢救医疗，或死亡后处理及诉讼与律师费用，或相关工作人员的超时工作补贴。

(二) 收入管理

大众游泳俱乐部是群众自发组成的体育团体，做好俱乐部收入的管理工作，在会员大会上公布收入与支出情况，取得会员对俱乐部财务管理的信任，是俱乐部发展的必要条件。一般来说，大众游泳俱乐部的收入主要来源于以下四个方面：

(1) 接受会员或社会人士的捐赠、资助。

(2) 接受政府、企事业单位、社会团体、其他社会组织和个人的委托项目资金。

(3) 为社会提供与业务相关的有偿服务所获得的报酬。

(4) 其他合法收入。例如，在会员中进行募捐和义卖等。

六、大众游泳俱乐部品牌推广

(一) 俱乐部的服务推广

体育服务营销是指把体育服务内容向目标群体进行宣传和推销，目的是使目标群体对服务内容有所了解，激起他们的参与动机。服务推广是把服务产品与消费过程融合起来的一个重要纽带，是大众游泳体育俱乐部运营过程中的主要环节。推广成功才能使大众游泳体育俱乐部正常运营，并向良性运营方向发展。

(1) 设立俱乐部游泳活动和教学培训等服务的具体标准，便于会员对俱乐部组织的活动质量进行评估，如训练时间、次数、教学人数等。

(2) 建立预定系统，使会员可以提前通过电话、网络等手段预约活动时间或教学时间。

（3）开展联合服务，如与中医养生会馆合作，开设体育保健类的知识讲座等。

（4）针对各类会员的技术水平情况，开展个性化的帮助和服务。

（二）广告宣传推广

大众游泳俱乐部通过广告宣传可以让广大群众了解体育活动的意义与价值，激发广大群众参加体育活动的兴趣，使广大群众了解体育俱乐部服务的项目、服务程序和服务质量，也可以引起社会各界的关注，塑造俱乐部的形象，从而使俱乐部迎来更多的消费者和支持者。广告信息通过各种宣传工具，其中包括会员和工作人员、报纸、杂志、电视、无线电广播、张贴广告及直接邮送等，传递给它所想要吸引的大众人群。

（三）促销活动

可根据俱乐部实际情况，对俱乐部开设的各类有偿教学培训项目进行打折和促销活动，来吸引更多的会员参与到俱乐部组织的活动中来。促销活动通常有四种形式：

（1）会员促销：如为了能争取到长期稳定的会员，常采用会员制作为一种促销手段。个人会员一般以会员卡作为具有会员资格的凭证，持有会员卡的消费者可以享受比非会员更大的折扣。对于团体会员来说，会费比个人会员更优惠。对于会员除了给以价格优惠外，俱乐部还应赋予会员更多的权力，如资格权、优先权、监督权、转让权、信息权等。

（2）活动促销：设计新颖的俱乐部活动来吸引大批会员参与，给俱乐部带来巨大的服务商机和社会效益。如邀请著名游泳运动员或教练员为会员进行现场指导和教学，组织趣味水上运动会等。

（3）有奖促销：如对参与俱乐部有偿教学培训的会员进行抽奖活动。

（4）折价促销：折价促销是指直接采用降价或折价的方式吸引消费者，如上午8：00—11：00五折。折价促销可以说是最古老、最广泛采用的促销手段之一。

第三节 组织与指导大众游泳俱乐部的游泳活动

组织俱乐部会员开展各种游泳活动是大众游泳俱乐部的主要工作。科学地组织各种游泳活动，如游泳教学培训活动、游泳比赛等活动是评价俱乐部工作水平和管理质量的重要方面。

一、安全性

俱乐部所开展的游泳活动的安全性是会员及会员家属最关心的问题，有安全隐患的游泳活动是难以得到广大会员支持的，也会使会员参加活动的积极性大打折扣。在设计和实施游泳教学课程时，要保证参加游泳活动的会员的身体和心理免受伤害。

(1) 俱乐部游泳活动内容应符合该地区行政部门或地区的体育协会组织相关规程，并指派有组织游泳活动经验的人员专门负责。

(2) 组织游泳活动时，必须确保俱乐部会员的安全。游泳区域一定要配备救护人员和足够的救生器材，保证参加游泳锻炼者的安全。

(3) 会员和俱乐部工作人员要树立安全意识，掌握保护、救护的基本应急方法。告知会员在参加游泳锻炼前，要进行正常的体格检查，患有严重心脏病、高血压、癫痫、皮肤病及各种传染病的人不能参加游泳活动。

二、健康性

(1) 在运动中应根据俱乐部会员的体能基础，遵循循序渐进的原则，科学合理地安排运动负荷。

(2) 在教学内容的选择上，应了解会员的兴趣爱好和实际运动情况，以满足会员进行游泳健身的需要。

(3) 从俱乐部会员的心理特点出发，培养会员参加游泳活动的兴趣，树立他们的终身体育意识，在传授运动技术过程中，调动会员学习运动技术的积极性。

(4) 由于俱乐部内会员有不同年龄、性别、职业层次的人，俱乐部在组织相关游泳健身活动时，对他们游泳活动量的安排不可千篇一律，要因人而异。有条件的可针对不同层次的人，安排不同的活动内容和活动量。如美国的米奇林伯格水上俱乐部就对俱乐部不同层次的会员，做出不同级别和不同训练量的规定（表 8−3−1）。

表 8−3−1　米奇林伯格水上俱乐部组织架构及训练大纲

队别	人数	年龄	级别	教学与训练比例	周练习次数(次)	周练习时间(小时)	周水上练习量(码)
初级 1−2	15～20	7～9	新手	90/10	3	3	3 000～4 500
铜牌 2 级	20～25	9～11	新手−BB	80/20	4	5	6 000～9 000
铜牌 1 级	20～25	9～10	BB−AA	70/30	4	5	8 000～12 000
银牌	25～30	10～12	BB−AA	60/40	5	8	15 000～20 000
金牌	25～30	11～12	A−前 16	50/50	6	11	24 000～30 000
少年绿队	25～30	13～15	新手−BB	50/50	5	9	23 000～30 000
少年红队	25～30	13～18	BB−A	40/60	6	12	30 000～40 000

续表

队别	人数	年龄	级别	教学与训练比例	周练习次数(次)	周练习时间(小时)	周水上练习量(码)
少年黄队	25～30	13～18	A-AAA	40/60	8(2上午)	12	35 000～45 000
少年蓝队	25～30	13～15	AA-地区级	30/70	8(2上午)	12～15	40 000～55 000
少年黑队	25～30	15～18	地区级	20/80	9(3上午)	17～19	50 000～70 000
优秀少年队	20～25	14岁以上	地区-世界	20/80	9(3上午)	19～22	55 000～75 000

注:1码≈0.914米

三、创新性和便捷性

(1) 具有服务业特色的大众游泳俱乐部需要不断推陈出新,以赢得会员或体育消费者的注意和兴趣。会员对游泳健身的需求和期望是不断变化的,要坚持以会员需求为导向,就要不断创新,推出适销的游泳教学活动课程以取代无人问津的游泳教学活动课程。

(2) 游泳活动的开展,运动量要适宜,要以活动、娱乐、休闲为主,把开展的游泳活动寓于兴趣之中。

(3) 俱乐部游泳活动的开展形式,要以小型多样化为主,也可以定期组织一些小型的、有趣味的比赛,提高人们进行游泳锻炼的兴趣。

(4) 游泳活动的开展,要符合会员集中生活的特点,可多利用早晨的时间组织晨练,也要利用节假日和休息日组织他们游泳锻炼。

(5) 俱乐部的大量会员由于地理位置的原因,会出现许多想来参加活动的会员来不成或来得少的情况,此时可以考虑联系会员所在社区的游泳场馆,设立俱乐部分站点,照顾不同地区的会员。

四、教练员的聘用

(1) 针对不同的俱乐部游泳教学课程特点,来聘用或寻找适合的教练员。例如,在女子游泳班应尽可能聘用女教练教学;让有丰富训练经验的教练员来指导青少年长期游泳训练班。

(2) 无论是俱乐部长期聘用的教练员还是临时聘用的教练员,俱乐部应制定相应的教练员聘用规章,严格审查教练员教学资历和执教水平,保障俱乐部各种培训教学活动的质量。

《×××俱乐部教练员聘用制度》

一、凡要求在×××俱乐部任兼职教练员的必须具备以下条件：

1. 必须持有人事部门核准的游泳专业技术职称证书。

2. 必须具备大专以上学历。

3. 必须持有中国游泳协会核发的游泳救生员证书。

4. 必须遵守俱乐部安排的训练时间。

二、凡要求在×××俱乐部任专职教练员的必须具备以下条件：

1. 必须持有人事部门核准的游泳专业技术职称证书或中国游泳协会核发的游泳教员辅导证。

2. 必须具有游泳项目一级运动员技术称号，且有一年以上独立的游泳教学经验。

3. 不具备一级运动员称号的，必须在本俱乐部独立教学 3 年以上。

4. 年龄在 45 岁以下。

5. 必须持有中国游泳协会核发的游泳救生员证书。

6. 必须遵守×××俱乐部的训练时间。

五、会员活动时间

以欧美一些大众俱乐部为例，俱乐部租用游泳场馆进行俱乐部游泳活动的开展，游泳场馆一般从清晨到深夜全天开放，周末和节假日也不例外。每个会员都可自由选择最适合的时间运动。在美国一般情况是，早上 6：00～8：30 和晚上是以上班族为主，上午 9：00～12：30 以老年人居多，白天的各个时间段都是孩子们的天下。

六、价格定位

俱乐部可以采用灵活的定价方法与技巧，针对不同的服务项目、消费者、经营条件、消费数量及不同的经营方式灵活地变动价格，是保证俱乐部价格策略取得成功的极为重要的手段。

七、突发伤害事故处理

每一个游泳俱乐部难免要面对突发溺水或摔伤等游泳池常见伤害事故，对此类事故的处理和预防应有一整套完整的、充分成熟的救助措施和手段。所有工作人员对此应有演练实践，并十分熟悉救助过程与程序，使伤害事故发生后的人身和财产损失减至最少。

案例　　　　　　　　沈坚强游泳俱乐部

沈坚强游泳俱乐部成立于1998年4月，是由上海市静安区体育局和著名游泳运动员沈坚强合作成立的，前身是沈坚强业余游泳学校，前中国游泳队总教练陈运鹏先生被聘为顾问。沈坚强是我国20世纪80年代至90年代中期男子泳坛的杰出代表，他代表中国队参加多项世界大赛。曾经在世界杯、世界大学生运动会和亚洲运动会上屡创佳绩。他创造了在一届全运会上独得7枚金牌，一届亚运会上独得5枚金牌的纪录，至今尚无人可及。他也因此被评为"全国十佳运动员""全国新长征突击手"等光荣称号。

沈坚强退役后赴日专修体育研究科教练学，并于1997年获得筑波大学该专业硕士学位。沈坚强游泳俱乐部正是他将所学科学理论付诸实践的一项举措。俱乐部聘请的教练，大都是优秀运动员出身，并经过相关专业的培训。通过5年多的努力，目前俱乐部已经获得了培养专业游泳后备人才的"二线游泳队"的资质，并因此为国家队和上海队输送了多名优秀人才，仅2003年就输送了4名。同时，俱乐部在训练青少年"三线游泳队"方面也颇有独到之处，多次获得市青少年运动会金牌。此外，它的游泳普及及健身活动也办得红红火火，幼儿班、学生班、成人班和母子班等特色的教学班，已经在社会上赢得了很高的知名度。

2002年，沈坚强游泳俱乐部又和静安区教育局合作开办了分部，有组织地与有关教育部门展开合作，在该地区的中小学生中，把游泳列入常规的体育课程当中，取得了良好的社会效益。根据统计，5年来，在沈坚强游泳俱乐部参加过锻炼的人数已经达到10万人次。

问题讨论与思考

1. 举例说明你眼中的游泳俱乐部应该有什么样的特征？
2. 如何管理游泳俱乐部的会员？
3. 大众游泳俱乐部设施管理与维护需要遵循哪些规则？
4. 大众游泳俱乐部应如何应对突发伤害事故的发生？

第九章

水上救生

【本章导言】

水上救生是人类进入文明社会后，随着社会的发展和人类活动的需要而产生的。地球上有71%的面积是江、河、湖、海，在人类生存活动中不免要与水打交道，人在水中这一特殊环境活动时，与正常的习惯相比，身体活动姿势、呼吸运动方式、人体活动动力均有所改变。人为了生存，就要克服和适应这种特殊环境，如在水中用木头、木板、竹竿或者绳子等器物来自救或救助他人，从此就出现了最原始、最早和最简单的水上救生方法。总之，凡是有人在水上活动，就有水上救生活动的存在。

据卫生部门估计，全国每年有57 000人死于溺水。自20世纪80年代以来，溺水伤害逐步成为我国居民死亡的主要原因之一，已经位居死亡原因的第5位，且仍然呈上升趋势。世界卫生组织驻中国代表Henk Bekedam博士认为，人们学会游泳和拥有足够数量的水上救生人员是预防溺水的最好措施，教会人们必要的游泳技能和培训适量的水上救生人员是控制人类溺水死亡上升趋势的关键。澳大利亚莫纳什大学（Monash University）伤害研究中心主任Joan Ozanne-Smith教授指出，2008年的北京奥运会是一个非常好的促进溺水预防宣传的机会。100年以前澳大利亚的溺水死亡率和今天中国的溺水死亡率很相近，1956年在澳大利亚墨尔本召开的奥运会让政府和社会加大了对水上救生的支持力度，并且广泛激发人们学习游泳的兴趣，增加了许多游泳安全设施，使溺水死亡率随之大幅度下降。澳大利亚现在是全球溺水死亡率最低的国家之一，几乎比中国同期的溺水死亡率低4倍。所以学会必要的游泳技能以及掌握足够的水上救生本领尤为重要，当发生意外时，不仅可以自救，在他人遇到溺水事故时也可以救护他人。

第一节 实用游泳技术

实用游泳技术通常是指在日常生活、水上作业或军事活动中具有实际运用价值的非竞技游泳姿势，主要包括反蛙泳、潜泳、踩水、侧泳、抬头爬泳等技术。

根据现有史料的考证，关于古代游泳，国内外较一致的看法是居住在江、河、湖、海一带的古代人，为了生存，必然要在水中捕捉水鸟和鱼类作为食物，他们通过观察和模仿鱼类、青蛙等动物在水中游动的动作，逐渐学会了游泳。游泳运动可分为竞技游泳和实用游泳。游泳是人类在与大自然斗争中产生和发展而来的。在 5 000 年前远古时代陶器的雕绘图案上，就可以看到我们的祖先潜在水中猎取水鸟的泳姿。随着社会的发展，游泳逐渐成为人们增强体质以及生产、生活、军事的需要，并逐渐发展成为体育运动的比赛项目。现代游泳运动起源于英国。17 世纪 60 年代，英国不少地区游泳活动开展得相当活跃。

1828 年，英国在利物浦乔治码头修造了第一个室内游泳池，这种泳池到 19 世纪 30 年代在英国各大城市相继出现。1837 年，英国伦敦成立了第一个游泳组织，同时举办了英国最早的游泳比赛。1869 年 1 月，伦敦成立了大城市游泳俱乐部联合会（现英国业余游泳协会前身），并把游泳作为一个专门的运动项目正式固定下来，随后传入英国各殖民地，继而传遍全世界。

一、反蛙泳

反蛙泳即蛙式仰泳，即身体仰卧水中，两腿同时向后蹬夹水，两臂在体侧向后划水的一种游泳姿势，常用于水中运物和救生拖带等。

（一）身体姿势

身体自然伸直仰卧水中，脸露出水面，两臂置于体侧。

（二）腿部动作

反蛙泳腿的动作类似蛙泳腿，由于身体仰卧水中，所以收腿和蹬腿时膝关节不能露出水面。收腿时，膝关节向两侧边收边分，大腿微收，小腿向侧下方收得较多。收腿结束时，两膝距离约宽于肩，脚外翻，使脚和小腿内侧向后对准蹬水方向。然后大腿发力，向外、向后、向内做弧形蹬夹水。

（三）臂部动作

两臂自然伸直，由体侧经空中前移在肩前入水，然后屈肘，掌心向后，使手和前臂对准划水方向，在体侧同时用力向后划水。划水结束后，两臂停留体侧，使身体向前滑行，然后两臂自然放松经空中向前移。

（四）完整配合

反蛙泳的完整配合技术有两种，一种是臂划水与腿蹬夹水同时进行（移臂与收腿同时）；另一种是臂划水和腿蹬夹水交替进行，臂、腿各做一次动作之后身体自然滑行，两臂经空中前移的同时，两腿边慢收边分，两臂入水后划时，两腿同时蹬夹水（图 9－1－1），然后两腿自然并拢，同时前伸手臂划水。划水结束，身体自然伸直滑行。一般在移臂时吸气，两臂入水后稍闭气，向后划水和滑行时呼气。

图 9－1－1 反蛙泳完整配合

二、潜泳

潜泳是在水下游进的一种游泳技术，常被应用于打捞溺者、水中沉物以及水下工程等。潜泳技术分为潜远技术和潜深技术。

（一）潜远

1. 身体姿势

蛙式长划臂潜泳的身体姿势要求躯干和头始终保持水平，但是两臂开始划水时要稍低头，以防止身体上浮。

2. 腿部动作

腿部动作与“平式蛙泳”腿部动作的区别是收腿时屈髋角度较小，腿向两膝分开的也较少，蹬腿则向正后方。

3. 臂部动作

两臂从向前伸直开始，两手微内旋向外上方划水，外划宽度略比肩宽后，手腕外旋，屈高肘，呈抱水动作，然后两手开始在体下向后并向内划水，当划至胸下时，两手接近并拢，掌心转向上，然后两手应内旋向后、向上、向外方向划水，直至划至大腿旁两臂完全伸直为止，掌心向上。划水结束后，身体略有滑行。移臂时，两手外旋屈肘，两手沿腹胸前伸。当手伸至颌下时，手掌开始内旋，掌心转向下方，在头部前方伸直并拢，然后准备做下一个动作。

4. 完整配合

两臂收至胸前时开始收腿，两臂向前伸直后，腿用力蹬夹水。蹬腿结束后，臂紧接着做划水动作。划水结束后，两腿伸直并拢，做滑行动作(图 9－1－2)。

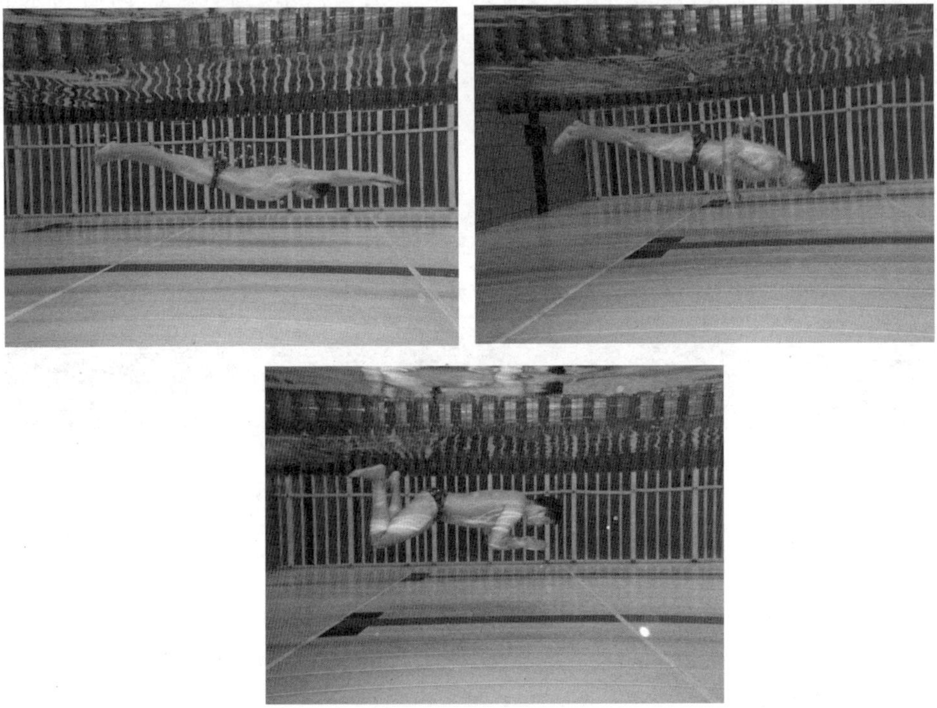

图 9－1－2 潜泳潜远技术完整配合

(二) 潜深

潜深一般是在两种情况下入水，一种是从岸上采用出发跳水的形式入水；另一种则是从水面上潜入水里。下面介绍两种从水面上潜入水里的潜深方法。

1. 脚朝下潜深法

潜入前深吸一口气，两臂前伸稍屈肘，同时屈腿，两臂用力向下压水，两腿做蛙泳的蹬夹水动作，使上体及腰部跃出水面，紧接着直体，利用身体的重力使身体向下。入水后，两臂做自下而上的拨水动作，以增加下沉的速度(图 9－1－3)。潜到水底或预定的深度后，以头带动身体向所需要的方向游进。在水中呼气也能增加身体下沉的速度。

2. 头朝下潜深法

潜入前深吸一口气，两臂向后下方伸出，自下而上用力划水，并顺势低头、提臀、举腿，两臂伸直向下，利用腿的重力作用，使身体垂直向下潜入水中(图 9－1－4)。身体入水后，两臂做蛙泳划水动作，两腿向上做蛙泳的蹬夹水动作，以增加下沉的速度(在水中吐气也能增加身体下沉的速度)。在潜到预定的深度后，抬头、收腿、团身，身体转向所需要的方向游进。

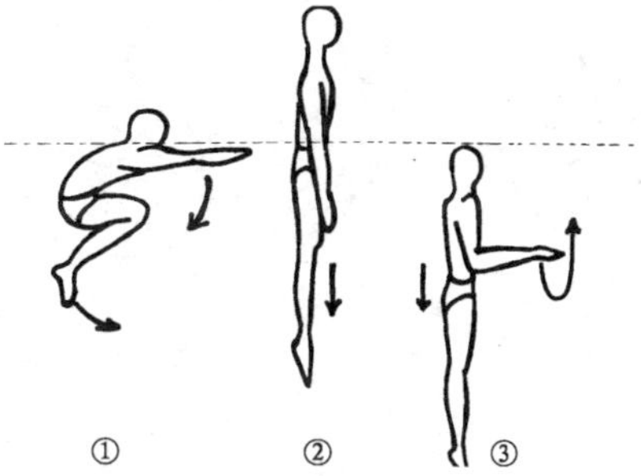

图 9－1－3　两脚朝下的潜深法

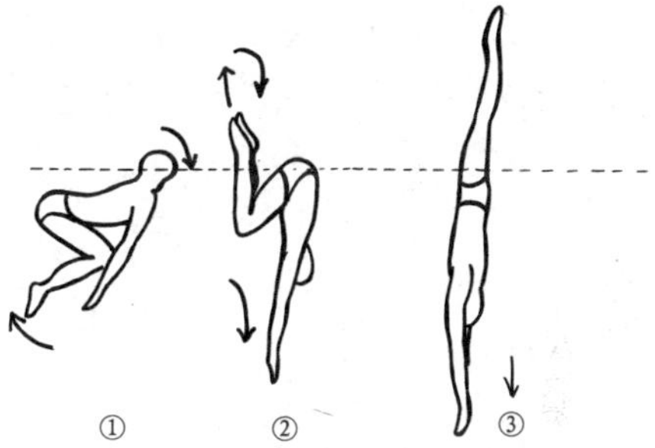

图 9－1－4　头朝下潜深法

案例　　　　　　沉痛的教训——掌握实用游泳技术的重要性

2007 年 8 月 30 日上午，刚考上大学的 19 岁妹妹冯艳和女同学方舒不慎滑入了深潭。萍乡市芦溪县万龙山乡陇上村 21 岁的退伍军人冯彪，勇敢地跳入深潭中，并无私地先将无血缘关系的方舒救上岸后，再次跳进深潭，将妹妹救起。但令人痛心的是，冯彪因体力不支献出了自己宝贵而又年轻的生命。

分析：据事后了解，退伍军人冯彪在水中施救过程中采用的是狗刨式泳姿，这种泳姿不仅消耗体力大，而且在水中产生的前进阻力也很大，所以一般人在施救过程中采用此种泳姿很容易会因体力不支而发生溺水事故。如果退伍军人冯彪掌握一些具有实用性强、费力少、阻力小等特点的实用游泳技术(蛙泳、侧泳、踩水、潜泳和抬头爬泳等)进行施救，也许悲剧就不会发生了。

三、踩水

踩水也叫立泳，是实用价值较大的游泳技术之一，常被应用于水中观察、调节呼吸和抢救溺者等。

(一) 身体姿势

踩水时身体几乎垂直于水中，上体稍前倾收腹，头部始终露出水面。微收髋，两膝微屈，勾脚，两臂胸前平屈掌心向下，类似蛙泳。

(二) 腿部动作

腿部动作有两种，一种是两腿交替踩水，身体在水中起伏不大，大腿动作幅度较小。做动作时先屈膝，小腿和脚向外翻，膝向里扣压，用脚掌和小腿内侧向侧下方蹬夹水。当腿尚未蹬直时，往后上方收小腿，收腿的同时，另一腿开始做蹬夹水的动作，两腿交替进行，脚的蹬水路线及回收路线基本上是椭圆形(图 9—1—5)。

另一种是两腿同时做蹬夹水动作，几乎和蛙泳腿一样，但收蹬腿的幅度较小。用小腿和脚内侧向侧下方蹬夹水，膝关节向内扣压，两腿尚未伸直时即开始做第二次收腿动作，动作要连贯(图 9—1—6)。

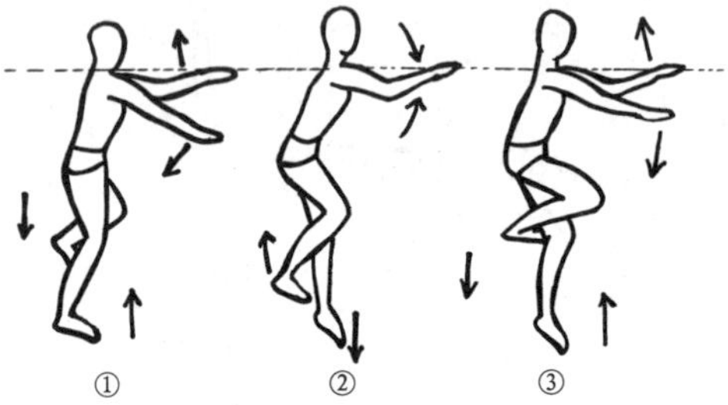

图 9—1—5　踩水腿部动作

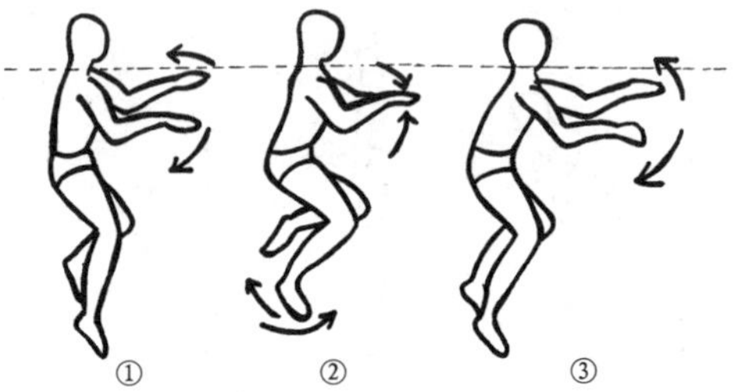

图 9—1—6　踩水腿部动作

(三) 臂部动作

两臂胸前平屈，手和前臂在胸前做动作幅度较小的向内、向外拨水动作。向外拨水时，掌心稍向外，有分开水的感觉；向内时，掌心稍向内，有挤压水的感觉。

(四) 完整配合

腿和臂的动作配合要连贯，两腿各蹬夹一次，或两腿同时蹬夹一次，两手做一次划水动作。采用两腿同时蹬夹水的配合时，两腿做蹬夹水动作的同时两手做向外的划水动作。采用两腿交替蹬夹水的配合时，腿和手要同时不停地进行。而踩水时，呼吸要随腿、臂动作的节奏自然地呼吸。用踩水技术游进时，身体要略前倾，腿稍向后侧蹬水，两臂向后拨水。后退游进时，则动作相反。

四、侧泳

侧泳是指身体侧卧在水中，两臂交替划水，两腿做蹬剪水动作游进的一种技术，常用于负重渡河和救生拖带等。

侧泳分为手出水和手不出水两种。一般掌握了前者，后者就容易掌握。这里着重介绍手出水的侧泳技术动作。

(一) 身体姿势

身体侧卧在水中，身体纵轴与水面约成 30°，两肩连线与水面垂直线 45°～50°，头部一半露出水面(近似爬泳的吸气动作),一手在头前,另一手置于大腿旁,两腿并拢伸直(图 9−1−7)。

(二)腿部动作

侧泳腿的技术包括收腿、翻脚和蹬剪腿三个动作。

1. 收腿

上腿屈髋、提膝向前收,大腿与躯干成 90°,小腿与大腿成 45°～60°。下腿髋关节伸展,小腿向后收,膝关节尽量弯曲,成 30°～40°,足跟靠近臀部(图 9−1−8)。

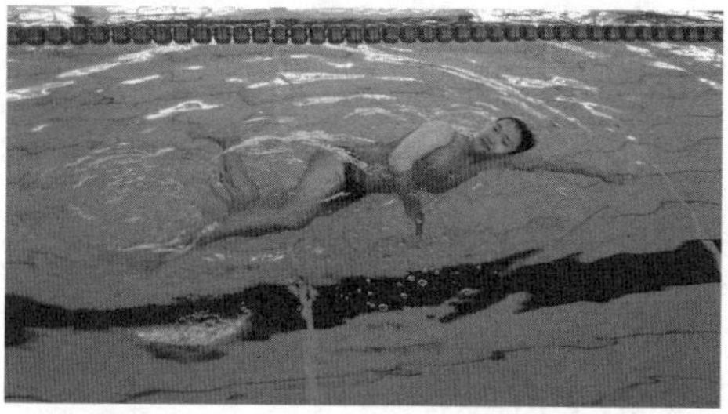

图 9−1−7　侧泳身体姿势

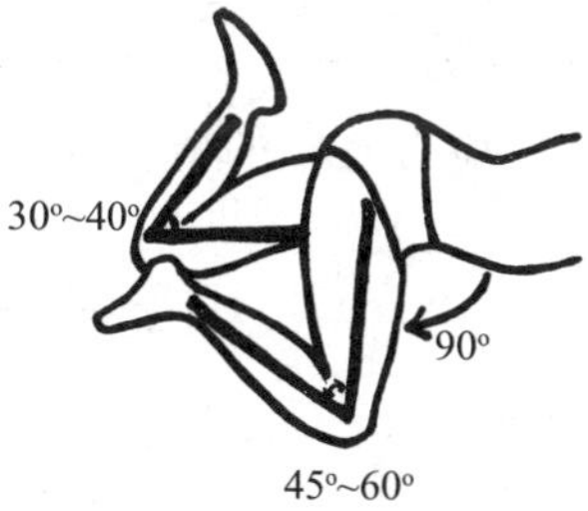

图 9−1−8　侧泳收腿动作

2. 翻腿

当完成收腿动作后,上腿钩脚掌,脚掌向后对准水。下腿将脚尖绷直,脚背和小腿前侧面向后方对准压水方向。

3. 蹬剪腿

上腿以髋关节发力,用大腿带动小腿稍往前伸,以脚掌对着蹬水方向,由体前侧向后方加速蹬夹水,下腿以脚背面和小腿前侧对着压水方向,用力稍向下、再向后伸膝压水,与上腿后蹬动作相配合形成蹬剪水的动作。

(三)臂部动作

臂部动作分为上面臂、下面臂和两臂配合三个部分。

1. 上面臂动作

上面臂经空中前移至头的前方入水,以手和前臂对准水,划水(与爬泳划水动作相似)至大腿旁。

2. 下面臂动作

下面臂在身体下方前伸抱水,同时屈臂划水至腹部下方,掌心向上,以前臂带动上臂,沿身体下方向前边伸边做外旋的动作,伸直时手掌向下。

3. 两臂配合动作

下面臂开始划水时,上面臂前移;上面臂开始划水时,下面臂开始做前伸动作。两臂在胸前交叉,上面臂划水结束,下面臂开始下划。

（四）完整配合

1. 臂和腿配合

上面臂入水后，下面臂开始前移并收腿；上面臂划至腹下开始做推水动作时，下面臂前伸，同时腿用力向后做蹬夹水动作。

2. 臂和呼吸配合

上面臂划水时开始呼气，推水和出水时转头吸气，移臂和入水时头还原，闭气。

3. 侧泳完整配合

两腿蹬夹水一次，两臂各划水一次，呼吸一次。在上面臂划水结束与下面臂前伸时，应有短暂的滑行动作（图 9－1－9）。

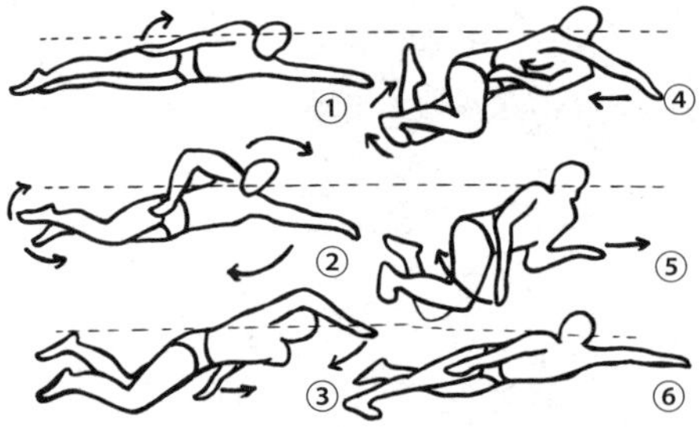

图 9－1－9　侧泳完整配合

五、抬头爬泳

抬头爬泳是指在游爬泳姿势的基础上把头抬出水面的一种游泳姿势，其特点是身体呈较好的流线型，游速最快。采用抬头爬泳技术既能快速游进，又能看清目标，所以抬头爬泳技术已成为游泳救生员的一种专项游泳技术，常用于水中观察、游近抢救溺者等（图 9－1－10）。

图 9－1－10　抬头爬泳

抬头爬泳技术与爬泳技术的不同之处：

（一）身体姿势

因头部抬出水面，所以身体位置稍高于爬泳姿势。游进时，应略收腹，以防止身体晃动幅度过大。

（二）腿部动作

同爬泳腿相似，需用力打水，以保持较高的身体位置。

（三）臂部动作

手的入水点比爬泳近，入水后肘部下沉，手臂入水后要尽快进入划水和推水阶段，划水路线比爬泳短。

案例 深刻的教训——施救过程中，一定要锁定溺者

2008年6月9日中午11时左右，在上海市吴中路姚虹东路朱家浜河道附近水域，一名男子沉入河中溺水身亡。据当时救人的张函成介绍，他就居住在事发河道旁。事发时，听到有人呼救，看到河道水面上有一名男子在水里扑腾挣扎，他便跳入河中施救，可是这名男子很快沉入河中。由于张函成在施救游近溺者过程中并没有一直把头保持在水面上用眼睛锁定溺者，所以当这名男子沉入河中后，他一时无法确定溺者的下沉位置，多次潜入河中才摸到这名男子并将其救起。拖上岸后，张函成给这名男子做了人工呼吸，并将男子头朝下把水吐出，可吐出的全是泥浆水。当120急救人员赶到现场时，该男子已被确认溺水身亡。

分析：一般情况下，公开水域的水质较差、水中能见度较低。所以当发生溺水事故时，如果施救者在游近溺者过程中不始终锁定目标，溺者一旦沉入水里将对施救工作造成困难，耽误抢救时间，溺者的生还机会将大大减小。所以在施救游近溺者过程中，施救者应当采用抬头蛙泳、抬头爬泳等能把头始终保持在水面上的泳姿，从而达到可以用眼睛锁定溺者位置的目的。这样，即使溺者突然沉入水里，施救者也可以根据一直锁定的溺者下沉位置，迅速下潜找到溺者。

第二节 水上救生

水上救生是对游泳者和在水周边从事活动的人员，在水上发生事故时所采取的救护措施。水上救生应贯彻“以防为主，以救为辅，防救结合，有备无患”的指导思想。因此，掌握水上救生技术，加强水上救生工作是十分重要的。水上救生包括观察、水上赴救和水中自救三个方面的内容。

一、观察

观察是指救生员在自己的责任岗位上不间断地观察自己所负责的责任区域，及时发现可能造成溺水事故的隐患和溺者，防止溺水事故发生的一种专门救生技术。观察是救护工作“以防为主”的具体体现，是整个救护技术中最为重要的一环。

划分责任区是确定救生员责任的依据，责任区域应根据游泳池的形状、面积和救生员人数等因素划分。责任区分主责区和次责区，主责区是救生员的主要观察区，对发生在该区的事故承担主要责任的区域；次责区是兼顾观察的水域，对所发生的事故负次要的责任。责任区划分是以救生员的岗位为中心点进行分割。主要有直线切割法、弧线切割法两种。

直线切割法，即将游泳池用直线大致平均地划割成几个长方形水域(图 9−2−1)。

弧线切割法，即以救生台为圆心，以 10～15 m 为半径切割水域，以弧线形水域为主责区(图 9−2−2)。区域分割法，适用于不规则游泳池划分责任区域的一种方法。

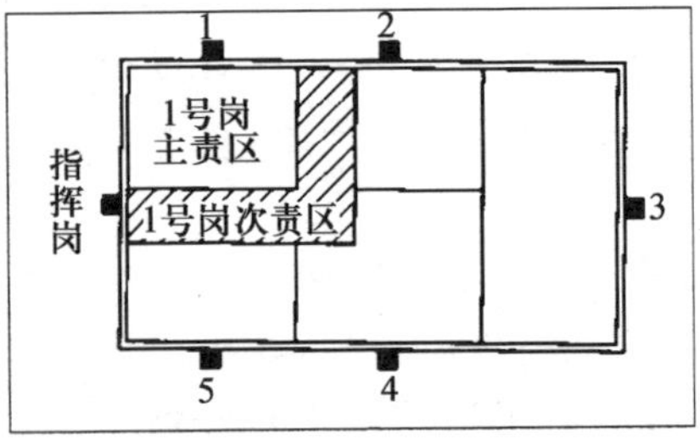

图 9−2−1　直线切割法

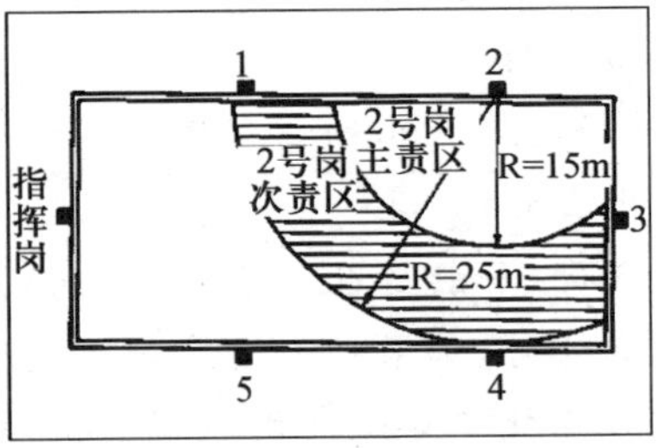

图 9−2−2　弧线切割法

救生人员上岗后，思想必须高度集中，必须定人、定点划分观察区域。观察重点是不会游泳者、游泳技术不很好但胆子大的人、小孩、老人、伤残者和妇女等。

二、水上赴救

水上赴救是指意外落入水中或发生溺水事故时，由他人利用或不利用救生器具，间接或直接将溺者从水中施救上岸的一种救护技术。

水上赴救可分为池(岸)赴救和涉水救护两种技术。

(一) 池(岸)赴救

池(岸)赴救是最简单的救护方法之一，一般常见的池(岸)救护方法有以下几种：

1. 手(脚)援救

手(脚)援救是指溺者离池(岸)边较近，救生员能够用手(脚)接触到溺者(图 9−2−3)，从而将溺者施救上岸的一种方法。

2. 物援救

物援救是指溺者离池(岸)边较近，但救生员又无法用身体接触到溺者时，借助物体实施援救的方法。救生员可利用竹竿、衣裤、救生圈等浮具伸向或抛向溺者，使溺者抓住后，将溺者拖回池(岸)边(图 9−2−4)。

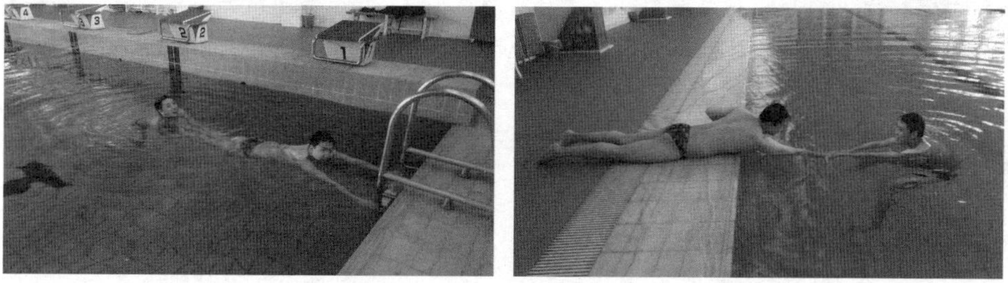

图 9－2－3　手(脚)援救

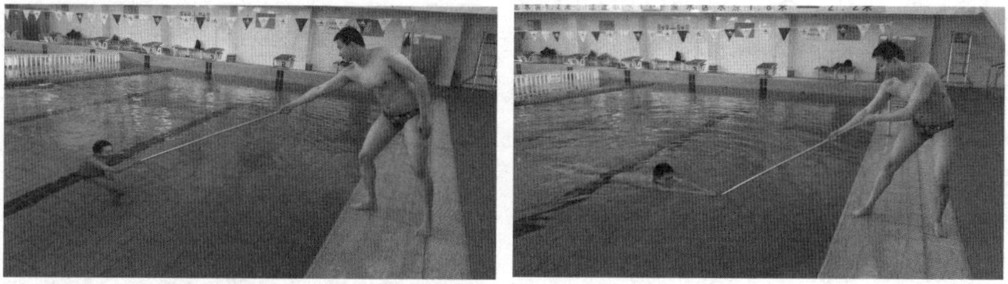

图 9－2－4　物援救

(二) 涉水赴救

当发现溺者离池(岸)边较远,而又无法利用池(岸)边的救护方法进行援救时,救生员可以根据自身的游泳技能,立即涉水并以最快的速度接近溺者加以援救。涉水赴救一般包括入水、接近、解脱、拖带和上岸几个主要环节。

1. 入水

当发现溺者时,救生员应保持冷静,先观察溺者所处的位置,选择离溺者最近处为入水点,然后采用适宜的方法入水加以援救。一般常用的入水方法有跨步式、蛙腿式和浅跳式三种。

(1) 跨步式:是救生员距离溺者较近时,并判断水中无障碍时采用的入水方法。救生员一脚前跨,另一脚脚趾紧扣池边,用力蹬地,在空中两腿一前一后呈弓步状,上体前倾 40°左右,两臂侧平举,肘部自然弯曲,掌心向下;入水时,两手向下压水,两脚前后用力夹水,以产生阻力增加浮力,头部保持在水面上,注视溺者(图 9－2－5)。

(2) 蛙腿式:入水的基本要求同跨步式。救生员两脚脚趾扣住池(岸)边,身体向前跃出,并含胸收腹,两臂侧平举并屈肘,掌心向下,两腿做蛙泳收腿动作。入水后,脚做蛙泳蹬夹水动作,同时两手向下压水,以加大阻力,增加浮力,使头始终保持在水面上,注视溺者(图 9－2－6)。

图 9－2－5　跨步式

图 9－2－6　蛙腿式

（3）浅跳式：是水深至少 1 米，水质清，溺者离池（岸）边较远时所采用的一种接近方法。救生员跑近池（岸）边，单脚或双脚脚趾紧扣池（岸）边，两脚用力蹬起，身体伸直，两手和头先入水（图 9－2－7），入水后挺腰，并使头快速露出水面，两眼注视着溺者的位置。

图 9－2－7　浅跳式

2. 接近

接近是指救生员及时靠近并有效控制溺者的一项救生技术。接近一般常采用背面接近和正面接近。

（1）背面接近：救生员游至溺者背后 1 米处急停（图 9－2－8），然后双手托溺者腋下（图 9－2－9）。

图 9－2－8　背面接近

图 9－2－9　双手托腋

案例　　深刻的教训——接近溺者最安全的办法

2007 年 8 月 16 日是一个普通的日子，但对于南宁市良庆区那陈镇那坡村梁启川一家人来说，那一天无疑是个黑色的日子。当天，梁启川的弟弟梁启庄为了救助一个落水的同村少年小钟，献出了自己年仅 20 岁的生命。虽然梁启庄和小钟溺水身亡的过程没有目击者，但是根据现场的调查，专家推断梁启庄是因救人而死亡。从两具尸体被打捞上来的姿势看，可以推断出梁启庄救人的策略不够冷静。梁启庄游向小钟后，是试图从正面把小钟托出水面，最终被慌乱中的小钟抱住而导致悲剧发生。

分析：一般情况下，溺者在水中都会有强烈的求生挣扎行为，迫切希望抓到漂浮物。如果施救者从正面接近溺者，一旦被溺者抓住是很难挣脱的，从而限制了施救者的行动，导致悲剧发生。所以在施救过程中，最安全的方法是施救者从溺者背后接近，并将其控制。

(2) 正面接近：救生员入水后，游至溺者正面 3 米左右处急停，下潜至溺者髋部以下，然后双手扶溺者髋部(图 9－2－10)，将溺者转体 180°(图 9－2－11)，然后双手托溺者腋下。

图 9－2－10　正面接近

图 9－2－11　将溺者转体 180°

(3) 下潜接近：救生员直接下潜至溺者身旁，双手托腋(图 9－2－12)，脚蹬池底，将溺者拖出水面(图 9－2－13)，然后双手托溺者腋下。

图 9－2－12　下潜接近溺者

图 9－2－13　脚蹬池底将溺者托出

3. 解脱

解脱是指救生员采取合理的技术动作及时解除溺者的抓抱，并有效控制溺者的一项救生技术。比较实用的解脱方法主要有转腕、扳手指、反关节和推击等。

(1) 单手被抓解脱法：以右手为例，当右手被溺者右手抓住时，救生员可用被抓的右手上提转腕外翻下压解脱，并用右手及时抓住溺者的右手腕部向右拉出，使溺者背贴救生员前胸，另一手夹胸控制住溺者(图 9－2－14)。

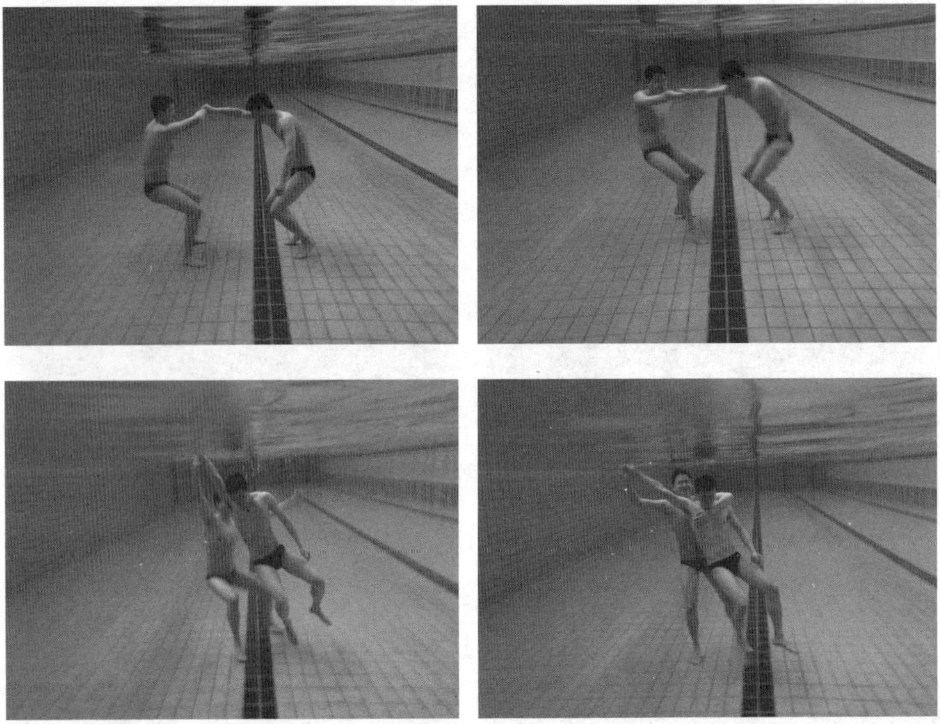

图 9－2－14　单手被抓解脱

(2) 交叉手被抓解脱法：当救生员双手交叉被溺者抓握时，可用上面一个手臂(以右臂为例)的肘部，撞击溺者的另一侧(左手)腕部，先解脱救生员的左手，然后转腕解脱右手，趁势将溺者向右面拉出，使其转体 180°后，左手臂穿过溺者前胸托住其右腋，控制住溺者(图 9－2－15)。

(3) 单手被双手抓握解脱法：以左手为例，当左前臂被溺者双手抓住时，救生员用右手张开虎口朝溺者的另一侧右手腕部用力撞击，迫使溺者松开右手并将溺者右手腕顺势抓住，然后以右臂肘处回击溺者左手腕部，使之全部解脱，并

图 9－2－15　交叉手被抓解脱

趁势将溺者的右手向救生员的右侧拉出，将溺者转体 180°，背贴救生员前胸，然后夹胸控制（图 9－2－16）。

（4）背面颈部被抱持解脱法：当被溺者抱住颈部时，救生员应及时内收下颌以防气管被卡，同时分清溺者哪只手压在上面。以溺者右手在上为例，救生员应

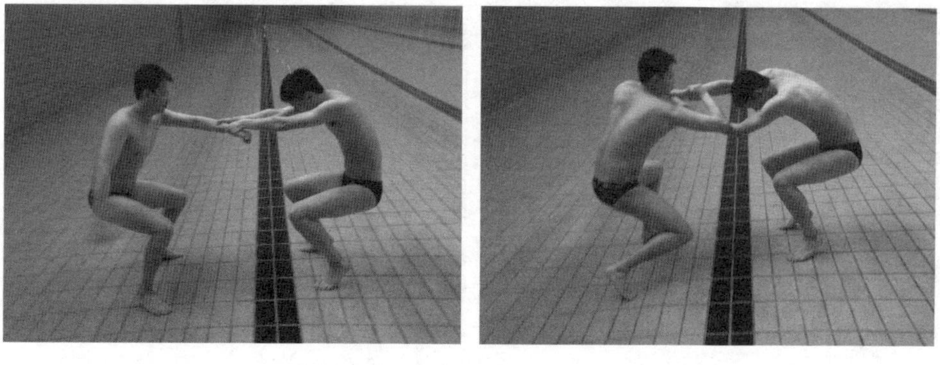

图 9－2－16　单手被双手抓握解脱

用左手扳开溺者的右手指并反压其腕部，同时右手上推溺者右肘部，救生员头部随之从溺者右腋下转出，然后救生员用左手抓紧溺者左臂肘部，将其拉向自己的胸前，夹胸控制（图 9－2－17）。

（5）腰部正面被抱持解脱法：当被溺者正面抱住腰部时，救生员应用一只手的食、中指紧夹溺者的鼻，掌心盖住溺者的嘴，并用掌根托住溺者的下

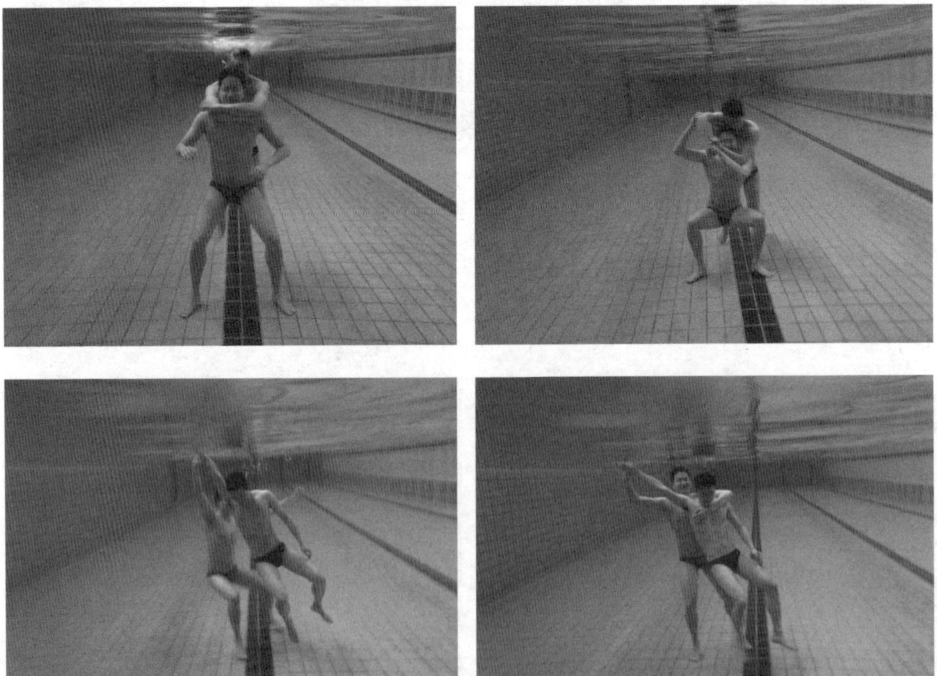

图 9－2－17　背面颈部被抱持解脱

颌，用力向前方推出，迫使其头部后仰，同时另一只手紧抱溺者腰部，并用力向自己方向抱压，迫使溺者松开双手，随之将溺者转体 180°，夹胸控制住（图 9－2－18）。

图 9－2－18　腰部正面被抱持解脱

（6）腰部背面被抱持解脱法：当被溺者用手指交叉锁住身体时，救生员应后顶臀部，同时双臂前推，含胸收腹，趁隙先后抽出两臂，然后分清溺者抱持时哪只手在外，先扳溺者在外侧的手的中指使其松开后，再外扳溺者另一只手的中指，紧接着救生员双手握住溺者两手中指向外展开呈侧平举，然后救生员趁机从溺者一侧腋下移至其背后，随之及时夹胸将溺者控制住（图 9－2－19）。

（7）抓发解脱法：当被溺者抓住头发时，救生员应一手紧握其抓发手的手腕，另一手则用力向溺者的头部方向推击其肘部，迫使溺者抓发手松开。解脱后，应及时将溺者转体至背贴救生员前胸，从而夹胸控制住溺者（图 9－2－20）。

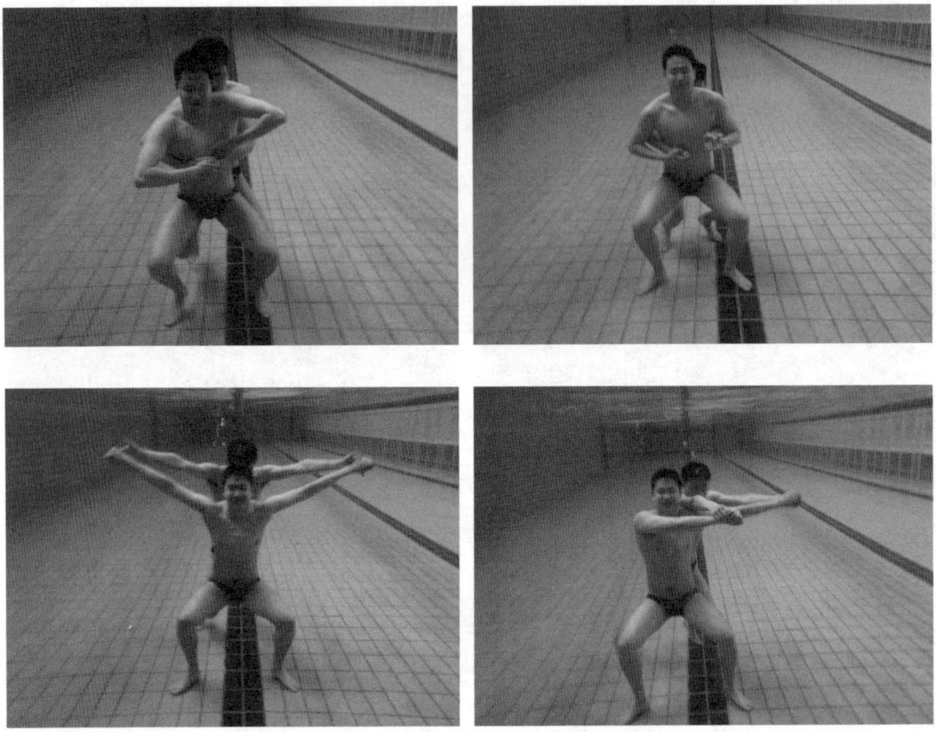

图 9－2－19　腰部背面被抱持解脱

4. 拖带

拖带是救生员在水上运送溺者的一项专门技术。救生员拖带溺者的过程中，应首先要使其口鼻露出水面，用一手托起其背部成水平仰浮状态，然后采用下列方法进行拖带。

图 9－2－20　抓发解脱

（1）托颌法：救生员用两手虎口朝上拖住溺者的颌骨处，使其脸部露出水面，然后用反蛙泳拖带溺者（图 9－2－21），拖带时切勿压住溺者的喉部。

（2）挟胸法：救生员一手自溺者的颈侧绕过，搂抱住其对侧腋下，手臂紧挟溺者前胸（不可贴近其喉部），然后将溺者托成水平仰浮状态，用侧泳拖带溺者（图 9－2－22）。男性对女性施救时不可采用此拖带方法。

图 9－2－21　托颌法

图 9－2－22　挟胸法

（3）托腋法：托腋法适合溺者较肥胖或者是女性时采用。救生员两手抓住溺者的两腋下，用反蛙泳拖带溺者（图 9－2－23）。

5. 上岸

上岸是指救生员将溺者拖救起水的一项救生技术，一般常用的是提拉式上岸方法。

溺者处于昏迷（或清醒）状态时，救生员若采用左臂夹胸法将溺者拖至池（岸）边时，用右手扶池（岸）边，获得支撑后，用左手抓住溺者的右臂向上拖起，并将其手放于池（岸）边上，再用右手压住其右手，然后用左手再拖溺者左臂上池（岸），将其左手压在其右手上，救生员换成左手压溺者重叠的双手，右臂右移同肩宽距离，双手在两腿向下蹬夹水的配合下支撑池（岸）边上岸。上岸后救生员按住溺者的左手掌迅速左转

图 9-2-23　托腋法

180°面对泳池，再用左手抓住溺者左手腕，右手在左手上交叉抓住溺者右手腕，将溺者右转 180°成背对池(岸)边，做 1～2 次预拉后将溺者提拉上岸(图 9-2-24)。

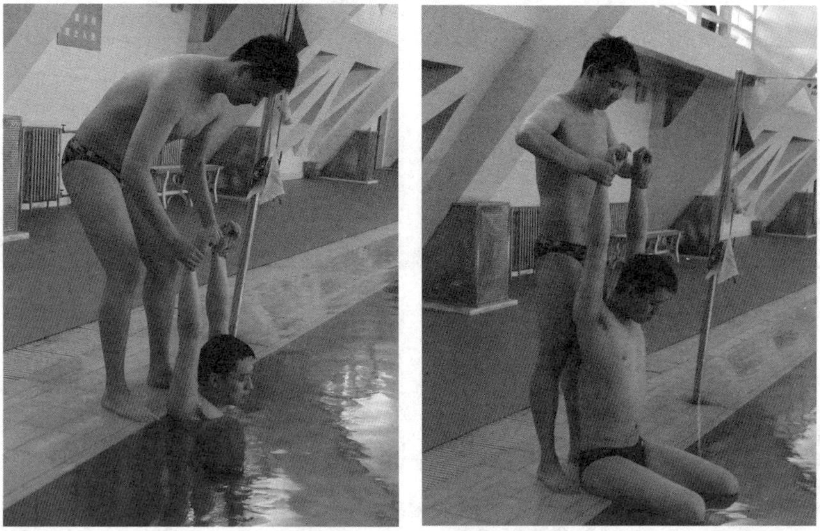

图 9－2－24　提拉式上岸

6. 运送

一般在遇到紧急事件需要运送伤员的情况下，采用单人的肩背运送法。溺者被提拉上岸坐于池边后，救生员应一手拖溺者双膝，另一手护住溺者颈部，使其转体 180°面对救生员，然后用右腿插入溺者两大腿之间，两手顺势由溺者腋下穿过交叉相握，上臂紧夹溺者向上提拉，使溺者坐于救生员的右腿大腿上，再用左手牵拉溺者的右臂，右手抄裆上肩。上肩后用右手抓住溺者的右上臂，左手保护溺者的头部并站起开始运送。到达目的地后，按上肩动作的逆顺序放下(图 9－2－25)。

图 9－2－25　单人肩背运送

三、水中肌肉抽筋自救

游泳时如遇肌肉抽筋等突发事故时，首先要保持镇静，不要慌乱，要及时呼救，并按下列方法进行自救。

在水中自我解除抽筋的方法是拉长抽筋的肌肉，使收缩的肌肉强迫做伸展，具体处理方法如下：

1. 小腿抽筋

先使身体成仰浮姿势，用抽筋异侧的手抓住脚趾用力向身体方向牵拉，同时再用同侧的手压抽筋腿的膝盖，用力拉压，使抽筋腿尽量伸直。待情况减轻时，游向池(岸)边上岸。上岸后，可以用拇指、食指或中食指尖用力揉捏承山穴或委中穴(图 9－2－26)，帮助恢复正常。

2. 脚抽筋

脚抽筋时，用力向抽筋部位的反方向拉脚趾(图 9－2－27)。

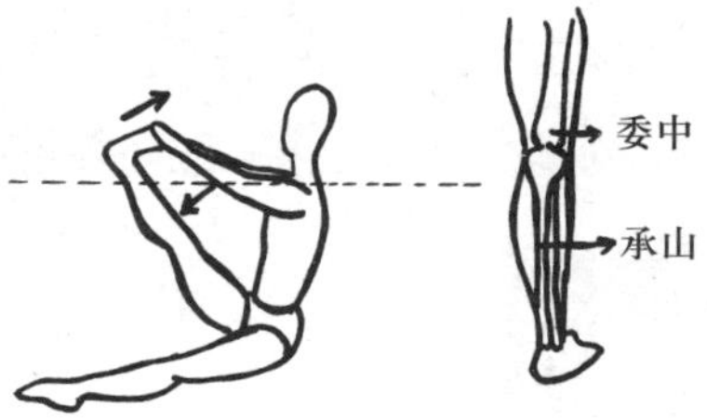

图 9－2－26　水中自救

图 9－2－27　反方向拉脚趾

3. 大腿抽筋

股四头肌抽筋时，身体应成仰浮姿势，然后屈膝团身，两手抱住抽筋腿小腿或脚背处向后拉，脚跟尽量靠近臀部，使抽筋肌肉伸直；股二头肌抽筋时，则身体仰浮，抽筋腿同侧手压住膝盖，异侧手抓住踝关节，尽量把抽筋腿向面部方向用力牵拉即可恢复(图 9－2－28)。

4. 手指抽筋

手指抽筋时，先用力握拳，再迅速用力张开(图 9－2－29)，并向后压，反复多次即可复原。

肌肉抽筋的预防措施：下水前，要做好充分的准备活动，水温过低、身体不适、疲劳、空腹、饭后或剧烈运动后不宜下水。

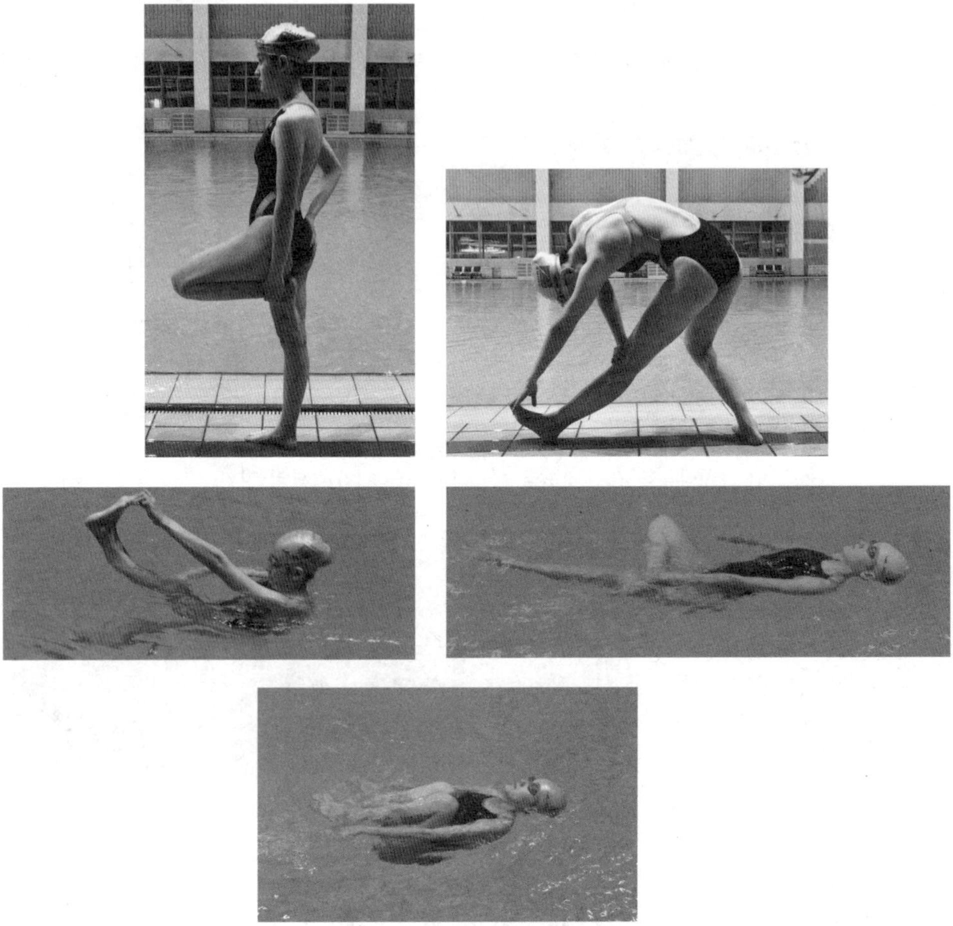

图 9-2-28　大腿抽筋

图 9-2-29　手指抽筋

第三节　心 肺 复 苏

心脏呼吸骤停是临床上最为紧迫的情况，针对这一情况采取的最初的急救措施，称为心肺复苏（CPR，全称 cardio pulmonary resuscitation）。早在 1947 年，美国 Claude Beek 教授首次报道对一室颤患者电击除颤成功以后，除颤器材不断改善；Peter Safer 于 1958 年发明了口对口人工呼吸，因为简单易行、潮气量大而被确定为呼吸复苏的首选方法；1960 年，William Kouwenhoven 等发表了第一篇有关胸外心脏按压的文章，被称为心肺复苏的里程碑。

心肺复苏是在人体呼吸和心跳停止时，采用人工呼吸配合胸外按压进行急救溺者的一项救生技术。当溺者呼吸及心跳呈停止或不稳定状态时，如不立即采取心肺复苏，溺者将会在 4～6 分钟后死亡。因此，及时抓紧时间采用正确有效的心肺复苏急救，对于溺者能否恢复生命显得至关重要。

心肺复苏的操作步骤分为以下几步：

步骤一，将溺者救上岸后，使其以头低脚高的姿势仰卧在地板上，然后以轻拍、摇晃和呼喊的方式来判断溺者是否有意识。如果已处于无意识状态，则应立即进行急救，同时呼叫他人协助，拨打急救电话。

步骤二，检查呼吸道有无异物堵塞，并检查溺者有无呼吸和心跳。打开并通畅呼吸道的方法是：救生员用一手的手指尖放在溺者下颌部，轻轻向前上提起至牙齿近闭合位，将另一手的手掌放在溺者的前额部用力向下推，两手合力使头后仰，然后打开其口腔，检查其口鼻腔内是否有污泥、杂草、呕吐物等并清除。当溺者尚有呼吸和心跳，但有明显呼吸道阻塞时，可先倒水，将溺者腹部置于救生员屈膝的大腿上，使其头部下垂，然后按压背部，使其口咽及气管中的水分迅速倒出。判断有无呼吸的方法是听溺者口鼻的呼吸声或用面颊感觉呼吸气流（图 9－3－1①），看其胸部或腹上部呼吸时的上下活动。判断有无心跳的方法是触摸颈动脉（图 9－3－1②）。

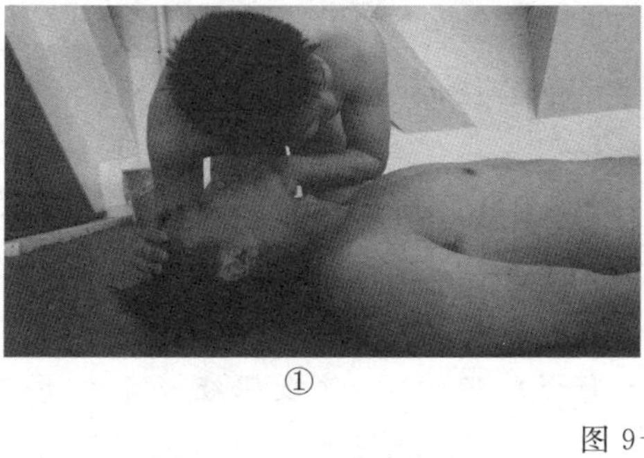

①

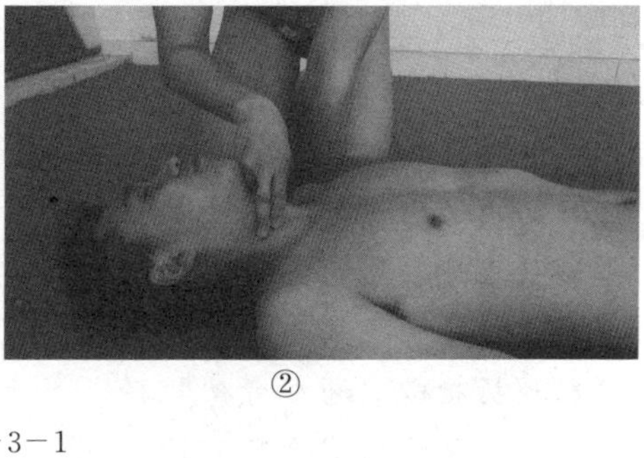

②

图 9－3－1

步骤三，根据检查结果实施急救。若溺者有心跳无呼吸，则按人工呼吸的方法抢救。人工呼吸的方法是：① 用大拇指和食指捏紧溺者鼻子防止漏气。② 吸一口气，将气平缓地吹入溺者的口内，使其胸廓缓缓隆起（图 9－3－2）。③ 吹气完毕，离开溺者的口部，放开捏鼻子的手指，然后再吸一口气，再吹一次，使溺者排出肺内的气体。对成人进行人工呼吸，每 5 秒一次，每分钟 12 次；对幼儿或儿童则吹气量以胸廓隆起为准，吹气频率为每分钟 14～16 次。

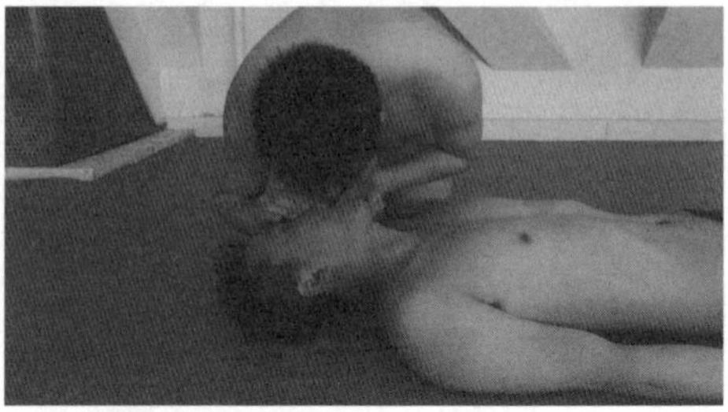

图 9－3－2 人工呼吸

若溺者无呼吸和心跳，则用心肺复苏方法抢救。救生员跪在溺者一侧（以右侧为例），右手的手指沿其肋骨滑到双侧肋缘的交叉点，食指、中指放置该交叉点（图 9－3－3），左手的手掌根部与右手的食指平放，右手的手掌根部放在左手的手背上，双手重叠，手指不能触及胸壁，肘关节不能弯曲，双手一起用力下压（图 9－3－4）。压迫成人溺者胸骨深度应在 4～5 厘米，每分钟压迫 80～100 次。

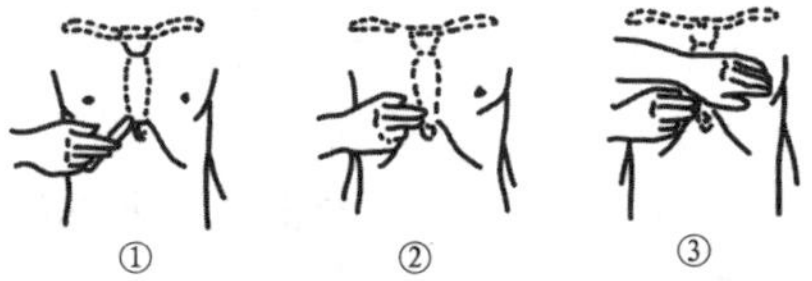

图 9－3－3

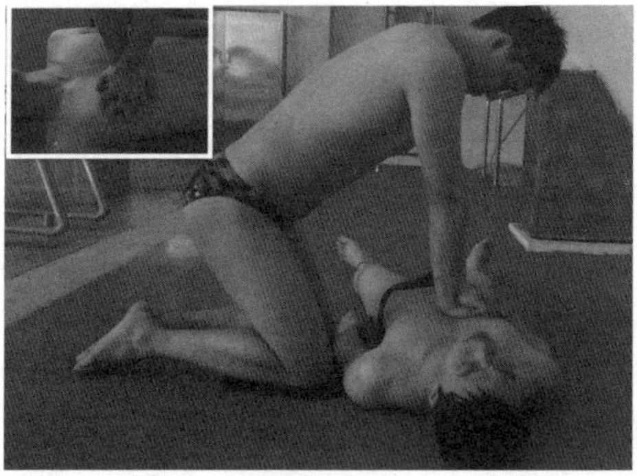

图 9－3－4

案例　　问题得到了解决——懂得心肺复苏的重要性

2008 年 7 月 29 日，宜春中心城区湿地公园发生了一起溺水事故，因救援及时，一名年仅 9 岁的儿童捡回了一条生命。据了解，下午 1 时许，一位路过宜春中心城区湿地公园的男青年，见一名儿童在河中挣扎数下后沉入水中，便奋不顾身跃入水中将儿童救起，又立即拨打了“120”。市急救中心接到报警后，迅速派车赶往现场抢救。溺水者被打捞上岸后仅有微弱的心跳，呼吸已经停止。考虑到急救车赶往现场需要数分钟，于是，出诊医师在赶往现场的途中通过手机指导施救者清理患儿口腔中的异物，倒出肺内积水并进行心肺复苏施救。当急救车赶到现场时，医生发现患儿面色极度苍白，便立即进行输氧输液，然后往医院转送。在途中，患儿情况已得到控制，随车的医护人员心里也松了一口气。

分析：这是一个对溺者施救成功的案例，正是因为出诊医师在赶往现场的途中通过手机指导施救者，告诉他如何科学地对溺者进行现场急救，才为随后的成功抢救争得了时间。

对新生儿或婴幼儿的按压方法：一只手托其背，另一只手两个指尖压迫胸骨做心脏按压，每分钟 100～110 次。孩子越小，按压频率越快，下压深度为 2～3 厘米。对学龄前儿童应单手按压，按压频率为每分钟 80～100 次，下压距离为 3～4 厘米。

成人进行人工呼吸和胸外心脏按压的比例是 2∶15，对新生儿、婴儿和学龄前儿童采用 1∶5。

在抢救过程中，要检查溺者颈动脉搏动，以证实胸外心脏按压是否有效，并了解自发心跳是否恢复。起初一分钟检查一次，以后数分钟检查一次，每次检查不超过 5 秒钟，若发现心跳达到每分钟 50 次以上，自发呼吸恢复，即可停止胸外心脏按压。呼吸仍然较弱时，要继续进行人工呼吸。若呼吸和脉搏又消失，则应再次开始抢救，并尽快将溺者移交给医务人员。

问题讨论与思考

1. 何谓实用游泳？实用游泳一般包括哪几种技术？各种技术都有哪些特点和作用？

2. 何谓观察？试述责任区的划分及方法？

3. 水上赴救有哪几种技术？岸上赴救有哪几种方法？

4. 肌肉抽筋常发生在哪几个部位？各部位抽筋时应如何解除？请试述预防肌肉抽筋的措施。

5. 何谓心肺复苏？试述心肺复苏单人操作的步骤。

参考文献

[1] 全国体育院校教材委员会审定.游泳运动[M].北京:人民体育出版社,2001.

[2] 陈武山.全国体育院校通用教材——游泳运动教程[M].北京:人民体育出版社,2007.

[3] 尼·日·布尔加科蛙.俄罗斯高等学校游泳教科书[M].广州:《游泳季刊》编辑部,2006.

[4] 吴河海.游泳运动[M].北京:人民体育出版社,2003.

[5] 殷玲玲.游泳[M].桂林:广西师范大学出版社,2000.

[6] 高等学校新世纪体育教材编写委员会.游泳[M].北京:高等教育出版社,2006.

[7] 邹统迁.俱乐部管理[M].天津:南开大学出版社,2007.

[8] 邹统迁.中外俱乐部经营与管理经典案例[M].北京:旅游教育出版社,2006.

[9] 彭星波.会所(俱乐部)经营管理实务[M].北京:化工工业出版社,2007.

[10] 隗晓璇,隗李萍.对上海市游泳俱乐部发展现状及趋势的研究[J].安徽体育科技,2008,29(1):51—54.

[11] 陆作生.我国青少年体育俱乐部运营模式研究[D].北京:北京体育大学, 2004.

[12] 谭明义,周学荣.我国群众游泳活动现状及发展对策研究[J].中国体育科技,2002 (38) 9:62—64.

[13] 远航,潘春丽.对高校游泳俱乐部经营模式的探讨与研究[J].才智,2008(13):234—235.

[14] 王瑞元,孙学川,熊开宇.运动生理学[M].北京:人民体育出版社,2002.

[15] 刘纪清,李国兰.实用运动处方[M].哈尔滨:黑龙江科学技术出版社,1993.

[16] Powers SK, Howley ET. Exercise Physiology (6th Ed.)[M]. New York: McGraw Hill Publishers, 2007.

[17] American College of Sports Medicine. ACSMs Guideline for Exercise Testing and Prescription (7th Ed.) [M]. Philadelphia: Lippinott Williams &

Wilkions. 2006.

[18] 谭思洁，刘洵. 体适能评价与运动处方[M]. 北京：人民体育出版社，2007.

[19] 刘洵，谭思洁.运动生物科学基础[M].北京：人民体育出版社，2009.

[20] 谭思洁.运动机能评定与恢复[M].天津：天津科技翻译出版社，2008.

[21] 陈吉棣. 运动营养学[M]. 北京：北京医科大学出版社，2002.

[22] 游泳教材编写组.游泳[M].北京：人民体育出版社，1991.

[23] 游泳教材小组.游泳运动[M].北京：人民体育出版社，2001.

[24] 杰姆斯·依·康西曼.美国游泳技术和训练[M].北京：人民体育出版社，1975.

[25] 董若允.游泳力学[M].北京：清华大学出版社，1982.

[26] Ernest W. Maglischo. Swimming Faster[M]. Champaign: Mayfield Publishing Company, 1982.

[27] Cecil M. Colwin. Swimming into the 21st Century[M]. Champaign: Mayfield Publishing Company, 1991.

[28] 全国体育院校教材委员会. 游泳运动[M]. 北京：人民体育出版社，2001.

[29] 全国体育院校教材委员会.体育学院专修通用教材——游泳[M].北京：人民体育出版社，1991.

[30] 全国体育院校教材委员会.体育学院普修通用教材——游泳[M].北京：人民体育出版社，1990.

[31] 陈武山.游泳运动教程[M].北京：人民体育出版社，2007.

[32] 都本洁.心脏急症与抢救[M].上海：上海科学普及出版社，1998.

[33] 王一镗，沈洪.心肺脑复苏[M].上海：上海科学技术出版社，2001.

[34] 温宇红.游泳教学与训练双语教材[M].北京：北京体育大学出版社，2009.

[35] 俞继英.奥林匹克游泳[M].北京：人民体育出版社，2001.

[36] 梅雪雄.游泳[M].北京：高等教育出版社，2007.

读者意见反馈

为收集对教材的意见建议，进一步完善教材编写并做好服务工作，读者可将对本教材的意见建议通过如下渠道反馈至我社。

咨询电话　400-810-0598

反馈邮箱　gjdzfwb@pub.hep.cn

通信地址　北京市朝阳区惠新东街4号富盛大厦1座

　　　　　高等教育出版社总编辑办公室

邮政编码　100029